比較政府與政治

李國雄 著

Comparative
Governments and Politics

三民書局

Politics

國家圖書館出版品預行編目資料

比較政府與政治 / 李國雄著. －－增訂二版六刷. －－
臺北市: 三民, 2019
　　面；　公分

　ISBN 978–957–14–5411–5　（平裝）

　1.比較政府 2.比較政治

572　　　　　　　　　　　　　　　　　99019857

© 　比較政府與政治

著 作 人	李國雄
發 行 人	劉振強
著作財產權人	三民書局股份有限公司
發 行 所	三民書局股份有限公司
	地址　臺北市復興北路386號
	電話　(02)25006600
	郵撥帳號　0009998–5
門 市 部	(復北店) 臺北市復興北路386號
	(重南店) 臺北市重慶南路一段61號
出版日期	初版一刷　2004年11月
	增訂二版一刷　2010年10月
	增訂二版六刷　2019年6月
編 　 號	S 571240

行政院新聞局登記證局版臺業字第○二○○號

有著作權・不准侵害

ISBN　978–957–14–5411–5　（平裝）

http://www.sanmin.com.tw　三民網路書店
※本書如有缺頁、破損或裝訂錯誤，請寄回本公司更換。

序

　　在政治大學政治系及公行系教授比較政府與政治這門課，已有二十幾年的時間。在這段時間裏，內心最大的感觸是，各國的政治情勢變化莫測，政治制度之變遷或轉換也如物換星移，令人目不暇給。因此常必須以新的視野，來詮釋這些變化所代表的意義。試舉舉舉大者如下：前蘇聯及東歐共產制度之崩潰，以及民主政體之呈現，使俄羅斯面臨民主穩定之挑戰；中國鄧小平所主導的經濟體制改革，使中國大陸出現大幅經濟成長，引起它是否會步向民主轉型的揣測；法國第五共和在 1980 年代連續出現政黨輪替及左右共治的新局，使它建立起制度化的共識；英國的內閣從 1970 年代中葉以後，開始不再如以往那樣，一旦重要的法案不獲平民院通過，就提出辭職或解散國會；美國兩黨政治一向被視為中間溫和，因此兩黨間的差異「不值一毛錢」，但是從 1980 年代以後，卻形成兩極化的政黨政治，使傳統上對美國政黨的印象，以及政黨式微的說法，都必須作一番調整。

　　或許正因為客觀的政治情勢變化太過快速，所要討論的國家實在太多，因此這許多年來在比較政治的領域中，一直缺少一部比較完整的著作，來滿足學生、學術界或社會人士的需求。當年就讀政大期間，羅師孟浩、鄒師文海及張師金鑑所出版的各國政府與政治序列，已逾四十年。這期間無論在理論方法及所著重的分析單元上，都已起了很大的變化。一本既能承緒先師們遺作，又能和現代學術潮流接軌的著作，事實上有其必要。個人亦以此自期許為學術中人的責任。

　　民國九十一年夏擺脫政大國際關係研究中心的行政職務；次年八月起有一年的休假，余下決心要將數年來的心願付諸實現。首先要感謝的是董前大法官翔飛的推薦，以及三民書局劉董事長振強的青睞，同意出版這本著作。兩位學術及文化界的前輩堪稱是這本書最初的催生者。

　　這一年的寫作中，最應該感謝的是我的家人所給我的支持。小女奕真

在外地讀書，每次有電話回家，總不會忘記為我打氣，在她暑假回家後，更投入資料蒐集及其他瑣務上。長女珮真等於是不支薪的研究助理，經常利用週末回家期間，幫我蒐集參考資料及相關著作，對我的幫助居功至偉。兩女的成長及盡責令我有「吾家有女初長成」的喜悅。當然最大的精神支柱來自妻子安吟。她在工作之餘，還要持家，總是將家裏整理得有條不紊，使我能夠無後顧之憂。她同時是我的精神支柱，總能在我情緒低落時給我打氣及安慰，還要忍受我專注寫作時的不言不語。

政大政治系四年級學生林怡君，是我的專任研究助理，我不在台灣期間，一切出版事宜從打字到跟三民的聯繫，全部由她負責協調。沒有她的盡責和毅力，這本書可能會有一些波折，謹容我在此表達謝忱。

李國雄

比較政府與政治

目 次

導　論

　　2001 年 9 月 11 日早上美國紐約的世界貿易中心，以及美國首都華盛頓特別區的國防部五角大廈，先後在半個小時之內受到攻擊，造成近 3,000 人死亡。在這項攻擊行動中，前者代表美國資本主義財富的象徵，後者則為美國實力的標誌。一如 1941 年的珍珠港被突襲的事件一樣，美國立刻對恐怖主義宣戰，採取一系列的軍事及經濟行動，包括對被認為庇護蓋達組織的阿富汗塔里班政府宣戰，以及在 2003 年四月以英美聯軍對被懷疑可能隱藏有大規模毀滅性武器的伊拉克海珊總統的政府，發動軍事攻擊。二十一世紀剛開始，人類的第一場災難之發生，以及戰火在中東地區接連出現，對許多人的基本人權，世界的經濟發展，乃至各國的外交及安全政策，都產生重大的影響。這說明全球化時代的來臨，使得戰爭的性質發生重大的改變，任何國家都不可能免於受波及。

　　另一方面,在這人類相互依賴及影響的程度前所未有的緊密的時代裡，我們卻必須承認工業發達的西方國家，所抱持的信念、價值及理念，還有它們所展現出來的行為，是影響南北關係發展，以及國際社會秩序的重要關鍵。因此對西方民主國家，新近完成民主化的俄國，以及經濟崛起，但在政治上仍處於威權政體的中國，這些掌握國際動態發展樞紐的國家的認識，已不再只是在比較政治的領域上，追求人類知識的滿足而已！更重要的是，基於自身利益的保障，我們必須對這些國家快速變遷的政治、經濟及社會，多一份掌握與認識。

　　因此本書所討論的對象，就包括二次大戰之後，民主制度從未中斷過的民主工業國家，包括英國、法國、德國、日本、美國等國，以及剛獲獨立並完成民主轉型的俄羅斯，和仍處威權政體的中國。另外，基於歐盟的成立，象徵著歐洲整合過程長達 50 多年的努力，進入了新的階段，因此本書特別就其整合的背景、過程，及其未來的難題，分別加以論述。整合的

層次越高，歐盟在高階政治上的難題就越多。

第一節　民主穩定與不穩定的來源

從 1990 年代以來，學界對民主政治的興趣又重新抬頭❶。但是有關民主的發展所需具備的先決條件，卻早在 40 年前，就有李普塞 (Seymour Lipset) 首先指出，工業化、都市化、高識字率等因素會使個人更能體會到他們所處的環境，並使他們有足夠的能力、時間及手段，來對政治作更有效的參與❷。但是這種重視政治制度所處的社會經濟環境，到 1970 年代羅斯陶 (Dankwart Rustow) 又將重點轉移到政治因素上去。他指出，只有經由政治行為者的兩極化、危機及妥協的過程，一個有活力的民主政體才得以建立❸。換言之，一個能夠順利運作的民主政體，最主要得借助於政治人物妥協技巧的精通，彼此才能和諧共處。1990 年又有學者強調，技巧練達的民主化菁英只要能夠利用正式的協議，來讓儘可能越多的社會行為者，承諾支持民主的程序，並且能找出方法來包容企業、勞工及國家內的組織性利益，就能很快地過渡到民主❹。

但是杭廷頓 (Samuel Huntington) 早在 1968 年就強調正式的政治制

---

❶　見 Metin Heper, "Transitions to Democracy Reconsidered: A Historical Perspective," in *Comparative Political Dynamics: Global Research Perspectives*, Dankwart A. Rustow and Kenneth Erickson, eds. (New York: Harper Collins, 1991). 以及 Samuel Huntington, *The Third Wave: Democratization in the Late Twentieth Century* (Norman: The University of Oklahoma Press, 1991).

❷　Seymour M. Lipset, *Political Man* (New York: Doubleday, 1963).

❸　Dankwart A. Rustow, "Transitions to Democracy: Toward A Dynamic Model," *Comparative Politics*, 2 (1970), pp. 337-363.

❹　Giuseppe Di Palma, *To Craft Democracies: An Essay on Democratic Transitions* (Berkeley: University of California Press, 1992).

度的重要性。他指出政治制度化的過程，也就是一個具自主性的政治中心，擁有其獨特的規範和價值，要遠比精通於談判與妥協的政治菁英，來得更為重要❺。簡而言之，杭廷頓認為一個順暢運作的民主政體，需要有各種政治制度，能夠將社會各種力量予以調整，中和以及重新導向。杭廷頓對政治制度的重視，在 1980 年代以後得到政治學界的回應，而將注意力集中到哪一種型態的政府（總統制對議會內閣制）以及哪種型態的選舉制度，比較能夠有助於民主的鞏固的問題上❻。因此 Linz 認為政治和諧與政府的型態，以及另方面社會和諧與選舉制度，都有其密切的關係。

　　但是這種對制度的強調，卻招來李普塞的反對，認為議會內閣制及總統制政府都同樣有許多成功及不成功的例子，因此不同的行政決策憲政類型跟民主或威權體制的關係，並不那麼明顯。李普塞的估計指出，除了法國第四共和及 1949 年以後的德意志聯邦共和國以外，政治制度對於穩定的民主政府，並沒有很大的影響，重要的反而是經濟及文化的因素。他指出，長期維持民主體制的國家，有很大的比例是來自較富裕及基督教的國家❼。

　　從以上的討論中，我們可以發現即使在環境上沒有差異，非制度性及制度性因素對民主穩定的關係仍至為重要。**因為如果沒有社會條件的配合，單靠依法的規範而成立的制度，並不足以建立及維持民主體制。**至於有關

---

❺　Samuel P. Huntington, *Political Order in Changing Societies* (New Haven: Yale University Press, 1968).

❻　Juan J. Linz 認為議會內閣制是比較能促進政治穩定的憲政體制，而總統制則因輸贏的賭注太高，容易激發衝突與對立。他同時認為，在同質性的社會中，採取相對多數決，是比較好的選舉制度。見 Juan J. Linz, "The Virtues of Parliamentarianism," *Journal of Democracy*, 1, 1990, pp. 84-91. 以及 Juan J. Linz, "The Perils of Presidentialism," *Journal of Democracy*, 1, 1990, pp. 51-69.

❼　Seymour Lipset, "The Centrality of Political Culture," *Journal of Democracy*, 1, 1990, pp. 80-88.

制度的型態與民主鞏固間的關係，則要看各項制度以及制度中的主要行為
者，是否履行其應履行的功能。因此除了各項因素外，民主的穩定可能要
靠政治制度的表現。譬如當一個國家的重要制度如政黨、國會等等，無法
處理重大問題時，就有可能出現政權崩潰的情況。因為這時資本家，軍隊，
群眾，或重要的政治行為者，就可能出現極為不滿的情緒❽，而造成情勢
的失控。

　　當然，社會結構及政治文化也扮演重要的角色，因為它們可能對於政
治制度所要履行的功能，產生正面的助益或負面的阻礙效應。例如絕對多
數決的政治制度，在同質性的社會中實施，要遠比異質性的社會中更為適
合❾。還有，在政治文化盛行無止境的政治競爭的國家中，議會內閣制政
府反而會加劇政治整合的危機❿。因此制度與文化間相互影響的程度，事
實上極其複雜，而且通常是長期的演化過程所產生的結果。它們的互動效
應就影響到政治表現。

　　經濟表現常是影響民主的政治表現的重要因素，因為物質的酬報越能
夠廣泛地分配，就越容易使任何在位的政權得到其權力的正當性。當然，
事實並非如此單純。因為民主的機制會因為經濟的表現而得到肯定，當經
濟的繁榮造就出更多受教育，以及因此在政治上更為注意的民眾時，少數
封閉而享受特權的菁英，就越無法成為政治上的主宰者。畢竟經濟越發達
的社會，其社會制度也會跟著越發展，越趨多元化⓫。

❽　Adam Przeworski, "The Games of Transition," in *Issues on Democratic Consolidation*, Scott Mainwaring, ed. (Notre Dame, Indiana: University of Notre Dame Press, 1992).

❾　Arend Lijphart, *Democracies: Patterns of Majoritarian and Consensus Government in Twenty-one Countries* (New Haven, Connecticut: Yale University Press, 1984).

❿　Metin Heper, "Strong State as Problem for the Consolidation of Democracy: Turkey and Germany Compared," *Comparative Political Studies*, 25, 1992, pp. 169–194.

　　基於以上各種因素的討論，我們可以發現無論是非制度性的因素（或者說是非人為可以左右或操縱的因素），或者是制度性的因素，跟民主政體的發展及維繫的能力，都休戚相關，無一可以偏廢。因此本書每一篇所討論的國家裡面，都離不開下列 4 主題：

　　1.影響政治行為的各項因素，這包括歷史背景、地理、經濟及社會條件、種族結構、宗教信念及意識形態。

　　2.政治過程，如政治領袖如何產生、政黨及利益團體的角色、一般民眾參與政治的方式。

　　3.政治與經濟的互動。這主要是分析國家機關在經濟發展過程中所扮演的角色、國家與社會的關係，以及主政者對經濟政策所抱持的理念等等。

　　4.主要的政治制度，包括各項政治制度如何行使政治權力、彼此之間的權力關係如何，以及這些制度在行使其權力時，受到那些侷限。

第二節　比較政治的發展

　　比較政治是一個不斷演變的學門 (discipline)，也是政治學的六個主修的領域之一。其他的領域包括本國政治，經驗理論及方法，公共行政與公共政策，國際關係，以及規範理論。比較政治的研究可以追溯到古希臘城邦時代，但是在歷史上間斷地持續下來。一直到二十世紀末當經濟、科技、旅遊及傳播，將世界各個領域帶進一個更緊密相互依賴的境界中，人類發現以往被視為海角天涯的國家不再遙不可及，文化上的差異再也無法被疏忽，對經濟發展的樂觀期許逐漸消退。但是就比較政治而言，卻因為得到了許多具體的事實資料，而使得它無論在理論及研究上，都得到很大的進步。換言之，從它實際的經驗中，比較政治學習到如何在非常紛歧的社會中，去處理日常政治生活中的常態事實。

---

❶　Phillips Cutright, "National Political Development: Measurement and Analysis," *American Political Science Review*, 28, 1963, pp. 253-264.

　　因此比較政治的發展也就反映出人類從現實的經驗中，找到最能夠解釋，分析及預測人類政治行為的方法與理論。傳統的比較政治研究主要集中在國家統治機關的正式制度層面上，而且完全以西方國家為對象。二次大戰結束後，面對國際社會的激烈變化，麥克雷迪斯 (Roy Macridis) 首先對傳統的比較政治提出具體的批判。他認為傳統的研究不只不能適應現實的政治世界，無法瞭解政策決定的方向，也不能應用到非西方國家。更有甚者，它並不具比較性質，無法針對政治行為發展出一般性的理論❷。麥克雷迪斯的批判引發了許多學者的迴響，認為傳統政治學除了上述缺失之外，還有在它靜態的敘述之外，只研究狹隘的政府領域，以及集中在一些根本並非事實的事務上，如憲法中的政府「應該」如何推動，而忽略了政府實際運作的面貌。

　　隨後所引發的政治學界的知識革命，就由一些知名的學者奠下了基礎，造就了一般通稱的行為革命 (the Behavioral Revolution)。除了大家耳熟能詳的伊斯頓 (David Easton) 之外，阿蒙德 (G. Almond) 在政治發展上固有他的貢獻，但是他更主張比較政治應該重視政治的非正式面，包括政治文化，利益團體及政黨的活動，以及一般所稱的「過程變數」(Process Variables)。比較政治因此進入了行為學派影響的範疇之下。

　　行為學派的興起可視為對傳統制度取向的一種反動。行為學派 (behavioralists) 的基本假設，是認為建立制度的是人，推動制度運作的也是人，影響制度成敗關鍵的也還是人，因此人是根本。所以行為學派學者認為，制度只不過提供一個架構，讓政治行為者進行競爭而已，最後是競爭的結果影響架構，而非相反。因此行為途徑具體反映出基本研究方向的轉移：

　　1.政治分析的單元從制度變為個人。

　　2.從強調結構轉變為強調過程。

---

❷　Roy Macridis, *The Study of Comparative Government* (New York: Random House, 1955), pp. 7-22.

3.從強調政府轉變為強調政治。

4.強調解釋而非敘述，量化而非質化的證據。

5.強調政治學與其他社會科學間的相同而非相異之處。

行為學派的學者強調應用系統性及通則化的途徑來研究政治。這項新趨勢的代表是阿蒙德及佛巴 (S. Verba) 所合著的《公民文化》(*The Civic Culture*, 1963) 一書。這本書運用當時最先進的抽樣及調查研究，並將這個方法從美國延伸到英國、德國、義大利及墨西哥，作一項跨國性的研究。這本書的最重要發現是推翻原先美國及英國的一項假設，認為所有的公民都是充分參與，而其他國家則完全不同。經由這項研究，他們發展出三種類型的公民：參與型 (participants) 的公民透過投票及團體活動積極參與政治過程；臣民型 (subjects) 則是以政府的輸出面為取向，如被動地服從法律及繳稅，但是積極地從事政策參與；以及偏狹型 (parochials) 公民相當程度地忽略了政府的存在，是為冷漠的一群。所謂的公民文化並非是純粹的參與型，而是跟其他兩種型態的一種混合。這種公民文化具有忠貞的觀念，對「輸入結構及輸入過程」有積極的態度，而又在臣民及偏狹取向中，維持對人民及一般社會活動的信賴❸。**因此這種混合型的公民文化被視為最有助於民主政治穩定的一種政治文化。**

第三節　後行為革命與新制度主義

在行為革命的衝擊下，比較政治逐漸拋棄了以往對國家機關的重視及研究，轉而重視影響政府運作的「輸入面」，以及政府的「輸出面」所造成的分配性影響。政府本身被視為一個不具獨立性的行為者。換言之，政治學者拒絕了國家的概念，也不屬於制度層面的研究，認為它只不過是各個政治行為者進行競爭時，扮演一個中性仲裁者的角色而已。這種由國家轉

---

❸　Gabriel Almond and Sidney Verba (eds.), *The Civic Culture* (Princeton: Princeton University, 1963), pp. 31-32.

向社會面的研究取向，在 1960 年代末期開始受到年輕一代學者的批判，因此 1969 年當時的美國政治學會會長伊斯頓，在其會長演說詞中承認對行為學派的某些批評，有其可以接受的部份，因此他呼籲進行「後行為革命」的運動。

後行為革命興起後，比較政治的領域開始有了新的發展，學者們重新肯定國家及制度存在的事實及其重要性，以及對民間社會及國家內部的規範力量。國家並非只是反映社會團體、階級或社會的要求或利益而已，它同時透過對領土及人民的控制，也可以塑造及追求獨立的目的。國家與社會的影響可以往兩個方向進行：國家相對於它們的社會有其潛在的自主性，但是國家的結構及活動卻也受到社會經濟關係所「影響及限制」 ❶❹。

「重回國家」代表鐘擺重回傳統對政府的重視，但是沒有那一種學門能夠重回它自己的過去。因此新的國家研究途徑有別於傳統學派只單純地重視憲法、制度及法律，它注入了人的因素，而包括機關和制度、行政人員及官員等這些活生生具有真正的目標及策略的人們。因此「重回國家」意味著將國家打破成為許多分析性的部份，包括各種構成國家的團體及聯合。就因為個人、團體，及各種聯合是有自主性的單元，因此不可能永遠有一致的意見，所以必須重視政治制度的基層行為，如社會階級、經濟、宗教及其他相類似的因素，並視個人為高度受到由社會、經濟，及政治制度所組成的複雜結構所影響。

這些新的研究取向經由馬區 (James March) 及奧爾遜 (John Olsen) 所合寫的一篇文章，而被定位為新制度主義 (the new institutionalism) ❶❺。他們認為新制度主義包括對立法機關、預算、公共政策、地方政府、政治

---

❶❹　Peter Evans et al., *Bringing the State Back in* (New York: Cambridge University Press, 1985), pp. vi, viii.

❶❺　James March and John P. Olsen, "The New Institutionalism: Organizational Factors in Political Life," *American Political Science Review*, LXXVIII (1984), pp. 734-749.

菁英、國家及地方發展、統合主義、新國家主義、組織及政策執行的研究。這些對於政治生活中制度性因素的力量及複雜性，都極具相關性。因此兩人對於行為學派跟新制度主義間的第一點不同，在於前者將政治事件視為是由社會階級、經濟、宗教，以及其他類似因素所引起，而政治對這些條件則無相對的影響力；新制度學者則視國家及其他政治制度是塑造集體生活的獨立因素。第二點不同則是前者將一切的政治現象視為是個人或團體對經濟及社會所產生的影響，認為集體性團體只是如市場理論一樣，是個人行動的集合而已；新制度論者則認為制度對個人行為，會有真正的影響。第三點不同則是前者利用理性抉擇的模式，來考量個人對功利的評估，而否定制度性規則、常規及規範對個人行為的影響❶❻。

　　國家概念重新被重視的另一個結果，是新統合主義 (Neo-Corporatism) 的興起，以及多元主義的受到挑戰，並漸趨式微。多元主義強調社會團體的自主性及相互競爭性，以爭取對社會及政治資源的掌控。但是在多元社會中卻沒有哪個團體能夠永遠掌握優勢，最多只是在某一個議題領域 (issue-area) 中佔優勢，而不可能在所有的領域中佔上風。相對於多元主義對國家地位的漠視，新統合主義重視國家對社會團體利益的協調及規範。換言之，社會各種利益應該與國家及整體利益相調和，是新統合主義最強調的重點。因此它與多元主義最重要的差異，在於多元主義強調社會團體間的競爭，新統合主義則重視國家出面協調以及國家—社會的相互合作❶❼。

　　制度的抉擇帶來危險和機會，而非確定性。因為制度抉擇的核心問題在於：何種情況下，權威的強化重於代表性，或反過來說，強化代表性比權威的強化來得重要。這個問題直接反映在選舉制度與代表性制度上。經由選舉制度的設計，將選民的選票轉換成國會席位的分配，所關係到的結果，就是代表性與權威的分際。**這種分際就在於單一選舉區相對多數決的**

---

❶❻　Ibid., pp. 736-738.

❶❼　有關新統合主義的討論，請參見李國雄等合著，《各國政府與政治》(臺北市：國立空中大學，民國 91 年)，頁 9-10。

制度下，所出現的廢票以及不顧大批選民的偏好的機制，和比例代表制下針對少數選民的偏好，給予相等比例的代表性。廢票的機制提供強化權威及政府責任制度的潛因，使政府能夠獲得明確的多數。相對而言，在選票及代表性之間維持一個比例性的關係，則可能使統治者難以在議會中形成一個絕對多數，而使政治權威缺少有效性。**當然選舉制度的抉擇同時影響到政黨制度的走向，至少在民主已趨鞏固的國家中是如此**。單一選舉區所促成的兩黨制，比例代表制（原型）造成的多黨制，實際上所牽涉到的，就是權威或代表性孰重的問題。

在憲政制度的抉擇上，總統制的關鍵在於總統控制國會的程度，以及在混合制（如法國及俄國的總統制與議會內閣制下的所謂雙首長制）中，總統同時有免除政府（內閣總理）的權力。在這種條件下，許多權力都集中在總統手裡。但是在三權分立的制度下，總統卻只是權力的競爭者之一而已（當然是最主要的）。議會內閣制也因其權力是集中或擴散而有不同。在單一選舉區相對多數決或甚至於絕對多數決的選舉制度中，政黨的數目會因此而減少，對政府的組成就會有正面的影響。比例代表制則會造成更多的競爭者，因此常必須組成多黨聯合。相對多數及絕對多數決會因為廢票的關係，而使政治競爭的領域縮小，從而產生有效的政治結果（即一個絕對多數的政府政黨）以及更為集中的權力。

第四節　結　語

政治制度的成形有其細膩的本質；它們通常反映設計制度者的價值和期許[18]。因此第一，政治制度必須有政治人物的支持，否則將會成為競爭和衝突的根源[19]。其次，設計制度的人可能希望他們所設計的制度，會達

---

[18]　Bingham G. Powell, *Contemporary Democracies: Participation, Stability and Violence* (Cambridge, MA: Harvard University Press, 1982).

[19]　Philippe C. Schmitter, "Interest Systems and the Consolidation of

成民主化，促成國家團結，並有助於社區所面臨的重要問題的解決。因此他們會期許這些制度將會促成此等目標及期許的實現。一旦政治制度實現了這些目標及期許，就有可能達到民主穩定的境界❷。法國第五共和的發展就是一個最好的例證。

　　但是制度的發展並非單靠設計制度者的主觀意志就可以決定。社會結構及政治文化對制度的成敗，就扮演著重要的角色。其次，制度不可能總是照著當初開始設計的方向演進，當客觀環境發生變化或政治菁英的價值、理念甚或是利害的評估發生改變的時候，就有可能出現制度變遷。至於變遷的性質，則視其表現之好壞而定。當制度的表現造成報酬遞增時，制度的變遷會具良性效應，得到認可和支持，但是當制度的報酬不能普遍產生時，就可能造成制度的激烈轉換。

Democracy," in *Reexamining Democracy*, G. Marks and L. Diamonds, eds. (London: Sage, 1992), p. 159.

❷　Ibid., p. 159.

第一篇
英國政府與政治

英國國會建築

•• 地理及人文簡介

位置：西歐，法國的西北邊

面積：244,820 平方公里（約為日本領土面積的三分之二）

氣候：溫和，一年中一半以上的日子為陰天

人口：59,647,790 人

人口結構：0-14 歲：18.89%，15-64 歲：65.41%，65 歲
以上：15.7%

人口成長率：0.23%

平均壽命：77.82 歲（男：75.13 歲，女：80.66 歲）

正式國名：大不列顛及北愛爾蘭聯合王國；簡稱聯合王國
或大不列顛，英文簡寫：UK, GB

首都：倫敦

年國民平均所得：22,800 美元

貨幣：英鎊 (GBP)

　　在一個到處充斥著戲劇性的動亂及危險的政治轉型的世界裡，人們常期待建立一個具包容及穩定的特質，而又能夠隨著環境的變化，培育出具備成長及調適能力的政治制度。這令大家很自然地想到英國。因為**在每一個階段的制度轉型中，英國都能以包容及漸進的方式成功地面對新環境的挑戰，避免暴力的使用和革命的災難。**其結果是它有當今世界最古老而又持續運作得極其成功的政治制度，例如立法機關的兩院制、行政部門的議會內閣制、虛位的國家元首、眾議院所採用的單一選舉區的選舉制度，以及兩大黨為主的政黨制度……等等，都仍深刻地影響到各國人民的政治生活。**以英國的立法機關所棲身的建築物為名的威斯敏斯特 (Westminster model) 政府體制，以及經由演進而形成的文化規範和制度中所隱含的中庸及容忍的特質，更是許多學者在評估政治制度成敗要件的重要指標。**從十八世紀以來，研究政治體系的思想家就指出英國是憲政主義的典範（孟德斯鳩所言），代議政府的先驅（托克維爾及白芝浩的看法），美國開國先賢對英國政治的均衡也多加肯定。

　　除了政治制度成功的運作經驗外，英國制度的持續性也顯得特別突出。西歐及東歐的許多國家的疆界和憲政制度是從 1945 年以後才告確定及得到發展的機會。這些國家有的是被其他強權或納粹德國（如奧地利及波蘭）所佔領，有的則是在戰爭中戰敗（如法國、德國及義大利），它們的憲政制度因此而告中斷，在民主及非民主的政體中以暴力的方式進行更替。相對地，英國的政治制度卻能在和平的環境中歷經幾個世紀的演進，源遠流長地不斷成長。

　　本書對英國政治的分析將從對英國歷史及生態環境等非制度性的因素開始，接著討論英國選舉權擴張的過程及選舉制度的影響，及利益團體與政黨等兩項非正式的政治制度跟英國憲政制度運作的關係，然後再分析英國政府中的正式制度面，包括統治與決策機關，立法機關及司法制度，最後再討論政經互動下英國公共政策的演變，以及經濟全球化的趨勢下，英國主權所遭遇的變化。本書以後所討論的各個國家，大體都將按照此等架構。

【第一章】
英國政治中的非制度性因素

第一節　歷史背景

　　一般通常稱組成大不列顛的民族為盎格魯撒克遜人 (Anglo-Saxon)，但是最早在不列顛島群居的卻是塞爾提人 (Celts)；他們分成三支入侵，包括史高特人 (Scotes)，威爾斯人及愛爾蘭人。西元 43 年羅馬人入侵，一直到西元 410 年因為不同的野蠻民族長期騷擾才被迫撤退。原先被羅馬直接統治的英格蘭上的塞爾提人就是不列顛人。但是原先因為羅馬統治而被趕到邊遠地區的塞爾提人，卻重回原先他們居住的地區，這使得不列顛人倍受威脅，乃僱用當時住在現在德國北部的撒克遜人，來抵擋這批好戰的塞爾提人。演變的結果是撒克遜傭兵造反，塞爾提人勢力強大依舊，不列顛人在被迫捲進一場三角內戰後敗北，退到島上的偏遠地區，至此羅馬文明的遺緒完全被毀。它所留下唯一歷久不滅的影響是完整的道路系統。也因為這個歷史意外，使得今天的大不列顛成為歐洲唯一沒有承襲羅馬法傳統的國家，而另外發展出自己的普通法。

　　在內戰之後，來自日耳曼的撒克遜人大批地在不列顛定居下來，他們就是今天聯合王國大部份人民的祖先。換言之，**盎格魯撒克遜人成為今天我們所稱的英格蘭人，而塞爾提不列顛人則成為今天的威爾斯人、蘇格蘭人，以及愛爾蘭人。**但是在撒克遜人定居下來之後，來自丹麥的維京人 (Vikings) 又來騷亂不列顛，而形成撒克遜人與這些丹麥人間的追逐戰。為了使不列顛各島能夠平靜下來，這批丹麥人乃被安置在現在的法國，因為他們來自北方，所以該地被稱為諾曼第 (Normandy)。但是這些北佬仍然在 1066 年哈斯庭斯一戰 (the Battle of Hastings) 打敗了英格蘭人，成為不列

顛的統治者，開啟了不列顛政治發展的新頁。

北佬的領導者號稱威廉征服者 (William the Conqueror)，在英格蘭的歷史上之所以重要，有兩點原因。第一，他消滅了先前存在的各個割據的小公國，完成了中央集權統治，在建立族國 (nation-building) 的過程中邁進了一大步；第二，將封建制度引進了不列顛，在封建制度下分封各地的貴族之權利及責任都予以明白規定。如果貴族們的權利及責任有任何爭議的話，則由國王及重要的貴族所組成的大會議來討論解決。大會議的制度發展到最後，形成了大家所熟知的憲政主義及巴力門 (Parliament) 政府。在好幾個世紀的英格蘭歷史中，這個國家最重要的成就在於它始終能夠在封建的紊亂無序狀態與暴虐的君主專制間維持平衡。事實上，它所獲致的政治穩定要比任何其他歐洲國家來得強而一致。

大會議在 1215 年首次發揮重大的作用，由諸侯們聯合起來要求國王約翰接受並簽署了大憲章 (the Magna Carta)，確定英王沒有絕對的權力，以及必需按照諸侯們所同意的原則來治國這兩項原則。其後大會議的性質逐漸有了改變，從原先貴族們以對國王的忠誠及支持來換取向國王發洩不滿情緒的機制，而變成貴族們團結一致制約國王權力的制度。**1295 年國王因為經費短缺，要求將小貴族及平民納入大會議，以便擴大徵稅的對象，大會議乃因此轉型為巴力門，是為代議政府的雛型。**在這個歷史上稱為模範國會 (the Model of Parliament) 的集會中，國王得到了他所要的稅收，但是卻被迫同意今後凡是「跟所有人有關的事務必需得到所有人同意」的原則，因此國王的權威開始受到「外在限制」，任何國王違反了這項「限制」，就有可能遭遇到叛亂。「外在限制」的概念是指國王所行使的權威必須建立在可被接受的基礎上，這項原則逐漸演變成英國憲政主義的精神。大會議轉型成巴力門後，也慢慢形成貴族及平民分別在不同地點開會的局面，兩院制的架構乃告奠定。十五世紀初平民院取得對稅收及撥款進行立法的權力，這使得平民的支持成為對國王最重要的一環，政治的權力因此而變成國王、貴族院及平民院分享的局面。一個均衡的憲政制度在這時已經逐漸

發展成形。

1640 年查理士一世以拒絕召開巴力門為手段來進行一人統治，再加上抗議教與天主教會間的衝突，因而暴發了內戰，國王被送上斷頭臺。詹姆士二世統治期間不列顛又出現君主專制，再加上天主教與抗議教間的爭議以及國王與巴力門之間的權力孰高的對立，乃又爆發內戰。在這場 1688 年不流血的革命中，詹姆士二世被逐出國，由巴力門邀請他信仰抗議教的女兒瑪麗及其夫婿威廉就任王位，不列顛的宗教紛爭及國王與巴力門地位孰高的問題自此獲得解決；特別是國王的權威此後逐漸受巴力門節制。一直到 1832 年國王正式成為虛位元首，巴力門至上原則正式確立。不流血革命之後，面對巴力門權威高漲的趨勢，威廉將重要的政府事務交由得到平民院支持的四名領袖處理。這種作法演變成國王必需任命能夠取得平民院多數信任的領袖出來擔任首腦，由他負責遴選一些大臣來出任各個重要職位，並向國王反映平民院中的意見。這一位首腦所領導的顧問，就是俗稱的國王的內閣，扮演國王與巴力門間橋樑的角色，所謂的「國王在巴力門」(the King in Parliament) 其意在此。這個意義的精髓反映在今天每屆平民院議會開幕時，英王（女王）仍然必需出席，對平民院發表由內閣準備好的施政演說。

從 1832 年起不列顛開始長達一世紀多的民主化過程，讓更多的人民擁有選舉平民院議員的權利，因此不列顛的政治領導階層也就越來越需對人民負責。但是也隨著不列顛政治民主化的進行，它的憲政體制跟著作了重要的轉型。先是 1832 年大改革法案的通過，國王變成「統而不治」的虛位元首，巴力門則成為真正的主權所在。內閣成為巴力門掌控的小團體，政策及內閣的人事皆由它審核及同意而定案，巴力門的地位如日中天。但是隨著人民投票權的擴張，原先巴力門內部因為人際關係及政策內涵而形成的派系，在十九世紀中葉以後逐漸變成向社會擴張的現代政黨組織。政黨靠著它所建立的基層組織及完整的政策方案，來進行選民的動員及訴求，以爭取巴力門選舉的勝利。任何政黨在平民院的選舉中獲勝，它的黨魁就

受英王之命出來組織內閣，並向平民院負責。為了維持內閣的安定及政策的貫徹，政黨對黨籍的國會議員給予嚴格的黨紀要求。影響所及，議員們的自主性降低，原先至高無上的巴力門至此反而必需接受內閣的指揮，行政－立法關係的改變是不列顛邁向民主化過程中最明顯的一項改變。

從以上不列顛政治歷史的描述中，我們可以發現它每一階段的改革都不是事先計劃而是漸進而為的。就由於這種漸進演化的過程，使得英國的政治制度始終維持其持續性及耐久性。相對於許多其他國家，不列顛的各項改革既不激烈也不突然，因此它的制度不只容易被接受，而且經得起時間的考驗。

第二節　聯合王國的意涵

在日常的用語中以「英國」相稱，事實上是一個錯誤，因為英格蘭只是大不列顛三個島嶼中最大的一個島，就如同俄羅斯只是前蘇聯 15 個加盟共和國中最大的一個成員。**我們通稱的「英國」，其正式名稱是「大不列顛及北愛爾蘭聯合王國」，簡稱為不列顛 (Britain) 或聯合王國 (the United Kingdom, the U.K.)。聯合王國的成員就如同其正式名稱所示，包含不列顛及北愛爾蘭；其中不列顛就包含三個部份：英格蘭、蘇格蘭及威爾斯。**威爾斯在十六世紀被英格蘭所併吞，蘇格蘭則是在 1707 年才被兼併❶。但是有很長一段期間，蘇格蘭繼續維持自己的教育、法律及宗教制度和地方政府組織，這使得它擁有其自身的歷史及文化認同。在二次大戰以後蘇格蘭民族主義的情緒高漲，到 1970 年代北海發現大量石油後，要求獨立或自治的呼聲更高。

為了緩和蘇格蘭及威爾斯的民族情緒，倫敦中央政府在制度上作了一

---

❶ 有關英國的領土結構，可參看 Richard Rose, *The Territorial Dimension in Government: Understanding the United Kingdom* (Chatham, NJ: Catham House, 1982).

些改革。在平民院中蘇格蘭及威爾斯分別擁有 72 名及 42 名的席位,遠超過它們在總人口中所佔的比例。其次,在內閣中成立蘇格蘭部,以部長的位階負責各項政策的形成及執行。在 1980 年代及 1990 年代,工黨在野期間,極力推動蘇格蘭的自治,1997 年巴力門選舉結果,工黨獲得十八年來的第一次勝利,新的首相布萊爾 (Tony Blair) 政府在 9 月的公民投票中,獲得蘇格蘭選民絕對多數的支持,成立蘇格蘭的巴力門。1999 年 5 月,蘇格蘭自治後的第一次巴力門選舉,以比例代表制的方式選出;此後經 2003 年及 2005 年的兩次選舉,蘇格蘭的自治政府就此定型。

　　威爾斯民族主義主要是針對文化及語言的保存而來,而非對政府自治有所希求。二十世紀初,英語被視為晉升的語言,威爾斯語的使用被官方所阻止。二次大戰之後,它對自治的要求主要是受到蘇格蘭的自治運動的刺激而來。1998 年完成威爾斯政府法案,並於 1999 年舉行第一次國民會議 (Welsh National Assembly) 選舉;但是它的立法權從一開始就受到限制,在預算上完全依賴中央,它的行政部門也缺少有效的權力。在自治的規模及權限上,少於蘇格蘭甚多,但是威爾斯的自治權限仍在發展當中。

　　聯合王國中的愛爾蘭問題同樣牽涉到民族情緒,但是因為宗教的對立而更為複雜。從十六世紀被併吞以後,愛爾蘭人就一直沒有停止過對獨立的追求,不斷地產生暴力性的衝突,並且在一次大戰後達到最高潮。1921 年愛爾蘭爆發內戰後獲得獨立,但是北部的額斯特 (Ulster)6 個郡,則因為抗議教徒佔大多數而仍留在聯合王國。但是愛爾蘭雖一分為二,問題並沒有解決。在北愛爾蘭境內的天主教徒佔總人口的三分之一,他們希望成為愛爾蘭共和國的一部份,卻無法實現,反而受盡政治及經濟上的歧視及迫害。從 1969 年開始兩個宗教教派之間的衝突昇高,政治暗殺、爆炸案及暴亂衝突不斷發生,北愛爾蘭共和軍 (Irish Republican Army, IRA) 的恐怖行動更成為一顆威脅不列顛政治及社會秩序的不定時炸彈。不列顛政府乃在 1978 年停止北愛爾蘭自治的權力,並由倫敦政府直接統治。經過多年的努力及失敗,1998 年額斯特的各個政黨與倫敦政府達成美好星期五協

議 (the Good Friday Agreement)。在協議中各方同意讓天主教徒分享行政權，並分別產生北愛爾蘭及愛爾蘭委員會和北愛爾蘭與不列顛兩個委員會；北愛爾蘭共和軍將解除武裝。北愛爾蘭議會在該協議經過公民複決通過後由選舉產生，擁有各項倫敦政府所給予的行政及立法權，由議會議員選舉產生第一部長及第一副部長。但是衝突雙方後來卻因為共和軍解除武裝事宜，而使協議陷於僵局，因此在 2002 年維持達 4 年的行政權力分享機制被迫終止，倫敦政府再度恢復直接統治。

在其後的四年中 (2002-2006)，由於當時首相布萊爾對恢復北愛爾蘭的自治缺少興趣，而且當地的情勢也缺乏穩定，因此直接統治仍然持續下去。2010 年國會改選結果，由保守黨獲勝，北愛爾蘭恢復自治將益加困難。但是另一方面，由於民主政治的發展，北愛爾蘭及愛爾蘭共和國將日漸緊密，共和國對主張維持英國統治的人，已減少其威脅性。更重要的是，這個一度是西歐的貧窮國家，已經是歐洲聯盟 (Eroupean Union) 裡面的經濟發展國家，這兩個愛爾蘭將會越來越接近，北愛共和軍的難題有可能逐漸淡化。

第三節　地理環境的影響與政治文化

壹、地理環境

在不列顛的南英格蘭與歐洲大陸間隔著一條 20 里的水道，這是一個極其重要的地理特徵，影響不列顛的政治及經濟發展極鉅。由於英吉利海峽這道天險，不只使不列顛在諾曼第大公征服之後，一直未受外敵的入侵或威脅，並且免於捲入歐陸的各種紛爭或戰亂。比之於法國及波蘭領土境內的一大片平原所造成的外患頻仍，不列顛的地理環境堪稱得天獨厚。

英吉利海峽也代表不列顛與歐洲大陸之間的實際及象徵性的間隔。不列顛人驕傲地認為他們所擁有的穩定的政府及基本自由的歷史，所塑造出

來的政治傳統，使他們遠優於歐陸國家。即使 1994 年連接倫敦與巴黎間
的隧道完工了，也並沒有縮短二者的差距。1960 年代當法國戴高樂總統否
決不列顛加入歐洲共同市場時，就指出不列顛並非真正的歐洲國家。事實
是不列顛在傳統上的確常高高在上地自外於歐洲。即使它在 1973 年終於
加入了這個共同體之後，內部對於它在共同體內部所應扮演的角色，仍然
充滿紛歧的意見。歐洲聯盟成立後，這個島國面對的難題更多，包括如何
犧牲部份主權以及對歐陸各國農民付出更多的補助金問題。不列顛與歐陸
國家的格格不入，也同樣反映在 2003 年攻打伊拉克的軍事行動上。不列
顛是唯一跟美國聯合出兵的主要國家，而與德法對立。

　　不列顛的島國環境使它成為一個海權國家，不斷尋求對外發展及擴張
對外貿易，因此成為世界商業中心。隨著國際貿易的成長，其工業、城市
及商業也跟著壯大。海權國家的地位也使不列顛建立了一個橫跨世界的殖
民地及強大的海軍，陸軍的重要性大為降低。海軍雖然是建立殖民帝國的
主力，對於維持內部的君主專制統治，卻沒有多大幫助。不列顛歷史上沒
有出現德國那樣的軍國主義，以及貴族及諸侯們對王權的限制卓有成效，
都與此有關。

貳、政治文化

　　政治文化包括人民對權威的價值、信念、感情上的態度以及所表現出
來的政治行為。對英國而言，因為地理環境所帶來的穩定感，則大有助於
成熟及務實政治文化的培育和塑造。同時由於英國的政治制度一脈相承，
而使得過去的傳統價值經由政治社會化世代交替的過程，傳遞到今天，而
成為其當代政治文化的特質。

一、對政治權威的忠貞

　　不列顛人民對政治活動顯示出參與性及敬畏性的特質。參與性的態度
表現在許多人認為他們有能力並且有意願去影響政府，敬畏性及被動的心

理則反映出許多人民並不願意參與政治活動，但卻願意接受政府權威的正當性。換言之，人民既珍惜他們的政府制度，認為他們的政府是最好的政府，但也會對政府的運作提出許多批評。這種混合的參與及臣民文化使政府既擁有足夠的主動權和獨立性，對國家作有效的統治，而又能對其人民保持適當的反映能力。這種平衡也反映在政治價值的承諾，奉獻，及願意妥協的意願上❷。

二、團體忠貞

成熟的民主國家都有理性而多元的社會團體。它們扮演國家與個人之間的中介性角色，而活躍的團體生活正是不列顛政治文化的一部份。雖然選民對政黨的認同下降，但是多數選民仍然認同工黨或保守黨，而且對立的政黨支持傾向並未造成社會的紛歧，大多數的人民都仍加入各種社團。這種團體成員的重疊性不只降低社會兩極衝突的強度，而且使政府容易建立起一個跟社團進行政策性協商的管道，成為英國政策形成的一個重要部份，也使它具備政治多元主義的特徵。

參、小　結

但是溫和務實及對權威忠貞的政治文化，經歷社會變遷與經濟成長，已經有了改變。傳統的政治參與都出現式微的現象，代之而起的是直接參與社會行動，以及越來越訴諸於不合法及暴力的行為❸。

❷ Richard Rose, "England: A Traditionally Modern Political Culture," in Lucian W. Pye, and S. Verba, eds, *Political Culture and Political Development* (Princeton, N.J.: Princeton University Press, 1965).

❸ Robert Leach et al., *British Politics* (London: Lynne Reinnon Publishers, Inc.), p. 61.

第四節　英國的憲政價值

　　由於英國國家統一較早，它所控制的面積又較小，因此政府權力的集中也遠比其他國家要早，相對地如何限制政府權力的濫用，也早被注意到。一般而言，對政府權力的限制必須著眼於憲法及人心，特別是人的地位被提昇到一定的地位，這也正是為什麼不列顛比美國更能接受個人主義的原因。但是英國並沒有像今天世界上其他國家那樣有一部成文憲法（或者至少並沒有彙編成一部法典）。它就是所謂的不成文憲法（以色列及紐西蘭是另外僅有兩個採用不成文憲法的國家），原因是在不成文憲法被設想到之前，其制度已經演變了好幾個世紀，而有了政治運作的常規。換言之，一直到200多年前，當成文憲法從美國流行起來，而其他國家如法、德及前蘇聯跟著效法，並且採用一套政府體制或規則的時候，英國的政治及制度的型態卻是經歷過好幾個階段發展出來的❹。

　　不成文憲法的特質使英國很早就發展出憲政主義，強調對政治權力的限制，包括在實質及程序上的限制。換言之，不只授與政府的權力有其範圍上的限制，並且所授與的權力也必須依照所定的規則或程序來執行，而非任掌權者可以為所欲為。但是憲政主義卻並不必然就是民主政治。一個國家可以有一個憲政制度，但卻並非民主政體，因為政府的權力及使用權力的程序可能受到限制，但是人民在選擇及決定國家政策的人選時，卻仍然沒有任何權力可以選擇。這就是英國從中古到十九世紀時的情形。憲政主義的架構早已具體成形，但是卻非權力的淵源，未經改革的選舉制度使少數人才有選擇政府領袖的資格，不列顛也不具備民主的條件。

　　雖然不列顛與美國同具憲政主義的特色，在憲政架構上卻有基本上的差異。不列顛並沒有三權分立或地方分權（聯邦主義）的制度，更沒有像

---

❹　G. Marshall, *Constitutional Conventions: The Rules and Forms of Political Accountability* (Oxford: Clarendon Press, 1986).

美國那樣有一套成文憲法。不列顛對政府權力的限制並非只著眼於使用單一法典來分配政府各部門的權力及功能，規定決策的程序，以及建立對政府權力的限制。它的不成文憲法包括四項要素，其中只有一項是不成文的。這四項要素是歷史文獻、巴力門所通過的法律、司法判例及憲法上的傳統。由於飽受英國專制統治的苦楚以及十三州殖民時代橫徵暴斂的教訓，美國在獨立革命後就決定要創造一個新的憲政制度，強調以一部成文憲法為基礎，設計出三權分立及分權制度來限制政府的權力。因此英國及美國雖同具憲政主義的價值，對於解決基本的政治問題卻有不同的處方。兩國都注意到權力可能被濫用以及造成專制政府的後果，但是英國認為權力可以有其益處，有時強力的政府反而是解決公共問題的唯一方法。因此它們並不想要完全減弱政府的權力，而是要求有權的人必須負起責任。相形之下，美國則因為其經驗教訓而認為權力集中所帶來的危險，遠超過它所能帶來的好處。從這一點不同，我們可以發現兩國對政府態度的不同。英國人比較支持積極干預的政府，希望政府在社會福利及公共問題上多使上力。

英美兩國雖然同具個人主義的價值觀，但是英國卻沿襲歐洲的傳統而有階級團結及社會分立的特徵。社會階級將英國分成明顯的團體區隔，並且在二十世紀 70 年代以前是英國政治的基本分裂因素。在社會上英國的階級差異性很顯著地反映在講話的型態及音調上。造成社會分立的重要因素之一是英國的教育制度。在美國以及許多其他國家的情形，是一個人的教育和職業容易決定其社會地位，但在英國卻是社會地位決定教育及職業。一直到英國政府在 1980 年代對教育制度進行改革之前，大部份的英國學生在 16 歲完成義務教育後就離開學校。傳統上英國人並不很重視社會階級的流動性。美國人的經驗則相信只要勤勉向上就可以改變其社會地位。公學校 (public schools) 是英國階級分立中最明顯的特徵。公學校實際上就是中上階級的子弟就讀的貴族學校，有其政治及社會地位的象徵。公學校的畢業生是就讀牛津及劍橋大學，以及畢業後從政的保證。在二十世紀的 70 年代前，英國的中上階級常視從政為取得崇高社會地位的榮譽生涯。

　　英國的憲政主義著眼於權力集中的架構下，以要求負責任來限制政府權力的使用，而英國社會階級的區隔則使權力容易由中上階級來掌控，下一章我們將討論英國人民如何從事他們的政治活動，以達到要政府負責的目的。

【第二章】
英國的選舉制度與投票

　　民主國家的選舉有其重要的政治目的。第一，政府是經過大家所接受的選舉過程而產生，才奠定它的正當性，因此選舉是政治正當性的基礎。第二，透過選舉的過程，選民有機會選舉一個他們想要的政府，例如在議會內閣制的英國，通常獲得多數議席的政黨黨魁，就會出來組織內閣。第三，選舉提供公共政策的方向，特別是當政黨及候選人公開支持某一個政策方案時，更是如此。第四，選舉提供一個制度化及非暴力性的途徑，以解決紛爭及更換政府。對人民而言，偶爾去投票則是他們唯一的政治活動，更是要政府負責任及對集中的政治權力加以限制的最後一道環節。每當在任的首相在大選中敗北，一輛搬運卡車就會在第二天停在唐寧街 10 號前，準備新舊任首相的交接。這說明公開而競爭性的選舉，是達到政治及憲政變遷的和平手段。

第一節　英國選舉權擴張的意義

　　英國是一個相當尊重傳統的國家，因此傳統是變革的基礎，而非變革的阻力。英國政治體系成長的重要特徵是在傳統持續的前提上，針對社會環境的變遷以及文化價值的變化，來作相對的調適。這種調適的現象明顯地表現在其選舉權擴張的歷程上。**英國選舉權的漸進擴張同時與它民主化的進程環環相扣。**

　　遠在十二世紀當英王因為財政上的需求，而召開大會議對全國各地的貴族和諸侯讓步時，就已有了選舉權的雛型，但是一直到十七世紀時，仍只有少數的貴族及平民透過巴力門而擁有現在一般所稱的選舉權。即使到 1800 年也仍只有 3% 的人民享受到選舉權。面對工業革命所帶來社會結構

的變化，英國的當權階級終於承認中產階級在政治上應該有的地位，而開始作漸進的改革。在 1832 年所通過的大改革法案 (the Reform Act of 1832) 中，除了重劃國會選區，廢除腐化城鎮的代表權外，並增加擁有選舉權的人口為 5%，使少數中產階級開始有參政的機會，全國因此共增加 217,000 個公民。更重要的是這個法案通過後，原本只要在地方上被提名，便可當選為國會議員，但是此後的國會議員雖然仍為大資本家和地主所把持，但是卻是由有選舉權的公民所選出❶。一方面議員必需為他們的表現負責，作為爭取連任的條件；另方面，國會內部的派系原本只是議員間基於私人友誼及利害關係而結合的團體，現在則為了爭取選舉的勝利，而必需擴大為全國性的政黨組織。因此英國選舉權的擴張，當代政黨的形成與民主化的成就三者都是漸進而為，但又彼此密切相關。

　　1832 年的改革主要是英國保守黨面對社會變化的洪流，而認知到接受改革的必要性。這也說明除非社會上的特權階級有調整及改革的誠意，否則危險而無法控制的激烈革命，就有可能將既存的社會秩序完全衝毀。美國哲學家胡克 (R. Hook) 對此有一番精闢的看法，他說：

　　「唯恐改革會造成社會的動盪不安，甚至革命，因而拒絕任何有意義的改革；這種作法忽略了人類政治經驗中最深刻的教訓，那就是：不能及時提出適應變遷的情況所必要的改革，特別是人民當中為數不少的人有合理的積怨時，幾乎是毫無例外的，會造成更大的社會動盪。」

　　1867 年選舉權再度擴充到勞工階級，共有 100 萬人取得投票的資格，並開始實施祕密投票，及立法禁止賄選及不法的選舉行為。但是一直到 1883 及 1884 年的法案大多數的男性才擁有投票權，使公民增加了 200 萬人，並規定各選區的範圍大小必需相同。全體男性投票權及超過 30 歲的婦女的選舉資格到 1918 年才獲得實現。1928 年婦女的選舉權降低為 21

---

❶　David Cannadine, *The Decline and Fall of the British Aristocracy* (New York: Anchor Press, 1990).

歲，使公民增加了 700 萬人，20 歲成年普選權正式成為事實。1948 年的改革實現了一人一票等票同值的民主常規，廢除大學投票及議席，使久受批評的制度如擁有財產，經營企業或具有碩士資格的人，可以有 2 倍到 3 倍的投票權，完全廢止。1969 年選舉權年齡正式降為 18 歲，歷時一個多世紀的選舉權改革乃告完成❷。

　　從英國選舉權漸進而溫和的擴張過程中，可以發現這是一種由上而下的過程，是社會進步變遷在先，改革跟著而來；每改革一次，社會上的弊端和政治上的風險便跟著減少。選舉權擴張的好處可以從英憲法學者白芝浩的一段話中看出：

> 「每一群新近獲得選舉權的選民，仍維持他們的政治文化，而在基本態度上沒有重大的改變，使得選舉改革所產生的衝擊，不會立刻感覺到。從另一個角度來看，由於一連串的選舉改革，使得原來以激烈變遷為訴求的團體，更無法得到人民的支持，反而提高人民對改革後政權的支持，大有助於從 1870 年到 1920 年間，英國在海外從事的殖民地擴充活動。」

　　英美兩國目前對投票權要求的條件基本上相同，但是在投票註冊登記上卻大有不同。英國政府主動將有投票資格的人註冊，因此只要選民願意就可以投票。相對於英國政府主動「邀請」選民投票的作法，美國要由選民登記註冊後，才具投票資格的作法，既剝奪了許多選民的投票權，也是造成美國投票率低的因素。從 1948 年英國開始實施通訊投票，方便那些不能親自投票或因要務而離鄉的人投票。通常中產階級比藍領階級更可能登記通訊投票，因此相對有利於保守黨的動員。

　　英國目前有 659 個選舉區，為了確保每一個選民選票的價值不會相差太大，在全國 4 個島都分別設有一個公正的選區劃分委員會 (Boundary

---

❷　有關英國的選舉改革，參見 S.E. Fiaer, *Adversary Politics and Electoral System*(London: Anthony Wigram, 1975).

Commission)，針對各個選區的大小及人口的數目作定期的檢查，每 10 年到 15 年提出調整的建議。每個選區平均人口為 52,000 到 81,000 人。有一個獨立的選舉委員會負責對於各政黨所收到的捐款及選舉花費進行監督，並檢討選舉法令及實施情形。跟其他西方國家相比，英國選舉的競選經費相當低。對於所允許的最高競選數目會因為選區的大小及位置而有不同。1992 年對各主要政黨候選人所核准的最高額度是 1 萬 3 千英鎊，每一個候選人的平均支出則為 1 萬英鎊。跟美國不同的是，英國政黨不得在媒體（如收音機及電視）購買廣告，而是由政府公費支出。從 1974 年起英國才開始在報紙上作政黨廣告。

第二節　英國選舉制度及其影響

在盎格魯撒克遜民族所組成的國家中，除了澳洲及紐西蘭（後者於 1993 年改採比例代表制），其餘英國、美國、以及大英國協的成員印度、馬來西亞也都採用單一選舉區相對多數決的選舉制度。在西歐則因為多元族群的社會，所以大部份的國家都採用比例代表制，英國及法國第五共和（後者採單一選舉區兩階段投票制）是僅有的兩個採行單一選舉區的國家。就如同運動場上不同的競賽規則可能會影響參賽隊伍的勝負及名次，不同的選舉制度也不可避免地會產生不同程度的政治影響，受到影響的客體主要是政黨以及國會中的政黨結構。因為在不同的選舉制度下，各政黨分配到的國會席次可能跟它所得到的總票數出現極大的落差。

英國的單一選舉區相對多數決，又以首先通過標竿 (first-past-the-post) 著稱，意指任何候選人在他所屬的選區中贏得最高票，則不論他是否取得絕對或相對多數，他就取得該選區唯一的議席，因此這種選舉制度的特點是贏者通取 (winner-take-all)。由於議席只有一個，因此選民在選舉時通常不願將選票投給原本要支持的第三黨候選人，以免浪費選票，而會傾向將選票轉投給原先不準備支持的兩大黨候選人中較不被討

厭的一人，這樣就可以防止他們所最不喜歡的候選人當選。這就是學者們所通稱的策略性投票 (strategic voting)。在杜法傑 (M. Duverger) 所稱的這種心理因素影響下，他從所作的經驗性研究中發現，**在一個社會紛歧程度不是很高的國家中，如果採用這種選舉制度，通常會造成兩黨制。這就是著名的杜法傑法則 (Duverger's Law)**。事實上採取此等制度的英國、美國、加拿大和以前的紐西蘭，也的確都出現兩黨制。從 1945 年英國舉行戰後的第一次國會選舉起，除了 1951 及 1974 年 2 月的選舉外，都由兩大黨獲取絕對多數的選票，並由一黨得到絕對多數的議席，因此都由一黨組成一個負責任的政黨政府 (responsible party government)，意指負責組成內閣的政黨，因為在國會中掌控多數議席，又有嚴格的黨紀來約束黨籍議員，所以它所要的政策及法案都能夠在國會中獲得支持，內閣政策的成敗自然無法推諉給其他政黨或因素❸。

在單一選舉區的制度下，對兩個大黨絕對有利，第三黨或其他小黨則不易壯大或取得生存的空間。但是卻也由此而衍生出這種選舉制的嚴重缺陷：不公平並扭曲選民意志，以及代表性不足❹。讓我們先設想在某一個選區中，如果只有兩個政黨競爭一個議席，則得到最多選票的候選人，必然會贏得絕對多數的選票，那麼這名當選人起碼代表過半選民的意志。但是如果有 3 個或以上的候選人角逐一個席位，則由於多位競爭者所造成的選票的分散，當選的候選人所獲得的選票就不可能超過總票數的一半，甚至所得的票數會少於各落選人所得票數的總和。這就會使當選人的代表性及正當性嚴重不足。例如 1974 年 2 月的國會選舉中，就有 408 席（佔全部席次的 64.3%），是以少於過半數的選票而選出當選人。個別選舉區的這種不合理現象，扭曲了選民的意志。這種情形當然也會反映在全國性的選

---

❸ Anthony King, ed. (Chathan, NJ: Chatham House, 1992).

❹ M. Duverger, "Duverger's Law: Forty Years Later," in Bernard Grofman and Arend Lijphart, eds., *Electoral Laws and Their Political Consequences* (New York: Agathan Press, 1986).

舉中。如同表 2-1 所顯示，1983 年的選舉中，當時的自由黨在全國各選區所得選票佔全部選票的 25.4%，卻因為選票分散各選區，而只得到 3.5% 的議席（17 席），而第二大的工黨以略多於自由黨的得票率 27.6%，卻得到 209 席，兩黨所獲議席相差達 10 倍以上！因此政黨所獲得的議席數可能跟它在全國所獲得的選票不成比例（見圖 2-1）。

表 2-1 英國國會選舉中各政黨所獲選民支持及席次：1974-2010

選舉年次	選民對政黨支持 (%)				各黨所獲席次				總席次	投票率
	保守黨	工黨	自由民主黨	其他	保守黨	工黨	自由民主黨	其他		
1974（2 月）	38.2	37.2	19.3	5.7	297	301	14	23	635	78.7
1974（10 月）	35.8	39.3	18.3	6.7	277	319	13	26	635	72.8
1979	43.9	36.9	13.8	5.4	339	269	11	16	635	72.0
1983	42.4	27.6	25.4*	4.6	397	209	23	21	650	72.7
1987	42.3	30.8	22.6*	4.3	376	229	22	23	650	75.3
1992	41.8	34.4	17.8	5.8	336	271	20	24	651	77.7
1997	31.4	44.4	17.2	7.0	165	418	46	29	659	71.3
2001	31.7	40.7	18.3	9.3	166	412	52	28	659	59.4
2005										
2010	36.1	29.1	23	11.8	306	258	57			

*指自由黨及社會民主黨（聯盟）所得票數的總和

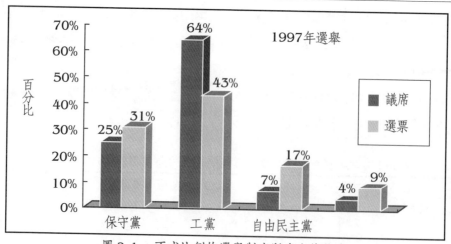

圖 2-1　不成比例的選舉制度所產生的效應

　　換言之，政黨在全國所獲得的選票跟它所贏得的平民院議席並沒有關連。因為就如 1951 年及 1974 年 2 月的選舉中所發生的，在全國獲得較小選票百分比的政黨，可能比獲得較多百分比選票的政黨，取得更多的議席。工黨在 2002 年的選舉中也僅以 40% 的選票而贏得 62% 的議席。因此這種選舉制度所造成的另一個弊病是政黨所獲得的席次百分比跟它所獲得的選票百分比不成比例，形成大黨過度代表及第三黨低度代表的現象（見圖 2-1）。從 1935 年以來的歷次選舉中，從未有一個政黨獲得全部選票的 50%，但是在戰後 16 次選舉中的 12 次，執政的政黨卻都擁有穩定的絕對多數。目前的選舉制度不只使兩黨制更顯得根深蒂固，而且使自由民主黨所擁有的發展空間大受限制，因為無論它有多好的人才或多吸引人的黨綱，選民即使有意願投給它的候選人，也會因為廢票的考量而改投他黨。自由民主黨如此，其他小黨當然更難成長。

　　這種得票率與席次不成比例所反映出來的不公平現象以及對選民意志的扭曲，確實使英國的選舉制度受到許多責難，但是它的優點卻也不容否認。第一，它可以避免國會出現分裂多黨的局面，偏激的政黨更難以獲得支持，有助於政治穩定。其次，在兩黨制之下獲勝的執政黨必然在國會中

掌控絕對多數的席次，施政的成敗完全由其負責，責任分明。第三，在這種制度下候選人為了獲勝，必須採取中間溫和路線作訴求，以便爭取到廣大中間選民的支持；它所發揮的溫和效應，對於講求務實主義的英國有相輔的作用。

第三節　英國選民對兩黨支持的衰退

　　單一選舉區的選舉制度確實支撐了英國國會中兩黨制的結構，在選舉中取得執政地位的政黨，也多擁有足夠的席次組成一個堅強的政府，來貫徹其政策。這也正是英國能夠有一個負責任的政黨政府的原因。從二次大戰結束以來的各次選舉來看，保守黨及工黨兩大政黨的確獲得絕對多數的選票，並由其中一黨取得平民院的控制權。其中又以 1951 年的選舉為兩黨制的高峰，是年兩黨的總得票率達到 96.8% 的高峰，等於全部合格選民的 77%。

　　但是從該年起，選民對兩黨的支持就持續地下降，終於導致 1974 年 2 月的選舉中出現一個少數政府，組成政府的工黨所獲席次比絕對多數還少 33 席；同年 10 月的選舉中，執政的工黨勉強比絕對多數多出 1 席。這種情形所反映出來的事實，就是兩大黨所獲得選票百分比也持續在衰退。在 1966 年的選舉兩黨共獲得 89.8% 的選票以後，兩黨在此後歷次大選中所獲得的總票數始終在 75% 左右打轉，1983 年及 2001 年更分別只有 70% 及 72.4% 而已。相對的，兩大黨以外的各個小黨無論在所得票數或所獲席次上，則呈漸進成長的趨勢。在 1951 年其他各小黨總共只獲得 9 席，其中 6 席是自由黨所得；各小黨所獲總票率也只有 0.32%。但是到 1974 年兩次的選舉中，各小黨總共得票率卻分別為 25.4% 及 24.9%，所贏得議席則分別為 37 席及 39 席。到 2002 年的大選，兩大黨以外的小黨總得票率達 27.6%，已快達全部總數的三分之一，所得席次則為 81 席。這些數字不只明確顯示出兩大黨在所獲選票及議席上，都呈直線滑落（見表 2-2），而且也指出英國政黨日趨多元化的事實。

　　造成選民對兩大黨支持衰退的因素有二。第一，戰後英國經濟不斷發展，人民所得增加的結果除出現一批勞工中產階級外，社會對政黨階級認同的意識降低，對兩大黨認同的比例也跟著下降❺。第二，現代化持續進展的結果，社會分裂程度增加，許多單一議題如環保、反核及地方民族主義團體如以北海石油為訴求的蘇格蘭民族主義黨、威爾斯及北愛爾蘭的區域性政黨都紛紛出現，自然擴大政黨多元化的趨勢。

　　除了兩大黨在歷次國會大選的總得票率大幅減少之外，英國政黨多元的趨勢也反映在每一個選區參選候選人的數目日趨增加的情形上。當每個選區候選人的數目平均維持在 3 或 4 人，甚至 5 或 6 人的時候，就印證了英國社會多元化的趨勢，已非兩大黨的黨綱所能完全整合。

　　從以上的分析中，我們可以對英國的政黨政治得到一項很重要的觀察結果，這項結果幫助我們回答一個問題：**英國究竟是兩黨制或多黨制的國家？** 從政治過程（即參與競選的人數）和兩大黨在總票數所獲得的百分比來看，英國已經是一個多黨制的國家，但是如果從選舉的結果來看國會中的政黨結構的話，則英國仍是一個兩黨制的國家。瞭解這個結論是掌握英國政黨政治的關鍵，因為英國若非採取單一選舉區相對多數決的話，那麼在 30 年前它就會出現一個多黨制的國會結構，英國政局也不會是今天的面貌。唯其如此，所以自由民主黨一直主張將英國的選舉制度改成比例代表制。1997 年的國會選舉中，標榜「新」工黨的選舉公告中聲明將透過公民複決投票的方式，把選舉制度改成比例代表制。但是如今已經歷了兩次選舉，工黨也仍然繼續執政，卻未見有何這方面的動靜，可見選舉制度的改革並非易事！

---

❺　Ivor Crewe, "Labor Force Changes, Working Class Decline, and Labor Parties", in *Postindustrial Societies*, ed. Frances Fox Piven (New York: Oxford University Press, 1992).

第四節 選舉的種類及趨勢

英國有兩種全國性的選舉：國會大選及補選。在大選中勝選的每一名議員任期 5 年，所以至少每隔 5 年必需選舉一次，但是跟美國不一樣的是，議員的任期並不固定，因為首相可以選擇對自己政黨最有利的時間解散國會，來舉行新的選舉。因此從 1945 年起只有兩屆國會任滿 5 年。另外如兩院都同意的話，則 5 年的任期可以延長，例如兩次世界大戰期間。英國的選舉活動最長只有一個月，因此候選人幾乎平時就已經產生，可以隨時加入選戰。近年來由於電視媒體發達的結果，所以競選活動越來越集中於兩黨黨魁的形象及特質，來決定選舉的勝負。任期未滿期間如果發生議員死亡或辭職，就必須舉行補選，通常執政黨比較容易在補選中喪失席位；而且補選的投票率較低。

有關選舉權的改革問題，工黨在 1997 選舉獲勝後，曾組織一個由臻肯士爵士 (Lord Jenkins) 成立的工黨及社會民主黨研究小組，但是研究結論認為，任何對現時選舉的改變，雖然有助於各政黨代表權的增加，卻可能使工黨失掉選舉時的多數席位。因此，有關比例代表制之類的提議，自然不再被討論，選舉權的改革也就不了了之。

但是選舉制度的改革，卻在英國參與歐洲的巴力門、蘇格蘭、北愛爾蘭及倫敦的選舉上，出現改變的事實。除了 1998 及 2003 年兩次北愛爾蘭國民議會的選舉，採用近乎比例代表制外，英國的歐州議會選舉也從 1999 年起，亦採用比例代表制，蘇格蘭及倫敦市的選舉亦然。

英國傳統上比較中意代議政治中的限制性民主，而非參與式民主，再加上不定期的國會選舉本身就含有對政府的施政成績進行檢驗的意義在，因此英國從未像其他歐陸國家那樣舉行公民複決投票。但是 1975 年英國為了是否應該繼續成為歐洲共同市場的成員國而發生爭議，執政的工黨內部更為此而意見紛歧，威爾遜首相被迫只好採取權宜之計，將此議題交由

公民投票來定奪。選民公民投票的結果以壓倒性的比數贊成，反對的一方只能暫時將反對立場緩和下來。但是這項因特殊議題而臨時起意的政治作為，卻從此成為必要時解決問題的設計，因為在 1977 年英國政府又為了是否將權力下放給蘇格蘭及威爾斯，而再度舉行公民投票，結果是公民予以否決。1992 年攸關歐洲聯盟（歐盟）成立的馬斯垂克條約 (the Masstricht Treaty) 又引發英國強烈的爭論。面對英國應否進一步被整合到歐盟並犧牲部份主權的重大議題，有人主張應該交由人民來決定。但是保守黨首相梅傑認為在代議民主下的民意代表，即使遇到如此重大的問題，也應該有權作合法的決定，如果凡事推給人民作公民投票，那將意味著國會本身不克勝任，因而破壞國會的權威；而且這也違背了英國憲法中巴力門權力至上的基本原則。這次的爭論雖告結束，但是由於英國重視先例，因此將來如果再啟動公民投票的機制，應該不太意外。

【第三章】
英國的利益團體

　　法國思想家盧梭在十八世紀曾經嘲笑英國人是定期選舉制度下的奴隸，認為英國人只有在大選時才能影響政府的政策。但是二十世紀以來的現象顯示，選民除了可以在他們所屬選區以投票表達自身意志外，還可以經由他們所加入的團體，利用集體的力量向政府表達他們要求政府在政策上的作為或不作為。換言之，選票只能定期地表達個人的態度，利益團體的出現卻使人民可以一直有機會在特定的範圍內影響政策。

　　國家能承認及容忍社會紛歧的利益，是利益團體能夠活動的必要條件。英國是一個有歷史傳統的民主國家，因此內部自然有許多成熟的社會團體的存在，而且有足夠的會員支持這些團體的活動。英國有一半以上的成年人會加入一個或以上的團體，而且每 10 人中就大約有 1 個加入 4 個或以上的團體組織。這些團體都是屬於自願性的社團，所表達的意見或所提要求，可以彌補選舉時代表性角色的不足，而讓局部性的情緒或利益有得到宣洩或滿足的機會。當然，利益團體過度活躍所可能導致對國家整體性利益的傷害，也必需加以注意。因為英國政治傳統上是為兩黨及兩個階級的架構所左右，因此組織上最有效及最具影響力的團體都跟階級及工業利益有關。

第一節　英國利益團體的特徵

　　跟其他國家一樣，英國利益團體的活動也受到政治環境的影響，而以重要的決策機關為其活動的重點，並且各團體內部的結構和決策的型態上，也與英國中央集權極其類似。這點認識至關重要，因為憲政體制的結構關係到利益團體遊說的對象，動員的規模以及它影響的範圍。美國因為採行

三權分立及地方分權的聯邦制，因此政黨組織及黨紀都極其鬆散，決策權力也分散於總統、國會、法院及各個政府之間，利益團體的遊說活動自然也必須分佈於這些機構上。特別是在聯邦政府的層次上，由於三權分立的架構以及政黨黨紀鬆弛的結果，行政部門與立法機關經常處於對立的局面，政府行政部門所提的政策法案，在國會特別是委員會的二讀階段，會遭受大量的修改。因此美國的利益團體遊說的重點，不在行政部門，而在國會的委員會以及負責法規詮釋及執行的行政部門中的官僚體系，而構成美國學者阿蒙德 (G. Almond) 及包維爾 (G. Powell) 筆下的鐵三角 (triple alliance)。法國則從 1958 年第五共和開始，因為決策大權集中在總統府及資深文官，利益團體自然以此為遊說的重點。

　　英國中央集權的憲政制度使政黨組織也採取中央集權的型態，組織嚴密，黨紀嚴明，再加上在議會內閣制下，內閣的穩定與否及其去留，完全決定於國會內部的同黨籍議員支持與否，因此透過國會內政黨黨紀的貫徹，內閣就匯聚了行政與立法兩權於一身。這種權力匯聚 (fusion of powers) 的現象，不只反映出英國內閣制之所以能夠穩定及有效負起政策成敗責任的原因，更道出英國國會屬於配合型國會的事實，難以對內閣所提法案作實質修正❶。這兩項因素自然就使得利益團體遊說的重點是在政策形成階段的內閣各個行政部門，而非如美國般地擺在國會委員會階段。唯其如此，所以利益團體是否有能力直接跟部長對話，是評估該團體的政治立場及其對政府影響力的重要依據。綜合而言，英國利益團體遊說的重點有別於美國及其他國家，是為其特徵一。

　　其次，就動員的規模及影響的範圍而論，英國是一個中央集權的國家，各社會團體的組織也一樣採取金字塔式的中央集權架構，而由全國性的最高機關掌控大權。這樣的組織型態其優點在於一條鞭的決策模式，可以快速下達全國各地的分層組織，動員的規模及於該團體的全國成員，影響的

---

❶　A.G. Gor Jordan and J. J. Richardson, *Government and Pressure Groups in Britain* (Oxford: Oxford University Press, 1987).

範圍也是全國性。因此當任何一個行業決定罷工的時候，它可以使該行業的服務或生產進入全國性癱瘓。美國為一個聯邦國家，社會團體的組織也屬於地方分權，因此各地區的團體擁有其自主權。同一種汽車工會可以底特律的工人在罷工，但是其他城市的汽車工人卻仍在繼續生產。在美國因為一門行業的罷工而造成全國性癱瘓的情形少之又少。法國雖屬中央集權國家，但是各種工會因為意識形態而分裂，力量及動員的規模相對分散。

第三，英國政府就特定政策與可能受到影響或地位受到肯定的團體進行磋商，早已成為一種文化規範或傳統，因此政府與社會團體間的關係相當密切。當政府要提出某項法案或在政策上要作某種改變時，它就會邀請相關團體進行互動，而由各團體基於專業性知識的背景，提出它們的見解或意見。這種雙向溝通對於政府及利益團體都有好處。一方面，政府可經由諮商而獲得專業資訊，並藉此機會緩和批評的聲浪，並修改計劃以取得團體的支持。相對的，利益團體則獲得官方的尊重，有機會在最初階段影響政策，並瞭解該相關部會的想法。政府與團體間關係最密切的，當屬全國農人聯合會與農業部，以及英國醫藥協會和健康社會安全部。

最後，英國的利益團體，特別是工會，與各主要政黨充分整合在一起。工會提供工黨十分之九的團體會員以及年會的選票，也佔工黨總收入相同的數目。各工會控制工黨全國執行委員會 28 個席位中的 18 席，並為工黨半數國會議員積極助選。因此英國工會與工黨間的關係，遠比美國民主黨和全國勞工聯盟 (AFL-CIO) 的關係更為密切，因為全勞聯在民主黨代表大會上並沒有發言權，也無投票權。

跟其他國家的保守性政黨一樣，英國的保守黨與工商團體及農業組織維持相當密切的連繫，但是跟工黨不同的是，保守黨與企業組織並沒有正式的制度性連繫，後者主要是對保守黨提出財政捐獻。

第二節　英國重要的利益團體

　　最足以影響英國政治的利益團體是工會及工商業團體。英國因為工業革命的關係，所以在十九世紀下半期由勞工組成了工會，要求政府採取更積極的勞工政策。1868 年更有了工會聯合會（Trade Union Congresses，以下簡稱 TUC）的組織，進行政治遊說。TUC 就是現在工會的前身，它是一個由各個工會所組成的鬆散組織，對各個工會並沒有管轄權，而只是代表所有的工會，以集體的力量去達成個別工會所難以達成的目標。從二次大戰起，TUC 就一直參與不可勝計的政府委員會，經濟問題的顧問，農業市場董事會，以及消費者委員會，並對一般的經濟及社會問題表達意見；TUC 的領袖們更不放棄參加任何可以影響社會視聽的機會。

　　工會一直跟工黨維持密不可分的關係，是工黨大批黨員和財政支持的主要來源。在 TUC130 個工會中，有 59 個跟工黨的關係密切，因為它們中有 60% 的會員繳納政治捐款，而自動成為工黨黨員。這些工會會員年年供應工黨所需經費以及選舉時的各項費用。工會在選舉黨魁的選舉人學院中佔有 40% 的選舉權。工會除支持議員競選外，並建立起跟各部會的聯絡網，試圖對政策直接產生影響力。雖然工會與工黨關係密切，而且工會也寧願出現一個工黨政府，但是二者間的合作卻並非很愉快。

　　工黨領袖為了展現工黨全國性的視野及執政的能力，一直都在避免予人事事聽命於工會的印象。結果是工黨政府所採取限制工人收入的政策，反而要比保守黨政府為多。另外，工會在工黨內部所代表的左翼勢力，常與工黨的國會黨部發生嚴重的政策上衝突，也是工黨發生分裂的一項重要原因。除外，兩黨政府也都視工會的力量為一個問題。經歷過 1970 年代一連串的工潮，以及所因而產生的政治對抗以後，工會的力量已經隨著政治和經濟氣氛的轉變而趨式微。再者，由於保守黨在 1980 年代執政，採取從立法途徑限制工會罷工的權利，高失業率及工會會員減少的結果等因

素，工會談判的聲勢也比以前降低❷。1997 年工黨重新執政，布萊爾首相繼續從立法及黨章修改的途徑，來節制工會在政府及工黨內部的影響力。因此目前英國工會的力量是處在一個較平靜的狀態中，不像往昔那樣工潮洶湧，而影響英國的經濟生產及社會安定。

代表工商業利益的全國最高團體是英國工業聯合會 (the Confederation of British Industry, CBI)。它是在 1965 年由 3 個團體合併而成，包括英國僱主聯合會、全國商業製造業協會，以及英國工業界聯合會。目前 CBI 共有公司會員 1 萬 2 千多家。由於成員紛歧，所以它就像 TUC 一樣，對任何可能影響到資本家的重要議題，都很難有一致的意見。因此 CBI 雖然由約 200 名會員組成執行委員會，但是任何決定都是經由討論而非投票方式達成。它與保守黨的關係理應極密切，因為保守黨在各選區的領導階層皆由其成員出任。但是 1979 年保守黨執政後採取與各利益團體敬而遠之的態度，CBI 在保守黨政府下的影響力反而沒有大家所期待的那樣高。

除了 TUC 及 CBI 兩大利益團體之外，另外一個少為人注意，但影響力甚大的團體是倫敦市在金融政策上的地位。英國經濟從十八世紀就以國際為取向，因此倫敦市具有 250 年歷史的國際金融中心的光榮地位。即使今天大英帝國中衰，但是倫敦市仍然是將英國經濟導向海外投資及國際商業交易的重要因素。倫敦市的聲響及英鎊的地位仍然是英國強權的象徵。也因此倫敦對英國的經濟政策及保守黨政治走向仍有相當的影響力。倫敦金融區（一如美國紐約華爾街）的高級財政官員不斷地遊走於政府職位和市內的私人公司。他們的專業及實際的經驗廣泛地影響到政府的政策，如 1986 年政府對倫敦股票交換所解除管制，就是一例。

從 1960 年代起跟其他工業國家一樣，英國也興起了新社會運動。它跟傳統上只講求團體或成員利益取向不一樣，而是專注於探索社會價值的

❷　David Marsh, *The New Politics of British Trade Unionism. Union Power and the Thatcher Legacy* (Ithaca, NY. ILR Press, 1992).

基本問題，其組織較鬆散而又民主。這類組織包括婦女運動、反核及環保運動。它的興起多少反映傳統以階級為基礎作為討價還價的管道已經受到質疑，代之的是後物質時代的一個思考新方向。

第三節　利益團體地位之變化

　　利益團體的活動是當代民主政治的基本特徵，經由它所進行的活動，而跟選民的投票行動並駕齊驅地在民主社會中運作。由於它們反映了大眾所關心的事務的品質與關心的程度，因此它們至少相當程度地彌補了民主政治的缺陷之一：政府決策時所需資訊的量與質的不足。但是利益團體常受到的批評是，它們往往只代表局部，有時甚至是自私的利益。這的確是民主政治中一個值得重視的問題。因為如果利益團體只代表某些偏狹性的利益，那麼獲得政策好處的團體，可能只是那些比廣大沒有受益的納稅人更有組織而又更熟練的少數而已。但是如此一來，那些較無組織、組織不健全或社經地位不高的人的利益，又將如何受到保障？其次，美國學者羅維 (T. Lowi) 認為，政府所制定的政策都是重要利益團體同意或接受才形成的❸。這種政策形成的過程不只疏忽了無組織一群人的權利，而且因為此等政策以不破壞現狀為目標，所以就顯得太保守，無形中阻礙了社會的進步。比爾 (Samuel Beer) 也認為英國利益團體的力量太過強大（原因就如前所述），所以任何政策只要侵犯或損害到它們活動範圍內的利益，它們就有辦法將任何新的政策加以否決，結果就使英國陷於「多元性僵止」(Pluralistic stagnation)。拿羅維和比爾的批評，再來看歐遜 (M. Olson) 所提警告，他認為利益團體過度活躍的結果，可能帶來經濟衰退和國家沒落的後果❹。這三個人的警語提供一個印證英國經驗的基礎。

---

❸　Theodore J. Lowi, "The Public Philosophy: Interest Group Liberalism," *American Political Science Review*, 61, 1967, pp. 5-24

❹　Mancur Olson, *The Rise and Decline of Nations: Economic Growth,*

英國從一次大戰期間因為政府戰爭運輸軍火及物質的需要，跟民間團體及企業的接觸漸趨密切。到二次大戰期間這種雙向溝通更見頻繁而迫切，許多民間團體如製造業公會就成為半政府組織，以確保有限的資源能作最有效的運用。這種政府與團體領袖們之間的協商機制乃因此變成常態，繼續維持到戰後。比之於法、德、日等國因為戰爭的破壞，而使得它們的利益團體必需在戰後的廢墟中重建，英國重要的社會團體不只有中央集權的機制來壯大它們的動員力量，而且從未因戰爭而中斷這些組織的活動，因此它們的組織幾乎可說是盤根錯節地在社會生根。英國利益團體的影響力大於其他國家的原因，與此有很大關係。1970 年代初期英國面臨經濟蕭條，各種利益團體紛紛動員欲爭相瓜分突然緊縮的經濟大餅。其中以英國煤礦工人協會所發動的罷工規模最大，對經濟的影響最為深遠。當保守黨首相希斯 (Edward Heath) 最後終於動怒而公開質問「到底誰在統治（英國）」(Who governs?) 的時候，雙方終於攤牌。希斯以近乎對抗的方式宣佈解散國會。英國選民顯然並不喜歡這種對抗政治，因此造成 1974 年 2 月保守黨在大選中的失敗，希斯不僅失掉首相寶座而且辭去黨魁之職。工黨政府上臺之後，一如希斯政府一樣全力處理工會問題，以圖減少罷工的頻率、縮短罷工的期間，並限制公私部門工資的增加，同時讓 TUC 參與政策的擬定。但是隨著物價的高漲，各工會原先凍結工資的承諾被破壞，罷工又在 1978 到 1979 年間爆發，這就是所謂的「不滿的冬季」(winter of discontent)。在緊接著的 5 月國會大選裡，工黨自然失利，英國進入保守黨柴契爾政府時代。

柴契爾夫人上臺之後，不再像往昔那樣強調與各種利益團體間的談判與妥協，也不再承認許多利益團體主張的正當性。她積極透過立法來限制工會罷工的權利，並對工會內部的決策進行規範，規定工會對重大事項必須由會員進行投票❺。隨著工會在工業爭端談判中的失利，大規模失業（特

Stagflation, and Social Rigidies (New Haven: Yale University, 1982).

❺ Jim Bulpitt, "The Discipline of the New Democracy: Mrs. Thatcher's

別是在傳統上組成工會的製造業中），以及整體社會對工會印象的改變，使得工會無論在會員總數、強硬的作風以及影響力等等都持續下降。1984 年柴契爾政府決定將不符合生產利益的礦坑封閉，英國煤礦工會反對。當雙方無法取得協議時，煤礦工人再度罷工，目的是希望既保住工人的工作，又在政治上將柴契爾夫人趕下臺。但是柴契爾夫人強硬作風一如當年的希斯，只不過這次英國民心已厭煩工潮，政府又透過司法機關下令禁止動用工會的基金。結果是罷工長達數月後，政府作小幅度讓步，雙方爭議告一段落。但是當年希斯在憤怒之餘所發出的質疑，卻終於得到了答案❻！

綜合而言，二十世紀英國政府與利益團體間的關係發展可以分成三個階段。從一次大戰開始到 1970 年代初期，是雙方密切互動關係良好的時代；1970 年代到柴契爾夫人上臺前這段時期，則是經由團體磋商來進行決策的政治型態，使英國進入「新統合主義」時代，強調參與業者利益應受到重視，以及政府與此等團體協商的必要性，使政府及重要工商業團體都能分享決策的權力。但是這種共享決策的模式，因為英國工會聯合會常無法牽制各工會非正式通過的罷工行動而終告失敗。這正說明英國全國性最高團體對組織成員的控制不強，是有別於瑞典、德國及奧地利等新統合主義的國家。

1979 年保守黨政府上臺之後，柴契爾夫人基於新統合主義的失敗，不再如以往那樣重視跟利益團體間的談判與妥協，也不再承認許多工會所主張的利益的正當性，轉而採取的策略是：與企業團體及工會保持適當的距離，以凸顯出國家制定政策的自主性。在這種敬而遠之的策略下，政府集中力量於政策的制定與執行，強調以立法達成目標，而不讓利益團體有阻撓國會立法的機會。結果是經由立法的途徑，利益團體本身的自主性受到

Statecraft", *Political Studies*, 34: No.1 (1986), pp. 19–39

❻ David Marsh, *The New Politics of British Trade Unionism: Union Power and the Thatcher Legacy* (Princeton, N.J.: Princeton University Press, 1986).

以往所沒有的限制，這使得工會經由抗爭的途徑來反對政府政策的機會和能力也就大量減少。柴契爾嚇阻工會的另一個策略是將國營事業私有化，使工會活動的空間更受到壓縮。新統合主義至此就一去不復返，1997年新工黨執政，此項路線仍被拒絕。

【第四章】
英國的政黨

第一節　英國的政黨體系

　　英國是一般所稱的議會內閣制政府，這麼一個大家熟知的稱呼，實際上卻涵蓋**英國政治過程中三個極為重要的政治制度：國會、內閣及政黨。**政黨是國會大選時權力市場中競爭的主角，國會大選中獲勝的政黨黨魁成為競爭最大的贏家，受英王之命出來組織內閣。因此政黨堪稱是英國民主政治所聯結議會及內閣的有機體。透過政黨間的競爭，國會這個立法機關很自然地產生了負責行政決策重任的內閣。但是如果我們從歷史的角度來看的話，那麼更應瞭解當代英國政黨的出現，是民主化潮流下的產物，也因此是英國制度變遷的一個催化劑，因為是政黨的出現使英國從原先的議會制政府轉型為內閣制政府。

　　在十九世紀中葉之前，國會內部只有因為個人間的關係或利害與共而結合成的派系。由於選舉權的擴張，特別是在 1867 年的改革使得英國擁有選舉權的公民達到 100 萬人以後，各派系才感覺有必要以選區為基礎組成政治團體，來爭取那些不受傳統勢力影響或賄賂的選民，現代的民主政黨乃因此在英國出現。自由黨對英國變遷中的政治環境反應最靈敏，早在 1861 年就成立獨立於國會之外的中央辦公室 (the Central Office)，保守黨則於 1870 年成立相同組織。工黨則是到 1900 年因工會運動而成立的外造政黨，並於 1906 年的選舉中取得國會的議席。工黨的成立加速群眾性政黨的潮流。因此在二十世紀初，英國有了一個開始發展成型的現代政黨體系，政黨的活動不只是侷限於在位者之間的互動，而是著眼於全國性的草根基層活動，來爭取選民的認同和支持。

在二次大戰結束之前，英國的政黨體系屬於發展茁壯期，浮動而不穩定，少有那一個政黨在國會中掌握過半數席次，因此一般所說的一黨制政府並非常態。例如從 1910 到 1915 年間自由黨政府是靠著其他政黨的支持，而在平民院中維持多數的局面。在一次大戰之後有兩個時期（1924 年以及 1929 到 1931 年間），工黨是以少數政府的身份執政。另外，從 1931 年到 1945 年間有 13 年是以聯合政府的姿態治國。瞭解這個歷史背景，我們就可以發現英國被稱為兩黨制的國家，其實是二次大戰結束後的現象，而且名副其實的兩黨制也只存在於 1945 年到 1970 年之間。1970 年代以後的所謂的兩黨制，只有從國會中的政黨結構來看，才能合乎事實。

既然英國的兩黨制指的是國會中的政黨結構，那麼究竟是那些因素使得這種架構得以維持下來？第一個因素當然是我們在第二章所提到的單一選舉區的選舉制度。在這種制度下，保守黨的選票通常集中在中產階級及中上階層選區內，就如同工黨的選票大部份是來自藍領階級或煤礦工人的選區一樣，而第三黨的自由黨（或其後的自由民主黨）則因為選票散佈全國各選區，難以集中在某些選區，因此所得選票與議席不成比例。第二個因素是英國選民的階級認同對象，分別集中在保守黨及工黨，第三黨只能吸收到對兩大黨不滿的選民。第三，是選舉規範中的保證金制度，使第三黨或其他政黨在決定參與某一個選區的選舉前，必須先考慮到它的候選人是否能獲得至少 5% 的選票，才能取回保證金。因此保證金的負荷與風險對財政困難的第三黨，當然是一大限制。最後，兩黨在競選期間常會以廢票理論向選民作訴求，強調投票給第三黨的候選人，等於是浪費所投的選票，這也使許多喜歡自由黨政策的選民，卻並不投票給它所提名的候選人。

從以上的事實中，我們可以將二十世紀以來的英國政黨體系分成三個時期。從工黨正式成立到二次大戰結束前這段期間，是英國政黨的發展期，卻也是英國社會經濟及政治變化相當快速的時期。在社會上英國的婦女及勞工正式取得選舉權，對工黨的壯大是一股很大的助力，相對於自由黨在 1916 年的分裂，更有助於工黨在權力市場中的角逐。另方面，一次大戰及

大戰結束後經濟情況的艱辛，還有二次大戰的陰影和爆發，以及新的選民的政黨認同仍然處於游移狀態，國家及社會更處於變動中，三黨競爭的局面乃因此而維持下來。從二次大戰結束到 1970 年代初期是英國兩黨政治的穩定期，工黨正式取代自由黨與保守黨分庭抗禮。英國戰後經濟繁榮，工黨社會主義的訴求獲得經歷戰亂及經濟蕭條衝擊的選民的支持，選民也以階級為政黨認同的基礎。再加上選舉制度歷經半世紀的運作，選民開始瞭解單一選舉區的精髓，其政治影響也開始顯現並趨穩定。這些都是促成戰後近 30 年的時間中英國兩黨政治成形的因素。但是如果說這 30 年是社會、經濟及政治相對承平的局面，那麼過去 30 年則又是英國各方面出現激烈變革的轉換期。先是 70 年代初期的經濟衰退宣告了 1945 年以來朝野各界所建立的集體主義 (collectivism) 共識（將在第五章討論）的終止，既提供一個讓第三黨加入為兩黨所壟斷的權力市場競爭的良機，也為 1979 年以後保守黨柴契爾政府的經濟革命而鋪路。另方面，戰後經濟發展的結果使人民的生活水準昇高，個人自主意識增加更使一般大眾開始衍生對兩大黨不滿的心理，原本以階級為基礎的政黨認同逐漸趨於式微。第三，經濟發展也使社會分裂 (cleavage) 程度增加，北愛爾蘭情勢的不安，蘇格蘭民族主義情緒的高漲，威爾斯肩巾黨 (Plaid Cymru) 的地方意識，以及代表極右翼的國家陣線（1983 年以後由英國國家黨 National Party 所延續）的興起；凡此都反映英國原本就非同質性的社會結構，已經益趨異質而多元。這種情形反映在選舉上的結果就不只是每個選區參選候選人數目的增加而已，而且兩大黨所獲選票百分比直線下降，甚至所獲總席次也降到 90% 以下。以 2001 年的國會大選為例，兩大黨所獲選票為 72.4%，是為 1945 年以來的最低點，而所獲總席次更降至 87.5%。

　　杜法傑法則指出單一選舉區相對多數決會有助於兩黨制的形成，但是其前提是社會分裂程度不高。以此來看目前的英國，其社會分裂程度增加的現象已如上述，對兩大黨的衝擊至為明顯。這種趨勢如果繼續下去，會不會不需要實行比例代表制就把英國國會中兩黨制的結構也給衝毀？未來

將會有答案。

第二節　英國主要政黨的政策

　　英國跟大多數的民主國家一樣對政黨少有規範，但是 1998 年的政黨註冊法案准許政黨可以不強迫註冊；接著 2000 年的政黨，選舉及公民投票法案 (The Political Parties, Elections, and Referendum Act 2000) 則規定政黨需強迫註冊，並且成立一個獨立的選舉委員會 (Electoral Commission)，負責政黨基金的監督與調查，以及選舉與公民投票的行政事宜。每一個政黨必需公佈每年財務報表、贈與、禮物及相關費用實況，贈與不能匿名，也不能來自國外。

　　英國的主要政黨有保守黨及工黨，其共同特徵是都為全國性的大黨，凝聚力高，黨紀強，並且意識形態上是溫和取向。從 1945 年起一直是兩黨領袖入主唐寧街 10 號擔任首相。從 1945 年到 2001 年，保守黨跟工黨分別贏得 8 次的國會大選 (見圖 4-1)。在中間溫和的政治文化之下和選民結構的影響下，兩大黨在政治光譜線上，分別代表中間偏右和偏左的立場，以爭取選舉的勝利和執政的機會。跟美國的兩黨制一樣，任何一個政黨偏離中間地帶，都會遭受選舉時的嚴重挫敗，一如 1983 年的國會大選時，工黨因為被左翼勢力所把持而遭受重創。但是終 1980 年代柴契爾夫人執政期間，同樣是以近乎極右翼的保守主義治國，因此這 10 年間稱得上是英國少見的兩極政治。

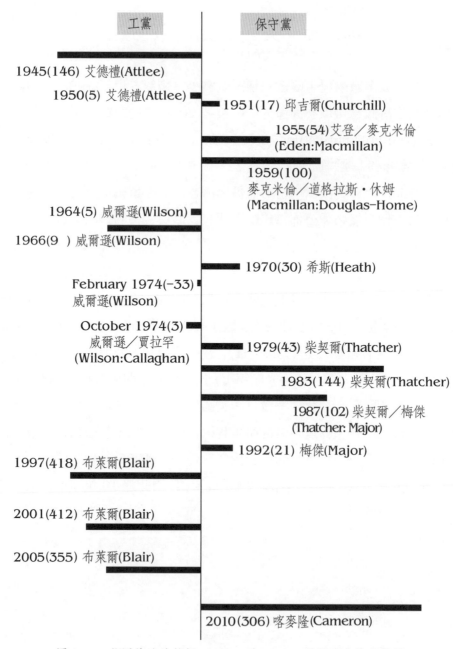

圖 4-1 英國的政治鐘擺，1945 到 2010：平民院中的多數黨

一、保守黨

　　從十九世紀開始就以其務實主義、彈性及組織的能力成為英國最成功的政黨。相對於義大利和德國的保守性政黨，它在二次大戰期間始終是堅持民主原則，不跟法西斯主義合流的世俗性政黨。當世界其他國家的右翼政黨通常是依賴農民或郊區選票的時候，英國的保守黨卻早在狄斯列里首相 (B. Disraeli) 政府的時候 (1874-1880) 跟現代福利國家的誕生有了歷史性的關連。狄斯列里強調要「讓上層領導階級跟下層社會的人民建立起持久不衰的聯盟」。就是由於這項先見使得保守黨保持它在現代英國政治的優勢，並且在戰後時期最少擁有三分之一勞工階級的支持，而沒有成為一個偏狹上層利益的代表者。從英國在十九世紀進行民主化以來，歷經選舉權的擴張、愛爾蘭的獨立、貴族院權力的式微、二次戰後英國福利國家的實施、企業國有化、大英帝國的解體，以及進入歐洲共同市場……等等，在在都衝擊到保守黨的信條，但是它竟然能夠在二十世紀中以一黨或聯合政府的方式，掌權近 70 年之久，在一個大部份是工人階級的國家中，這種政治上的成就不能不令人折服，但是也可以看出它務實的風格和適應激烈政經環境變遷的能耐。如果說英國保守黨跟日本自由民主黨是民主國家中少數最成功以及有時最具創意的中間偏右政黨的話，或許並不為過。

　　嚴格而言，在柴契爾夫人之前，保守黨並沒有真正的教條或意識形態。它認為保守主義是對社會所持的態度而非一套完整的意念。保守黨人認為他們是傳統上領導政府的政黨，因為他們都是社會的領袖，居於高位而又富有經驗，最善於帶領國家，人民可以不必關心保守黨的政策是什麼，只要信任保守黨人的領袖就夠了。因此傳統保守主義所持的概念含有濃厚的「父權式」的國家角色。其次，保守黨人之所以保守是因為他們是屬於菁英的政黨，主張維持現狀，所以他們支持英國社會中的傳統要素：王室制度、英格蘭教會、軍隊、既存的社會結構及公學校制度。但是雖然非常保守，卻並不反動，而能夠適應變遷，譬如提出社會福利政策及接受工黨的

福利國家。它認為既存的制度或現實並不需要改革，因此它認為社會不平
等並非壞事，而且不可能完全消滅；事實上不同的人會以不同的方式對社
會有所貢獻，他們所得的酬報及政治影響之有所不同是很自然的。保守黨
以唯一的全國性政黨自居，代表所有階級的利益，因此他們批評社會主義
一味強調階級劃分並挑起對立的情感。

各政黨之間在主張上的一個很重要的差異，在於國家 (state) 或政府角
色的大小。上述的各項主張是傳統的保守主義者的信條，一般稱為托里派
(Tories)；這一派也就是 1945 年起到 1979 年之間支持工黨集體主義福利
國家觀的保守黨菁英。他們主張為了糾正市場機能的偏差，國家可以作建
設性的干涉，提供人民福利，以及其他服務，扮演家長性及務實性的角色，
這是政府當仁不讓的權威，也是贏取勞工階級選票的法寶。

柴契爾夫人及希斯等人的主張則與傳統的保守主義有別，他們被稱為
自由派或新自由派。這一派較具意識形態色彩，認為保守黨只代表一個階
級的利益（如資產或有產階級），而非全國的利益，國家只能扮演溫和的角
色，強調個人主義及市場機能和自由企業等價值，並縮減福利國家的規模。
柴契爾夫人去職後，兩派之間的差異減少，但是黨內卻又為英國應否參加
歐洲聯盟（歐盟）而嚴重對立❶。

二、工　黨

工黨是在 1900 年由工會代表及社會主義知識份子所組成。最初它以
促進勞工政治參與及改善勞工利益為訴求。1918 年工黨正式提出社會主
義的黨綱，要求重要工業國有化，充分就業及重新分配財富；這些訴求使
它在當年的國會選舉中獲得 22.2% 選票的支持。1940 年工黨應邀參加邱
吉爾所組成的戰爭內閣，並於 1945 年首次贏得國會絕對多數，組成首次

---

❶　有關柴契爾夫人的政策內涵及其對英國政治的影響，見 Dennis Kavanagh,
　　Thatcherism and British Politics, 2nd ed. (Oxford: Oxford University
　　Press, 1996).

的工黨政府，將英國推向福利國家。但是在它所一手促成的集體主義共識期間（1945 年到 1970 年代中葉），工黨所執行的主張和政策是一種溫和的社會民主。因此它在 1979 年失掉政權後，工黨內部的工會強硬派與溫和的國會黨部開始為兩項基本議題發生嚴重對峙：工會在工黨年會中決定黨政策方向的權力以及黨魁（可能的首相）產生的方式。隨著工會權力的大幅度膨脹，工黨內部部份的溫和派議員在 1981 年退出工黨，工黨走向分裂及左傾，埋下了工黨繼 1979 年的敗選後連續在 1983、1987 及 1992 年 3 次選舉中挫折的因子。

　　1994 年年僅 40 歲的布萊爾 (Tony Blair) 當選工黨最年輕的黨魁，這代表工黨開始走向一個更溫和的選舉取向。布萊爾首先對工黨進行組織的改造和黨綱的調整，然後配合「新工黨」的標榜，提出「第三條路」的行動理念，拋棄舊工黨的「國有化」及「公共所有權」的政策訴求，仿效保守黨「個人主義」的價值觀，著重於政府在開發「人力資本」及個人潛能的職責。這種超越「左派」與「右派」的政策內涵，不只使「新工黨」回到 80 年代以前中間偏左的定位，英國原本的兩極政治 (polarized politics) 也重新為中間溫和的兩黨競爭所取代。1997 年工黨在選舉中獲勝，開啟了它 12 年的執政紀錄，是為工業成立以來最長的政府。

第三節　英國兩大政黨的支持基礎與權力結構

　　社會階級是政黨認同的主要基礎，英國選民通常是認同於他們認為能代表他們社會階級的政黨。從戰後到 1970 年，幾乎三分之二的選民依階級投票給他們所認同的政黨。因此階級是瞭解這段期間英國政治的基礎。傳統上，擁有土地的地主，企業界人士，具專業能力的選民及農民多會投給保守黨。相對的，工黨的主要支持者則為勞工階級。另外，中下階級選民如教師也支持工黨；還有約四分之一的中產階級選民投給工黨。但是有四分之一到三分之一的勞工階級投給保守黨，而且英國社會中的勞工階級

要比中產階級為大，因此工黨在這種橫跨階級投票中反而並未佔到便宜。
1970 年代以後英國選民的階級投票比例不再如以往那麼高，但是並未消
失。一般而言，在 1980 年代工黨得到來自有一技之長的勞工的支持大幅
下降，甚至不如保守黨。至於白領勞工則投給保守黨的要比投給工黨的多
出二到三倍。至於純手工，當他們生活變得更繁榮的時候，其中產階級的
生活形態也就顯現出來。因此英國選民去階級化 (class de-alignment) 的
現象是一種自然的趨勢。

　　但是不論是否有一技之長，白領或純手工的勞工，只要他們屬於工會
會員，則還是會依階級投票，而且是以 3 比 1 的優勢投給工黨，特別是純
手工的工人支持工黨的比例更高。問題是工會會員的全盛時代已經過去。

　　社會階級對投票行為的影響衰退，其他因素的比重卻告增加。從 1980
年代到 1990 年代的歷次選舉中都顯現出性別差距，投票給保守黨的婦女
要比投給工黨的多到 10% 或以上。男性選民投給保守黨的則只比投給工黨
的多不到 5%。同樣的年齡差距也很明確。在 18 歲到 24 歲以及 55 歲兩個
年齡群中，保守黨所得到的支持增加 10%，工黨在兩個年齡群中的支持則
衰退了約一半。工黨只有在最年輕的選民群（約為一般的大學生年齡）才
領先保守黨。

　　英國兩大政黨都起源於基層組織，但是兩黨卻都比美國政黨更強調中
央集權。工黨的運作要比保守黨民主，但是兩黨都把相當多的權力集中在
全國性的國會黨部手裡。兩黨的黨員也都比美國的政黨黨員要正式得多，
不是只要像美國那樣宣佈意願就算，而是必需加入基層黨部，並每年繳納
黨費。但是政黨黨員數目的高峰期已經過去。保守黨從 1950 年代的 300
萬名到目前只約 30 萬人；工黨則有 31 萬的個人黨員和 400 萬的團體黨
員。如果考慮到英美及其他國家階級投票的衰退以及選民政黨認同的降低，
再加上各國社會運動的風起雲湧……等因素的話，那麼學界所指西方國家
的政黨式微應該是一個合理的現象。

　　以下是對保守黨與工黨的組織與權力結構的介紹。

一、保守黨

國會選區黨部是保守黨的基層組織,由基層黨員及負責的黨工所組成,它唯一的任務是提名該選區的國會議員候選人,全國黨部有權否決其所提候選人,但很少發生。全國保守聯盟 (The National Union of Conservative and Unionist Association) 是由選區黨部所組成的聯合組織,扮演黨領袖和各選區間的橋樑。全國保守聯盟每年開會一次,類似美國兩黨的全國代表大會,主要是聆聽黨的政策報告及討論政策。年會過後由中央委員會 (Central Council) 為常設機關,但是因人數太多所以由執行委員會 (the Executive Committee) 的 150 名委員執行黨務。從 1998 年起新設一個保守政策論壇 (Conservative Policy Forum),以監督選區黨部的政策討論方向,不會比領導階層更右傾。

以上的各種黨組織都是群眾性政黨中的志願性機構。國會中的黨組織才是較有權力的菁英團體,而其核心團體則是保守派私會員委員會 (Conservative Private Members Committee),通稱為 1922 委員會。它提供一個讓黨籍議員向黨領袖們質詢各種行動及政策的論壇。國會領袖則是全黨的黨魁,也是首相人選;他(她)任命國會黨部的黨鞭及影子內閣人選。1998 年新規則規定黨魁由國會黨部以一次或多次投票方式產生兩名候選人後,再由全體黨員以郵寄投票方式決定人選。

二、工　黨

工黨的組織結構極其複雜,它包括四個主要團體:600 個以上的國會選區黨部,23 個隸屬的工會,合作社組織,以及社會主義學會等。與保守黨不同的是,各選區的黨候選人不再由選區黨部提名,而是由選區黨部的所有黨員及工會代表投票選出,以沖淡極翼的影響力,並增加候選人對選民的責任意識。工黨的年會由上述四個團體的國會議員代表及相關組織的黨幹部參加,討論並表決各種政策決議,並選出全國執行委員會。除了黨

魁及副黨魁外，28 名委員會中，有 12 名由工會選出，7 名來自選區黨部，
4 名來自合作社及社會主義學會，5 名女性則由全體年會選出。執委會負責
非年會期間政策事務的決定，並執行黨的規則；它還具有監督、考核工黨
議員及開除黨籍的權力。工黨黨魁是由選舉人學院約兩萬名代表選出，其
成員包括工會、國會黨部及其他相關黨組織，每個黨組織各擁有三分之一
的投票權。

　　在過去工黨的黨綱是由全國執行委員會跟國會黨部共同起草，但是執
委會中的工會勢力常與國會黨部發生衝突，因此西元 2000 年的年會上達
成決議，任何由年會三分之二的多數所通過的決議案，將自動融入黨綱而
成為選舉宣言。同年也在選區黨部、區域性黨部分別成立政策論壇，另成
立全國政策論壇來監督政策的討論及政策的落實。

　　保守黨和自由黨都是內造政黨，先有國會黨部，再有群眾性政黨組織，
因此國會黨部的權力最大。工黨雖然是以群眾性外造政黨起家，但是得到工
會的支持，卻使國會黨部曾經權傾一時，左右黨魁人選及黨的政策。二次戰
後，工黨以工會為主的左翼人士屢次為政策路線與國會黨部發生衝突，到
1981 年終於剝奪國會黨部選舉黨魁的權力，並造成黨的分裂及大選的慘敗。
上面所提到的各種黨內改革，可說是走過分裂的慘痛經驗後所作的折衷。

　　相對於工黨，保守黨雖然內部較少分裂，但是對於黨魁的期許卻很高，
因此在權力市場中的鬥爭上亦較無情而殘酷。在二十世紀中保守黨一共產
生 14 位黨魁，有 7 位是因為黨內鬥爭而去職，另有 1 位有兩次幾乎被鬥
垮，另 2 位則是因為選舉失敗而丟官；另有一位哈格 (William Hague) 是
1997 年保守黨大選失利後接任梅傑 (John Major) 的黨魁職務，但是 2001
年大選中敗北後就被迫辭職，是 80 年來第一位沒有接任首相的保守黨黨
魁。接哈格職位的史密斯 (Iain D. Smith) 被鬥的事例更難以想像。他從未
領導保守黨參與國會大選，卻只因為他被認為談話平淡無奇，難以激發群
眾的熱情，無助於保守黨的民調數字，而硬是在 2003 年 9 月的國會黨部
集會中被犧牲，而由霍華德 (Michael Howard) 繼任。2005 年 9 月再度選

舉，由年紀不到四十歲的喀麥隆 (David Carneron) 為新任黨魁。

　　同以上黨魁人選更替的例子相比，柴契爾夫人的被迫辭職更富戲劇性，也更能反映政治的現實與冷酷。她是二十世紀連續在位最長的首相，曾帶領保守黨贏過 3 次國會大選。但是在 1980 年代末期，她先因為人頭稅的徵收而聲望下跌，接著在 1990 年 11 月因為她堅決反對加入歐洲共同市場的貨幣及經濟整合，而引起內閣中最資深的副首相郝威 (Geoffrey Howe) 在平民院中嚴厲的抨擊，後來郝威辭職。接著而來的就是她的前任閣員對她黨魁職位的挑戰。由於未能在第一次投票獲得一定多數，柴契爾夫人被迫辭職，由梅傑接替黨魁及首相位子。這些保守黨的鬥爭史說明這個中間偏右政黨黨內爭權的兇險程度並不下於極權政黨，所不同的是：它沒有血淋淋的人頭落地而已！

　　2010 年 5 月的國會大選結果，喀麥隆領導的保守黨總算在失掉政權 10 年後，成為國會最大黨，但是卻形成三黨不過半的局面，是為二次大戰結束。這令人想起 2005 年德國也出現三黨不過半的情形，而組成三黨的大聯合政府。造成這種情況的主要原因，主要是英國自 1970 年代以來，社會越趨多元化及地方化，區域性政黨崛起，兩大黨的影響力自然衰退，國會的政黨已成多黨的型態。

　　在三黨不過半而出現「僵局國會」(hang Parliament) 後，保守黨為了要組織新政府，因此第三黨自由民主黨就成為關鍵少數。但是自由民主黨在基本政策上，如選區制度改革、移民、福利以及銀行體制改革等方面，都與保守黨有些距離，其中特別在選區改革上，更是自由民主黨所極力爭取的。在經過近一個星期的談判，兩黨終於同意組成二次大戰結束以來首次的聯合政府。值得注意的是，以後的國會選舉都有可能出現三黨不過半的局面，而自由民主黨經過此次的嶄露頭角，很有可能在以後的國會大選中變成大黨。

【第五章】
英國的政治經濟與公共政策

第一節　資本主義模式與國家角色

　　從十八世紀資本主義制度在西歐確立以來，一直處於不斷演變的過程之中。這種演變一方面表現在資本主義的基本制度為一些國家所接受和建立另方面則是一些國家基於不同的歷史傳統、文化價值、社會結構以及時代變化的需求，而對資本主義作個別的詮釋，並且被賦與本國的特色。因此，雖然由於資本主義制度在全球擴張的結果，而使它的基本制度和價值加速的普及，但卻也產生了不同的資本主義模式。**值得注意的是，不同的資本主義模式意味著不同的制度選擇,相互迥異的國家角色與市場的關係,因而呈現出不同的政策作為及制度經驗**。以時間點作區分的話,在 1970 年之前的資本主義大體可以分為英美模式及德國模式；1970 年代以後又有了東亞模式、瑞典模式及拉美模式。基於篇幅的限制，在此只討論前兩種模式。

　　英美模式以亞當斯密 (Adam Smith) 的自由市場經濟為理論基礎；他主張政府對經濟的干預越少越好，由市場 (market) 機制這隻「看不見的手」自己發揮調節作用，是避免政府失靈 (government failure) 並增加生產資源的價值最好的方法。因此英美模式強調經濟自由放任，講求個人主義，推崇市場優先，反對任何形式的政府干預。

　　但是隨著經濟學的發展和現實中資本主義所引發的經濟危機，人們意識到市場並非萬能，這隻看不見的手也會有不能發揮作用的情形。因此有英國經濟學者凱因斯 (John Keynes) 在 1932 年提出凱因斯主義 (Keynesianism)，作為對主流資本主義的一種修正。凱因斯認為，當經濟景

氣過熱的時候，政府要進行干預以減少總體需求，避免投資和消費過旺；當經濟衰退時，政府應透過財政工具如課稅、借貸及支出，以及貨幣工具如利率及匯率的決定，貨幣和信用的供給等的戰略性調控，來積極地改善經濟情況。**簡而言之，凱因斯學派認為政府必需進行干預，把握「熱的時候潑冷水，冷的時候添把柴」的原則，見機行事。**1930 年代美國羅斯福總統面對當時嚴重的經濟大恐慌，而實施新政，以及二次大戰結束後，英國工黨執政後 30 年的時間中所採取的政策，都是這種理論的實現。

　　至於戰後的德國模式，實施的國家有德國、法國及日本。這個模式的特點在於推行社會市場經濟、強化社會優先，推崇社會和諧，主張必要的政府干預及社會限制。因此這種模式多少得到程度大小不等的新統合主義的配合，這點和英美模式下所講求的多元主義有所不同，對經濟的影響自然有別。

第二節　英國國家角色的擴張

　　比之於其他西方工業國家的發展經驗，英國的經濟發展有一些特殊之處。第一，德國、日本以及二次大戰後的法國等工業化較慢的國家，在工業起步時期得到政府大力支持，英國的工業革命卻是基於自由放任或自由市場的原則。國家所扮演的角色以擴張殖民地取得原料及商業市場，並保障英國商品能夠在國際自由貿易中暢銷無阻。第二，德、日、法皆講求以新統合主義模式，來建立國家與重要經濟利益團體間的良好關係，英國則一向與這些團體保持適當距離。第三、在強調自由市場及個人主義的法則下，英國從未像德、法、日那樣由國家負責起草並推動經濟或工業政策，以增加國家競爭力。法國有計劃委員會；德國有社會市場經濟下的中央銀行、工會及僱主和工業組織；日本則有通產大省，但是英國在 1962 年所成立的國家經濟發展委員會 (National Economic Development Council, NEDC) 卻從未被賦與戰略性的經濟協調角色。這個單位於 1992 年被廢

除。英國只有在 1979 年以後推動工業私有化以及限制工會的活動上，國家才積極干預。

英國干預性國家 (the interventionist state) 的興起與兩次世界大戰有密切關係。在一次大戰期間基於戰爭的需要，政府除增加對鐵路、礦產及船運等工業的控制外，同時限制物價及管制資本的外流。一次大戰結束之後，雖然解除這些限制措施，但是對工業的管理仍然抱持積極的作為，例如面對煤礦工人的罷工威脅，喬治 (Lloyd George) 的聯合政府動用緊急權力消弭了危機。1920 年代在面對工業發動大規模的罷工行動上，政府同樣積極介入工業管理，粉碎工會運動，並抗拒工會議題設定的要求。這些政府對經濟所作的調控都跟自由放任下的最少政府干預原則相牴觸。

1929 到 1933 年西方資本主義世界發生了前所未有的經濟危機，生產力銳減，失業急遽升高。在這樣的環境下，凱因斯主義 (Keynesianism) 應運而生。凱因斯公開主張政府應該由原先「守夜人」轉變為「干預者」的角色。急求擺脫經濟危機的西方國家接受了凱因斯這一革命性的理論。1933 年美國羅斯福總統推行「新政」，開始了國家全面干預經濟活動的新時代，政府的職能也因此進入不斷擴張的階段。影響所及，市場經濟的基本觀念也由企業及市場的兩極結構轉化為企業、市場、政府的三角結構。

在同一個時期，英國也同樣經歷國家角色及職能持續擴張的過程。首先，積極的國家干預經濟取代了消極的自由放任的國家觀，開始對市場機制進行規範，並將某些私營工業改為公有，為後來不斷擴大規模的混合經濟走出了第一步。其次，政府將生產單位的規模予以擴大，以促進工業經營的合理化；限制物價；成立卡特爾 (Cartels) 以控制價格及產量；對進口物資課以關稅以保護國內工業。英國國家角色持續擴張的結果，使得二次大戰結束後的角色轉型——全面干預——變成不可避免。

第三節　戰後集體共識的建立

　　一次大戰結束之後，由於各國經濟的困難帶來政治的不安，因此西歐國家經歷了 20 年不平靜的歲月。英國處理這段期間經濟管理的經驗，使得朝野政黨在二次大戰後取得了有關國家角色的共識，認為為了避免讓自由市場資本主義步入如 1929 年大蕭條的危機，政府必須承擔起責任讓企業循環順暢，以確保衰退的週期不會隨著戰爭的結束再度發生。另方面，戰後重建的需求也使國家的干預更有其必要，好讓經濟的擴張能夠應付承平時期的需要。在政治上，工黨在戰後的第一次選舉中贏得絕對的勝利及歷史上前所未有的國會多數，使工黨政府有足夠的民意基礎進行重大的變革。各界要求減少資本家對經濟運作及資源分配的控制，以及增加社會生產所給予勞工階級分享的比例等方面的呼聲，比往昔更高也更難以忽視。對經濟蕭條的恐懼以及洶湧而來的改革期待，大有助於戰後國家角色的轉換。

　　就是在這種共享戰爭的勝利與戰爭的苦難的心理，以及需要重建國家於戰爭的廢墟中的情況下，使朝野政黨超越了意識形態的衝突，而以重建為優先，因此有助於集體主義共識的建立。這種集體主義的內涵跟古典自由主義以及後來柴契爾夫人所強調的新自由主義是英國政治上兩股對抗的勢力。有別於古典自由主義強調個人自由和權利，以及政府的權力和角色必須受到限制，這種集體主義特別強調社群 (community) 的利益和權利優於個人切身的要求。其次，集體主義旨在追求社會正義，並替「平等」和「安全」創造有利的環境。因此政府必需積極干預和規範個人生活條件，管制經濟活動並提供社會福利。簡而言之，**集體主義的共識是建立在國家擴張對經濟的管理及福利的供給的新議題上，這就是一般所言的凱因斯福利國家**。這種有共識基礎的福利國家左右了英國戰後政治 30 年的時間❶。

---

❶　Samuel H. Beer, *Britain Against Itself: The Political Contradictions of Collectivism* (New York: Norton, 1982).

　　福利國家的基本要素從工黨引進之後，其間曾有過修改和擴張，但是有三個要素最為重要：社會福利，全民健康服務，以及對個人的社會服務。其中個人的服務是指對老年人、殘障人士、孩童以及年輕人的救助。老年人口成長最快，因此對服務的需求量最大，包括社會工作人員的諮商建議，居家協助，家居三餐的提供，老人中心及娛樂設備。社會安全系統範圍最廣，涵蓋 30 種不同的優惠，包括將國家保險的範圍擴大到失業、疾病、生產、退休、工業傷害以及死亡。全民健康服務是工黨最重要的成就之一；它由中央規劃，政府提供基金，並且對所有的居民不分所得提供全套的醫療服務。其收入主要是從一般稅收、全民保險捐獻，以及處方藥的所得。目前有 90% 的居民參與這項制度。

　　福利國家制度與凱因斯主義的經濟政策等工具與手段的實施，配合戰後科技的發展與重建的需求，使英國及其他西歐工業民主國家在戰後享受到長達 20 年的經濟成長。英國除了擁有創紀錄的 2.3% 經濟成長率（就英國的標準而言）外，還享有低的通貨膨脹，幾近全民就業，以及穩定的成長率。但是英國資本家傳統上自滿於海外廣大的殖民地取之不盡的原料及廣大的商品市場，一向很少對新式生產科技作研究及發展上的投資，因此陳舊的設備及工廠比例甚高，在競爭力上自然比不上美、德、日甚至法國。經濟成長率雖然亮眼，卻並非可觀。一旦遇上經濟衰退，英國調控的空間自然遠不及其他西歐國家，「政府失靈」的指責聲音立刻會出現❷。

第四節　新自由主義的興起與共識的終止

　　1970 年代以後的英國所面臨的不只是戰後第一次的經濟衰退，還有通貨膨脹加劇，以及緊跟著出現的物價上昇和失業的問題，在在都影響到中產階級的生計。更重要的是，國家角色不斷擴張的結果，產生了各種負

---

❷　Douglas E. Ashford, Policy and Politics in Britain: The Limits of Consensus. (Oxford: Bosil Blackwel, 1988).

面影響，例如公共支出過度成長，一方面造成了高福利、高消費、高稅收、高赤字、高通膨及高國債，另方面則出現低儲蓄、低投資、低成長率和低競爭力；福利國家的實施帶動了大政府的局面，政府機構及人員增多，工作效率低落，官僚主義充斥；福利制度的提供使人民勤勉努力的傳統美德逐漸沉淪，破壞社會主流勞動倫理和精神。國家職能擴張所造成的缺失，表現在英國經濟發展上，就是 60 及 70 年代經濟衰退下所通稱的英國病 (the British disease)。

二十世紀以來英國歷任政府的起起落落，事實上幾乎都跟如何用另一種方法來治療「英國病」有關。上述凱因斯主義實施 20 多年後所出現的種種弊端，慢慢使人們對政府干預的功效開始失去信心，於是「政府失靈」的聲音浮上了檯面，新自由主義（新保守主義）的經濟理論及時而生，並成為各國政府改革的重要原動力，以解決福利國家所帶來的困境。英國保守黨正是這種改革力量的代表，並以新的經濟放任政策為訴求，爭取選民的支持和認同。

在工業革命後及資本主義興起時，英國保守黨（當時稱托里派）一直奉行自由放任的經濟理念，但是從 1874 年狄斯列里出任首相後，開始實施介入經濟生產的干預政策，包括制定工廠法、公共衛生法等。二十世紀以後，英國又繼德國之後，開啟干預與保護工人的序幕。如 1905 年的失業工人法案，1908 年的老人年金法案，以及 1911 年頒訂的健康與失業保險法案。凡此都顯示保守黨在傳統上對勞工階級的關懷，也說明保守黨從十九世紀末到二次大戰結束後，逐漸放棄其放任主義的理念，而主張採取漸進干預的手段。保守黨的這種主張所代表的是黨內的主流，跟工黨形成集體主義共識也正是這個主流派。**柴契爾夫人在 1974 年當選保守黨黨魁後所提出的新保守主義**，則在主張上與主流派有許多不同。

柴契爾夫人認為市場機能比國家更能促進生產，國家的職責應該以保護市場自由競爭及防止壟斷的發生為限，如保護私有財產及主導貨幣政策等。她提倡國家、家庭、責任、權威和傳統主義等價值，並以此為其執政

後的政策指針。她認為人民有權利依其能力去創造最大的成就，集體主義
造就了父權式的國家（這與主流派的認知相背）和依賴成性的人民，因此
柴契爾的目標是以國家力量的介入來改變（或革命）左派福利國家❸。

　　經濟的持續衰退使保守黨主流及政府的處境愈加艱難。面對缺乏經濟
成長，及人民對政治的不滿日增，保守黨首相希斯 (1970-1974) 是第一個
承受壓力及反對力量的政府。當他後來在工會無止境工潮的困境下失掉政
權的時候，工黨政府所接下的卻是沈重的英國經濟爛攤子，歷時 30 年的集
體主義共識已經接近終結的時候。工會在 1978 年面對通膨的壓力，但卻
無法滿足工資的調昇的情況下，開始大規模罷工、怠工及走上街頭，使英
國出現「不滿的冬天」。工黨無力經營跟它盟友（工會）的關係，加深了人
民對工潮洶湧、失業不止和通膨高漲的不滿。1979 年 5 月的國會大選正式
結束 30 年的集體主義，柴契爾夫人的新保守主義又是另一個不同的治國
理念！

　　柴契爾夫人領導的保守黨贏得政權後，大力推動其經濟放任政策，希
望減少政府力量介入經濟市場，以恢復工業生產的效率。另方面藉縮減社
會福利支出，降低所得稅負，以刺激個人工作就業動機。她的另一項經濟
政策的改革，則是加速國營事業的民營化，如自來水、煤氣和電力等。最
重要的是將英國電話電信公司、英國石油公司及英國航空公司等 4 家國營
企業開放民營，以增加營業利潤，與民分享股利。柴契爾夫人的執政歲月
曾創造出 1980 年代中葉後的經濟繁榮，但卻使社會貧富差距重新拉大，因
此「缺乏人道關懷」，「需要多一點悲憫 (compassion) 之心」的評語，可說
是對她的一種嚴厲批判。

---

❸　David Marsh and R.A.W. Rhodes, "Implementing Thatcherism : Policy
　　Change in the 1980s," *Parliamentary Affairs 45*, No. 1 (January 1992),
　　pp. 34-37.

第五節　新共識之後的第三條路

柴契爾夫人的政府所採行的新保守主義政策路線，歷經 10 餘年後交由梅傑接棒，雖然在作法上有些差異，但是原先所強調的變革卻已經深植人心。因此在 1990 年代初期一種新的共識逐漸在各界菁英群中浮起，認為許多正面的政策改革如著重效率的外銷經濟，個人責任及政府負責的倫理，以及對傲慢又好戰的工會運動的規範等等，都值得保留下來，但是大家也支持重回英國傳統的價值，包括務實主義、妥協、以及對不同意見的善意接納，減少跟人民和工會間的對抗等等，認為如此會對政治及經濟帶來實質好處。

就是在這種新共識的氣氛以及梅傑政府聲望持續下跌的情況下，工黨在 1994 年選出年輕的布萊爾為黨魁。以重新贏回失掉達 18 年政權為己任的布萊爾，仿效柴契爾夫人對建構意識形態之著力，針對社會現狀的分析和反省，而發展出「第三條路」整套的行動理念，作為新工黨訴求的綱領。就從這個立足點出發，我們可以追尋到新舊工黨在理念和政策上的不同。新工黨認為經濟的發展以及國家政策的作為，已經潛移默化地塑造出個人的價值、利益和基本認同。因此階級認同的概念已經過時。其次，因為「新時代」的到來而出現的「後福特主義」(post-Fordism)，已經顛覆傳統的生產及消費方式。「新時代」的生產講求的是多樣化和彈性化的電腦和資訊技術，而非大量生產及降低成本和售價，因此白領與藍領的界限模糊化。這時國家的角色不再是平白的提供福利，而應該協助個人開發潛能及創造力去取得福利，並幫助個人負擔更多的責任，培養人民解決問題的能力，使政府成為英國知識經濟的政治接生婆 (political midwife)。

在上面所提到的新共識形成的環境中，以及對社會新現實的分析下，「第三條路」這個意識形態是希望超越極左的社會主義所強調的國家無限干預，和極右的新保守主義所著眼的個人自由至上的兩極之間，尋找出新

的平衡點。因此它揚棄舊工黨的「國有化」及「公共所有權」的政策，但也反對極端的自由至上主義。它接受新保守主義中市場自我規範的法則，以及誘導個人積極、競爭和追求向上的企圖心，但是「第三條路」也重視社群的觀念，強調個人對社群的責任，但也提醒社群必須對個人的健全及行為負責，而要作到這一點，前述的「人力資本」之開發卻是國家不可怠忽的職責❹。布萊爾的第三條路線，被認為是一個在政策、選舉立場以及政治風格上最成功的左派政黨❺。

第六節　英國外交政策中的難題

在二次大戰結束之初，英國以西方三強的身份仍繼續保有龐大的殖民帝國，控制著世界四分之一的人口。從 1940 年代末期到 1960 年代這段期間，原本由英國所控制的殖民地紛紛獲得獨立，雖然大部份在獨立之後加入了大英國協，但是它畢竟是一個獨立國家間的一個鬆散而又志願性的組織，到 2002 年一共有 54 個成員國家及 17 億人口，彼此之間儘管種族、膚色及宗教不同，地位上卻是完全平等，英國法律不能在這些國家行使。它不是一個貿易集團——雖然某些經濟特權的確存在，也非軍事聯盟。

國協藉著下列的安排而維繫國協成員之間的關係。第一是各成員國得以志願的方式尊奉英國女（國）王為國家元首。其次，1965 年國協成立一個祕書處，負責處理行政事務及聯繫各會員國事宜。第三，於 1995 年成立國協部長級行動小組 (Commonwealth Ministerial Action Group) 負責處理各成員國有關違反民主原則的事務。除外，國協會發佈一些聲明，以宣示它所要達成的目標。其中最重要的是 1971 年在新加坡發表的國協原

❹　A. Finalayson, "Third Way Theory," *The Political Quarterly*, vol. 70, No. 1, pp. 271-279.

❺　Anthony Seldor et al., *The Blair Effect*, 2001-2005 (Cambridge: Cambridge University Press, 2008), p. 437.

則宣言 (the Declaration of Commonwealth Principles)，以及 1991 年的哈瑞利宣言 (the Harare Declaration)。這兩個宣言強調國協以促進民主、人權、性別平等、經濟及社會發展、消除貧窮，以及反對種族歧視為目標。當然，各國政府領袖間及民間團體的定期集會，健康——特別是愛滋病的防範——方面的合作，教育及其他領域的交流，是國協內部常見的交流管道。

綜合而言，國協對英國象徵性的意義重於實質，特別是當英國對外貿易的主體已經轉移到歐洲聯盟 (European Union, EU) 後更不待言。目前英國與歐盟間的貿易已佔英國輸出和輸入的一半以上。但是英國在處理對歐盟關係上卻一直困擾著歷屆政府，柴契爾夫人甚至因它而被迫辭職。

目前英國是歐盟的成員國，在法律上需接受規範，英國法律不得違反歐盟的規則、原則及程序，同時受歐盟各項條約的約束。歐盟的司法法院 (the Court of Justice) 對於英國法律是否牴觸歐盟法律有最後解釋權。英國在 1979 年第一次選出歐洲議會 (the European Parliament) 總額 626 名議員中的 87 名。英國與歐盟持續成形及發展中的關係，反映出國際社會中日益明顯的一個潮流，那就是國際行為主體的多元化。非政府組織如世界銀行和跨國公司；在政府間組織方面則有世界性組織及區域性組織。歐盟是最具制度化而且又極具發展前景的一個區域性超國家組織，因此對會員國的規範力量也一直在加強中。但是對歐盟包括英國在內的成員國家卻自然衍生出一些困難的政治問題。

歐盟成立之後，英國必須接受歐盟的法律高於英國國內法的事實，其解釋權亦操在歐盟法院。傳統的巴力門主權必須在歐洲整合過程中作自我調整；英國甚至必須面對共同的歐洲就業、預算、課稅以及國防政策。因此當超國家的影響力隨著歐洲經濟及政治整合速度之加快而增加的時候，英國失掉主權控制的恐懼亦隨之加深。問題是英國政府無論如何處理這方面的挑戰，都不可避免會有國內政策的效應，而影響到社會各團體間的利益。柴契爾夫人因為拒絕接受歐洲一體化，而被迫下臺，只是歐盟困擾歷

任政府的一例而已。英國到目前仍拒絕接受歐洲銀行的概念，更不願意成為歐洲貨幣系統 (European Monetary System, EMS) 的一員，繼續使用英鎊而非歐元。這些都反映出區域統合給英國帶來的困擾。

【第六章】
英國的統治機關：英王、內閣及首相

　　前面幾章我們討論到英國的選舉制度、利益團體及政黨制度，這些都是英國人為了促進他們的社會及政治生活而創造出來的，透過這些制度可以防止社會因為缺乏規範所造成的惡性衝突。這些制度同時是英國政治過程中的重要因素，例如對選舉競爭的規範、特殊利益的表達，以及整合社會的利益……等等。從這些討論中，我們注意到制度為人們所創造，但是偶爾也會有些改變，以適應人們的需要，但是改變並非都很順利，因為會受到一些希望維持原貌的人的反對。英國利益團體的角色在 1980 年以後逐漸起了變化，政黨制度的結構也一直在轉變中，但是選舉制度即使受到多大的批評，卻也仍一直維持舊貫。制度在政治過程中的任何改變，都可能發展出不同的偏好及資源，從而影響到人的行為和利益。第五章的討論是最好的佐證。在這一章的討論中，所著重的是英國憲法中的正式制度，但是這些制度同樣會因環境的變化而更移，甚至影響到主要行為者間的互動型態，乃至改變制度的原貌。

第一節　英國政府的組織原則及其變遷

　　憲政主義長期發展的結果，使英王逐漸喪失他（她）在政治上的權力，有關政府功能上的發揮和政策上的決定，不再由國王掌控，而是由首相所領導的內閣負責。內閣不只是政治權力的中心，而且是行政部門的樞紐。內閣的更動往往是政黨輪替的結果，代表不同的政策路線和內涵。內閣必須向國會負責，內閣與國會的關係是議會內閣制下的重要關鍵。為了瞭解英王、首相、內閣及國會這幾個行為者彼此間關係上的變化，我們有必要說明英國政府的組織原則。

　　第一，巴力門主權。這是英國憲法中的核心原則，巴力門可以創造、修改或隨時廢除任何法律，而不受任何限制。英國不像美國或其他西方國家一樣有解釋憲法或審查法律的司法機關，貴族院甚至就是最高的上訴法院。在 1860 年代以前，首相及內閣必需以平民院的意志來制定及執行政策。但是政黨政治的興起卻完全改變了這項主從關係，使巴力門主權的意涵必須重新詮釋。

　　第二，權力的匯聚。這表現在巴力門是最高的立法、行政及司法權威，並且還包括國王以及平民院和貴族院。立法和行政的連結同時反映在內閣的功能和人事上面。這項原則原本所代表的意義是「巴力門權力至高無上」，但是制度變遷的結果卻使這項原則的意涵整個改變過來，原先的國會政府已經變成內閣政府，改由多數黨的黨魁（即首相）控制整個決策過程，立法至上的原則已經轉變成行政至上。白芝浩在 1865 年所言的「英憲之奧妙在於行政與立法權的密切結合，也就是兩權經由內閣的連繫而近乎完全的匯聚在一起」。這句話仍然言之成理，只是權力的重心已經整個改變。這點跟三權分立制度下的美國有明顯的不同。

　　權力匯聚的結果使內閣擁有龐大的憲法責任，在權力的行使上幾乎不受到任何牽制。這種情形再加上中央集權的行政體系，如果遇到一個擅權的首相，會不會出現一個過度集權的現象，而使人民監督政府的能力受到威脅，一直是大家關注的議題。事實上，正常情形下的英國內閣地位高及權力大，跟美國行政部門中的內閣，其地位完全取決於總統是否重視不同。

　　第三，英王是虛位元首，有統領的地位，卻完全沒有政治權力，並且只有有限的影響力，也就是「統而不治」。英王在政治上維持中立，不會捲入政治漩渦，所以英王不只不會發生錯誤，而且不對錯誤負責。英王雖無政治上的權力，而只扮演國家統合性及禮儀性的角色，但是他（她）所發揮的功能卻不可低估。因為經由虛位國家元首的身份，除了在選舉結束之後，理所當然地任命多數黨領袖組閣外，遇到國會中沒有一個明顯的多數黨，他（她）得依據自己的判斷再綜合整個客觀情勢的考量，任命一個適

當的人選來組閣。英王另一個無形的資產是非政治性的地位和公正的團結象徵，是國家處於危機時的一項重要資產。世界上成功的民主國家中有一半以上採行君主立憲政體，是有其道理的。

第二節　內閣的組成及性質之變遷

每一次國會大選結束後，如果原來首相所屬政黨失利，則他立刻向英王提出辭呈，讓英王命令國會中最大政黨黨魁出來擔任首相並組成政府。這項組成政府的過程先從內閣閣員的任命開始。閣員的人數從 16 人到 20 多人不等，依首相個人的想法而有不同。但是這項任命的程序不會太長，因為事前已經有影子內閣的安排，從首相到閣員都在國會共處有一段時間，彼此都相互熟悉，對政府事務也不會太陌生，因此內閣同質性高，而且一上任很快就會掌握政務。相對而言，總統制下的總統及其所任命的閣員，不只大部份閣員沒有全國性的政治及政務經驗，而且來自全國各地各種背景，彼此之前可能並不相識，因此上自總統下自每位閣員都需要一陣適應期才能熟悉政務。除內閣之外，整個政府中政治任命的官員大約在 100 名左右，他們同樣必需是國會議員，連同執政黨黨鞭（從 1960 年代起正式支領政府薪水）都是國會議事運作的核心。內閣閣員通常會考慮黨內不同政治背景的平衡，有的是望重一時的黨內資深領袖，有些則是才華洋溢、廣受矚目的年輕新秀，因此一般而言，部長人選的個人專長如何並不太重要，有些人甚至從不甚了了的部長，有如跳槽般地轉任各部部長。

要談內閣的性質，先要瞭解內閣最初只是樞密院中由國王進行諮詢的一個委員會，十八世紀初國王才停止在內閣中出現。二次大戰以來，各界對內閣的性質開始出現不同的看法。有人持傳統的角度，認為「內閣制政府就像公司的董事會一樣，集中少數人的注意力來處理緊要的事務」。有人則認為「內閣是處理爭執，支持重要政策，並且是在意見不協調時促成力量平衡的機制」。因此內閣處理的事務不外乎兩大類：重要議題或政治敏感

的事務，而需要應用到集體責任制的觀念來處理，以及部際間衝突的問題而無法在較低的層次中獲得解決的。

第三種看法有點反傳統，但是卻反映出近 30 多年來的趨勢。內閣被認為是「接受或覆查重要的決策，討論任何可能影響到政府未來的建議，並確定各部間的利益不會被忽視，讓政府的工作有團結的基礎」。因此內閣作為一個制度的重要性已經減少到相當程度，可以被認為只不過是在各種其他政府的委員會中的一個最重要（或首位）的委員會罷了。這種看法的關鍵在於內閣閣員雖然都位居要津，但是卻已很少進行決策，而是由首相跟臨時拼湊的少數閣員來進行決策。在這種看法之下，內閣集體決策的功能已逐漸為首相所架空，幾乎成為一個專為重大決策背書，以集體責任制的型態來維持政府團結形象的機構。造成這種情形的原因一是內閣的事務持續膨脹，造成負荷過重而無法對任何事務作認真的討論，久之自然喪失它決策的功能。二是 1980 年代以後柴契爾夫人常跳過內閣的管道，而逕行邀集她的親信顧問進行決策，使英國漸出現首相制政府的氣勢。

前面提到內閣最初只是樞密院的委員會，扮演國王的智囊，其後才成為一個統治決策機關。最先是在一次大戰期間喬治首相基於戰爭的需要，對內閣的組織進行現代化，組織了各種內閣委員會，針對各種建議由相關委員會進行研討，其成員由首相指定閣員參與，有了方案後再交內閣討論決定，目的是加強內閣的決策功能。另外又設立內閣祕書處，負責內閣會議的議程及對閣員相關資料的提供。隨著事實的需要，內閣委員會的數目不斷增加，內閣本身的決策功能相對式微，難怪英國學界認為內閣已經形同「另一種委員會」。柴契爾夫人將內閣視之為一個「顧問機關」，等於是讓內閣退回到原位！

內閣的性質是否維持它決策的型態，跟時代的激烈變化固然有關，而閣員或因職務繁多，或者怠惰成性，對事不關己的事務自然懶得理會。結果是如同一位資深文官在 1970 年代所埋怨的「保守黨閣員言不及義，而工黨閣員則老是對經濟發表陳腔濫調」。但是無論如何，首相個人的性格是

非常重要的決定性因素。

第三節　首相風格與內閣地位的關係

首相是行政決策部門（內閣）的首腦，但是跟美國總統不同的是，首相的職位雖然有近 260 多年的歷史，卻很少有法律提到它。一直到 1937 年法律才規定首相得以財政部祕書的身份支領薪水。從 1923 年所有的首相都出身平民院；1963 年荷姆爵士被任命為首相之後，他立刻放棄他的爵位，並在補選中當選平民院議員。因此平民院議員的身份是首相資格的必要條件。二十世紀共出現 20 位首相，來自不同的社會背景：5 位出身貴族，8 位來自中產階級，6 位來自中下階級，另外 1 位則居勞工階級背景。13 位上公學校，並畢業於牛津或劍橋大學。值得一提的是，在布萊爾（出身公學校及牛津）之前的五位首相皆靠自身成就而晉陞高位，他們都來自中下階層，讀國立大學。梅傑及賈拉罕（James Callaghan，工黨，1976-1979）兩人從未上過大學，跟美國總統杜魯門一樣。由於行政與立法的連鎖，因此每位首相在任職之前都有很長的國會經驗，平均年限是 28 年；在二十世紀中平均每位首相在內閣 8 年，擔任過 3 個不同的職位。柴契爾夫人只擔任過 1 個部長位子；梅傑只有 1 年的財政大臣經歷；布萊爾只在影子內閣，而未在內閣中任過職。

由於多數內閣閣員在平民院及黨內的資歷長及聲望高，其影響力不容輕忽，因此傳統皆認為首相跟閣員在地位上無分軒輊，首相至多只是群龍之首 (first among equals)。在二次大戰之前，這種描述有其道理在。**我們只要從首相 (Prime minister) 一職的稱呼，就可知道他是許多平等中的「首」位；集體決策也確實是議會內閣制的特徵，二次大戰前的歷任首相也都相當尊重集體決策的機制，並且與閣員共同接受集體責任制的制約。**邱吉爾本人更認為內閣「極端重要，甚至神聖，而很少會自行其是」。即使到 1954 年當英國決定要製造氫彈之前，他仍然要求「儘快召開內閣會議，俾在原

則上有所決定」❶。

正如威爾遜 (H. Wilson) 以其個人的經驗指出，確實有古典的內閣首相如皮爾 (Peel)，格拉史東 (Glastone)，狄斯列里 (Disraeli) ……等人，但是「內閣制政府的方法卻明顯地不只會因為首相個人的差異，並且會隨著一段時間的變化而有所改變」。就拿集體責任制這項內閣長期以來所公認的基本憲法精神來說，其性質及精神就已有了相當大的差異。集體責任制的原則在國王仍擁有專制權力的時代，是內閣用來抗衡國王的利器；在內閣制政府成形之後則是統一內閣對政策的看法，以確保政府持續的工具。這項原則要求閣員們對於以內閣的名義所採取的行動或政策都必需加以支持，而且不管閣員個人是否贊同該項行動或政策，他都不得對外發表與內閣立場發生衝突的評論，除非他宣佈辭職以表示他不願跟內閣一起承擔責任。這項原則的前提是該項政策或行動事先提交內閣會議討論，而貫徹此項精神的目的則是避免閣員個人英雄主義，防止有人反對某項政策，但卻強留在政府之中，以便在未來坐享政治漁利，另方面，它同時是制衡首相獨斷的剎車器。因此集體責任制是威斯敏斯特民主模式中很重要的一環。但是隨著政治環境的變化以及首相個人風格的迥異，集體責任制的精神也出現轉型的痕跡。

先是 1974 年以後，由於工黨政府在國會並沒擁有安全多數，為了維持黨內團結，開始容許少數議員對重大政策可以保持異議。在內閣會議中則因為工黨內部為歐洲共同市場的退出與否發生分裂，為了避免內閣為此形成對立，甚或失掉政權，因此特別准許內閣有不同的聲音，閣員不必因持異議而辭職。集體責任制的精神因此而受到修正。從 1980 年代初期，柴契爾夫人所領導的保守黨政府個人化風格日益突顯，許多重大政策或由她的親信所組成的核心內閣 (inner cabinet) 所決定，或是根本不容許閣員討論，內閣乃變成重大事務的橡皮圖章，藉內閣之名而行個人攬權之實。有人稱柴契爾夫人 12 年執政為帝王首相 (imperial prime ministership)，此段

---

❶　Peter Hennessy, *Cabinet* (Oxford: Basil Blackwell, 1986), pp. 123-162.

期間的集體責任制事實上變成一項武器來對付持異議的閣員，除非這些閣員接受已成事實的政策，否則他們就必需辭職。到後來她的內閣被形容為「一個傑出的暴君為一群庸才所包圍」。可見此時的內閣制政府被稱為「首相制政府 (Prime ministerial government)」，有其一定的事實根據。內閣的地位似乎愈來愈像美國總統的內閣一樣，形同顧問機構而無足輕重，但是「首相制政府」是否真的興起了呢？

第四節　首相與內閣閣員間的權力競爭

從以上威爾遜對首相職位的看法和柴契爾夫人實際的作為，可以發現二次大戰後英國內閣的運作有越來越偏離古典內閣制政府原型的趨勢。集體責任制成為一個內涵並不固定的原則，可以依首相個人權衡上的需要，而變成他（她）個人的政治資源。例如面對可能在內閣發生爭議的案子，首相可以假手他挑選的閣員、顧問和高級文官來定案，卻可避開內閣集體思考及監督的壓力。首相也可藉調動閣員及迫使持異議的閣員辭職，更重要的是，首相的權力極大而且是多面性的。他從 1919 年就成為全國文官之首，操控文官體系的人事，掌握黨的機器，內閣議程及結論全憑他的意志而決定。內閣委員會的成員由他遴選，閣員的政治前途也可能因他而起伏。最後，在媒體發達時代，首相是媒體注意的焦點，動見瞻觀。

相對於這些首相的權力資源，內閣閣員除了在集體責任制之下展現他們共同的意志及力量外，其餘就只有個人的身份和個別的部長責任。一個部長必需為他個人的行為不檢，特別是行政或政治上錯誤的判斷負責，甚或辭職，以避免連累到整個內閣。有時閣員甚至必需為首相的聲譽而自我犧牲，例如 1982 年阿根廷入侵英屬福克蘭群島後，當時的外交大臣立即引咎辭職。但是這個問題從 1981 年以後，整個內閣從未真正注意到事態發展的嚴重性，外相的辭職是典型的棄卒保帥的例證。

因此在缺少傳統集體責任制精神的保障下，閣員個人的身份相對於首

相所擁有的政治資源而言，毋寧是缺少保障的。但是這並不意味英國真的已經變成一個首相制政府。柴契爾夫人的強勢畢竟是個案，而且最後她也仍以被迫辭職收場。相對於美國總統之受制於三權分立以及鬆散的黨紀，英國首相擁有行政及立法兩權匯聚的優勢，而不會如美國那樣出現行政、立法對立的僵局。同時在黨紀貫徹下，國會的不信任投票難以發揮很大的牽制作用。這一點只要看從一次大戰結束以後，只有 1924 年及 1979 年內閣因為不信任投票而使之總辭就可證明（1939 年張伯倫首相辭職，是因為保守黨議員投票反對他的太多，而非不信任投票獲得通過）。但是英國首相既沒有像美國總統那樣擁有龐大的白宮幕僚群，也缺少總統憲法固定任期的保障。首相在重大政策上必需注意黨籍議員的雜音，因為反對黨的指責聲音是自然的，同黨議員的批判聲卻可能是首相政權終結的前兆。一個首相氣勢再盛，如果拒絕妥協的話，就有可能被趕下臺。1990 年 11 月當時的副首相郝威 (G. Howe) 宣佈辭職，並在平民院中起立發言說明他不滿柴契爾夫人反對歐洲共同市場的態度，認為「首相對歐洲直覺的態度，使（英國）的未來正處於嚴重的危險，……這是一項悲劇」。郝威的指責被認為「是記憶中一個資深閣員對首相最嚴厲的指控」。緊接著這項戲劇性的發展，保守黨內部的批判聲浪高漲，過去被迫辭職的閣員們趁機挑戰黨魁的職位，柴契爾夫人被迫下臺。這個事件既說明在英國的憲政體制下，對首相權威的尊重不能被視為理所當然，也讓我們認清，首相的政治生命跟一個為黨內所接受的經濟政策是休戚相關的。這種情形尤以在經濟全球化的時代為然。

　　但是英國議會內閣制的基本精神，是「許多平等中的首位」，表明在內閣有爭議時，閣員的意見應受到尊重。但是時移勢異，英國在經過柴契爾夫人及布萊爾兩位強勢首相後，內閣已然變成幕僚機構，這種情形可以從布萊爾擔任首相期間，他大力擴充首相辦公室中各行各業的人才看出。而環顧世界各重要的內閣制國家，如加拿大、德國、義大利、西班牙等國，皆有邁向總統化的趨勢，英國當然也難以避免❷。

第五節　英國的司法制度

　　跟美國及大部份民主國家的司法制度最大的一點不同是，英國的法院並沒有司法審核權。換言之，巴力門是法律的最高權威，有權決定立法權的性質及範圍。因此所有巴力門所通過的法律都有效，只有它才可以對不公正的法律加以改變。其次，對於法官判案時所應用的法律，巴力門隨時可以通過一項新法的方式加以改變。因此跟美國不同的第二點是，當英國最高法院對政府的權責作出為許多人所不喜歡的詮釋時，並不像美國那樣需要通過繁瑣的修憲程序。但是唯其如此，所以英國的司法部門無法對人民的基本權利提供適當的保障。第三點不同是，英國法院的最高層級是貴族院，而非一般的最高法院系統。

　　因為它不對爭議性的議題作出決定，英國的法院不像美國那樣政治化和具影響力。但是近幾十年來，政府卻常將法院拖入政治對立的漩渦中，要求法院對公共政策的爭議作詮釋。最著名的例子是它在 1984 到 1985 年的煤礦工人罷工時，引用 1982 年的僱用法來凍結工會全部的資產，迫使工會提早結束罷工。因此引發出未經選舉而產生的法官，是否有如此般的權力來解決社會不同利益間衝突的爭議？在 1997 年工黨的布萊爾獲勝後，他試圖改造英國的司法制度，成立最高法院 (the Superme Court)，但迄未成功。

---

❷　Thomas Poguntake et al., *The Presidentialization of Politics* (Oxford: Oxford University Press, 2005).

【第七章】
英國的國會

第一節　巴力門主權：原則與實際之差距

「巴力門主權」是英國政治體系中最核心的憲法原則，除了強調它至高無上的地位之外，這項原則還涵蓋了英國政府的內容，反映在巴力門是英國最高司法機關以及內閣是由平民院產生的這個事實上。傳統意義下的「行政與立法的連鎖」指的是內閣依國會的同意而在位，依國會的意志而執行政策，也會因國會的不滿而去職。這種國會主宰內閣的事實就是巴力門主權的實現。1832 年到 1880 年代這段期間就是巴力門的黃金時代。但是現代政黨出現以後的結果，「巴力門主權」變得徒具虛名，不只「行政與立法的連鎖」下的主動權，由國會轉移至內閣，而且選舉內閣的功能由巴力門下移到選民手中，立法及制定政策的功能則往上移到內閣及政府手裡，甚至連國會的議程及審查法案的優先次序也由內閣決定。在政黨黨紀的運作下，巴力門這個白芝浩筆下「至高無上」而又「無所不能」的主權機關，其象徵性存在的價值遠超過實質的意義。今天的平民院是政治過程的焦點，是民主政治行動的表現。平民院成為朝野政黨交鋒競爭的舞臺，民主的表現遠過於實質政策的討論。因此不少人認為在這裡所發生的一切跟國家的統治及政策的制定無關宏旨。

由於政黨這個變數的出現，使原先的立法與行政之間互動的性質起了基本性的變革，英國國會的地位比之於三權分立下的美國聯邦國會，乃成為同意性（或配合性國會 concurrent parliament）與主動性（或抗衡性）國會之對比！平民院的主動配合表現在立法案、預算案及可能的修正案，這些法案大多以內閣所提出的為準，而且在不信任投票的表決中也少有通過

的可能，因此議會政治中最重要立法牽制行政的利器，在英國反而只是聊備一格而已！在各項法案的表決中，有十分之九是沿著政黨界限 (party line) 而投票，而少有跨黨投票 (cross-party line) 的情形出現。政黨黨紀因素的出現，使得內閣所提的法案至少有三分之二可以在國會通過。這跟行政與立法常分庭抗禮的美國，由行政部門所提的法案只有二分之一在國會完成立法程序相比，可說是幾近天壤之別！

因此綜合而言，英國國會的地位衰退了。這種情形跟二次大戰以來，各國國會面對許多專門性的立法，無法對法案作有效的審查；以及政府的事務越來越具專業性知識，一般通才性的國會議員在質詢時面對行政官員由幕僚所提供的回答，或實問虛答的作法，難以作後續性的詰問，因而導致行政權難以有效地被監督的趨勢，幾乎如出一轍，有其現實的無奈！

但是英國的平民院仍然是全國最重要的政治舞臺，其政治地位的重要性仍然存在。因為國會內部的多數黨領袖通常就是受命組閣的首相人選，反對黨則被視為政黨輪替下未來的執政黨。**反對黨所組成的影子內閣 (shadow cabinet) 就是為未來的執政作準備**。國會開會期間各個政黨利用質詢及辯論期間進行政治競技，以吸引全國的視聽及選民的注意，俾為未來的選舉鋪路。因此國會政治秀場的性質極為濃厚，是英國民主政治的具體象徵，其地位之重要性並沒有因為權力之式微而降低❶。

在政治上，平民院所扮演的功能尤其值得注意。第一，對全國民眾提供政治教育的機會。平民院在表決重要議案或辯論重大議題時，所有的議員都會出席參與表決或討論。屆時傳播媒體對整個過程會作真實詳盡的現場報導，並對雙方因立場差異所形成的戲劇性對立，加以評估，不只增加選民對民主的認識，也是一種最好的政治教育。第二，扮演批評及監督的功能。英國國會在傳統上就有批評政府的功能，在其權力式微之後，此項

---

❶ 有關英國巴力門權力衰退的歷史過程，可參見 Dannis Kavanagh, *British Politics: Continuities and Change* (New York: Oxford University Press, 1988), pp. 222-224.

功能更見加強，並且特別突出反對黨的角色。執政黨在議程的安排上甚至
特別給予反對黨種種方便，平民院議長也扮演政治中立，以保護少數黨發
言及表達意見的機會。英國有所謂忠誠反對黨 (loyal opposition) 意指⑴在
體制內進行反對和批評；⑵反對黨取得政權時，所改變的只是政策而非體
制。第三，訓練政治人才。一名議員從新進後排議員一路爬到政治顛峰的
部長甚或首相，是一個漫長的政治歷練過程。政治人才所應有的素養幾乎
都跟國會有關，例如政治社會化所培養出來的民主價值，包括包容、妥協、
對反對者的尊重等，以及在參與辯論過程中所形成的政治領袖的視野和氣
魄，皆可說明國會對養成政治人才的重要性。在此等環境下訓練出來的政
治領袖，不但會有足夠的擔當負起責任，在能力上也絕對可以勝任，毫無
僥倖之處。

第二節　貴族院地位之變遷

　　貴族院的議員可分兩類，一為世襲貴族，世代相傳，另外則是依據
1958 年的終身貴族法案，凡是在各行各業有傑出成就或表現，以及對國家
服務卓有功績而受敕封，其任期到死亡為止。

　　貴族院存在已有 700 多年，但是因為社經環境的變化，以及缺少民意
基礎，因此它的地位及權力持續中衰。先是從十九世紀起，大部份的首相
皆出身平民院，並且向平民院負責；接著在十九世紀末及二十世紀初，平
民院與貴族院對法案審核權發生爭執，引起一場憲政風暴，到最後是通過
1911 年的國會法 (Parliamentary Act of 1911) 限制貴族院的權力，1948
年又通過另一次國會法。經過這次國會法之後，貴族院的權力已大受限制。
依照目前英國的立法程序，平民院對法案完成三讀程序後，送移貴族院以
相同的程序予以通過、修正或拒絕。但是貴族院對於稅收及預算法案只能
通過，對其他法案的任何技術性或文字性的修正，都必需得到平民院同意，
但是貴族院對法案的否決則只有一年的延擱權，任何法案經過平民院兩次

會期通過後，自動成為法律。

　　整體而言，貴族院對延擱權的使用相當謹慎。但是因為平民院要處理的法案太多，時間上較受限制，難以對法案作太多細節性的考量，再加上黨紀的約束，對法案的處理難免會有迎合內閣而便宜行事的可能。貴族院議員異質性高，包容各界的專業人才，菁英碩彥齊集一堂，又因不受黨派限制，所以獨立性較高。因此貴族院主要是對法案進行修正，對法案的重新審查提供專業性的建議。從 1979 年以後，貴族院面對柴契爾夫人的強勢，開始以憲法守護神的角色自居。**從 1979 年到 1992 年間貴族院共有 179 次投票反對保守黨政府，雖然並未對政府施政造成阻礙，但是卻達到緩慢及修正立法的效果。**除外，它還會主動提出非爭議性立法，討論重要議題，以及檢查授權立法。貴族院的角色也因為它的獨立性而倍受矚目，其重要性似乎稍見提昇。

　　但是畢竟它未經民選，卻又具延擱經由民選產生的平民院法案的權力，因此部份改革意識的社會人士及工黨內部一直有廢除貴族院的呼聲。**1997 年布萊爾的工黨政府上任後，積極推動各項改革方案。他在 1999 年的貴族院法案 (the House of Lords Act 1999) 中作了一項重大的憲政變革，將世襲貴族自動成為貴族院議員的權利廢除，終止了 700 年來的傳統。**經過妥協之後，貴族院仍保留 92 名的世襲貴族，及 525 名的終身貴族，分別由院內及世襲貴族團體選舉產生。2002 年 1 月皇家委員會 (Royal Commission) 提出第二階段的改革方案，要將貴族院成為經過遴選而組成的上議院，部份經任命，另部份經由選舉產生，以代表三個（英格蘭、蘇格蘭、威爾斯）成員體及地區（北愛爾蘭）。2005 年貴族院任命 208 名的保守黨人，215 名的工黨黨員，74 名的自由民主黨人，加上 25 名的大主教。但是改革後的貴族院，對工黨政府在政策上的批評，比以前還要多。

第三節　平民院的組織

平民院 (the House of Commons) 目前（2005 年選舉）有 646 名議員，分別由選舉產生，但是總額及選區得因四個選區規劃委員會之建議而調整。議員任期五年，但隨時可因首相戰略性政治因素之考量提前解散，因此平均任期是三到四年。選舉結果得到多數席位的政黨黨魁受命出來組閣，以取得國會支持信任為繼續在位的前提，此點及選舉制度均已提過，不再重複。

平民院重要的組織成員包括議長、國會黨部以及委員會。其中委員會部份留待下面再討論。

一、議長 (Speaker)

議長是平民院的靈魂，位尊而又崇高。他（她）負責主持院會，維持議場秩序及尊嚴。議長可以對言語不莊重或行為粗魯而又拒絕服從議長的議員，動用警察權酌量予以處分。但是最重要的是，他緊守政治中立的原則，超然於政治之上，一旦就任立刻脫離他原先的政黨，因此他連選連任從不會受到挑戰。他是政治公平競爭的見證人，以保障少數黨發言的機會為優先，不會隨意接受停止討論的動議。在講求多數決民主及黨紀的英國，議長這種中立的精神顯得特別重要，避免多數暴政的弊病。這一點跟美國眾院議長凸出的黨派色彩有很大的差異。從 1992 年起英國出現第一個女議長布索德 (Betty Boothroyd)。但是 2009 年因為國會議員的舞弊案，她被迫辭職，是為國會史上第一人。

二、國會黨部

1.領袖：多數黨領袖由首相兼任，反對黨領袖則由其黨魁擔任，具官方地位，並且支領政府薪水，政府會就國防及外交事務對他們作簡報，在

重要的事務上與他們作磋商。朝野在辯論時會針鋒相對，但是彼此在私下會相互尊重。

2.前排議員 (front benchers)：指各黨內部的資深議員，本身就是內閣閣員或影子內閣的成員。

3.黨鞭 (party whips)：相當於部份國家的黨團書記，由各黨黨魁任命，負責與同黨議員連繫，並通知有關國會重要事務(因為有些議員很少出席)，要求出席投票的時間，以及必需出席投票的急迫程度。執政黨的黨鞭有 3 名祕書，可以另外支薪。擔任黨鞭的人通常是資深議員，必須個性隨和、八面玲瓏而又熟練通達，深知每位議員的個性及嗜好，才能確保溝通之流暢。

4.後排議員 (back benchers)：指新進議員；他們必須勤於自修，鑽研法案，才能從議會的法案審查及政策辯論中，得到前排議員及黨內同僚的青睞。

三、議場的部署

議場上只有 350 個席位，議員發言時大多彬彬有禮，對同僚也很客氣，因此議會的氣氛親密而和諧。前首相邱吉爾在解釋議場如此小的原因時指出，議場面積小，會有利於問題的討論，不會因為太大而使議場既冷清，而又會有大吼大叫的激情場面出現。

四、平民院的議事程序、質詢及辯論

平民院議場狹小而呈長方形。朝野各黨議員分兩邊就坐。議長坐在議場中間的頂端，在他位子的右邊是執政黨議員，其他反對黨則在其左邊。內閣閣員及影子內閣成員各坐在兩邊的前排位置上，其餘議員則坐在後排。政黨競爭的態勢及投票表決時的情景可說是涇渭分明。

㈠議事程序

平民院每年秋天開議時，所有議員會聚集貴族院一起聆聽英王的演說，

其內容由內閣祕書處定稿，闡述政府未來一年的施政重點及立法內容，性質跟美國總統每年 1 月在參眾兩院聯席會議上所發表的國情咨文演說 (State of Union Message) 相類似。

英王發表演說後,政府就會經由具議員身份的官員向平民院提出法案,開始立法程序。所有的法案都必須經過三讀程序。第一讀只是形式，沒有討論。第二讀是在院會中進行，針對法案的目的及實質內容加以考量，以決定是否讓法案繼續未完成的程序，是整個立法程序的關鍵性階段。跟美國立法過程不同的是，英國的二讀是在院會進行，院會通過後再交常設或全院委員會針對法案的細節和院會的觀點，進行可能的修正。美國則是在一讀之後，逕交常設委員會審查，掌握法案的生殺大權。就立法程序中的地位來說，兩國委員會的重要性相差甚遠。法案經過委員會階段後再交給院會進行三讀。三讀程序通過後由內閣呈請英王公佈。

表 7-1　英國平民院立法程序的步驟

一 讀		形式，沒有討論
二 讀		院會針對整個法案的實質或目的加以辯論
	常設委員會及全院委員會	針對法案的細節條款加以審議作具體修正
	院會報告階段	另一個作具體修正的機會(但如果法案沒有在全院委員會被修正，則免掉這個階段。)
三 讀		院會針對整個法案作辯論，通常只作技術性修正

㈡委員會制度的缺陷與改革

除了行政與立法的連鎖關係外，委員會結構的不健全，是造成國會權限無法有效監督行政部門的重要原因。英國的常設委員會並非如美國一般依照主題領域而組成，而是依英文字母次序來區分，每個委員會既無固定的職掌，也無固定的委員成員，更無蒐集資訊的功能。因此它不像美國的委員會那樣培養議員們的專業知識，更因為它權力有限，所以議員們不會

熱衷於委員會的任命,利益團體更不會如美國那樣以委員會為遊說的重點。

為了要解決常設委員會所造成的議員們缺少專業知識的缺失,平民院從 1960 年代末期開始成立專家性的選任委員會 (the Committee on Selection)。其最大特色是按主題來分,跟行政部門的組織一樣,可以培養出議員們的專業領域。其次, 它有蒐集資訊的功能, 得舉行聽證會, 邀請專家發表意見。1979 年以後, 保守黨政府對這種委員會制度再加改革, 共成立 18 個選任委員會,將具各種專業知識的議員,分插到各個常設委員會去幫助法案的審查, 達到兩種類型委員會相輔的效果。

平民院對委員會制度的改革立意雖善,卻尚未發揮應有的功能。根本的原因在於任何委員會權力的提高, 最後必然牽涉到現有的行政與立法關係的變化, 使內閣目前所擁有的優勢相對降低。

(三)平民院的質詢與辯論

前面提過, 政黨出現之後, 決策的中心已從平民院轉移到內閣,立法機關除了批准法案所代表的政策外, 再有就是使平民院成為一個重要的政治論壇, 讓各個政黨進行互動。反對黨利用質詢的時間攻擊內閣的政策,部長們則為他們的政策作解釋及辯護。質詢制度是議員們僅有的利器, 也是要求政府負責最廣為人知的手段。每星期四天中, 平民院集會的首要任務之一, 就是由內閣各部長針對國會議員所提問題加以回答。對首相則每個星期只有 2 次各 15 分鐘的質詢時間。布萊爾就任後, 改為每星期三個半小時, 供各政黨間的交鋒。因為質詢內容必須在 2 天前提出, 因此具專家背景的文官可以為所屬部長準備答案, 但是部長回答之後, 議員可以再問相關連的問題, 此時就可以考驗一個部長對業務熟悉的程度及應變的能力。部長在質詢時間表現不佳的話, 會影響他的聲譽, 甚至危及到他的政治生涯。相對的, 議員們質詢的內容及技巧, 往往反映出一個議員的才華和勤勉鑽研的程度, 會得到同儕的另眼相看。

對首相的質詢往往由反對黨領袖出面, 雙方短兵相接, 在重大政策性

議題上針鋒相對，政壇為之矚目，有時會是平民院給全國民眾難得的一場
政治饗宴。雙方唇舌之辯的成敗甚至可以影響到政府的去留及政治生涯。
具備自信以及有格調的能力來應付國會的辯論，被認為是勝任政黨領袖的
先決條件。

　　質詢時間所引發的辯論的另一個重要性，在於它讓社會大眾有一個機
會來評估兩黨的表現，並使反對黨在挑戰內閣之餘，還有可能爭取到選民
的信心，願意在下次選舉中將選票投給它。執政黨則可以利用辯論來為政
策辯護，對於促進黨內的凝聚力，有其正面的功能。

第四節　平民院的黨紀與彈性

　　平民院權力式微的原因是政黨黨紀的貫徹，使議員們為著政治前途的
考量，少有違背黨紀的膽量。因此一位學者說過「當黨鞭揮舞的時候，國
會議員個個變成馴服的小綿羊」。傳統上堅持黨紀的結果，使國會中的辯論
意義不大，其結果也很少會有意外的變化，因為平民院少有可能通過不信
任案。但是 1970 年代以後，社會分裂程度增高，執政黨在國會中所擁有
的多數有限，黨內議員們對重大政策又常出現歧見，黨紀的執行越見困難，
造成內閣在平民院中所提重大法案幾次出現被擊敗的紀錄。在以往這種情
形出現的時候，跟不信任投票動議獲得通過一樣，都會造成政府總辭或解
散國會。但是面對英國政治生態的改變，當時的工黨政府並沒有辭職。因
此英國的責任內閣制的另一項制度性的變遷，是不信任投票成為唯一迫使
內閣總辭的途徑。相對的，經歷過 70 年代的風暴，各個政黨在黨紀的貫徹
上也出現一些彈性，並增加後排議員發言的份量及其自主性。不過議會內
閣制的特徵是多數黨組閣，以穩定政局為重，因此政黨黨紀還是很重要的。
這一點也正是平民院的改革中，始終難以有效制衡英國內閣的原因。

法國國會建築

第二篇
法國政府與政治

·· 地理及人文簡介

位置：西歐，位居英國的東南邊，鄰接西班牙，東北邊與
　　　比利時、德國相連

面積：546,792 平方公里

氣候：大部分地區為溫帶海洋性氣候，冬溫夏涼。地中海
　　　沿岸夏乾熱、冬溫溼。山區氣溫較低，常有冰雪。

人口：59,000,000 人

人口結構：0-14 歲：18.68%，15-64 歲：65.19%，65 歲
以上：16.13%

人口成長率：0.37%

平均壽命：78.9 歲；男：75.01 歲，女：83.01 歲

正式國名：法蘭西共和國

首都：巴黎

年國民平均所得：24,400 美元

貨幣：歐元 (EUR)

註：歐洲聯盟於 1999 年 1 月 1 日正式以歐元為共同貨
　　幣，因此從 2002 年起，歐元已取代法郎為交易工具。

【第八章】
法國政治中的非制度性因素

　　1789 年法國大革命是政治上的分水嶺，因為在這之前法國屬於君主專制統治下的古老政權，之後則處在現代化各種政體的成型與轉型期。但是大革命所造成的「權威的真空」，卻使法國一直處在變動之中。到 1958 年為止，法國一共出現 16 部憲法，2 個帝國，5 個共和以及 1 個維琪威權政體。每一次暴亂或戰敗，法國的政治體制就整個被摧毀，然後新的制度又再建立起來。法國給予人一種印象：它不斷在創造新的制度，因此一直難以建立起制度上的共識。加上菁英們於法國政治制度的抉擇與走向，一直存在著高度的岐異，甚至對立。因此相對於英國在制度上長期一脈相連，在政治態度上又崇尚中庸務實，法國所展現的是激情、浪漫和衝突。唯其如此，所以法國的歷史充滿吸引人及動盪的發展過程。

第一節　地理及社會經濟紛歧

　　法國在西歐各國中面積最大，實際上卻比不上美國的一個大州（如德克薩斯州 Texas）。整個國境大部份為平原，少有高山阻隔，再加上運河及道路系統發達，因此法國很早就發展出高度的國家認同。即使制度的走向再不同，地區性的差異再大，或者階級的對立再激烈，法國人的愛國心及對他們文化上的優越意識卻不容置疑。二次大戰以後，面對美國國勢的強大及文化的普及全球，法國一直心存輕視，認為美國文化太膚淺及太過物質主義。這種對美國優勢的敵意，表現在 2003 年美國對伊拉克的軍事入侵，引發法國政府強烈的指責上。美國痛心之餘就有人指責法國是「舊」歐洲的一部份，甚至要求抵制法國紅酒及法國餐。無論如何，法國少有高山阻隔的地理環境，對它的國家安全及制度成長都是非常重要的制約因素。

強鄰德國一直是法國最主要的安全威脅。二次大戰之後，在歐洲共同市場及歐盟成立的過程中，法國遠比多數其他鄰國更願意將它的政治及經濟制度與其他國家結合在一起，是否因為歷史的創傷所使然，不得而知。但是法國為歐盟主要的倡導者卻是事實❶。

　　除國家認同的共識之外，法國在其他方面卻少有同質性可言。首先是南北的差距，西南部屬於保守農民的郊區地帶，東北部則是大型工廠、現代農場及快速成長的地區。巴黎是全國首善之區，集全國性政府、金融業、工業及知識文化之精華，是法國唯一超過百萬人口的都市，因此它的亮眼華麗比之於大部份屬於郊區的寧靜鄉村似的生活，顯得有點不像法國。不像英國及德國有那麼多的大都市及發達的工業，法國傳統上重視農業，抗拒科技及工業的現代化。以郊區為主的小鎮保守力量，堅持要保存既有的社會秩序，擔心因為經濟的現代化所帶來的改變，如都市化，工業化及特別是勞動階級的增加，會造成社會及政治的動盪。因此從十九世紀到二次大戰結束前，法國被稱為是一個「僵止性的社會」。也因為如此，法國長期以來維持一個小農及小型商業經濟的規模，導致每個單位的生產成本偏高。法國政府被迫要以高關稅來保護本國企業，以農業補貼來幫助農民維持一定的生活水準。歐洲聯盟成立之後，法國是各國農產品主要的供應者，但是農業補貼卻招致各國，特別是英國的強烈反對。

　　法國在形式上是一個天主教國家，但是天主教卻是是構成政治紛歧的重要因素。法國大革命後成立了共和政體，並以教會、君王及貴族為主要的反對對象。因此反對天主教就成為大革命以來法國政治傳統的一部份。1904 年法國政府正式實施政教分離。即使到今天，教會學校為了得到財政補助，而接受政府的一些控制，但是法國人民仍然關切教會在社會中的角色，因為教會可以塑造基本價值，從而對人民的政治態度及行為產生重要影響。比之於英國在歷史上早就解決宗教紛爭（北愛爾蘭例外），法國的天

---

❶　Lynn Hunt, *Politics, Culture, and Class in the French Revolution* (Berkeley: University of California Press, 1984), p. 15.

主教在社會及政治上仍然是一個懸而未解的議題。

第二節　從歷史看法國的憲政變遷

　　法國早在西元 800 年當法蘭克國王查理曼在位的時候，就已將各個地方力量征服，而成為一個統一的民族國家，這要比英國早 200 年，比德國早 900 年。但是從這個古代政權成立以後，法國的國家機關 (state) 卻一直是受到廣泛尊敬及極度憎恨的對象。隨著封建君王地位的穩固，王室不只極力向其臣民增加財政上的壓榨，並且建立起中央集權的官僚體系，進行專制統治。這是西方政治工程的一個突破，從此國家機器的角色始終影響法國的社會，包括迎合人民維持傳統秩序的渴望，而抑制經濟的現代化，以及二次戰後持續推動法國的現代化。當法國君權不斷鞏固而擴大其統治力量的時候，我們卻發現英國王室在貴族們的壓力下，逐步地減少其統治權，最後形成君主立憲，民主政治因而逐漸萌芽與成形。另方面，法國積極的國家角色也與英國對市場自由放任的作法，成一明顯的對比。這些因素到現在仍影響兩國不同的政治及經濟發展的軌跡。

　　法國君王透過中央集權的官僚系統所建立的君權專制，於十八世紀路易十四的時候達到高峰，此後就開始走下坡。但是國家機器雖然現代化，世襲貴族的地位及特權卻仍然保留，對人民所課的重稅則窮奢極侈地被浪費在王室及貴族的豪華生活中，以及凡爾賽宮的建築上。天主教會由於長期與封建王權的伙伴關係，兼為大地主及徵稅人的角色，也成為人民憎恨的對象。人民累積的不滿情緒終於引爆了 1789 年的法國大革命，路易王朝被推翻，資產階級取代了貴族，成立共和政體。大革命以廢除舊秩序下的特權結構為號召，包括被視為特權捍衛者的天主教會，也奠定了法國此後所崇奉的普世價值，如理性主義、現代性 (modernity)，民主，以及民族主義。但是大革命也留下了痛苦的後遺症——未能建立一個穩定的政治秩序。

　　在舊王朝維持近 8 個世紀的穩定後，法國經歷了將近 100 年的政治動亂。正如歷史學者杭特 (Lynn Hunt) 的觀察，大革命「只是激發了民主共和的潛力以及強制性的革命變遷而已」❷，對法國的經濟成長及政治穩定毫無助益可言。在大革命之後，跟著而來的是暴動、革命及政權變更。先是第一共和成立，內部秩序的擾亂不安以及外國入侵的威脅，提供軍事強人拿破崙崛起的機會，使他經由公民投票的手段在 1804 年稱帝，第一共和告終。但是隨著拿破崙的軍隊被擊潰，帝國跟著在 1815 年結束，也因此有了王室的復辟。但是王室對新時代認識不清，仍然縱情享受及濫權，導致 1834 年的群眾革命，成立君主立憲，革命已然成為政治過程的常規。1848 年巴黎民眾受困於失業及不滿的情緒，又爆發了革命。再一次人民又將希望轉向另一個軍事強人，路易拿破崙被選為總統，第二共和成立。他的野心一如他的叔叔，也一樣動用公民投票的手段來達到稱帝的目的，這就是第二帝國，而且連下場都一樣。在 1870 年普法戰爭中失敗後，第三共和興起替代了帝國的終結。但是在第一次國民議會的選舉中，傾向帝制的一派獲得絕對多數，本來已經因為戰敗的羞辱而不滿的一群巴黎市民起來反叛，建立他們自己的政府──巴黎公社。官方政府要收復巴黎的行動，導致法國歷史上最為血腥的內戰並使得 2 萬人喪生。

　　第三共和採行議會內閣制政府，權力分散於立法機關，使法國難以擁有強勢的政治領導，也難以使傳統法律與秩序的文化價值更為穩固。問題是緩慢的經濟現代化並沒有緩和第三共和內部支持威權與保護民主體制之間的爭執。法國就在缺乏強力的政治領導與國力不振的情況下，在 1940 年德國的軍事入侵行動中，再次敗北，第三共和維持 70 年的政體也宣告崩潰。

　　二次大戰是法國歷史上最為暗淡的時期之一；德國佔領法國之後，一

---

❷　Stanley Hoffman, "Paradoxes of the French Political Community," in *In search of French*, ed, Stanley Hoffman (New York: Harper Torchbock, 1965), p. 15.

次大戰的英雄貝當元帥與納粹簽訂停火協議，雙方同意德軍佔領北部，貝
當則組織維琪政府，統轄法國南部。貝當是法國近代史上另一個在危機中
出頭的軍事強人，而且其政權的正當性比前更為不足。在德軍佔領期間，
由戴高樂將軍領導的自由法國繼續抗德。1945 年法國獲得解放，戴高樂在
希望建立一個強勢的行政體制未能如願後，從政治上退隱。第四共和的憲
法與第三共和相去無幾，仍然是強勢立法支配行政、多黨分裂的局面。內
閣平均壽命不到 6 個月。強大的政治力量，特別是左翼的共產黨及右翼的
戴高樂派人士的包挾，使得內閣無法持久。1958 年北非阿爾及利亞的獨立
運動達到高潮，法國遠征軍處境艱難，但是法國本土的內閣危機卻遲遲未
能解決。遠征軍將領乃公開發難，拒絕接受本土政府的管轄。在嚴重的政
治危機中，戴高樂同意再次出來擔任第四共和最後一任閣揆（又一次軍事
強人！），並以 6 個月時間起草一部新的憲法。新憲法付諸公民投票，得到
三分之二公民的贊成，第五共和宣告成立。

　　第四共和與第五共和的強烈對比，反映在前者強調民主參與及立法獨
大，而後者則著重優勢的行政領導及民主效率這兩種不同的政治價值上。
這種政治價值的不對稱也同時是制度影響政治生活的最好例證。戴高樂的
強勢使他敢在國際社會上領導法國與美國分庭抗禮，否決英國加入歐洲共
同市場。但是政府的高壓姿態卻也爆發了 1968 年 5 月西方歷史上規模最
大的學生運動及工人的總罷工。另方面，這套憲政體制穩定成長的結果，
使國家的自主性與民主參與間取得了平衡，更使法國能夠在 1981 年順利
通過政黨輪替的考驗，鞏固了對第五共和的支持。證明第五共和成功地建
立起規範政治競爭及變遷的適當架構。

第三節　憲政制度的紛歧

　　從古代政權開始，法國就強調以權力集中的方式來保護它的疆土不致
被入侵。但是另方面，由於法國社會強烈的紛歧，以及掌權者容易腐化，

因此要求割裂權力的呼聲不斷。在強勢國家的政治傳統中，法國卻一直在不同的政治價值觀的對立上，出現不間斷的威權與民主體制的循環。問題是不論是那一種體制，當權者的權力在單一國家的架構下很少受到節制，憲政主義——要求遵守競賽規則並且只有經過特別的程序才能加以改變——的觀念也從沒有在法國紮根。從前面所陳述的歷史中，我們可以發現當權力所應受到的程序上的限制，不被遵守的時候，要想對新的制度性安排獲致廣泛的共識，就會變得困難而又曠日費時。相較於英國之先有憲政主義而無民主，法國傳統上一直是有民主而卻無憲政主義。認識這一點就可以瞭解為什麼第五共和大部份的時間內，很少注意到行政與立法間的平衡；其強調行政權獨大的制度設計，跟第三及第四共和時代的立法專擅，都是法國傳統的一部份。

從大革命之後所建立的第一共和，由於它所出現的混亂，濫行監禁及殺害異議人士，以及時常表現出反天主教的態度，使得共和制度變成一種強烈地被許多人所支持，卻又為許多其他人所反對的政體。因此從十八世紀末期到十九世紀的 70 年代，支持與反對共和政體的兩派人士，幾乎就有如政治鐘擺那樣輪流統治法國。每經過一次重大的政治動亂或戰敗，法國就會對政治制度作徹底的改變，對舊有的從不會有所懷念。結果是法國的政治不只是短期的政策偏好上的不同（所有的民主國家都如此），而是對基本價值的衝突。政治辯論因為常帶著意識形態的色彩，而引發教條及敵視的氣氛。政治競爭的賭注因此變得很高，因為競爭者所在意的不是妥協，而是如何將不懷好意的對手擊倒。

這種全贏全輸的政治遊戲使彼此之間充斥著不信賴及懷疑，彼此都認為對方要在政治結構上尋求根本的改變。這種價值觀上的對立，再加上沒有紀律的多黨制以及專擅的立法機關，就使得法國難以出現一個有效率、有作為的統治機關。因此人們在失望之餘，就會尋找一位具有魅力的領袖來凝聚人心、突破僵局。兩個拿破崙以及戴高樂即是這一類型領袖的例子。法國歷史上總是出現兩種對立的政治體制的衝突：民主（強調參與及負責

任的價值）與威權（著重效率與穩定的觀念）。問題是：民主人士擔心行政領袖地位的強化，會是摧毀民主的第一步，而這正是保守派人士所要的。也因此民主派人士從不信賴經由直選來產生的行政領袖或國家元首。人民主權只能經由立法機關來表達，因為立法機關被視為是大眾意志的工具。立法權不應受任何憲法或司法的限制，因此被視為理所當然。第三及第四共和正好反映這種邏輯。但是藉著捍衛共和制度之名，法國脆弱的民主反而是摧毀民主的主因。第五共和就是在這個背景下成立的。

　　對民主派人士而言，經過第四共和 12 年的政治風暴之後，戴高樂的復出有如當年兩位拿破崙的政治夢魘再現，因此他們在第五共和一開始極力反對總統直選。但是戴高樂還是繼承前人的作法，使用公民投票的機制來完成總統直選的修憲程序。第五共和在戴高樂擔任總統的 10 年間，不只個人權威的色彩頗濃，法國內部對新制度也仍然意見相當紛歧。但是隨著總統人選的更替及政黨輪替的效應，大眾對新制度的支持增加了，從根本上反對制度的聲音消沉了，因此 200 年來法國一直在尋求建立的制度性共識終於出現。難得的是這套新的制度雖然比較傾向於威權的設計，但是並沒有完全廢除政治責任的制度安排。制度性共識的浮現使法國不會再有重蹈過去覆轍的危險：煽動家可能藉著直接民主制度的操作，而變成為孚人望的獨裁者。

　　綜合而言，由於政治傳統以及理性主義的影響，法國的政治過程對立的強度，要比強調務實中庸及妥協精神的英國及美國高。即使在英國柴契爾夫人時代的兩極政治還是如此。但是拋開這個民主的瑕疵，法國強烈的民主傳統還是值得推崇。在兩次大戰間隔的 20 年間，經濟的蕭條及政治的不安都不曾像德、義那樣將法國推向威權或極權體制。

第四節　變化中的法國國家角色

　　法國在西元八世紀成為統一的民族國家後，就實施中央集權的君主專

制。路易十四在十七及十八世紀時期又建立起具有效率的國家文官體系，在國王的私人領域及封建貴族之外，形成一個現代化的統治機器，將法律——理性的標準規範應用到全國。因此有人認為「世界上沒有其他國家如法國一般擁有一部複雜難解而又激情的國家機器」。但是 200 年來，這部國家機器所採取的各種強有力的行動，卻也引發了週期性的抗議甚或暴亂，法國大革命只是一個開端而已。另方面，大革命卻並未摧毀這部行政機器，反而因為擺脫了封建特權的束縛，使國家的體制更能符合舊王朝所追求的強化國家權力的目標。拿破崙稱帝後所一手建立的地方行政官僚制度、國務院、國家行政學院以及拿破崙法典等，不只使法國更具現代化的統治結構，而且其影響一直持續至今，甚至為其他國家所仿效。

　　大革命及拿破崙延續舊王朝所作的種種制度上的創新，對法國所產生的負面影響，是造成法國的政治文化上一直欠缺對有限政府的尊重（或如上節所提對憲政主義的認知）、政治上的多元主義、對既存政府的忠誠反對、獨立的司法機關，以及個人權利的保障都付諸闕如。這種缺憾要一直到 1980 年代，當法國的政治發展出現重大的變遷——強調自由主義的價值及政治作為，才告補足。也就是因為大革命及拿破崙所留下的負面遺產，使得法國在其後一直發生國家主義 (statism) 及民主傳統間的衝突，或如政治學者霍夫曼 (Stanley Hoffmann) 所言的「有限的威權政體與對政治權威的可能反抗二者間的共存」。如何在國家的自主性——讓國家免於來自社會團體的壓力——與民主參與和決策二者之間取得協調，也因此一直是大革命以來法國政治所面臨的問題❸。但是唯其因為國家長期維持其獨立的傳統，所以各個政權或許有強烈不同的政治取向，國家卻仍能維持其強勢的風格。對高壓的國家行徑所產生的反彈，使法國大革命以來所留下的民主及抗爭性的行為，一直延續到現在。

　　相對於對統治的強勢與強壓，法國的國家機器在經濟發展上，一直是

---

❸　Vincent Wright, *The Government and Politics of France* (New York: Holmes and Meier 1978), p. 14.

被動地配合傳統社會對現代化的抗拒，並相當重視法律與秩序的價值。這種無為的經濟政策一直到第四共和時代才開始改變。戴高樂總統建立第五共和之後，國家在經濟發展上的角色更趨積極，與德國、日本乃至東亞四小龍都具有發展國家的特徵。由於國家的主動引導，今天法國在航空尖端工業、國防武器以及核能、高速鐵路等的發展上，都在國際上佔有一席之地。另方面，傳統法國時尚方面的供應如香水、蕾絲、服裝……則仍繼續吸引國際市場。

　　傳統上國家的強勢相對造就出法國公民社會的弱勢，公民所組成的民間團體，並不具備足夠的自主力量，來要求國家在行動上或政策上的配合。這種強國家弱社會的型態目前已經稍微有了改變。除了各種抗議行動要求政府滿足人民的要求外，法國越來越往新統合主義方向發展，亦顯示出民間團體在決策過程上享有比較大的發言權。在戴高樂總統任職期間，法國似乎又要發揚其國家主義的傳統，而以民主參與和代表為犧牲，但是政治制度（留待以後討論）及社會的變遷，卻使國家的自主性與民主的參與之間發展出一個平衡點。**事實證明，由於全球的經濟整合和競爭，以及人民要求更多自主的結果，已經使傳統上無所不管的國家，對社會不再處處加以規範，因此地方分權的趨勢益趨明顯，包括經濟、教育及社區生活。**

　　在國際上，由於法國的政治穩定使它能夠有信心地面對外來的挑戰，包括對國際事務如美國攻打伊拉克有較重要的發言權，有足夠的力量面對全球性的經濟競爭。過去半個世紀以來，法國一直是歐洲統合主要的催生者之一。當然這種區域整合也使法國的國家主權必需有所調整。但是維持了德國與法國的友善關係，卻使法國消除百年來的夢魘。

【第九章】
法國選舉制度的政治影響

從法國大革命所造成的紛擾不安，經歷兩個拿破崙及維琪的威權體制，到第三及第四共和的議會民主，法國的政治制度一直在變，並且常常變得極具戲劇性。第五共和成立以來的民主穩定期，與第四共和所出現的 25 個不同的政府和政治動盪，形成極其尖銳的對比。這種難得的轉型是一個非常明確的個案，讓我們瞭解制度設計的工程可以達到它所要的目標。為了終止弱勢政府任由強勢國會宰割所造成的政治僵局，第五共和的締造者大幅地增加行政決策部門的權力，並且減少國會的特權。1962 年戴高樂舉行公民投票，完成以公民直選產生總統的修憲案。行政的優勢當然是促成第五共和政府穩定的重要因素，但是以兩階段投票制取代比例代表制來產生國民議會，而意想不到地出現了國會多數黨──最初是戴高樂派，以及逐漸浮現的左右兩個具凝聚力的黨團，卻是半總統制得以成長及穩定的基礎。因此要瞭解 1958 年及 1962 年的制度變革，對於此後法國無以倫比的政府穩定所產生的影響，必須先釐清選舉制度改革的內容，才能明白政黨體系的轉型對政治所產生的影響。

第一節　第五共和的國會選舉制度

一般人很容易誤認為，法國之所以為多黨制，是因為採取比例代表制的原因。事實上，早在第四共和成立之前，法國就因為社會上對政府體制及基本的價值，存在著許多紛歧和對立，這才是造成政黨分裂的主要原因。此外，第四共和的問題，也不在於它受到這些政黨所牽制，而是組成一系列聯合政府的那些政黨菁英，在國會中所表現的行為，以及內部的紛歧，與極度缺乏紀律所使然❶。因此國會能否有一個有紀律，而又能控制國會

的多數黨，是決定總理所掌控的行政部門能否穩定的關鍵。第五共和的選舉制度，就是以此為設計的目標。

第五共和的國民議會議員任期 5 年，但是總統隨時可以解散國民議會。這一點跟英國一樣，但是兩次選舉的時間間隔不得少於 1 年。在選舉制度上採取單一選舉區兩階段投票制，也就是每一個選區選出 1 名議員，任何候選人必須獲得 50% 以上的選票才算當選。由於法國的多黨結構，因此第一階段當選的情形並不多見。在沒有人獲得絕對多數當選的選區，必須在一個星期後舉行第二輪選舉，候選人只要取得相對多數就告當選。但是想要參加第二輪選舉的候選人，必須符合兩個條件：第一，必須是在第一輪中參選的候選人；第二，他必需在第一輪選舉中獲得全部選票（不只是所投選票的總數）的 12.5% 的候選人，才得參與第二輪選舉。這個高門檻是從原先的 5% 提高為 10%，但是因為都未能達到限制政黨數目的效果而再作調整的。

兩輪投票制通常有助於政黨選舉策略的考量，因為從第一輪選舉中可以很準確地看出每一個政黨在每個選區的實力，如此各政黨就有了可靠的資料，來決定他們在關鍵性的第二輪選舉時所要採用的選舉策略。各政黨甚至可以利用此等資料來跟其他政黨進行談判，以交換在某些選區的相互支持。就是由於上述選舉法令的規定以及政黨間政治協商的結果，所以政治光譜線上距離較近的政黨，通常會聯合起來共同支持一名候選人，以便能夠擊敗思想或政策立場差距較大的政黨所提的候選人。其結果不只使大部份的選區通常只有 2 名候選人參與第二輪選舉，而且促成左右兩翼各政黨進行整合，左右政黨家族 (party family) 乃告出現。法國的選舉政治亦因此而形成左右兩極間的競爭，直接促成多數黨的出現，這是法國近 200 年的首創！

❶ Henri Mendras with A. Code, *Social Change in Modern France: towards a Cultural Anthropology of the Fifth Republic* (Cambridge: Cambridge University Press, 1991).

　　兩輪投票制也增加選民投票上的彈性。第一輪選舉有點類似美國初選會的制度，一方面使各個小黨的候選人縱情地投入選舉，另方面則使選民可以毫無顧慮地將選票投給他們最中意的政黨候選人；這種投票行為不會有太大的風險，因為選民所最不喜歡的別黨候選人，不太可能獲得過半數的選票而當選。

第二節　兩階段投票制的政治影響

　　這種選舉制度對法國政治所產生的影響程度之大，是促成法國政治質變的重要因素。就是由於這種質變的出現，開啟了法國現代政治的紀元。第一，促成穩定多數黨的出現。觀察 1962 年以來國會選舉的結果（表9-1），我們可以發現，兩輪投票制在第一輪中鼓勵了多黨制的存在，但在第二輪卻如英國的相對多數決產生一樣的結果——單一政黨在短期間內壟斷國會絕對多數的席位。例如 1962 年到 1973 年間以及 2002 年的戴高樂派，以及 1980 年代和 1997 年的社會黨。但是在其他時期則促成左右翼政黨的整合，使法國出現兩元化政治 (bipolarized politics)。1970 年代當戴高樂派式微以後，法國民主同盟 (UDF) 就出面組成右派政黨的鬆散聯盟，左派則因為社會黨組織較嚴密，共產黨又被視為極端政黨，因此一直由社會黨聯合中間偏左各小黨，包括共產黨及綠黨，組成左派聯合。戴高樂本人雖然並不樂見政黨政治的抬頭，但是多數黨的出現卻證明是總統權力能夠鞏固的最大關鍵，有助於法國政局的穩定和制度的成長。就如同密特朗總統經歷的兩次左右共治的經驗證明，一旦缺少國會中穩定多數黨的支持，會大大地削減了總統動用他憲法特權的能力。

表 9-1　法國國民議會選舉結果（1967 年及 1970 年代除外）

		政黨得票率 (%)						
	總得票數（百萬）	共產黨及其他左翼政黨	社會黨	中間偏右及綠黨	中間	戴高樂派	國家陣線	其他
1962	18.3	22.0	15.0	8.0	29.0	32.0		
1981	25.0	16.2	37.6	1.3	19.1	20.9		4.9
1988	24.0	11.1	37.7	0.3	40.3*		9.9	0.6
1993	25.2	11.0	17.6	10.1	19.2	20.4	12.5	9.1
1997	25.3	12.1	25.5	6.7	14.7	16.8	15.1	9.1
2002	26.3	7.6	25.2	4.4/3.1	4.2	34.2	11.1	4.6
	總席次			各黨席次				
1962	480	41	67	45	89	234	–	4
1981	491	45	289	–	73	84	–	–
1988	577	27	277		–	130	128	1
1993	577	25	67	–	206	242	1	36
1997	577	37	245	37	109	140	1	8
2002	577	21	154	3	22	369	1	8

*1988 年是中間派及戴高樂派聯合競選

　　其次，兩輪投票使中間溫和的政治文化逐漸抬頭，大幅度減少激烈主義生存的空間。在傳統的法國政治中因為缺乏制度上的共識，左右兩翼政黨所提的激烈訴求容易獲得選民共鳴，在國會中形成否定性的力量，足以破壞政局的穩定。第四共和時代的共產黨及戴高樂派就是顯例。當法國選民面對第二輪投票的單一選擇的時候，單一選舉區的溫和效應就逐漸出現。第四共和時代共產黨在歷次選舉的得票率都在 26% 以上，即使在第五共和成立後的前 20 年時間，它在第二輪選舉中也仍然維持在最低（1978 年）的 18.6% 與 21.4% 之間。但是從 1981 年以後共產黨的得票率直線下降，所獲席次也跟著減少❷。這種情形就如同戴高樂派在 1970 年代以後走下

❷　Martin A. Schain, "The French Communist Party: The Seeds of Its Own Decline," in *Comparative Theory and Political Experience: Mario Einaudi*

坡一樣。激烈政黨的生存空間被擠壓的結果，使法國 200 年來政治衝突強度極高的現象，逐漸趨於緩和。法國第五共和能夠通過 1981 年社會黨密特朗當選總統以及 1986 年左右共治的憲政危機，跟傳統對抗政治 (confrontational politics) 的消失，還有法國社會對制度及憲政架構共識的出現有很大的關係。

第三，代表性不公平。跟單一選舉區相對多數決所造成結果一樣，法國的兩輪投票制的最大缺點是代表性不公平，因為它對第一大黨最有利，總是出現過度代表的現象。例如重振聲勢的戴高樂派，在 2002 年的國民議會選舉中，以 34.2% 的得票率，卻獲得近 65% 的議席。

基於行政上的方便，法國全國共分成 100 個郡 (department)。每一個郡選出 1 名參議員。參議員由每個郡的選舉人學院間接選舉產生。選舉人學院由各郡所選出的國民議會議員、郡議會議員，以及地方政府的代表所組成，總數超過 10 萬人。

跟美國及日本一樣，法國參議院也是持續性的立法機關，每一次只改選三分之一。但是法國參議員任期 9 年，因此參議院更換新血的過程要比美國長。每郡參議員人數少於 5 名時，選舉人學院採用兩階段投票制，但是要選出五名以上時，則改採政黨比例代表制。

由於選舉人學院的成員以小城鎮的代表居多數，再加上成員更新的速度較慢，又有年齡上的條件，因此參議院要遠比直選產生的國民議會更為保守，兩院的政策傾向當然有所不同。

第三節　法國總統的選舉制度

1958 年的憲法性質充分說明制憲者決心要克服第四共和政府的不穩定及軟弱的缺點，並且很在意新制度的成功。在新憲中被視為制度穩定的安全瓣 (safety valve) 就是總統的職位。除了在憲法中授與總統很大的權力

and the Liberal Tradition (Ithaca: Cornell University Press, 1990).

外，總統選舉方式的改變，大大地增加總統政治地位的重要性、影響力、對政治人物的吸引力，以及法國政治的面貌。

第五共和成立時，總統一職是由約 8 萬人所組成的選舉人團間接產生。這種間接選舉方式主要是因為參議院強烈反對直接選舉的結果，戴高樂基於當時政局穩定的考量，因此而接受這個妥協性的方案。但是基於他在第四共和時代就一直嚮往強勢的行政決策領袖，以及他個人的歷史地位的考量，因此他對總統直選的目標始終不曾放棄。他堅持總統選舉方式的改變，部份則是他對未來法國憲政變遷的顧慮和關切。他認為總統一職如果經由間接選舉產生，一旦他遭受暗殺或死亡，他的繼任者勢必難以阻止國會的擅權，而使行政部門又重回到第三及第四共和弱勢的局面。他自忖如果總統是由公民以絕對多數選舉產生的話，那麼總統就會有足夠的民意基礎作後盾，來抗拒立法機關的挑戰。

1962 年戴高樂總統以極富爭議性的修憲程序，將總統改由直接選舉的憲法修正案，提交公民複決通過。修改後的憲法第 6 條規定：「共和國總統由全民直接投票選舉之，任期 7 年。」第 7 條修正為：「共和國總統須獲得絕對多數的有效票始獲當選。若無人在第一輪投票中獲得絕對多數，則於選舉完後的第二個星期日舉行第二輪投票。在第二輪投票中，只有在第一輪的選舉中得票最多的 2 名候選人始能參加；但是在第一輪投票後，票數雖高卻自動退出者，不在計算之列。」

在候選人的資格方面，必須年滿 23 歲的法國公民始得被提名為候選人。候選人同時要取得來自 30 個不同的郡的 500 人連署，而且這 500 人需為國民議會、郡議會議員以及城市的市長才具連署的資格。除了完成連署之外，每位候選人必須繳納 1800 元美金的押金，如果他（她）未能取得至少 5% 的選票，則這筆押金就被沒收。但是即使提名候選人的程序如此繁瑣，歷來參與總統選舉的人數都在 8 名以上，而且大部份候選人的押金都被沒收。

由於法國多黨制的型態並未隨第五共和而消失，因此自 1962 年舉行

總統直選以來，從未有一位候選人在第一輪選舉中獲得絕對多數的選票而
當選。以兩輪投票制的方式產生總統，其精神及意義跟國民議會的兩輪投
票制極其類似。第一，第一輪投票跟美國的總統初選會一樣，各政黨通常
都會推出其候選人，選民也都會依照其個人的喜好投票給他所中意的候選
人。因此候選人不太有可能在第一輪選舉中出線，必須等到第二輪選舉才
由兩個候選人進行決選，等於是美國總統大選時的兩黨競爭。第二，第二
輪選舉的競爭同樣是環繞在左右兩翼政黨所組成的政黨家族來進行，並且
各個政黨家族必須團結支持一位持中間溫和立場的候選人這兩個條件下，
才會有獲勝的可能。第三，總統選舉這種單一選舉跟國民議會單一小選區
的設計，同樣都需要絕對多數的當選條件，因此任何候選人都必須要有堅
強的政黨組織作後盾，才有動員選民的黨機器。所不同的是，法國選民對
總統大選更加重視，特別是在關鍵性的第二輪選舉的投票率，要比國民議
會的選舉高出甚多，依賴政黨動員更為迫切，因此總統直選對法國政黨所
產生的影響也更大。在這裡先不談直選對總統的權威以及總統與國會和政
府關係的影響，只著眼對政治及政黨的影響。

　　首先，我們必須瞭解政黨之所以會加入選舉及統治的聯合，是因為選
舉制度以及法國政治益趨總統化這兩種相互增強的效應的結果。**選舉制度
中的第二輪投票鼓勵意識型態相近的政黨組成選舉聯盟，而將法國政黨推
向政黨的兩極化方向。另方面，對總統職位的競逐也影響到政黨選舉聯盟
的價值觀。**各政黨從 1960 年代開始依據總統選舉的需要來整合它們的組
織和策略。右派政黨如果不整合，就無法贏得總統大選。左派政黨則面對
右派政黨的長期優勢，而瞭解到總統層次的選舉，可能是它們取得政權的
最後機會。影響所及，政黨在目標的設定、內部的組織以及操作上都以贏
取總統大選為考量。這種政黨總統化可說是新制度下的第一個效應❸。

　　第二，兩輪投票制以及政黨總統化的結果阻止了政黨聯盟的進一步發

---

❸　Mark Kesselman, et al. ads., *European Politics in Transition* (Lexington,
　　MA: D. C. Heath, 1987), p. 194.

展，甚至導致政黨之間及政黨內部產生新的分裂。右派的戴高樂派及中間派的法國民主同盟不能聯合的一個很重要原因是，雙方都希望爭取到總統大位。社會黨在 1980 年代因為密特朗的聲望，而避免了內部的爭執，但是到 1990 年代，內部就為著候選人地位的爭取而發生摩擦。左右兩派政黨明顯地缺少一個能為大家所接受的提名機制。

第三，政黨總統化的結果使政黨的領導階層更在意於黨內總統候選人地位的建立以及黨組織的加強，而較少注意政黨對政策的選擇、新社會團體的整合，以及選民利益的代表，結果是政黨回應社會及政治新需求的能力被破壞，政黨被黨內各個派系視之為競選總統的跳板，而不再是吸收新血及團體和創新觀念的管道。因此政黨面對 1980 年代的就業問題，以及 1990 年代初期的經濟衰退，提不出有效的應對方案，選民對政黨及政府領袖產生不滿及疏離的情緒，對政黨認同的程度下降，政黨間的差異則減弱❹。這些跟 1970 年代以來各西方民主國家政黨角色式微的情形是一致的。極右翼國家陣線的崛起也反映選民對主要政黨的不滿。

---

❹　John T. S. Keeler, "Executive Power and Policy-making in France: Gauging the Impact of Fifth Republic Institutions," *West European Politics*, 16, 1993, p. 530.

【第十章】
法國的利益團體

第一節　利益團體積弱不振的原因

　　第五共和的誕生被視為是法國現代政治的開始，因為它不只有一個民選的總統和比以前更具整合及活力的政黨,而且由於經濟持續發展的結果，中產階級逐漸浮現，公民社會也趨於成熟，對政府部門因而展現它相對的制約性力量。但是法國的社會團體無論是從數目、獨立於政府部門外的自主程度，以及對政府政策的影響力，比之於其他民主工業國家都顯得脆弱。如果拿英國的社會團體為保護它們的既得利益，而展現「多元性僵止」的能力來比的話，那麼法國在這方面的確是相形見絀！

　　造成法國社會團體發展的程度不如其他西方國家的原因，可以從三方面來探討。第一，從古代政權開始到法國大革命以後近 200 年間，國家的地位始終居於強勢，現代化中央集權的文官系統，更使國家的權威積極干預社會各個領域，使得人民無論是在組織社會運動及私人利益，或是規範他們自己事務的能力上，都因此受到限制。這種傳統最早可以追溯到路易王朝時代所進行的組合國家，意思是指社會每個行業都在政府指導下組成封閉的基爾特 (guild) 網絡。任何人想進入一門行業，都必須經歷長期的學徒生涯，但是基爾特卻也因此保護其成員的壟斷性利益。法國大革命本來廢除了這些基爾特，但是另方面卻同時禁止個人組織起來。結果是法國由一個國家規範的組合社會，變成一個不得組織團體的社會。另方面在盧梭公意志 (general will) 理論的影響下，任何團體的組成都被視為追求局部性的利益，與國家整體的利益會產生對立。這種論點使政府限制社團的組成，得到合理化的依據，法國工會因此到大革命後 75 年才被准許成立，再過

25 年它的地位才被承認。

　　第二，法國郊區及鄉村居民一直追求傳統社會的寧靜與秩序，抗拒現代化科技的使用及經濟的發展，使法國形成一個僵止性的社會，社會長期維持傳統的結構，以農民及小型工商業為主流。這種情形使現代多元社會的形成，受到客觀經濟發展的限制。在 1830 年代當托克維爾旅遊美國後，寫成的《美國民主政治》一書中，強調社會團體的勃興對美國民主政治的影響。100 多年以後的今天，法國仍然尚未成為一個成熟的團體社會。法國民主政治之所以一直蹣跚不穩，跟這一點有密切的關係。因為在一個社會團體發達的社會如美國及英國，人民參與團體的數目會有一定程度的重疊，因而減少社會衝突對立的強度，有利於溫和政治態度的成形和政治價值共識的建立。法國缺少這方面條件的支撐，社會民主性格的培育就相對困難。

　　第三，自從大革命以後，法國政治菁英長期在政治制度及價值上呈現對立狀態，再加上反對天主教會的意識滋長，使社會自然形成兩股對立的力量，因此對抗性的文化一直在法國揮之不去。影響所及，社會團體內部的自主性固然難以建立，折衷協調的習性更無法普及。因此即使社會團體的存在能夠為政府所接受，但是卻常陷於分裂，無法展現它集體性的力量，政府政策形成的過程中，就會有意無意疏忽對相關團體的尊重。這種情形在第五共和初期最為顯著，因此有 1968 年法國大學生及工會聯合的大規模罷工行動出現。

　　以上三種因素說明法國利益團體遠不及其他西方國家發達的背景，但同時也反映出為什麼一直到今天，許多團體在進行動員時，其攻擊的對象常是以國家作目標，而且其一般的作法也仍然是要求國家接受所提的條件，或逼使私人企業僱主作讓步。經濟行為者之間的集體協商或伙伴的觀念仍然是在起步階段，這一點跟其他民主國家常見的情形又有不同。

第二節 影響力殊異的利益團體

今天法國政府在國家重大決策上已經透過新統合主義的途徑來進行，但是文官體系對外在的壓力，卻被認為是超乎尋常地具抗拒性，因此利益團體在政策形成的過程中少有真正的影響力。許多利益團體常會對政府的決策以較為激烈的方式如走上街頭示威進行抗議，但是卻常迫使政府以強硬的立場回應，結果反而讓抗議的目的更無法達成。因此法國會有些利益團體寧願跟文官系統建立起密切的關係，以非正式的方式對行政部門進行遊說，得到的利益反而很大。另外，政府可能任命某一個利益團體作為官方的代表。在這兩個情形下，國家會對這些利益團體給予補貼，其領袖則成為顧問委員會的一員，甚或參與行政決策。

政府部門與利益團體間的關係，會因團體本身的戰略地位、組織型態（團結或分裂）以及領導人的認知與手腕，而有很大的不同。例如最高的農業組織——全國農民聯盟 (Fédération Nationale des Syndicats d'Exploitants Agricoles, FNSEA)，就因為農業本就是法國經濟很重要的一環，這個組織內部又很團結，因此它對法國的農業經濟政策以及跟歐盟之間有關農業價格及補貼問題的談判，發揮很大的影響力。法國政府所制定出來的農業政策，有時根本就很難分辨出究竟是文官系統或是這個團體的立場。另外，在影響深遠的大眾健康系統以及由國家資助的職業訓練計劃方面，工會都有其重要的影響力❶。

但是另一個極端的例子則是私人工會或意識型態的工會的影響力甚弱，工會本身一方面會員人數不多，每 8 名勞工才有 1 名加入工會，因此本身財力不足；另方面則因工會內部分裂，共有 4 個重要的工會，自認是

---

❶ John Keeler, *The Politics of Neo-corporatism in France: Farmers, the State and Agricultural Policy-Making in the Fifth Republic* (New York: Oxford University Press, 1987).

代表勞工及特殊的部門如教師，更使其影響力大減。多年來勞工界沒有能力讓政府通過立法，以便讓工會領袖在面對僱主採取片面的解僱行動時，無法獲得保護。還有，工會在直接關係到勞工及工會權益問題上的政策制定及執行方面，也沒有發言的地位。在這種情況下，工會常被迫以直接的抗議來表達他們的訴求。這種作法雖較激烈，但卻成效不大。

　　這種直接訴諸行動的作法，是法國傳統的一部份，跟國家的強勢地位以及菁英們對政治共識紛歧都有因果關係。近年來因為失業率高，勞工害怕因罷工而失掉工作，因此罷工的頻率大幅降低。但是工會雖然不發動罷工，不是由工會所直接控制的罷工協調委員會，卻常在沒有預警的情況下，發動罷工行動。從農民、漁界、郵差、高中學生、電氣及瓦斯工人、乃至移民……等等，都先後出現擾亂性的抗議。這些團體之所以能夠團結起來，則是因為它們認為政府的政策沒有照顧到它們的利益。經濟發展的結果確實如傳統的郊區及農村勢力所認知的，會造成社會的多元，增加社會團體自主的程度，當然會使一向高高在上、無所不管的國家地位受到挑戰！

　　除了上述兩個極端的例子外，另外有兩個團體的存在常受到忽視，而且也較少以公開行動的方式引發大眾矚目。但是它們卻常不動則已，一動則常驚天動地，影響政府既定的政策甚或國家的體制。學生跟軍人或許是最隱性，但卻又最具力量的利益團體，而且他們在世界各國政治上的影響力沒有人會忽視。在 1960 年代這個被認為是反叛的年代裡，學生運動幾乎蔓延了全球；例如日本學生的反對美日安保條約大示威、中國大陸的文化大革命、南韓學生的反政府示威，以及美國大學校園的反越戰、反種族歧視及反建制 (anti-establishments) 運動，都曾造成各國社會動盪及政治領袖們的反思。學生運動，一言以蔽之，是社會及政治變遷的前鋒和動力。

　　1968 年發生的 5 月運動，其主要背景是 1950 年代及 1960 年代經濟持續不斷成長的結果，造成階級不平等的增加，近因則是政府實施工資管制，減少工會在社會安全及公共衛生部門董事會的代表，以及大學快速擴充的結果，造成學校設備不足及對學生輔導不夠。5 月運動在最高潮的時

候，有一半以上的工人及更多的學生參加。開始時他們佔領大學校園，因為政府以強硬手段對付，所以立刻蔓延法國全境，連帶地成千上萬的工廠、辦公室及大學都為工人及學生所接管。法國全境陷於癱瘓，幾近於全面性的革命，第五共和命運危在旦夕。最後是戴高樂總統與他的總理龐畢度對工人作相當程度的讓步，包括最低工資提高 35% 以及增加對工會的保護，整個情勢才獲控制。但是經此事件，戴高樂的權威受到重創，一年以後他想藉公民投票來恢復他的正當性，但是卻被擊敗，被迫辭掉總統職位。

1986 年保守派總理席哈克決定要廢除高中名校學生自由選擇大學的權利，引發了學生走上街頭暴動，發生警民衝突。最後密特朗總統要求席哈克將送交國會的法案撤回，同意大學入學政策不變，情勢才逐漸恢復正常。

軍人在第三世界國家常是政變的主角，威權政體下的掌權者，即使是美國五角大廈對國家的安全、外交及經濟政策，都有極大的影響力。中國大陸人民解放軍將軍常扮演政治力量的平衡者以及對臺灣政策的強勢影響力量。法國軍方則在 1958 年戲劇性地扮演第四共和的終結者。當時駐紮北非的軍方將領認為，法國本土的文人政府內部所存在的黨同伐異現象，已經嚴重損害到國家利益。軍方形同逼宮的強力行動是戴高樂東山再起的主要因素，間接促成第五共和的轉型。軍方的動作等於是為法國現代化政治的興起而鋪路。

第三節　浮現中的法國新統合主義

法國利益團體在二十世紀前一直非常脆弱，與英美兩國蓬勃發展的情形相比，差距太大。到二次大戰結束後的第四共和時代，法國政府對利益團體的態度才開始改變，包括在憲法中正式承認利益團體的角色，並且成立經濟委員會，邀請工會、商會及農業組織的代表。這個委員會功能雖不大，但是卻為政府與各利益團體意見交流的一個管道。

　　第五共和成立後，戴高樂本人一向對利益團體持傳統上的反對態度，再加上行政優勢的制度設計，因此從一開始，利益團體的地位就很曖昧。面對經濟的快速成長，弱勢的中下階層民眾反而出現「被剝削感」的意識。國家對此等現象所抱持的冷漠態度，遭遇到兩個傳統勢力的反抗：退伍軍人的權利及國立學校優勢的喪失。最初法國政府對於大規模的示威，並未給予太多注意。但是政府蓄意漠視這些團體的結果，社會潛存的不滿及冤屈逐漸累積，終於導致 1968 年大規模示威的爆發。這個事件最後獲致解決後，法國國家機關應付利益團體的態度開始有了改變。第五共和成立時所成立的經濟及社會委員會，就是在這個背景下擴張成為政府與利益團體間廣泛進行磋商的機構。

　　這個委員會涵蓋 200 個委員，其中有 70% 的委員由各團體提名，其餘則由政府任命。它提供一個管道讓利益團體有機會瞭解政府的政策計畫，實施此計畫的意願有多高，各團體對此政策的感覺又是如何等等。這個委員會設置的目的在於政府希望給了利益團體某些好處之後，會使這些團體樂意幫助政府來執行政策。因此委員會雖然反映出第五共和有走上「新統合主義」途徑的意願，但是有些團體的領袖卻常有被買通或被架空的感覺。這就使得各團體的領袖常在說服其成員支持政府的政策，或向政府爭取更多的團體利益二者之間，難以自處，而使團體成員會因此而懷疑正常政治過程究竟有何價值可言。簡而言之，這個委員會成立初期，政府並沒有意願以此為進行雙方對話的管道，或培養一個磋商的氣氛，當然更談不上有伙伴的觀念❷。

　　1968 年大示威過了之後，龐畢度總統所領導的政府在作法上開始有了改變。先是他主動為全國各種勢力為一體的伙伴意識催生，並逐漸讓委員會成為一個正式磋商性的機構。接著社會黨政府在 1980 年代擴大磋商的

---

❷　Chris Howell, *Regulating Labor: The State and Industrial Relations Reform in Postwar France* (Princeton: Princeton University Press, 1992), Chapter 3-4.

空間，而開啟了政府與各利益團體磋商對話的時代。雖然因為社會黨政府所要進行的改革範圍太大，磋商的有效程度並沒有大量增加，但是利益團體的角色確實改變了，政府所擬定的大計劃不再能夠像以往那樣沒有任何反對的聲音而過關了，總要跟各種反對勢力進行溝通後才能定案。社會黨政府在許多爭論性較大的政策上，最後都以比較妥協的方式解決。前面所提到有關席哈克總理要廢除高中名校畢業自由選擇大學的制度，最後仍維持原來的方式，就是很好的例子。

第四節 法國重要的利益團體

(一)分裂及無力的工會

法國的工會運動因為政府的限制所以發展的較慢，而且加入工會的勞工人數也不多，在比例上算是西歐國家中最低的。由於政治上的紛歧，因此工會分裂為三。這些因素使得工會在政治上的影響力相當弱。

總勞工聯盟 (The Confederation Generale du Travail, CGT) 是所有重要工會的集合體。在二次大戰後，共產黨取得 CGT 的控制，並且在 1947 年發動一波又一波的罷工行動，因此社會黨人脫離該組織，另行成立新的工會。除外，在 1918 年天主教人士主導成立的法國基督教工會聯合會 (Confederation Francaise des Travaillurs Chrétiens Travail, CFTC)，很快獲白領階級員工的支持。在它發展成為全國第二大工會之後，在 1964 年改名為法國勞工民主聯盟 (Confederation Francaise D'emocratique du Travail, CFDT)，並與社會黨的工會合併。因此這個工會目前傾向社會黨的立場，並由社會黨政府透過國會立法，支持該聯盟所提主張：由工人選舉工廠經理，並決定生產、銷售及投資計劃。但是原先由天主教掌控的工會仍沿用原名繼續存在。國有化的工會勢力強大，對政策的影響力自然較大。

工會運動分裂為三的結果，對勞工產生不利的影響，因為這會使政府

及資方以策動各個工會互鬥，來抵銷勞工力量，更不需要顧慮勞工的要求。1980 年以後共產黨控制的總勞工聯盟漸趨式微，工會運動漸趨務實及溫和。但是右派政府執政之後，勞資關係有重趨緊張的現象。一般學界認為法國國家勢力太大，是工會運動始終貧弱不振的主因。

㈡企業團體

由於小企業在傳統上影響力較大，但是經濟變遷卻又使大企業受益，因此企業界也出現分裂的現象。法國全國僱主委員會 (Conseil National du Patronat Francais, CNPF) 是由各種不同的大小企業所組成的聯盟，中小企業總聯合會 (Confederation Generale des Petites et Moynenes Enpreprises, CGPME) 則由數目較多的小型企業所組成。前者因為大型企業領導人與文官系統經常維持許多私人關係，而且又遇到右派執政，因此通常與政府合作。後者則在立場上較為激烈。1998 年經過重組後，兩個組織合而為一，改名為法國企業運動 (Mouvement des Enterprises de France, MEDEF)。這個新組織的領導階層採取的立場，要遠比僱主委員會時代更為激烈，而且傾向於自由企業的路線。其保守態度跟美國及英國企業界相比並無明顯不同。但是相形之下，大企業傾向用「文明」的方式向政府施壓力，小商人則會使用傳統脫序以及偶爾暴力的方式，來表達對政府企業政策的不滿。法國傳統社會中，一切講求「小」的經營方式，仍有其影響力。

㈢環境及消費者團體

法國抗議性的組織最初是在阿爾及利亞的獨立戰爭期間，以反對進行這場殖民戰爭為主要訴求。1962 年戰爭結束後，這些團體雖告消失，但是消費者團體開始對產品的品質及行銷的方式，以及相對的售價等進行調查，環保團體也出面反對海濱的汙染以及私人海灘的設立，批評軍隊所控管的大片地區，並反對在農地及住宅區興建高速公路的計劃。1970 年代中葉反

核團體崛起，它們甚至不惜以暴力來表達反對法國政府興建核子反應爐，及反對繼續進行核子試爆。反核團體人數不是很多，但是凝聚力很高，而且訴諸行動的決心常是國際媒體廣為報導的焦點。最著名的是命名為彩虹號的反核船隻，在 80 年代以後經常在南太平洋核子試爆現場附近活躍。

㈣農民團體

傳統小規模經營農業是法國經濟的主力，經濟發展後農業人口減少，但是小農的地位仍不可忽視而且受到保障。這方面全國農民聯盟的貢獻很大。歐盟成立後，法國農業仍受相當的保護，政府補貼也仍然持續，是利益團體中的異數。

【第十一章】
法國的政黨

在第九章談到選舉制度的時候，我們曾指出一個很容易先入為主的觀念，認為法國的多黨制是比例代表制所造成。事實的真相是，法國本身是一個尖銳分歧的國家，因此在第四共和採取比例代表制之前，就已經存在著多黨制。在這樣的背景之下，採取比例代表制確實會使既存的多黨現象繼續獲得維持，並且進一步強化。但是同樣是採取兩輪投票制，為什麼第三共和仍繼續維持多黨制的面貌，而第五共和卻能夠促成政黨的團結，形成政黨兩元化的現象？而為什麼從 1980 年代末期開始，極右翼的政黨開始成為選舉過程及社會上的一股新力量？這跟英國及德國的情形有何類似之處？這些問題跟現代化的程度密切相關，也因此帶動法國政黨體系的變遷。

第一節　第四共和的政黨

第四共和承襲第三共和的遺風，仍然維持多黨制的傳統，所不同的是比例代表制取代了原先的兩輪投票制。造成法國政黨數目繁多的原因是社會對政治制度的主張紛歧而對立，對政府的基礎及形式缺少共識。在英國及美國，當政黨成立的時候，對既存的政府型態都沒有任何爭辯，即使是二十世紀初成立的工黨，也對英國的憲政制度毫無排斥，而只強調政府應該採取社會主義的政策路線。但是在法國卻是各界對政府的組織型態意見紛歧的情況下，而演變成為許多不同的政黨。第三共和時代，政黨是沿著階級界限而成立；第四共和卻因為共產黨的成立，以及戴高樂派的出現，而更加深各政黨在階級及意識型態上的對立。因此在近代史上，法國一直存著許多激烈的對峙，使多黨制根深蒂固地存續下來。

第三及第四共和時代，議會制政府的憲政結構所導致的立法專擅，也

造成多黨制有其生存的空間。因為在多黨制之下，政府必須由政黨聯合所組成，所以總理不可能如英國首相那樣扮演一個強勢行政領袖的角色，而必須扮演權力掮客的重任，來制定一個能為內閣各政黨接受的妥協性的政策。多黨制所形成的聯合政府，造成了一個嚴重的政治後果，是政黨的組織鬆散，黨紀脆弱無法貫徹。當內閣因為政策而面臨國會舉行不信任投票的表決時，許多加入內閣的政黨，卻在投票時反對內閣，造成內閣的垮臺。原因是內閣垮了，這些政黨既可以不必為內閣不受歡迎的政策負責，又有可能在新的內閣中得到更多政治資源。翻看第四共和的 26 個內閣，可以發現各個內閣的閣員名單重複性高，只是每個人擔任的位置不一樣而已。這就說明法國政治上的一個規律：「只要不死亡就有希望！」希望的實現卻必需靠倒閣。造成倒閣頻繁的另一個原因是，因為強調國會民主，所以總統雖有解散國會的權力，但是一來解散國會的行動會被視為反民主，二來層層的諮商程序也增加解散的困難度。這就使各議員更加有恃無恐地濫行倒閣！

　　多黨制長期存在的結果對法國的民主運作會造成許多負面的影響。第一，法國現代化的速度很慢，傳統的農業部門勢力頗大，在農業利益與價值受到新興強大工業部門所威脅時，農民及勞工力量會成為共產黨及左翼政黨的支持者。第四共和法國是由國家全力推動經濟發展的時期，因此反體系政黨 (anti-system party) 的共產黨及右翼的戴高樂派都獲得相當多數的選票❶。第二，多黨制的結果造成選民的選票分散，沒有任何一個政黨能夠獲得議會中多數的席位。大部份的政黨都具濃厚意識型態取向，訴求基礎太窄，無法取得多數選民的支持。但是既然是連小黨都可以在聯合政府中分得政治利益，政黨就更沒有向中間地帶移動的激因。第三，多黨競爭的結果使得政治競爭的方向會向極左極右兩極地帶移動，各政黨會競相以激烈訴求來爭取選民的選票。這種政治上的離心競爭，有別於英美兩黨

❶　De Tarr, *The French Radical Party Fun Herriot to Mendes-France* (New York: Oxford University Press, 1961).

制下所產生的向心競爭，就如第四共和的經驗所顯示，對民主的發展與穩定會產生不利的影響。第四，容易產生不遵守黨紀、起伏一瞬間的泡沫政黨。許多政黨突然在選舉前出現，目的在爭取選舉後的政治利益。一旦政治目的達到了，這個政黨可能又突然間消失，在另一個時間內同一班人會又以新的政黨標籤出現。

第二節　第五共和的政黨體系轉型

第五共和成立後政黨的角色起了很大的變化。在第四共和及以前，政黨不只被視為造成政府不穩定及紛歧的始作俑者，而且沒有組織又缺少紀律，因此連戴高樂總統都希望能夠減少總統對政黨的依賴。第五共和出現之後，政黨體系趨向現代化的結果，得利於選舉制度——兩階段投票制——的改革，造成主要政黨的興起，政黨變成強化第五共和凝聚力、穩定及領導的重要動力。**要瞭解第五共和政黨體系的轉型和政黨角色的變化，必須檢驗幾個相關的因素，才能探索這些因素和政黨體系的轉型二者之間所潛藏的因果關係。**

第一，經濟現代化所產生的影響開始浮現。第三共和採取兩階段投票制，但是因為那時的法國仍是一個傳統化的社會，因此對分裂的政黨體系絲毫沒有產生任何整合性的影響。第四共和時代，法國剛進入現代的門檻，因此就如同巴靈頓穆爾 (Barrington Moore) 所言，進入現代化時期的社會，與未受太大影響的傳統部門，會產生嚴重的內部衝突。這種情形反映在國會選舉中共產黨的得票率總能維持在 25% 到 29% 之間的事實上。但是進入第五共和以後，經濟的發展造成中產階級的出現，有利於較具穩定性的政黨體系的形成，因此偏激政黨的得票率開始下降。這一點表現在下列事實上：共產黨的得票率在 1981 年以後直線下降，到 2002 年只剩下7%；它在 18 歲到 29 歲年輕選民群中的得票率則從第四共和時代的 35%，降低為 18%。因此現代化的結果提供我們一個好的機會，來檢驗選舉制度

的改革，是不是在法國也能產生跟其他西方民主國家一樣的影響。

　　第二，兩輪投票制的影響因為經濟發展而彰顯出來。第五共和成立以來，除了在 1985 年社會黨利用它在國會中的多數，而改採比例代表制，但是在 1986 年保守派聯合贏得國會大選之後，又重新使用單一選舉區兩輪投票制外，一直沒有任何改變。但是這種選舉制度卻產生非常關鍵性的變化，而大有助於法國政黨體系的轉型。此種變化主要反映在兩方面上。首先，從 1967 年起到 1973 年戴高樂派，1981 年到 1993 年（中間 1986-1988 年例外），1997 年到 2002 年社會黨，以及 2002 年起的新戴高樂派分別取得國民議會的絕對多數，這種現象說明選舉制度的改革所產生的影響，跟英國單一選舉區相對多數決的影響，同樣明顯而類似。另一方面，在其他時期，這種選舉制度則造成政治光譜線相近的左派及右派政黨，分別組成兩個政黨聯盟，彼此互相競爭。這種情形最初見諸於右派，當戴高樂派於 1970 年代中葉式微的時候，它與季斯卡 (Giscard d'estaing) 所領導法國民主聯盟 (UDF) 形成一個鬆散的政黨集團，既維持國會的多數，也幫助季斯卡順利的執政。左派方面，社會黨同樣聯合中間偏左的共產黨及綠黨，跟右派政黨聯合進行競爭。在這種左右兩大政黨聯盟的競爭下，每個聯盟在第二輪選舉中都必須推出一個訴求力量大的溫和候選人，才能得到最高票，贏取勝選。因此我們印證了現代化的社會會產生較穩定的政黨體系，以及兩輪投票制會使政黨競爭的方向趨向中間溫和的說法。

　　第三，總統直選的結果造成政黨兩元化，也使政黨總統化，以及法國政治正常化。兩元化指選民分別將選票投給兩個政黨聯盟的候選人。國民議會的兩階段選舉固然種下政黨兩元化的因子，總統兩階段投票制則更鼓勵各政黨組成兩個廣泛的競爭聯盟，分別團結在總統大選時決選階段的兩個候選人旗下。政黨總統化則指各政黨的計劃、內部的組織、聯盟的策略，以及領導的考量，都以贏得下屆總統大選為第一考量。由於這種選舉過程同樣必須以塑造候選人溫和及廣大訴求的形象，因此法國的政黨趨向中間

溫和的走向，漸漸地走向「美國化」，間接有助於法國政治的正常化。在這一點上，法國經濟發展的結果，所培育出來的中產階級選民，無疑扮演推波助瀾的角色。

第三節　社會分裂程度增加與政黨的關係

儘管法國的政黨體系因為選舉制度及總統直選的關係，而造成中間溫和取向的左右兩派的政黨聯合，但是它基本上仍維持著多黨制的架構，只有在特殊的情形下才會出現一個多數黨。在第九章就曾提到，由於總統直選的結果，所有的政黨都以贏得總統職位為目標，因此反而限制了法國政黨進一步聯合的誘因。多黨制的架構也因此不只沒有減弱，反而有隨著社會分裂程度的增加，以及主要政黨總統化之後，逐漸失掉政策上代表選民的功能，造成選民對政黨不滿的情緒逐漸上揚，而使政黨數目有更形增加的趨勢。

政黨數目增加跟兩階段投票制也有間接的關係。這種兩輪投票制對大黨有獎賞效果，但是對不能跟大黨結盟的小黨卻形成懲罰效應。因為在贏者通取 (winner-take-all) 的精神下，一些極右或極左的政黨如共產黨、國家陣線及綠黨所獲得的議席遠低於它們所獲得的選票。正如第九章的表 1 所顯示，在 1993 年的選舉中，中間及右派聯合共只獲得 39.6% 的選票，但是卻囊括近 82% 的國會席次。相形之下，國家陣線雖獲 12.5% 的選票，卻只贏得 1 席的國會席次。其獎賞與懲罰差距之大反映出政黨與選民距離拉大之後，社會上分裂程度加大，但卻沒有反映在國會席次分配上。影響所及，各種抗議性及地方性政黨自然隨著出現，這種情形比英國政黨數目增加的趨勢還要嚴重。1980 年以後法國全國性的政黨有時達到 10 個到 20 個之多。例如 1978 年除了已經在國會取得議席，可以免費取得收音機和電視廣告時間的政黨之外，另外有 11 個政黨參與第一輪國會選舉。1988 年第一輪投票中每一個席次的候選人數目是 8.3 名，到 1993 年增加為 9.3

名。

　　參議院的代表性過度偏向郊區的小鎮及鄉村的利益，而對城市選民構
成嚴重的歧視，也造成整個代表性的嚴重失衡。參議院 322 名參議員是由
100 個郡的選舉學院所選出。由於四分之一的人口住在 1,500 人以下的鄉
村，卻有 40% 的選舉學院的代表是來自這些社區；相對的，有 23% 的居民
住在 3 萬人口以上的社區，卻只選出 10% 選舉人學院的代表。因此參議院
就特別熱心地維護小城鎮及鄉村的利益。

　　值得注意的是，主要政黨以及左右兩個政黨聯盟對第五共和的正當性
和穩定，有其非常正面的功能。當歷次選舉中的選民都是從兩個政治聯合
作選擇的時候，大眾的支持及政治穩定也隨之增加。當中間偏左與中間偏
右之間在意識型態上的差距減少的時候，那一個聯盟獲勝就不再那麼重要
了。這種情形正好說明左派政黨所扮演的角色。從 1958 年到 1981 年，中
間偏右控制總統職位及政府，左派政黨則最初視第五共和為非法，但是最
後卻是促成政治穩定的關鍵。特別是 1968 年 5 月的大罷工以後，左派政
黨以一個較為和平的方式，成為一個表達大眾情緒冤屈的中介。左派更大
的貢獻是在 1981 年選舉獲勝後，接受第五共和的正當性，因而大大地有
助於共和的穩定。左派不只在既成的制度內推動變遷，進行迫切需要的改
革，並且將原本可能反對共和的社會力量，加以組織及整合。因此第五共
和的政黨體系促成了政府與反對勢力的結合，使得國家所建構的制度一直
維持著高度的凝聚力，政府因此免除了長期以來承受各種勢力挑戰的壓力。

　　但是如前所述，由於主要政黨越來越無法代表政治光譜線上的利益和
要求，許多民眾又覺得他們並沒有為兩個政治聯合所代表，因此政治代表
及政黨體系的危機越來越趨顯著。第一，在大選中支持邊緣政黨的候選人
的力量正逐漸上揚，具體表現在 2002 年第一輪的總統選舉中，極右翼國
家陣線的候選人雷朋 (Le Pen) 擊敗社會黨所提名的候選人喬斯潘
(Jospin) 而取得參與第二輪選舉的資格，成為第五共和成立以來，右派政
黨的兩位候選人對決的局面。第二，選民的投票型態更具浮動性，反映出

選民對政黨忠貞的式微。第三，選民對政黨不滿的情緒增加，具體表現在選民投棄權票或故意破壞選票的情形增加的事例上，例如在 1993 年的國會選舉中如此作的選民達 10%，1995 年的總統選舉則有 6%。主要政黨之間差距減少的結果，選民認為那一個政黨反正都一樣，投不投票也就不那麼重要了。最後，主要政黨或甚至於許多小黨內部發生爭執，或對領導階層不滿，或為了繼承之爭，這使得政黨更難以應付法國的社會、經濟及文化變遷。國家陣線及綠黨的聲勢日壯，其部份原因在此❷。

第四節　法國主要政黨

㈠戴高樂派（或稱法國共和聯盟，RPR）的式微與 2002 年的重振

戴高樂總統辭職後，繼任的龐畢度所領導的戴高樂派開始走下坡，部份原因是他與席哈克間的內鬨。席哈克後來雖領導該派，但是選民在 70 年代末期把選票轉投法國共和聯盟，使該派只能取得四分之一的選票。2002年在取得總統連任的勝利後，席哈克成立總統多數聯盟 (Union Pour La Majorité Presidentielle, UMP)，是為新戴高樂派。它結合其他非極端右派政黨，並在同年所舉行的國會選舉中，取得國會中絕對多數的席位。戴高樂派承襲國家主義的傳統，強調建立強勢的行政權，是讓法國在國際事務上有重要發言地位的先決條件。它支持經濟及社會改革，並贊成國家進行經濟干預。企業界為主要支持者。

㈡法國民主聯盟 (UDF)

季斯卡於 1974 年當選總統後，於 1978 年聯合反對戴高樂派的其他右派政黨，成立這個聯盟。它標榜中間溫和立場，反對法國所出現的左右

---

❷ Howard Machin, "Clanging Patterns of Party Competition," in Peter A. Hall et. al., eds. (New York: Oxford University Press, 1987).

派的兩極化政治。但是在 1981 年總統大選失敗後，法國民主聯盟 (UDF) 跟戴高樂派在大部份的選舉中，常常是支持共同的候選人，並且在 1986 年及 1993 年的國會選舉中獲勝之後，組成右派聯合政府。但是兩個政黨卻因為都志在贏得總統寶座，而仍各維持其組織，無法進一步合併。1980 年代以後，對這兩個政黨的挑戰，主要來自極右派民粹主義者雷朋所領導的國家陣線。

㈢極右翼──國家陣線

國家陣線具備某些法西斯主義的色彩。它主要的訴求是對來自北非的移民進行批判與攻擊。它是第一個在現代公開主張種族主義的歐洲政黨之一，師法二次戰前的納粹黨，認為法國高失業率及增加的犯罪案件，是由於移民勞工及其家庭──特別是來自法國前殖民地阿爾及利亞──所造成，因此主張將移民驅逐出境。它最煽情也是在郊區選民中得到廣泛支持的口號是「法國人的法國」。2002 年的總統選舉中，雷朋意外地以少於席哈克 3 個百分點的得票率，取得參加決選的資格。這項被西歐各國認為是「政治大地震」的發展，演變成所有法國的左派政黨動員起來支持中間偏右的席哈克，造成席哈克以史無前例的 82% 的得票率連任法國總統。雷朋年齡已大，但是口才及手腕仍極吸引選民。

㈣社會黨

從二次大戰結束以後，社會黨經歷了第四共和的消聲匿跡以及第五共和的建立，長期保持它在野黨的地位，而最後在 1981 年先後贏得總統及國會選舉，被視為法國政治的奇蹟。社會黨的密特朗總統主政之初，根據他所主張的理念作實質激烈的改革，而進行旋風式的經濟和社會政策。但是前 3 年的改革受到重大阻力後，密特朗被迫採納他原先並不認同的經濟節約縮身以及支持私人企業的計劃。社會黨走向中間路線的結果促成法國意識型態的溫和化和政治的正常化 ❸。密特朗連任兩任總統後，社會黨因

為繼承人的爭奪陷於內鬥，開始式微，連續輸掉 1995 年及 2002 年的總統大選，以及在 2002 年緊接總統大選之後的國會選舉遭受慘敗。

㈤共產黨

　　從二次大戰到 1980 年代初期，共產黨是法國少數幾個大的政黨之一；它原先跟社會黨一樣視第五共和為不具正當性。但是在 1970 年代末期，它接受社會黨的邀請而參加左派政黨聯合，使它從反對第五共和的政黨，轉型為體制內的反對黨後，立刻失去了它原先的核心支持者的支持。再加上經濟發展以及選舉制度的影響，終於使共產黨成為邊緣性政黨。

㈥綠黨 (the Green Party)

　　由於主要政黨始終未曾注意到環境議題，使法國的綠色運動有成長的潛力；再加上法國有西歐最大的核能計劃，國家所控制的核能電廠及核電總署常被批評為「國中之國」，而廣受非議。這兩項因素是綠黨興起的背景。但是綠黨的聲勢，無法與德國綠黨的成功相比。它在 1995 年及 2002 年的選舉中都遭受失敗。

---

❸　Stephen Lewis and S. Sferza, "French socialists Between state and society," in Peter A. Hall et., al., eds. (New York: st. Martin's Press, 1990).

【第十二章】
法國的政治經濟

第一節　法國僵止性社會與國家角色 (1791-1945)

霍夫曼 (Stanley Hoffmann) 認為到二次大戰結束為止，法國的經濟是一種「舊式的郊區社會與現代化二者之間的中途站 (halfway)」，而它的社會則是一個「僵止性的社會」❶。這個說法充分說明法國經濟發展長期停留在一個沒有現代化過程的階段，缺少科技的發展、大規模的生產，以及與國際間的經濟互動。造成這種情形的主要原因，則是小型農業及商業人口、小商店以及專業人才形成一個大的集團，經由選票的力量足以產生很大的影響力。這一群人在文化上的主流價值卻是維持社會傳統秩序，保護他們的傳統利益不為新的科技和經濟的現代化所侵犯或破壞。傳統的小農生產規模有限，生產成本自然增加；而法國專業人士所擅長的絲、蕾絲、高級服裝、釀酒、精緻瓷器……也都需要手工。因此這群人所要的是政府的保護，而非大量生產技術的引進，以免危及他們的生存。

法國強勢國家的傳統正好滿足這個傳統勢力的要求，成為小農、小商人利益的保護者，現代化進程的抗拒者，並以樹立國際經濟藩籬屏障為己任。在長達近 200 年的時間中，國家的當急要務是要「維持工業、商業及農業間的平衡，並試圖使法國免於快速的經濟進展所帶來的動盪」。因此法國從十九世紀到二十世紀初期，一直有著世界最高的關稅壁壘，使法國公司免於國際的競爭，小農及小製造廠在國外的競爭下能繼續生存下來。因

---

❶ Stanley Hoffmann, "Paradoxes of the French Political Community," in Stanley Hoffman ed., *In Search of France* (New York: Harper Torchbook, 1968), p. 8.

此相對於英國、德國、及日本，法國追求的是一個截然不同的目標。英國是工業革命的發源地，國家的角色是擴大海外殖民地，並保護英國工商業界有一個自由競爭的國際環境；德國則因為統一較晚，因此跟日本一樣是由國家扮演從上而下的現代化推動者的角色。因為這樣，所以這些國家都在十九世紀末期，就已先後進入現代化的門檻，開始機器大量生產的時代。但是法國的國家角色，卻是扮演現狀及傳統的維護者，是現代化的排斥者。

但是這種跡近閉關自守的自我孤立，只有在國家能夠保護法國工業及領土主權免於外敵入侵的前提下，才能繼續下去。事實是，這變得越來越難而且不可能，而且造成經濟發展的停滯。經濟發展的停滯使法國國力無法跟工業飛躍前進的強鄰德國相比擬，因此法國連續在普法戰爭（1870年）以及二次大戰爆發之初慘遭敗北的羞辱，使向持傲氣的法國民族主義遭受沉重的打擊。

法國從戰敗中學習到難得的教訓，瞭解到國家本就無庇護所可言，只有以強化法國的經濟為目標，而不是一味地尋求維持現狀，國家才能建立起有效的防衛機能。因此在二次戰後當第四共和建立之初，國家與經濟的關係有了一個重要的轉換，在體會到國家的經濟相對落後之後，整個統治機器成為推動經濟創新的動力。在這個重要的關鍵上，法國一向維持強勢的國家，又扮演一個嶄新而不同的角色❷。

第二節　國家與法國經濟現代化 (1946-1969)

依照第四共和所設定的目標來看，國家應以推動現代化資本主義經濟為其重要職責，並利用龐大的國家資金和進步的科技，對大型的生產公司進行投資，俾能有助於生產及出口的擴張。因此國家從原先既有秩序的維護者角色，轉變為社會及經濟進步的推動者。決策者除了利用國家機器將

❷ Richard F. Kuisel, *Capitalism and the State in Modern France* (Cambridge: Cambridge University Press, 1981). p. 15.

法國沒有效率而又落後的經濟予以現代化之外，還將許多部門的工業收歸
國有，同時建立起現代福利國家制度，對人民提供廣泛的社會服務，包括
家庭補貼、老年津貼、公共健康照料、失業保險及國民住宅。法國所提供
的從出生到死亡的社會計劃，是現代國家中最完整的規模之一。

　　整個經濟發展方案是由國家所成立的計劃委員會負責。這個委員會除
了政府所任命的行政人員外，還有一群年輕優秀的幕僚人員，對經濟發展
方向提出與市場機能相配合的計劃方案。方案包括對國家經濟及社會的重
要課題，提出 4 年或 5 年的計劃及經濟的廣泛目標，讓參與各種現代化委
員會的政府官員與企業領袖，經由磋商的過程，確定未來數年內優先要完
成的目標，如經濟成長率、特殊重要的工業及發展的地區，還有社會目標
如教育和人才培育的配合。這種經濟計劃的機制，是英國所沒有的。

　　跟經濟計劃一樣重要，也是新法國革命的另一個意涵，是法國人在態
度及實際作為上的改變。原先要不計一切代價維持現狀，因而造成僵化的
社會，他們現在不只接受而且熱心支持變遷，相信變遷會改善法國及人民
各方面的情況。因此整個經濟計劃的過程成功的關鍵，不只是國家與極富
活力的製造業者——特別是急於在世界市場立足的高科技公司——所成立
的聯盟，尤其在於這種近乎全國性共識的形成，所反映出來的政治文化的
變遷。

　　當然，整個經濟發展計劃是由國家推動，並且得到製造廠的參與，工
會及消費者利益則被排除在計劃過程中。因此反對人士指責計劃的決策是
關起門來作的，重要的聲音並沒有被納進去，所以是不民主的。雖然經濟
成長的成果為法國社會許多部門所分享，計畫卻助長了政治緊張，並導致
民主決策的範圍縮小。應驗了傳統保守人士所擔心的，處在現代化門檻的
法國，會面臨勞工力量的成長，以及犯罪率增加的壓力。跟其他西方工業
國家相比，法國工人罷工的頻率相當高。

　　另方面，第四共和所開啟的國家主導的現代化及成長，也面臨初期的
阻力和不確定性。為了要克服保守勢力對變遷的反對，並保證經濟的現代

化能夠全面地進行，法國需要在行政高層有強勢的領導。當戴高樂在 1958 年重新取得政權時正好填補這種領導的真空。

戴高樂個人對法國的現代化具有雙層意義，一方面他與傳統郊區及小鎮的社會力量結合在一起，但是另方面他所強力主導的現代化卻因為帶動了資本主義的興起，而嚴重地破壞了這股傳統的力量。無論如何，戴高樂的掌權使法國進入一個由國家主導的工業化和成長的時期。整個工業化的基礎包括下列內涵：明確的指導性計畫、國家對所重視的部門及公司提供低廉貸款、國家採取必要行動以及促成重要工業部門大公司的成立。

在國家主導的前提下，法國追求所有西歐國家中最積極的工業政策，共有四項要素。第一，跟其他國家一樣，法國透過總體經濟政策，包括貨幣、所得及金融政策、物價規範、公共投資，及職業訓練，來影響工業發展。所不同的是，法國是經由計劃過程及政府的財政部及其他機構，來協調這些領域的決策。第二，國家發展出財務政策，包括補貼、沖銷稅及貸款，俾能達到諸如工業集中、新領域的專業化以及技術更新的經濟目標。第三，由國家發展出特殊部門的相關計劃，如鋼鐵、機器工具，以及造紙生產，並重整這些工業。第四，國家積極地對工業發展進行干預，這包括成立、發展、以及經營新的工業，包括創建並經營關鍵性的軍火、核能、高速鐵路、天文、太空發展，及電訊傳播等領域。今天法國在國際上享有這些重工業部門的高競爭力，主要得力於戴高樂時代的經營。因此國家堪稱是主要的經濟行為者❸。

從二次戰後到 1975 年這段被稱為「黃金的三十年」間，由經濟規劃專家、文官系統及私有部門所形成的三角聯合，得到相當的成功。僵止性社會的維護者雖然在十九世紀及二十世紀初期，成功地在農業及工業之間保持平衡，在戰後時期卻也掀起離開農地進入城市的熱潮。農業勞動人口

---

❸　Stephen S. Cohen, "Twenty years of the Gaullist Economy," in *The Fifth Republic at Twenty*, ed., William G. Andrews and Stanley Hoffman (Albany: state University of New York Press, 1986), pp. 248-249.

所佔的比例，從 1901 年的 41.8% 到 1962 年降為 15.5%，少於 1946 年的一半以上。這種情形持續下降到 1990 年的 4%。同時農業也出現郊區革命，表現在農業生產機械化，傳統農場的數目因為整合成大的商業經營單位，而大大地減少。但是中型城市（人口在 5 萬到 10 萬之間）則隨著工業化及人口增加了十分之一，而快速成長。人口超過 5 萬人的城市數目則倍增。這些現象直接表現在從事製造業的勞動力人口比例，從 1944 年的 35.3% 到 1962 年增加為 43.3%，服務部門則從佔勞動力的 26.2% 增加為 37.1%。因此法國經濟快速地從平衡的農業及小型製造業經濟，轉型為以工業及服務業為主的經濟。其經濟成長率傲視西歐國家，僅次於日本。

　　經濟現代化帶來都市化、工業的成長以及人民生活水準的提高，但是經濟的擴張也造成階級不平等的增加。從第四共和時代開始，整個經濟計畫完全是由國家主導，只有製造業者被諮商，勞工階級的利益嚴重地被忽視。再加上工會不團結，勞工工資在缺乏談判議價的籌碼下，一再地被資方所剝削，甚至由政府強迫性地凍結工資。但是勞工人口的增加及利益被剝削的現象背後，卻是法國民間社會及多元政治隨著經濟持續地發展而滋長，只是法國政府一直執迷於強勢國家的傳統之中，而未能注意到經濟擴張背後所將出現的危機，終於爆發了 1968 年 5 月的學生及勞工聯合的大示威。

第三節　經濟危機與政黨輪替 (1970-2006)

　　1968 年的大示威使法國戰後的社會、經濟及政治危機浮上了表面。從大示威之後，法國的勞工跟其他西方工業國家一樣，展現了強硬的態度。他們從 1970 年代起不斷地以罷工的行動及其他激烈的手段，挑戰經營者的權威，反對要求增加工作速度及科技的更新，認為會影響到工作安全。這種強硬路線使工人增加了許多權益，國營及僱主聯合會試圖用集體諮商的途徑，來達成工業及全國的穩定。從 1970 年起勞資雙方透過立法規定

遣散工人的程序，讓國營工人的檢查官對遣散工人有一定的否決權，具體規定遣散工人必需事前通知，並給予遣散費；失業津貼增加，有些甚至達到工人原有工資的 90%。各方都試圖恢復穩定，以繼續戰後 30 年的經濟成長。但是來自左派的政治挑戰，以及經濟危機的擴大，這兩項發展卻使法國難以再回到黃金歲月❹。

雖然戰後國際上的經濟擴張使法國因此而獲益良多，但是 1970 年代國際經濟情勢的劇變，卻也使法國蒙受損害。首先是 1972 年第二次以色列與中東國家間的戰爭爆發後，中東國家以石油為武器，對國際實施禁運，造成國際能源價格猛漲。由於法國石油一向依賴進口，油價高的結果，除了使它承受重大的成本增加的壓力外，整個國際景氣也大受影響，使法國的經濟連同其他西歐國家一樣，更雪上加霜。

其次，1970 年代國際資本主義的結構，因為新興工業國家的抬頭，使法國的工業基礎部門如紡織、鋼鐵及造船等備受競爭力不足的壓力。臺灣、南韓及巴西不只在勞工成本上較為低廉，而且因為從美國及日本進口新型機器生產，使它們的產品更具吸引力和競爭力。影響所及，法國公司不只在國際上失去競爭力，而且連國內的市場都為外國產品所入侵。成千上萬的工作機會在這三個部門內喪失。許多地區都為這種去工業化的現象所摧殘。同一時間，由於法國人口的成長造成更多的人在尋找工作。當退休人口速度比不上就業人口成長的時候，就業市場的負擔就越沉重。

第三，由國家推動大型的工業建設，本來是法國在二次戰後快速完成經濟現代化的重要因素，這種途徑也使法國經濟免受國際競爭的壓力。但是在 1970 年代當法國需要面對新的國際經濟情勢，進行快速及分權式的經濟決策的時候，這種傳統上由國家作廣泛指導的途徑，卻難以在新的領域如微電子、生物科技及機器人……上見到效果。結果造成法國在國際及

❹ Mark Kesselman and Gay Graux, eds., *The French Workers' Movement: Economic Crisis and Political Change* (Winester, Mass: George Allen Unwin 1984).

國內的市場被擠壓。當法國急需要從外貿輸出中增加利潤，來彌補石油價格上漲所增加的支出時，貿易壁壘的降低和歐洲共同市場的貿易自由化，卻導致國際經濟競爭的增加。法國產品競爭力的降低使得它在國內所喪失的市場部份，無法用增加出口來彌補。

保守派政府面對這些內外交雜的經濟壓力，卻無法有效解決大量失業人口的經濟挑戰。這給左派的社會黨及共產黨提供很好的機會，在政治上跟右派政黨一爭短長。左派聯盟在 1972 年成立以後，正式認同第五共和的正當性，並開始向政治光譜線上的中間地帶移動，以爭取中產階級的支持。密特朗所領導的聯盟在 1981 年連續贏得總統及國會大選後，一如 1945 年工黨取得政權後的作法一樣，立刻進行全面的改革。

社會黨政府執政之初，針對左派傳統的訴求，作正面的回應，大幅度增加福利國家的各種需求，並且擴大國家的經濟角色，特別是對工業及銀行進行國有化。這種財富重分配的政策確實使許多法國人得到好處，但是卻造成法國企業界及國際投資對政府的不信賴，而導致資金外流。當社會黨政府最初所承諾的經濟成長沒有獲得實現的時候，法國外匯存底也快速消耗，迫使政府採取較為溫和的政策，甚至走回原來的政策，採取保守的途徑，反過來支持私人企業。除外，政府還繼續對陷於危機的工業，提供大量的財政支援。從 1980 年代中葉起，社會黨政府將二次戰後 40 年期間所採用的國家取向，改以依賴市場力量來取代。今天，國家仍然在經濟上扮演重要角色，但是跟世界大部份國家一樣，法國經濟力量的重心卻已由國家轉移到市場。這種經濟取向的轉移，在 1995 年及 2002 年席哈克連續贏得總統大選後尤其明顯。

法國在 1980 年代及 1990 年代已進入經濟衰退達三十年，連帶全國的總失業率亦同時爬升到前所未見的新高。但是法國的社會福利卻有增無減，加速經濟、社會及政治問題之惡化。1997 年社會黨總理喬斯潘 (Lionel Jospin) 宣布，大型及中型公司的員工，每週只需工作 35 小時。法國左派及右派政黨立刻陷入一場政治風暴中，這場爭論只是「歐洲社會模型」

(European Social Model) 的一個環節，意指法國、德國及義大利三國聯合實施社會福利，包括全民健保、失業保險、不同的小孩津貼，以及生產及育嬰假等等。這三國在社會福利因立場一致，與英美相異，所以被譏諷為「舊歐洲」。

在 2005 年-2007 年的法國，失業率最後跌到 10% 以下，但是私有部門卻佔全部人數的一小部分，只佔 2006 年所增加 19 萬人的三分之一。大部分的勞工來自政府補貼的工作，而且多屬個人清潔工之類的雜務。法國人民一遇到失業問題，通常就是求助於政府的工作及補貼，不管是左派或右派政府皆然。

社會福利日漸增加的結果，使政府的財政負擔越來越重，經濟成長的壓力日增，因此，法國的福利國家從 1990 年代，就追隨其他國家作全球性的調節，特別是從右派政府入主總統府後（1996 年起），在國家的發展策略已由凱因斯主義，改為貨幣主義政策。在經濟的首要目標，則從打擊失業，改為以貨幣及嚴加控制預算為手段，來防止通貨膨脹。這種策略的改變，希望使法國福利國家成為二十一世紀的現代國家的典範❺。

第四節　國際政治經濟與法國

法國傳統政治文化對於企業精神及經濟效率，一向並不重視。早在十八到十九世紀當資本主義工業化全力進行的時候，法國對資本主義所著重的利潤和效率就嗤之以鼻！社會所崇奉的信條是，國家應該對競爭加以規範，以及國家的服務應高於經濟的巧取豪奪。這樣的政治文化所產生的一個結果是，勞資關係一直未能像德國及日本那樣維持和諧及雙贏的局面；法國工會始終對資方抱持懷疑的態度，資方則蓄意要減弱工會的力量。

---

❺ Pepper D. Cul Peaaer, Peter A. Hall and Bruno Palier, *Changing France, The Politics that Markets Make* (New York, New York Palgrave Mac Miclian, 2006), pp.126-127.

　　但是從第四共和開始，經歷 1968 年的抗議示威，而到 1981 年後的社會黨執政，法國卻建立起相當完整的社會安全保護網。今天法國大部份的房屋及管理，是由政府所建立及經營，而且有相當規模的家庭補貼。每位國民也都可以享受到國家資助的醫療照顧。但是針對福利國家的龐大支出，卻有越來越多的人，反對以提高稅賦來維持福利制度。因此跟其他國家所面臨的困境一樣，福利國家的危機仍有待解決。

　　法國在傳統上是歐洲大陸的強國，在政治上居於領導地位。戴高樂創建第五共和後，一直希望恢復這份歷史上的光榮傳統，因此在外交上採取一些象徵性的作為，包括在外交上與前蘇聯維持密切關係，退出北大西洋公約組織的軍事系統，對美國採取高姿態的獨立外交……等等。龐畢度繼任後，法國以現實主義路線，避免過度捲入世界事務，並加強它在歐洲事務上的角色，同時也接受英國加入歐洲共同市場。此後法國一直以務實的態度來處理它跟歐盟間的關係，但是仍然希望能在中東、非洲，或拉丁美洲的事務上，發揮它的影響力。2003 年 4 月席哈克總統公開跟德國總理施洛德，採取聯合陣線反對美國進攻伊拉克就是一例。

　　在歐洲聯盟的發展上法國出力甚多，這包括密特朗總統派遣戴洛斯 (Jacques Delors) 擔任歐洲委員會主席；在 10 年任期中，戴洛斯以向前看的願景，規劃出許多影響深遠的政策，包括單一市場及經濟與貨幣聯盟，而有了單一貨幣歐元的採用。

　　但是，在歐洲聯盟的處理上，法國跟英國一樣面臨主權的妥協問題，馬斯垂克條約是在極富爭論性的情況下通過的。法國對農產品的大量補貼，一直是歐盟爭執的焦點。經濟上，法國的產品一向由國內市場及前法國在北非殖民地國家所吸收，但是卻使法國企業界不願意在科技上投資，導致競爭力的下降。這些都需要法國去面對。

【第十三章】
法國的行政決策機關

　　法國大革命雖然成功地推翻了路易王朝的「古代政權」，但是有近 200年的時間，卻因為社會對政治體制的性質及目標缺乏共識，使法國時常在兩極的體制下擺動更替，「政權變遷 (regime change)」之頻繁更是令人目不暇給。戴高樂在創立第五共和之初，堅信週期性的政府不穩定及地位之脆弱，是法國國力式微的重要原因。因此他認為只有從制度上著手，建立一個穩定的行政決策機制，使它不再受制於立法機關的驕橫，法國才能重建它昔日的國際地位。因此經過他授權所起草的憲法，幾乎完全反映他個人長期以來的觀點：建立一套既能保障政府穩定，又能強化行政權的政治制度。這套政治制度成形並經過運作以後，被法國政治學者杜法傑 (M. Duverger) 稱之為「半總統制」(semi-Presidentialism)，並且廣泛地為學界所接受。

第一節　半總統制的意義

　　在說明半總統制的意義之前，應該先瞭解戴高樂所設計這套制度的背景及特徵。前面曾提到過，法國跟英國不同，它是一個沒有憲政主義傳統的國家，不只是國家強勢地支配社會，在歷史上任何一種政治制度的權力分配，也幾乎從未考慮到權力的平衡或制約，拿破崙帝制固然如此，第三及第四共和下的議會制政府也不例外。基於這樣的政治傳統，因此戴高樂在設計新的政治制度時，所強調的重點除了行政機關的穩定與強勢之外，他並沒有考慮到如何讓代表人民的立法機關，能夠擁有有效的手段來監督行政部門。換言之，他並不認為民主理論中，所講究的行政與立法間的平衡有那麼重要。在這樣的考量下，他所建構的制度既非接近內閣制，也非

總統制，而是包含兩種制度中的重要精神的混合制 (hybrid system)。在真正總統制的國家如美國，行政與立法是分別選舉而產生，彼此相互制衡，而且各有固定的任期，彼此都不能強迫對方辭職（除非總統為國會眾議院通過彈劾案，並且為參議院審判有罪），而舉行新的選舉。在議會內閣制的國家如英國，行政與立法兩權是匯聚在內閣手中，而非分立，任何一個機構對於另一個機構並沒有其重要的權力。內閣掌控行政決策大權，必須對國會負責；如果國會通過不信任投票，內閣必須辭職。同時，內閣（即政府）對國會議程有實質的控制權，並且可以解散國會，舉行新的選舉。

　　法國的「半總統制」則包涵上述兩種制度的精神。第一，總統為國家元首，由人民直接選舉而產生，擁有憲法上實質的權力，照顧國家長遠的利益；第二，總理由總統任命，不需國會同意；他是政府領袖，負責處理每日要政，包括細節性的問題及重要事務的決定；第三，總理必須向國會負責，國會可以通過不信任投票迫使內閣去職，但是解散國會的權力，卻由總統單獨行使。

　　依據上述三點精神，第五共和的總統是整個制度設計中最大的贏家，他幾乎可以單獨掌握整個制度的走向。他可以依據個人的權宜考量來解散國會，而這項權力在議會內閣制中是由總理（或首相）來行使。但是總統行使解散權，卻不必受到國會不信任投票的牽制，而改由總理和他所領導的內閣來承受國會的牽制。換言之，藉著議會內閣制的解散權，來突顯總統的崇高地位，但卻經由總統制的精神，使總統獨立於立法機關的掌控。其次，就總理與國會的關係而論，因為總理必須向國會負責，因此依據制度的精神，總統必然會任命多數黨所支持的人來擔任總理，結果議會內閣制下經由政黨黨紀的貫徹，所形成的行政與立法兩權匯聚於內閣的現象，就同樣會在半總統制中出現。但是因為總統是制度走向的掌握者，而總理又是總統所任命，因此當總統所任命的總理，跟他具備相同政黨背景的時候，總統就在兩權都匯聚在內閣的有利情勢下，即控制了內閣，又掌控國會的議程，使他所要執行的政策，都可以透過內閣在國會中獲得貫徹。這

又是透過內閣制的設計，來保障總統高高在上的地位之一例。第三，即使總統在他所屬的政黨沒能掌控國會多數的情形下，不得不任命他的政敵出任內閣總理，他仍然可以透過解散權的運用，來改變整個政治生態，就如同社會黨的密特朗在 1981 年及 1988 年兩次使用解散權，所產生的效果一樣。在第二及第三種情形中，國會中的多數黨是否由總統所控制，事實上關係到總統權力的大小，難怪第五共和的歷任總統，都特別重視政黨的經營。

根據以上的分析，我們就可以發現，法國第五共和的半總統制是國家元首（總統）與政府首長（內閣總理）並立的兩頭政治體制。但是經過 40 多年的運作，這兩個頭的關係不只是不平等，而且是時常擺動。二者間關係的擺動（或者說變化）所反映的是，彼此間各自多數地位的變遷。法國政治學者阿弘 (Raymond Aron) 指出：「法國第五共和總統只要獲得國民議會過半數的支持，就擁有至高的權威；但是只要任何政黨比總統所領導的政黨獲得過半數的席位，則總統必須放棄提名內閣總理實際的權力。」在這種情形下，法國總統制的政府形成將回復為內閣制。這正是杜法傑所說：「半總統制……是總統制與議會制兩階段的交替。」這種制度的更替所留給我們思考的一個問題是：當碰到分裂的多數，亦即選舉總統所產生的多數，不是控制國會的多數時，總統制與半總統制的處理方式有無不同？不同處又是什麼？在這裡我們先從總統權力的性質與內容談起。

第二節　總統權力的性質與內容

1962 年法國總統改為直接民選的結果，使得政黨趨於總統化及兩極化（中間偏左和中間偏右的競爭），政黨成為總統擴大政治權力的基礎。只要某一個政黨或政黨聯盟同時控制了行政及立法，則總統的權力就變得很大。因為此時總統不只擁有美國總統對行政體制發號施令的權力以及獨立於立法機關的地位，而且還控制國會議程，日常活動，以及解散國會重新

舉行選舉的權力；除外，在過去 40 多年間，除了總統的政黨有 3 次失掉
國會的控制權之外，歷任總統皆強力地行使他們對政府（即內閣）的指揮
權限，由政府將總統的偏好轉換成政策。在行政優勢的特徵貫穿法國的政
治過程中，總統無疑地是居於整個指揮系統中的最高點❶。

　　造成總統權力如此大的原因有三，第一，第五共和的創建者戴高樂以
及第一位左派社會黨總統密特朗 (1981-1995) 所產生的深遠影響。戴高樂
不只建立了制度，而且對總統的權力作積極和擴大性的闡釋，更以他強勢
的個人風格介入第五共和的每一個政治領域中，包括國防、外交及內政事
務，因此奠定了總統一職的優越地位。密特朗則因在位 14 年，個性一如戴
高樂般的堅強而積極，統治的風格則更富帝王般的氣勢。這兩位一右一左
的總統所留下的傳統，是有實質權限的總統職位，而非純禮儀性的角色，
是集中的權力行使，而非分權，更非授權的作為❷。

　　第二，憲法中賦與總統的巨大權力。除了一般國家元首所擁有的象徵
性的權力外，第五共和總統還擁有一些實質的權力，這包括任命內閣總理、
內閣閣員，以及高級文武官員及司法人員；主持部長會議，指揮外交政策
（經由條約的簽訂、大使的任命，以及外國使節的接見），任命憲法委員會
9 名委員中包括主席在內的 3 名委員，以及將國會所通過的法律送交該委
員會，審查其合憲性。

　　第三，有五項權力對總統地位的增強特別重要。

　　一為解散國會權，這是總統改變政治生態，並對國民議會發揮警告效
果的權力。第五共和開始以來，共有 1962、1968、1981、1988 及 1997
年 5 次由總統行使國會解散權，除 1997 年右派總統席哈克為擴大右派在

❶　Suzanne Berger, "The French Political System," in *Patterns of Government*, Samuel Beer and Adam Ulam, eds., 3rd edition. (New York: Random House 1974).

❷　Paul Godt, ed., *Policy-Making in France: From de Gaulle to Mitterrand* (New York: Columbia University, 1989).

國會中的多數，而解散國會，卻反而造成左派得勝外，其餘 4 次對政局均極具安定作用，而且由總統所屬的政黨獲勝。

二為總統得行使緊急命令權。根據憲法第 16 條規定，「在共和制度，國家獨立，領土完整或國際義務之履行，遭受嚴重且危急之威脅」時，總統得發佈緊急命令。

三為總統得經總理提議進行修憲。修憲案必需經國會兩院以絕對多數同意，然後或由公民投票同意或由國會兩院聯席會議，以五分之三的同意，始獲批准。

其四，授權總統將包括條約案，政治制度之改變以及某些由政府發動，提交公民投票批准。這是第五共和之首創，與法國的國會傳統，要求總統與人民保持距離及扮演禮儀性政治人物，以降低煽動家危害民主政治的機會的作法，是一項重大的突破。這項權力使總統可以透過公民投票的機制，直接訴諸於人民，大大地增強總統的政治地位。在第五共和早期，戴高樂曾兩次利用公民投票，取得人民對第五共和新憲（1958 年）及修憲（1962 年）的支持。但是他在 1969 年要求人民對參議院地位之改變，以及成立區域性政府，舉行公民投票，卻告失敗而被迫辭職。密特朗在 1988 年針對法屬殖民地紐卡洛多尼亞 (New Caledonia) 之獨立與否，以及 1992 年有關要擴大歐盟權力的馬斯垂克條約，分別舉行公民投票，前者投票人數太少，缺乏正當性，後者則有意利用右派聯盟對該條約的看法不一的矛盾，來取得政治利益，結果卻只以極微少票數，獲得通過。可見公民投票是一把雙面刃，政治人物善用它則獲利，濫用之則受害。

最後一項權力建立在憲法第 5 條的基礎上，該條規定總統得「依據他的判斷來維持政府權威的正常運作，以及國家的持續。他承擔國家獨立，領土完整，以及履行國際協議及條約的責任」。根據這條規定中所提及的各項情況，其闡釋的空間甚大，總統得根據他個人的判斷，決定他所要採取的行動。

以上所列舉的五項權力，分別散佈於各個憲法條文，雖然是總統重要

的權力，但卻非常規的權力，而是例外而又非經常行使的權力。還有，大部份的總統權力，都非作決策的權力，或是傾向於阻擾決策的權力，或是將決策訴諸人民複決的權力。唯其如此，所以總統是否要行使這些權力，端看總統個人的性格和政治傳統而定。這正好說明戴高樂與密特朗兩位總統，其影響力受到重視的原因。有了上述兩項因素，第三項因素的存在就更使得總統隨時可以依據他個人對憲法的主動看法，來主動對政府政策及政治過程進行干預。這個因素就是總統直選所產生的政治影響。

1962 年的修憲不只改變了總統的產生方式，也使法國的政治版圖產生根本的變化。總統直選使總統成為唯一擁有全國性民意基礎的政治領袖，進一步增加本來就已經夠大的總統權力。一位披著民主正當性外衣的總統，因此有了強大的武器，來應付反對黨的挑戰以及他身邊的政治同僚。這也說明為什麼在面對總統在政策甚或人事上的壓力時，總理（除了左右共治時代）總是加以尊重的主要原因。簡而言之，總統直選使政黨結構走向中間溫和兩極化，進而產生國會的多數黨，也使總統具備相當的政治影響力。這些正是總統權力大幅膨脹的重要原因。

第三節 內閣及總理與總統的關係

雖然總理通常會接受總統在政策上的要求，但是依據憲法規定，政府（內閣）才是決定政策的機關。第 20 條由「政府決定及指揮國家政策，它並控制行政機構及武裝部隊」。第 21 條規定「內閣總理指揮政府的運作，負責國防，並確保法律的執行」。因此雖然總統是部長會議的主席，但是依據憲法的精神，負責全國性政策的卻是以內閣總理為首的政府。當然，在現實政治上，內閣的決策地位常因總統的干預而受影響。不只是政策，甚至連內閣的部長都常常跑總統府，以總統的意見馬首是瞻。

內閣是以總理為首的合議制機關。總理由總統任命，由於總統的強勢地位，因此也延伸出總統的免職權。閣員由總理提名後由總統任命。閣員

不得兼任議員是有別於內閣制，相同於總統制之處。但是在政黨政治的影響下，行政及立法兩權集中在內閣手裡，卻又跟內閣制相似。也由於總統地位及影響力，所以內閣作為一個合議制機關，其權力並不大。有關重要政策是在更高的層次上——愛麗斯宮 (Élysée)——總統府——及部際委員會中決定的。通常總統的幕僚會參加這些部長委員會的會議，但卻是由總理的幕僚擔任主席。可見總統通常只注意到最重要的決策，總理則負責政府一般事務的處理。

內閣總理來自總統的任命，通常獲得這項職務的人，多屬於重量級的政治領袖，或與總統一樣屬於黨內的重要人物。因此擔任總理的人，很可能就是未來爭取總統職位的人選。這種情形使得總統通常不願意總理鋒芒太露，會有意無意間阻撓甚或封殺總理的政策決定，以挫其銳氣。如果再看看憲法中有關總統與總理權限之規定，極端地混淆不清的話，就知道兩人之間的權力有重要的重疊之處，因此彼此間潛在的政治衝突，也就可以理解的了。例如憲法第 21 條規定總理「負責國防」，而總統卻被指定為「武裝部隊統帥」，並「主持重要軍事決策委員會」。同條將文武職位之任命權授與總理，但是第 13 條卻又將同樣的權力給了總統！

第五共和以來總統與總理的關係，主要端視總統的態度而定，但是基本上是長官與部屬的關係。從憲法的文字來看，總統並沒有決定政策的權力。問題是：從一開始戴高樂就干預了政策的制定，龐畢度、季斯卡、密特朗及現任的席哈克繼起效尤，總理不只成為總統在國會中的代言人及政策的貫徹者，而且是總統的防火牆——當總統政策失敗的時候，由總理代為承受責任。所謂總統有權無責，總理有責無權，是這種現象最好的詮釋。相對於總統原先 7 年的固定任期（2002 年修憲後改為 5 年），總理必須冒被國會不信任的風險，以及總統隨時會要他（她）為總統承擔政策失敗的責任而去職的後果。總統與總理之間的關係，不只是長官與部屬間的不平等關係，而且處處呈現可能的競爭與摩擦。因此二人之間並非真正的伙伴關係，基於權宜的利害而合作，反而更貼切！

第四節　左右共治

　　在正常的政治情勢下，上一節所談到的總統與總理的關係，是現實現象的反映。在第五共和的頭 28 年間，總統和國民議會的多數黨，都同屬右派聯盟，因此兩人間的關係並沒有引起太大的爭議，總統也一直扮演著政策干預者及形成者的角色。但是由於總統與國民議會的任期不同，舉行選舉的時間不一樣，再加上總理必須向國會負責的事實，總統總有一天必須面對一個由他的反對黨控制國會多數議席，而被迫任命他的政敵擔任內閣總理的政治困境。這就是半總統制之下，遇到分裂多數時，所採取的解決方式（見本章第一節）。原先大家一直擔心此種情形一旦出現，政治僵局可能會使第五共和的存續受到考驗。但是 1986 年密特朗總統碰到由右派聯盟掌控國會多數的局面時，這位政治大老一句「我不喜歡看到這種局面，但是我會尊重選民的抉擇」，卻成為第五共和邁向成長的另一個契機。

　　密特朗任命他 1988 年總統大選所將面臨的對手席哈克擔任內閣總理，形成法國人所說的左右共治 (Cohabitation) 的局面。在初期雙方確實經過一段磨合期，例如究竟那一個人應該出席七國高峰會議，內閣的人選要不要取得總統之同意……等等，更遑論兩人在重大政策上的爭議。經過初期的衝突後，雙方逐漸找出相處共容之道。在政策的領域上更傾向由總統負責國防及外交事務，總理則專責國內事務的共識。第一次左右共治在 1988 年總統大選後的國會選舉中，因為社會黨獲勝而告結束。接著 1993 年因為保守派在國會選舉中大勝，又出現第二次左右共治。1997 年右派總統席哈克解散國會，因為社會黨勝利而有第三次共治的局面。但是在這種近乎政治常態的情勢中，法國政治卻穩定如恆。論者認為法國在 1981 年的總統大選中，因為密特朗的當選而出現的政黨輪替，以及 1986 年的左右共治的局面，是考驗第五共和的政治制度成功地渡過危機的兩大挑戰。其成功的原因有三。第一，右派與左派意識形態上的差距，早在政黨輪替

及左右共治前即已減少，1984 年社會黨政府在政策上趨於溫和後，差距更為式微。第二，憲法委員會（下章討論）成功而有效地維持左右兩派的平衡。第三，在兩次考驗中，大眾輿論堅決地要求制度的穩定及共治的成功。

面對左右共治的難題，早在密特朗時代就有呼聲將總統任期減少為 5 年，這項呼聲在 2000 年由席哈克總統提案修憲，經公民複決通過，並於 2002 年的總統選舉中實施。席哈克在連任後的國會大選中，領導新戴高樂派獲得大勝，左右共治結束。以後會否因為總統及國會任期一致，而不會再發生，時間將證明一切！但是無論如何，法國左右共治這種分裂型政府的型態，其實施的結果，是一種行政決策權的分割，與美國分裂制政府下，所形成的行政權與立法權的對立，在本質及所造成的影響上，都有所不同。

【第十四章】
法國的立法機關

有關行政與立法的權限如何作適當的分配，一直是法國從 1789 年以後爭辯的焦點。這種爭辯既直接反映在憲政制度價值中效率與全民主權的紛歧上，也投射在國會民主與行政優勢兩種政體的不定期輪替上。雖然法國的民主在這種價值的紛歧和政體的輪替中倖存，但是法國卻長期地被視為脆弱民主政體 (weak democracy) 的代表。回顧過去 100 多年來法國的民主經驗，我們可以發現，當強調全民主權的國會民主如第三及第四共和，支配法國政治過程的時候，行政部門通常是國會的禁臠，使民主責任制的精神大受摧殘，無法確定誰應該為政策上的失誤負起責任。更嚴重的是，無能的政府難以協調社會衝突的結果，常使法國在危機時刻陷於癱瘓的困境。但是當行政優勢的政體當道時，政府效率的代價卻往往是拿破崙式的專制獨裁政體，使代表權的行使受到傷害。第五共合的憲政設計，正是這種情形的寫照。

第一節　第五共和對國會權力之限制

戴高樂對立法機關自始就沒有好感；他認為議員們總是將自我利益的考量，置於法國的國家利益之上。因此在起草第五共和憲法時，他就要求不得讓國會有權力來阻礙國家的有效運作。事實上，第五共和憲法的起草者最重要的考量，就是要清除國會的濫權，以防止第四共和時代政府癱瘓的再現。

就是基於這項動機，第五共和憲法對國民議會的權力大加設限。從比較的觀點來看，我們可以發現一個非常有趣的對比。美國憲法以相當明白的字眼規定美國總統那些可為，那些不可為。相形之下，法國憲法則明示

法國國會可以做什麼，以及不能做什麼。例如，法國憲法雖然規定，所有的「法律」必須由國會通過，但是卻不只對法律的範疇採取明文規定的方式，而且宣示凡是法律所未規定的事項，都可以用行政命令或規章來代替。這種對總統及國會權力以憲法明文規範的情形，正好反映出美國憲法是一部立法優勢精神的原因，而法國第五共和憲法則完全反映出行政優勢的道理。前者以限制行政權為整部憲法的精神主軸，後者則防堵立法權氾濫的鑿痕處處可見。整個限制立法的制度設計，主要在下列六個層次。

一、強化政府的地位

憲法上有三項規定直接關係到政府地位的提昇。第一，限制國民議會集會的期間，只在春秋兩季共集會 6 個月，以減少議會對行政部門監督的機會。國民議會在絕對多數的議員連署或總理要求下，可以要求總統召開特別會議，但是不得超過 12 天，而且總統未必會批准此項請求。事實上，一直到 1979 年季斯卡總統才首次召開此項特別會議。第二，行政部門有相當大的權限來控制議會的立法程序，以防止議會對法案進行曠日費時的辯論。憲法規定，立法程序必須經由憲法委員會審查，確定其合乎憲法精神後始能生效。第三，國會委員會控制立法流程，但是須先由主席團會議設定議程，並分配每個項目在辯論上的時間。主席團由議會中受到承認的各黨團領袖、委員會主席，以及議會議長及 6 名副議長所組成。但是行政權擴大的結果，主席團會議的功能相對降低，成為各黨團跟行政部門溝通及協調的橋樑。依據憲法第 48 條之規定，「兩院之議程應依政府所定之次序，優先排列政府所提議之法律草案，以及其所接受之法律案從事討論。」因此委員會雖具審查法案之權限，但是卻必須依規定送交院會討論。

除外，跟其他議會內閣制一樣，行政部門（總統）可以在 5 年任期屆滿之前，解散國民議會（但是政府不能解散參議院）。對解散權的唯一限制是，一旦國民議會被解散重新選舉，政府在 1 年之內不得再予以解散。

二、立法範圍之限制

　　跟任何議會內閣制的國家一樣，法國國民議會在傳統上可以制定任何法案；而且因為沒有司法審查制度，使得國會更可以為所欲為地侵犯原本應屬於行政命令所規範的領域。影響所及，不只導致政府權力的衰退，而且使國會沒有足夠的時間，來討論重要的政策議題。1958 年的憲法對國會的權限採取列舉的方式，明文規定國會可以進行立法的範圍。在憲法所未列舉的其他事項，則准許由政府以行政命令的方式來制定政策。尤有甚者，即使在國會立法權的範圍內，政府仍可依憲法第 38 條之規定，要求國會授與立法權限。例如，倘若政府為了避免國會對提案作冗長的辯論，或作出不喜歡的修正案，就可動用此條規定。如果國會通過對政府的授權，政府就可發佈命令，並同具法律效力。行政部門還可透過公民投票的程序，來跳過國會的立法監督。

三、立法程序上的限制

　　經由行政命令進行立法，長期以來一直是由政府所擁有的權限。但是在過去此項權限是來自國會的授權，隨時可以停止。第五共和以後，此項權限淵源於憲法的規定，而不必受到立法的控制或修改。

　　第四共和國會最重要的政治權力是對財政事務的控制，因此第五共和對國會在這方面的權限加以削減。立法機關在收到行政部門所提預算案後 70 天，如果仍未通過，則行政部門得用命令予以執行。因此雖然國會仍然有權通過政府所不喜歡的預算案，但是卻不再能夠為了要迫使政府讓步，而無限期抵制預算案的通過。即使立法機關可能通過政府所反對的預算案，但是因為憲法禁止國會議員提出削減歲入或增加支出的議案，所以機會並不大。

四、委員會權限的削減

　　在第四共和時代，國會委員會一如美國的國會，是政治權力的中心，而且是以專門性的主題為組成的基礎，因此每一個委員會都能夠在某個主題上培養出它的專長，對政府進行監督。委員會的主席及副主席每年選舉一次，最具影響力，是反對力量的領導者，有如影子閣員。在一個缺少多數黨的多黨體系中，委員會在立法程序上居於關鍵性地位，既可以將法案修改得面目全非，更可以使法案永不見天日。

　　第五共和將委員會權限作劇烈的削減。第一，將常設委員會的數目大幅度刪減為 6 個，使每一個委員會成員的規模因而擴大。如此一來，稀釋委員會討論法案的功能，另方面則可以容納更多的專家，提高立法的品質。第二，委員會可以針對法案進行審核，但是必須以政府的法案為討論的基礎，而不得像第四共和時代那樣，由委員另提法案來替代政府法案。委員會雖然可以對法案提出重要改變，但是其角色已大不如前，更遑論跟美國國會相比。第三，很少成立獨立的國會委員會負責調查或控制，因此在調查政府不法上少有著力點。

五、政府限制辯論的權力

　　政府對國會的控制還有許多項利器。首先，憲法第 44 條規定，政府針對正在討論中的法案，既可以要求對整條法案或法案中的一部份進行表決，同時可以選擇將它所同意的修正案列入法案中。這就是一般所稱的包裹表決 (blocked vote)。這種程序雖然被認為有違民主的立法程序，但是因為反對黨常提出好幾百個修正案，使法案的進展可能受阻，因此這種規定大有助於政府地位的強化。近年來，包裹表決常被用來維持多數黨（或多數黨聯盟）內的紀律，特別是當政府在國民議會只有微弱的多數時為最常用。

　　其次，當兩院就法案的審核陷入僵局時，政府可以要求每一院就國民議會所通過的法案，進行另一個讀會，以求終止僵局。如果屆時兩院仍未

能取得協議，則國民議會再進行表決通過後，就告定案，參議院不再能夠繼續阻撓政府法案的通過。這項規定在 1981 年到 1986 年間經常被動用，原因是社會黨政府的許多立法計畫——特別是國有化政策——常受到有保守傾向的參議院的強烈反對。

六、不信任投票的重重限制

除了限制國會任意阻撓所提法案，特別是財政法案之外，還必須對國會的不信任投票權加以規範，才能有助於政府的穩定。因此憲法第 49 條規定，總理有權針對某一法案或法案的一部份，向國民議會表示願意承擔起政府責任。在此等情形下，除非議員對政府提出不信任案，並且以絕對多數予以通過，否則此項法案就被視為通過。另方面，即使譴責案通過，政府仍可抗拒辭職的壓力。因為此時總統可以解散國會，重新舉行選舉。因此面對可能舉行新選舉的威脅，議員們支持不信任案的意願相對降低。結果是：當政府宣示要承擔它所提出的法案的責任時，法案通常會在沒有表決的情形下過關。

第 49 條第 2 項還對不信任案予以嚴格的規定：「國民議會得依不信任案的投票結果，決定政府之去留。此項不信任案經國民議會至少十分之一議員之連署，始得提出。動議提出 48 小時後，始得進行表決。不信任案僅就贊成票核計，並須獲得全體議員絕對多數始算通過。不信任案如被否決，原提案人在同一會期中，不得再提不信任案，……。」

從第 2 項的規定中，可以發現以下三點事實。第一，對不信任案的重重限制，從連署最少人數的規定，到動議之表決，及不信任案必須有絕對多數始算通過，都使不信任案不只難以任意提出，而且更難通過。第二，憲法的基本設計就是要防止不信任案的通過，因為它不只要有絕對多數才能擊敗政府，而且在投票時只計算投不信任票的人數，支持政府的議員固然不必投票，而且連棄權者也算在支持政府之列。第三，48 小時後再投票之規定，一則可以化解議員們的立即情緒反應，二來可以使政府有時間去

動員爭取支持的力量，包括議員本身及大眾輿論。

第二節　憲法委員會的角色及功能

　　法國一向並沒有司法審核的傳統，因此在國會主權的原則下，它跟英國一樣，立法機關的任何決定不容置疑，當然所制定的法律，也不受進一步的監督。但是第五共和憲法成立了憲法委員會以後，卻衝擊了這項原則，成為牽制立法機關的另一個制度性因素。這個委員會必須審查立法並決定其是否合憲。憲法委員會同時對公民複決投票及全國性的總統及國會選舉結果有仲裁權。這個委員會成立的原始目的，是以對立法機關的制衡為要務，但是政治環境的變遷，卻使這個制度的角色，產生了意想不到的變化，而發揮了它平衡政治生態的功能。這是制度變遷的另一著例。

　　憲法委員會是由 9 名委員所組成；委員由兩院議長各提名 3 名委員，總統則另行任命 3 名不得連任的委員，任期各 9 年。在 1974 年以前，只有這 3 名政治領袖連同總理，才有權向憲法委員會請求對國會法律案進行審核。1974 年通過第 64 條修正案之後，才使 60 名國會議員或 60 名參議員，也有權提案申請解釋。從這年開始，反對黨以及偶爾多數黨議員的申請釋憲案，就成為法國立法過程的一個常態。而且不論是保守派或社會黨都會將所有重要立法提交委員會解釋。一年之內有高達 28% 的國會立法，會被提交委員會，因此法律被宣佈為違憲的百分比相當高。在 1980 年代被成功推翻的案子平均約 40%。當然並非所有裁決都會使整個法律違憲，有些法律只有部份被宣佈為違憲，使國會必須將違憲的部份予以改寫。

　　憲法委員會的裁決所產生的影響相當大，足以修正政府的短程目標，甚至是長程的目標。原先制憲者的用意，是要使它成為行政部門牽制立法機關的一個輔助性制度，但是憲法委員會卻發揮了憲法法庭的角色，而成為連結法律與政治的機關，扮演了類似美國最高法院的角色。憲法委員會的某些重要的裁決，如 1981 年到 1986 年間社會黨政府對私人企業的國

有化，1986 年到 1988 年間保守派聯合政府對部份國營事業的私有化等案子的裁決，大體上都符合美國所稱的「司法節制」(Judicial restraint) 的原則。雖然有些裁決直接改變了法律的原意，但是憲法委員會畢竟是一個非民選機關，所以通常總是避免對政府所作的重要政治抉擇加以干涉。但是近年來委員會每年審核大約 10% 的立法，並且判定其中有 60% 是違憲的。在因為政黨輪替所造成激烈變遷的時刻，委員會所作的裁決，反而有助於新共識的形成。經由司法用詞來將粗糙的新立法再加以潤飾，常常使改變更容易被接受。

　　因此司法審核已經成為法國立法過程的一部份，但是有些部份仍然與美國大有不同。一般人民並沒有權利向憲法委員會提出裁決的請求。跟美國最高法院不同的是，它在法律案公佈前就必須作裁決，因此所有的裁決都必須在一個月內完成；遇到緊急的狀況甚至只有 8 天的裁決時間。時間的限制使得憲法委員會無法作深入謹慎的考慮。這種快速的正義跟其他國家的憲法法庭所作的裁決，顯然在解釋力上有其瑕疵。另外，對裁決的反對意見，也從未公開發表。

第三節　第五共和權力的新平衡

　　第五共和成立以來，國會的地位經歷了階段性的改變。在第五共和初期，排斥國會的鐘擺，確實使國會的地位受到傷害。國會的自主性受到限制的結果，嚴重地限制了法國的代議過程。**總統直選雖然提供大眾參與和代表的重要機制，但是卻進一步強化了行政壟斷，使國會捉襟見肘！這種不均衡的情勢使法國民眾的不滿情緒，常訴諸於直接的抗議行動。**

　　但是近 10 餘年來，國會已在下列三方面強化了它監督及立法上的權力：

　　1.除了將會期由 6 個月增加為 9 個月以外，由於議事程序的改變，使得國會議員有了更多的機會對內閣閣員提出質詢，反對黨的議員更可以選

擇對閣員所要質詢的題目。

　　2.國會議員充分利用對政府法案提出修正案的權力，來增加他們的籌碼。在遇到爭議性高的法案，反對黨（甚或政府的支持者）可能提上千條的修正案。

　　3.國會的非正式權力大為增加。第一，當政府在國會沒有一個穩定多數，一如第一次的左右共治 (1986-1988) 以及 1988-1993 年社會黨政府只有相對多數時，議員的影響力自然增加。第二，在左右共治時期，由於行政權的分裂控制，也使得國會運作的空間為之擴大。

　　因此法國國會曾在一般政策的層面及更細節性的選區內的事務上，已能積極地發揮其監督和提供資訊的功能。同時國會大體上也放棄了它過去一些不負責任的作為。在目前國會監督和討論的權力，正如政府領導的權力一樣都受到肯定。因為藉著這些改變，第五共和的制度及權力，已經逐漸產生新的平衡。

第四節　政黨多極化對法國的危機

　　法國立法機關之權力本來就是第五共和制度下的弱者，1980 年代的改善，使國會的權威有強化的趨勢，其在代表權的功能亦似乎有加強的可能。但是法國從 1970 年以來所成形的左－右政黨二元化，在 1980 年代卻出現政黨及選民多極化 (fragmentation) 的趨勢。在 1983-1984 年間，共有五種政黨或運動發展，每一個政黨都以左派－右派二元化的內部為瓦解的目標。例如極右派的國家陣線，在 1984 年的歐洲選舉中得到 11% 的選票後，逐漸將其定位為「反體制」。影響所及民主主義及權威性政黨先後在 1986、1997 及 1998 年的區域選舉中威脅到體制的穩定❸。

　　其他各小黨亦多少分散了兩大左－右政黨的選票，並威脅到體制的現

---

❸　Papper Culpepper et al., *Change France: The Politics that Markets Make* (New York: Palcrace Macmian 2006), pp. 224-225.

狀，於是在政壇上有人開始注意到代表的危機，這反映在選民投下棄權票比例的增加，以及選民和政黨的關係明顯地減弱。這說明第五共和及各政黨不再能適應公民的要求❹。政黨多極化的增加出現在 2002 年的總統大選上，16 名候選人是第五共和史上參選人的新高紀錄。左－右兩大陣營總計取得 61% 的選票，其他激烈政黨共得 30%。第二輪最值得注意的是，選民選擇了一個極右派的候選人來對抗右派的候選人，造成歐洲政治大地震❺。

從法國的例子中，我們可以從中得到兩點啟示：

1.政黨不能太多，否則參選的左－右兩派政黨候選人，其總得票數只占全部有效票的 61%，暴露出民主參與中的代表危機，甚至國會的投票率也一樣在 65% 上下，與英國及德國的情形一樣。

2.政黨數目亦不能太少，否則大黨或兩大黨獨得國會席次，亦非允當。

---

❹ Papper Culpepper and Peler Hall, *Changing: France, The Politics that Markets Make*, p. 223.

❺ Ibid, p. 234.

德國國會建築

第三篇
德國政府與政治

•• 地理及人文簡介

位置：中歐，位居波羅的海（Baltic 海）與北海之間，在
荷蘭與波蘭之間，丹麥的南邊

面積：357,021 平方公里

氣候：涼爽的溫和海洋型氣候，冬天及夏天潮濕

人口：83,030,000 人

人口結構：0-14 歲：15.57%；15-64 歲：67.82%；65 歲
以上：16.61%

人口成長率：0.27%

平均壽命：77.61 歲；男：74.47 歲，女：80.92 歲

正式國名：德意志聯邦共和國

首都：柏林

年國民平均所得：23,400 美元

貨幣：歐元 (EUR)（從 2002 年起歐元正式取代馬克成為通
用交易工具）

【第十五章】
德國政治中的非制度性因素

　　從先天的背景上來看，德國與先前討論過的英法兩國，有著三點重大的差異。由於這些差異，使得德國在民主發展的進程上，跟西歐其他民主國家，出現明顯不同的軌跡。第一，相對於英國及法國很早就完成民族國家的建立，德國在 1871 年完成統一之前，有很長一段時間存在著許多封建諸侯競相割據的局面，並且還受到外國勢力的支配，因此國家的統一遠落於英法之後。第二，由於德國統一太晚，整個工業化的快速發展幾乎全由國家主導，這一方面造成德國缺少民主發展所需的廣大中產階級，另方面則使德國貧富間的差距要大於英國或斯堪地那維亞國家，當然更比不上法國。第三，英國憲政主義的基礎根深蒂固，民主發展的過程溫和且又漸進而為；法國雖缺少憲政主義的傳統，政治的發展則一直在威權與民主兩種體制中擺盪。相形之下，德國從完成統一之後，在不到一個世紀之間，卻經歷了君主專制、極權政體的第三帝國 (1933-1945)、共產威權體制（二次戰後的東德），和兩次外力施加的民主政體——一次戰後的威瑪共和 (1919-1933) 以及二次戰後的國會民主。換言之，德國是一個既沒有憲政主義的背景，又缺乏民主傳統的國家。今天我們所看到的穩定而又成熟的德國民主，是二次大戰後經由精心匠工的制度設計，以及民主文化的培育，而造就出來的。如果說，法國第五共和憲政制度的穩定成長，是制度設計成功與菁英成熟互動所獲致的成就，那麼我們可不要忘記，德國是這項民主鞏固經驗更早的推手。

第一節 自然環境

一、地理的影響

　　德國人口 8,000 萬，經濟力量雄厚，因此堪稱為歐洲的大國。但是它 35 萬 7 千平方公里的面積，卻只是法國的三分之二。在地理位置上，德國橫跨歐洲大陸，除了北邊的海岸外，它缺少明確的地理疆界。更有趣的是，大部份的主要河流不是起源於外國，就是由德國流入其他國家。例如萊茵河發源於瑞士，而在荷蘭入海。這種地理特徵對德國歷史有諸多影響。首先，缺少天然障礙的結果，使得德語的散播超越了德國的領土。因此德國人對於鄰近國家內講德語及具德國文化背景的人民，自然地會有親切感，常會自以為是地質疑，為什麼德語人民居住的地區，不能被合併為德國的領土。歷史上，我們看到德國有時會對鄰近國家入侵，其原因在此。但是也正因為德國的位置，而使得歷史上比較重要的戰爭，常在德國境內進行。這種情形持續到十九世紀後期，德國人展現其團結力量後才告停止。此後一直到二十世紀前半段，德國所展現的好戰態度，多少跟幾世紀來為其他國家所欺凌有關。

　　其次，德國鄰近北海岸，發展出伯雷曼 (Bremen) 及漢堡等大海港以及國際貿易，但也因此逐漸跟英國進行海權及殖民地競爭，造成兩國關係的緊張，一次及二次大戰的爆發多少跟此有關。

　　第三，德國西部有豐富的天然資源，為現代工業化社會所必須，尤以鐵、煤及其他礦產，更是重要的戰略物質。德國的許多河流除了促進國內及國際運輸之外，也是豐富的發電能源。當然，因為大部份的平原都是可耕地，因此農產資源遍地皆是。綜合而言，德國具備成為強國所需的各種條件。

　　因為人口多，面積不大，因此德國人口密度跟英國一樣高達每平方公

里 580 人。一如英國，德國，特別是西部，都市化程度高。但它沒有像英國倫敦那樣唯我獨尊的大城市。幾乎可堪比擬倫敦的是擁有 350 萬人口的柏林，但是在 1990 年以前卻被分割成東西兩半，東德以東柏林為首都，西德卻選擇了一個人口僅 30 萬，並被小說家稱之為「一個德國小城」的波昂為首都；它除了是貝多芬的故鄉外，也只是一個寧靜的大學城。西元 1999 年後統一的新德國重新還都柏林。

北方的漢堡及南部的慕尼黑是另外兩個人口超過 100 萬的大城市。魯爾 (the Ruhr) 及萊茵－緬因 (the Rhine-Main) 是兩大工業地區，前者人口 1,100 萬，後者 300 萬。但是它們只是都會區，而非單一都市。

二、區域及其他層面的紛歧

德國邁向統一的民族國家之時程甚長，各地分割擾攘的結果，使得許多習慣和方言雜然並存。如果說美國區域性的對比，凸顯了南方各州獨樹一格的人文景觀，那麼感性及活潑的德國南方比之於嚴謹及理性的北方，同樣是有趣卻又值得注意的現象。1990 年再統一後的德東與德西，使各種對照更增加其可觀之處。這種區域性的紛歧使得德國跟美國一樣，採取聯邦制，以尊重各邦特色的保存及自主性的發展。但是必須注意的是，目前德國各邦的疆界是二次戰後所重劃，其部份原因是要避免因為強烈邦意識的滋長，而影響到人民對新建聯邦政府的認同及效忠。德國第二次統一之後，共有 16 個邦，但各邦的面積及人口差距甚大，因此各邦在聯邦參議院（參議員依各邦人口多少作比例分配）的影響力自然有別。

十六世紀的宗教革命，使得德國境內出現天主教與基督教的壁壘，甚至產生傷亡無數的宗教戰爭。宗教戰爭不只使彼此仇恨加深並延續達數百年，也使德國民主發展的動力因而受到延誤。德意志聯邦共和國成立後，因為部份領土在戰後割讓給波蘭，因此兩個教派人數大約相等；南部以天主教徒為多，北部則是基督教徒居多。但是兩個教派在政治上卻結合成基督教民主黨，跟威瑪時代形成兩個教派各成立一個政黨，已有了進步。1990

年兩德統一後，基督教人數又多於天主教徒。

德國在 1871 年統一前後，邦政府及國家先後負責經濟發展的重任，而非如英美等國推動資本主義，因此除了缺乏數目龐大的企業和中產階級之外，並且使貧富距離拉大。階級對立一直是德國經濟發展過程中的潛在問題，也促成社會主義力量的抬頭。

跟英法兩國出現的移民問題一樣，德國在二次大戰後也遭遇大批來自東歐共產國家的難民潮，製造了不少經濟及社會問題。共產政權崩潰後，又出現另一波的移民潮，其中有大部份是原住在波蘭或前蘇聯的德裔人民，這些移民所帶來的問題較少。但是一些為逃避政治迫害而尋求政治庇護或尋求較好經濟生活條件的移民，則成為德國境內極右翼團體敵視攻擊的對象。1960 年代經濟繁榮時期，由土耳其合法入境的所謂「外籍勞工」(guest workers)，到 80 年代當德國經濟衰退時，德國又要為有色人種的出現，去面對更嚴重的政治問題。就如同某些保守派人士所聲稱，德國「不是一個移民國度，因此所造成的多元文化社會，將會是一件可怕的事」。德國民眾在這個問題上缺少包容心，所形成的後遺症，遠比英法兩國的有色人種問題要更嚴重。

第二節　政治經濟因素

綜合而言，激烈的宗教、意識形態，及區域性的衝突，是延誤德國統一和穩定發展的重要因素。結果是日耳曼民族各個諸侯邦國，雖然共同享有激奮人心的政治及哲學傳統（從十九世紀早期費希德 Johann Fichte 及黑格爾的著作開始），贊成一個強大而集權的政治權威，但是現代國家的形成，卻比其他西方國家落後好幾個世紀。等到德國在十九世紀後期全力進行工業化，要想迎頭趕上英美法等國，卻發現世界的主要資源及貿易，已被它們瓜分大半。儘管德國仍傾全力擴張它的工業及軍事力量，卻因而與這些國家發生利益衝突，對它以後的發展有著重大負面的影響。

　　另方面，德國資本主義及民主政治發展的時程延誤，也有著關鍵性的影響。英美早在十八世紀末工業化的過程展開之前，民主政治制度就已逐漸地發展出來。因此工業資本主義雖然在十九世紀才出現，其發展的方式卻並未威脅到以個人權利為基礎的民主政治價值。相形之下，德國的工業資本主義，雖然遲至十九世紀末期才浮現，但是卻遠比完整的議會民主的達成要晚。這使得爭取民主的力量，沒能夠將政治跟經濟的議題結合在一起。數目日益增加的德國工人不只在工作地點沒有民主的經濟權利，而且也沒享受到國民應有的政治權利。因此到二十世紀初，這種經濟和政治要求合流的呼聲，才導致了歐洲勢力最強的社會主義政黨及勞工運動的出現。同時由於這種政治發展遲緩的結果，使德國在面對益趨嚴重的社會紛歧，以及激烈的國際競爭的時候，卻得不到民主制度的幫助，來進行公共辯論及促進妥協。最後，沒有堅強的民主機制作為監督的力量，使威權政體下的菁英動輒使用壓制的手段對付異議人士，並將德國人民帶向兩次大戰的災難。二次大戰之後，得力於更壯大的民主制度、社會主義政黨，以及工會力量的出現，使得資本主義與民主政治之間原本存在的緊張情勢，也因此而舒緩。如同日本一樣，德國在二次大戰之後，企業跟勞工之間的密切關係，大有助於戰後的經濟成長。這同樣說明民主與政治經濟制度，對於國家應付挑戰的能力之重要性。

第三節　德國形成的歷史背景

一、從普魯士到第二帝國 (1871-1918)

　　神聖羅馬帝國被稱為德國歷史上的第一帝國，統轄今日德國及波蘭部份土地，是西元 800 年由查理曼大帝所創建。但是在它存在的 1,000 多年期間，卻存在著最高達 300 個封建實體。一直到 1871 年才由普魯士的軍事領袖俾斯麥完成統一，建立現代國家，是為歷史上的第二帝國。由於德

國位居中歐平原，缺少自然疆界，周邊又有許多鄰國，因此早在普魯士時代，就以軍國主義作為建立及鞏固國家力量的工具。同時，統一前各個德語地區，普遍缺乏一個紮實的民主或自由的政治文化，更使得軍國主義對政治及民間生活產生更多的影響力。從普魯士時代開始，統治者就以欺騙及冷酷作為政治及政府行動的準則，政治文化則強調秩序、權威、服從及對國家的責任等基本價值，以及法律精神的重要性。

第二帝國在成立後傾全力以國家的力量，來進行快速的工業化，並成立一個強大的銀行系統，以培育大規模的工業投資，而非英美所行的自由市場。經濟發展的快速成長，使德國在二十世紀初就已成為一個頭等工業強國，但也面臨如何獲取更多的自然資源，以及取得世界市場來銷售所製造出來的產品的問題。唯有此等問題解決，才能維持經濟的快速成長。在內部不民主的政治制度、缺乏有利可圖的殖民地，以及位處中歐平原為 9 個國家所環繞的地理政治環境等因素的影響下，促成高漲的民族主義情緒的抬頭，並因此而激發它對外侵略的野心，最後終於將德國捲進第一次世界大戰的漩渦及戰敗的災難。

二、威瑪共和 (1919-1933)

德國戰敗後，德皇凱撒退位，由各界代表集會威瑪，於 1919 年公佈民主憲法，建立威瑪共和，實施議會民主。但是威瑪共和最多只是一個程序性的民主 (Procedural democracy)，除了它定期舉行選舉，並且涵蓋極左到極右的多黨制之外，政府一直受到極端政黨的包圍，無法有效地治理德國。另外，憲政制度上也存在許多結構上的缺陷，使政府更不易維持穩定。第一，總理無法控制國會多數，又隨時有可能為民選的總統所解職。第二，採用政黨比例代表制的選舉制度，既造成兩極的多黨制，也產生反體制政黨 (anti-system party)。第三，沒有足夠的政黨和社會力量，來作為支持民主的中流砥柱。

制度上的缺陷、戰債的沉重負擔、凡爾賽和約的殘酷規定，以及經濟

的蕭條……等等，都使德國人民對共和政體缺乏信心和好感。街頭無休止的暴亂使極右翼勢力的影響力大增。在政治及經濟的雙重危機下，民主的正當性無法建立，最後終於提供希特勒崛起的機會，使德國第一次的民主轉型完全失敗。

三、第三帝國 (1933-1945)

希特勒取得政權後，首先建立他對社會的控制，先是有計畫地禁止政黨，然後將民間團體如俱樂部，鄰居組織及教會置於納粹的控制之下。最後是掌控宣傳及媒體，使德國不得有民主的反對力量、藉此鞏固中央政府的集權化。整個中央集權化的目的，就是要使納粹鎮壓反對勢力，猶太人及其他非亞利安人的政策，徹底地獲得貫徹，而無任何漏網之魚。對權威的服從、強調種族優越論及軍國主義，是極權政體下所要灌輸的公民美德。這些第三帝國時代的作為，最後轉化成另一波德國民族主義的高潮，發動起接二連三的侵略及併吞戰爭，但也再度將德國推向戰敗的命運。

四、佔領時期 (1945-1949) 及分裂時期 (1949-1990)

戰敗後的德國為同盟四個戰勝國家所分區佔領。但是 1940 年代末期，前蘇聯與西方三強間的冷戰，使德國成為兩個陣營之間的分界點，因此當前蘇聯將它所佔領的地區，成立德意志民主共和國，並納入華沙公約組織，以及西方三國將它們的佔領區轉換成立德意志聯邦共和國的時候，戰後的德國正式進入東德與西德的分裂期。

德意志聯邦共和國（俗稱西德）的民主體制分三個發展期。第一個時期是民主重建期，在艾德諾 (1949-1963) 及歐哈德 (L. Erhard, 1963-1966) 兩位總理領導下，組成基督教民主黨政府。這個時期主要的重任是建立一個新的議會民主體制、一個全面的社會福利制度、在政治上加以規範的市場經濟，以及重建強大的邦政府。

第二個時期是民主鞏固期 (1969-1982)。先是歐哈德於 1966 年被迫

辭職後，新任的基督教民主黨政府，於 1969 年的國會大選中為反對黨社
會民主黨所擊敗，出現了第一次的政黨輪替，也開啟社民黨 13 年的統治
期。這期間有兩位強勢的總理，布蘭德 (Willy Brandt, 1969-1974) 以及施
密特 (Helmut Schmidt, 1974-1982)。布蘭德在位期間推動東進政策，力
圖改善與當時蘇聯集團的關係，並開啟兩德之間的交流新頁。

　　第三個時期是柯爾所領導的基督教民主黨政府，其最重要的成就，是
推動歐洲整合以及在 1990 年完成德國再統一。為了政治發展期區分上的
方便，一般人將統一前的德意志聯邦共和國稱為波昂共和 (Bonn
Republic)，統一後因為還都柏林，因此稱為柏林共和 (Berlin Republic)。

表 15-1　德國歷史重要的發展階段

1871-1918	統一，第二帝國
1919-1933	威瑪共和
1933-1945	第三帝國
1945-1949	佔領期
1949-1990	分裂成德意志民主共和國（東德）及德意志聯邦共和國（西德，波昂共和）
1990 以後	統一，東德為西德所接收合併，號稱柏林共和

第四節　政治文化的重塑與民主鞏固

　　自由民主體制於 1949 年在西德重建，是納粹極權政體無條件投降之
後，強制接受及設計的結果。在同盟國三強的監督下起草基本法的時候，
採取的是一種防衛性的設計，以阻止極權政體的復活為主要重點，並藉著
政治性輸入的限制，特別是不准有公民投票的設計，來維持新建政治制度
的穩定。其次，威瑪共和所遭遇到的現實經驗，使新的政治菁英體會到憲
法的良好設計，只是鞏固民主的必要而非充要條件。經濟的繁榮以及普遍

的輸出正當性，才是鞏固及維持民主的必要因素。因為正面的政策輸出，影響到政治體系的正當性，並且即使在經濟成長衰退，以及對特殊制度的信賴出現間歇性降低的時候，對一般性的體系支持，仍得以持續。第三，就如同韋伯 (Max Weber) 所言，一個政治體系的正當性，是奠基於政治菁英及大眾的主觀信念和接受度上。有如生活中的文化結構一樣，真正賦與制度生命的，是一致的信念跟行為❶。

以上前兩點的認知充分反映了西德成立之初，所具有的「防禦性民主」(defensive democracy) 的強烈色彩，希望經由制度的穩定，達到經濟繁榮的效果，及有助於民主鞏固。這部份將在德國相關各章節中予以討論。但是第三點有關政治菁英及大眾的政治態度及政治行為中，所反映出來的對政治體系的認同程度和接受度，卻跟政治文化的重塑有關，這是本節分析的重點。

一、西德菁英對民主制度的共識

威瑪共和失敗的重要原因，乃在於它從一開始就無法取得菁英對民主制度的支持。當時雖然有一些政黨菁英努力要維持民主政體的穩定，但是卻有更多的極翼政黨，以推翻民主為快。有了這個經驗，西德在成立之初，對於新的政治菁英的拔擢，採取務實但又謹慎的步驟來處理。

首先，在納粹戰敗後，同盟國當局開始進行一種去納粹化 (denazification, 1946-1948) 的人為革命，將 12 年納粹時期的黨政高層交付審判❷。但是為了填補執政人才的真空，除了徵召威瑪共和時代倖存的政治領袖，如第一任總理艾德諾以外，先前在納粹體制中任過職，但並

---

❶ David S. Jones and T. K. K. Iyer, "The Nature of Political Conventions in a Written Constitutional Order: A Cross-National Empirical Study," *Governance*, 1989, 2: 405-424.

❷ John H. Herz, "The Fiasco of Denazification in Germany," *Political Science Quarterly*, 1948, 63: 569-594.

未參與執行重大罪刑的中層幹部，以及負責納粹計畫經濟及國家文官體系
中的文官，都紛紛被拔擢到新政府任職。因此聯邦共和國事實上是由一批
既非對極權政體抱持強烈支持態度，也非持續執著於反對立場的人士所組
成的聯合菁英 (coalition elites) 來執掌政權，其保守，威權或意識形態的
色彩並不濃厚❸。但是這批包括政治、經濟及行政等三類菁英的人士卻正
是維持穩定，並促成經濟發展的重要支柱。

　　另方面，美國佔領當局和西德政府從 1950 年代起，持續不斷進行改
造菁英運動，建立起新的菁英取向。所有納粹和極翼政黨都為聯邦憲法法
庭下令解散，使所有的領導階層都別無選擇地支持民主的政治秩序，也必
須接受並效忠於共同的政治規範，以及聯邦共和國的政治制度❹。這種支
持和效忠同樣反映在 1969 年的政府變遷中。在那一年基民黨政府 20 年
的統治，為布蘭德、施密特所取代，以及 1982 年轉向柯爾。研究指出❺，
各部門的文官體系基本上都願意適應變遷的政治領導。一般而言，到 1970
年代，民主的多元價值已經內化成為政治及行政菁英的信念；在 1987 年，
這種情形仍維持不變。菁英的學習過程以及世代繼承下的價值傳承，明顯
地是西德民主鞏固的重要因素之一。

二、西德群眾政治態度的轉變

　　歷經第二帝國的威權統治，威瑪共和的動亂，以及納粹極權體制下的
恐怖陰影，聯邦共和國成立之初，人民不只對政治敬畏三分，而且在 1947

---

❸　Lewis J. Edinger, "Post-totalitarian Leadership: Elites in the German Federal Republic," *American Political Science Review*, 1960, 54: 58-82.

❹　John Gimbel, "American Military Government and the Education of a New German Leadership," *Public Opinion Quarterly*, 1968, 83: 248-267.

❺　Hans-Ulrich Derlien, "Continuity and Change in the West German Federal Executive, 1949-1984," *European Journal of Political Research*, 1988, 18: 349-372.

年 8 月，有高達 55% 的民眾認為納粹主義不失為好的理念，只是沒有執行好而已 ❻。俾斯麥被視為德國歷史上最重要的人物，視希特勒為德國成就最高的人士之一。這種權威態度的傾向，對西德民主的發展，自是一大阻力。為了替國民灌輸新的價值觀，並培育一套與民主理念相符的政治態度，西德政府進行一項大規模的政治工程，對人民予以再教育。學校、媒體以及政治團體都被動員，參與這項努力。

這項努力從 1950 年代開始，逐漸得到具體的效果。對政治不再視為畏途，興趣逐漸昇高，到 1973 年達到 49% 的高峰。另方面，對多元政治及代議政治的支持，也告增加。到 1960 年代，西德的民主政治文化已經紮實地建立起來；來到 1970 年代的時候，德國人民已不受恐怖主義的威脅，以及受週期性的經濟問題的困擾，而影響到他們對民主體制的支持 ❼。

三、德國統一後的政治文化

德國的經驗顯示，從極權政體轉型之後，非制度性的因素對民主政治的鞏固至為重要。如同第三波民主化的經驗所顯示，德國的民主鞏固相當程度得力於經濟的成長。由於經濟的成功，長期下來人民對制度的信賴增加，自有助於對民主制度的成長，甚至當西德經濟在 1970 年代末期開始衰退的時候，亦無損於人民對民主的信心。因此，從十九世紀末開始，經歷兩次世界大戰，德國終於跨越了一條特別的歷史道路，防止了威權及極權的再起，促進了經濟繁榮，並維持法律與民主的秩序。

但是在 1990 年 10 月 2 日晚上，國歌及國旗正式在柏林升起，象徵著

❻　Anna Merritt and Richard L. Merritt, *Public Opinion in Occupied Germany: The OMGUIS Surveys, 1945-1949* (Urbana: University of Illinois Press, 1970).

❼　有關德國政治文化重塑的深入討論及具體數字，可參見 Russell J. Dalton, "Politics in Germany," in Gabriel A. Almond et al. eds., *European Politics Today* (New York: Longman, 1999), pp. 214-220.

德國的統一，一個分裂 45 年後又再度成為一個完整的民族國家。統一的夢想一旦完成，德國人立刻發現快樂的情緒被現實的困難所取代。世人都知道，要在原先的獨裁政權中建立起民主政體，是一個巨大的工程。德國聯邦共和國需要重新面對一個反民主及威權的社會及政治，這使得統一後的新政治文化顯得特別重要。它還必須追求快速的經濟復甦，使德國能夠重建城市及住宅，特別是整合將近 1500 萬名流入新社會的難民。

　　另一個新政治文化的重要要素是反對共產主義。由於冷戰的結束，反對共產主義及極權主義成為新民主制度的重要力量。新政治文化之重要性尤為重要，因為它的培育及影響力都在數代後才能看出其結果。聯邦共和國跟東德間的衝突結果所出現的是對開放性及自由社會不利的政治氣氛。毫無疑問地，《基本法》是自由及安全的屏障，而聯邦憲法法院則是民間自由的守護神，問題是政治氛圍並未對民間的勇敢發言有任何鼓勵的功能❽。

　　東德自從被聯邦共和國合併以後，工業基礎建設幾乎全部被摧毀，德國政府每年花在德東的重建經費高達數千億馬克。但是德國新政治之培育將倍增其難度，換言之，兩個德國社會不再分裂，但德東及德西仍然存在一種文化上及心理上的隔閡。要想克服這道裂痕，需要一個世代或更多世代才有可能解決❾。這項障礙如果未能早日克服，則德國將難以擺脫「半主權國家」(semisovereignty) 的困境❿。

---

❽　Gert-Joachim, *German Democracy, From Post World War II to the Present Day* (New York: Oxford International Publishers, 2005), pp. 165-172.

❾　Ibid, pp. 174-179.

❿　「半主權國家」一詞為 Peter Katzerstein 所創，是指一個國家不能如其所願而自由行事。參見 Wade Jacoby, "International Transfer: Can Semisovereignty be Transferred? The Political Economy of Eastern Germany," in Simon Green et al., *Governance in Contemporary Genmany, The Semisovereign State Revisitede* (New York: Cambridge University Press, 2005), pp. 21-45.

【第十六章】
德國的利益團體

在有關民主國家利益團體的討論中，英國被視為多元主義的典範，准許各團體相互競逐來影響政府的公共政策，因而有所謂「多元性僵止」的批評，形容利益團體的影響力大到足以阻止任何政府上的創新。法國則在二次大戰結束後，逐漸從經驗教訓中，演變成為一個「新統合主義」的國家，著重政府公共政策的形成過程中，相關團體參與以達成協議的重要性。美國是世界上利益團體活動最為發達的國家，利益團體對政府的遊說，以及對公共政策形成的影響，被視為是政治過程中理所當然的一部份。相較於上述西方三個民主國家，利益團體在德國政治過程中所扮演的關鍵角色，甚至有過之而無不及。雖然有些特殊利益團體是要比其他更具優勢，但是利益團體普遍受到歡迎，且被認為是政治過程中必要的參與機制。相對於許多國家對於利益團體活動的反感，德國利益團體的角色確實大有別於其他國家。

第一，由於歷史傳統中，基爾特 (guilds) 組織的存在以及各邦所扮演的許多自主性的角色，因此德國社會團體事實上一直發揮許多半官方的功能，並且至今一直不衰；政府機關與私人民間團體間的界限，相當模糊。第二，德國向來就是一個重組織的社會，而非一個強調個人主義的國家。因此它的社會團體被視為是國家結構下的連結部份，而非國家的競爭對手。第三，團體間的競爭被視為促進集體共識的必要作為，因此無所謂零和或贏家跟輸家。總而言之，利益團體的性質跟其他國家有別，國家與利益團體間的關係，並非英美多元主義的型態，其新統合主義的色彩亦非法國所能望其項背。

第一節　德國利益團體的淵源及其地位

一、傳統社會團體的歷史淵源

　　無論是利益及社會運動的組織，或是集體認同政治，德國一直都是一個有組織的集合體國家。從主要的經濟生產團體、政黨（真正參與政黨的黨員比率很高），到社會團體都是如此。德國從來就不是一個有強烈個人主義倫理的國家。事實上，德國重視團體的組織及社會的統合，有其悠久的歷史傳統。早在統一之前，各邦就已有著基爾特組織的存在。將各行各業組織起來，一方面扮演對同一行業的管理工作，另方面則由各邦賦與政府跟各行業會員間的溝通角色。俾斯麥統一德國初期，為了維持內部的安定，將這種統合傳統予以維持並擴大，讓工會及商會等社會力量參與國家在政治福利及經濟上的決策，以取得它們的支持。因此國家與社會的密切關係早就存在於十九世紀之前。納粹希特勒採行國家統合主義 (state corporatism) 的結果，使得國家對這些團體給予更大的控制，社會團體傳統上所享有的自主性暫告消失，更遑論參與政府決策。

　　1940 年代末期，強勢中央政府的觀念因為納粹的極端作法，不再被接受，美國更要求有堅強的私有部門。西德政府所面臨的難題是：如果不能有一個堅強的公有（政府）部門的話，那麼又要如何重建社會？最後所找到的答案是，讓那些存在於十九世紀的民間機構，重新出現在現代民主體制的社會中。由於納粹統治德國只有 12 年時間，因此讓傳統的民間組織重新復活，並非一個難題。但是正因為是在現代的民主體制下，所以這些重建的民間團體，等於被賦與新的生命和機能。一方面它們恢復傳統自主性的角色，另方面則因為延續了羅馬及拿破崙的法律傳統，所以這些民間團體特別被准許在明確的一般性架構下，執行公共的職務。德國的公法明白規定，在國家的要求或一般的監督下，社會部門的代表得被賦與「獨立治

理」的角色。換言之，在其他國家被視為單純的利益團體，但在德國卻是跟某些政府機關相結合，來填補聯邦共和國的「輔助性公共機關」(Para-public) 的角色。因此利益團體被視為社會結構的一部份，形同永久性的制度。

二、聯邦政府中利益團體的地位

在德國利益團體與政府官員間的關係，要比其他民主先進國家更為直接，也更為正式。社會團體的代表出現在各部門的顧問委員會，機關內的諮詢委員會，區域性的計劃委員會，公共廣播電臺，以及政黨的國會研究小組……等各種論壇。另外，聯邦部門官員還會定期地與工業界，銀行業，農業，以及勞工的代表，針對全國性經濟政策的協調，舉行閉門會談。除外，半官方的工會及專業性要求強制性入會的團體，也是另一類對公共政策有直接影響的利益團體。

德國的憲法理論除了視政黨為國家與社會間的重要連繫，並認為它可以提供有效的多數統治。事實上，公共政策也的確是政黨與想要獲得政府某些好處的利益團體間，複雜的互動而得到的結果。這種政黨與利益團體間的互動是德國政治穩定的重要因素。這種互動是美國所不及的，因為利益團體的訴求，經常是由它們所指派的專業人員，直接參與聯邦及國會政黨（即黨團）的運作。例如企業、宗教、農業，以及難民組織的代表們，很明顯地就是基督教民主黨／基督教社會黨的國會議員；工會官員則在社會民主黨各階層的黨組織裡，擔任領導職務，跟工會、企業組織，以及其他團體有關的國會議員，實際上控制國會相關委員會委員的職位，如勞工、社會政策、食物、農業及森林。因此德國的國會委員會在立法過程中的地位，雖然跟美國一樣的重要，但它卻是一個建立共識 (consensus building) 的階段，而非你贏我負，全得全失的競爭舞臺。談論誰是贏家或輸家，會完全誤解利益團體透過時間作漸進改變的能力，以及其主要扮演折衷調和，並削減中央政府影響力的角色❶，也忽視國家與社會關係的本質。

　　這種公私兩種制度在委員會中交相互動的現象，有若公司的董事會一般，為卡珍斯坦 (Peter Katzenstein) 形容為「半主權國家」❷。卡珍斯坦認為，德國跟美國不一樣。美國公私權威界限分明，德國則將其主權跟有力量及影響力的私領域分享。在這種思維下，大選的結果，贏家並不能以選民的付託為理由來改變政策。經由磋商達成共識政治 (consensus politics) 才是德國所崇奉的規範，而此等規範是透過地方分權（聯邦主義）政府跟高度中央集權的私部門利益團體，以經常性的正式合作關係而獲致。因此「德國政治所突顯的特徵」，是「漸進的而非大規模的政策變遷」❸。這種現實政治的現象，會有助於我們瞭解戰後西德政治穩定，以及勞資糾紛（訴諸於罷工或其他的抗爭行動），相較於英國要少很多的原因。因為在政策的訴求上受到挫折的人民，相信政府並不會作快速的變遷，使他們的利益會受到損害。假以時日，還是有機會達到他們所欲爭取的政策目標。

第二節　德國新統合主義的運作

　　雖然利益團體的地位得到保障，針對廣泛的經濟及非經濟議題，而引發的罷工及示威，還是會發生。跟其他西方國家不同的是，這種情形並不被看成是制度失敗的象徵，反而應被視為成功的證明。大家習以為常的看法總認為，政治制度是固定的結構，以防止和（或）鎮壓異議或爭議為主。這種看法拿到德國來驗證，不只消極而且錯誤。因為德國的國家機器，就如同卡珍斯坦所言，「並非是一個行為者，而是一系列的關係」，而且此等關係是在「輔助性的公部門制度」(Para-public institutions) 中被凝聚在一起❹。因此政治團體雖然會造成社會及政治的抗議活動，但是同樣會作調

---

❶　Peter Katzenstein, *Policy and Politics in West Germany: The Growth of a Semi-sovereign State* (Philadelphia: Temple University Press, 1987).

❷　Ibid., p. 10.

❸　Ibid., p. 362.

適，而將此等行動加以疏導，使其既不致傷害到民主參與，反而會有助於其代表功能的發抒。只有用這種更正面的方式，來分析此等衝突的發生，才會增加國家存在的正當性❺。這些輔助性的公部門包括許多不同的組織，其中最重要的有聯邦銀行、共決性制度、勞工法庭、社會保險基金，以及就業服務處。利益團體和輔助性的公部門都透過多重及小規模的統合性制度，來限制社會衝突。

因此利益團體和政府關係之密切顯而易見。社會團體有若一道防火牆，扮演政府與人民中介的角色，避免任何政府的疏忽，會給人民帶來直接的傷害，也可以使政府不會因受到人民立即的反彈，而形成難堪的窘境。相對的，社會各相關力量則受到政府的信賴，賦與一定的公權力職掌。醫生、律師，以及其他自營的專業人士，是經由立法所組成的專業團體，並且因為它們的專業背景，而取得政府的授權，去執行專業的行為規則。這些團體在履行它們的社會責任之餘，也就具備半公共團體的身份。

除此之外，利益團體還正式加入政策形成的過程。法律明文規定，政府官員在制定新的政策，而可能影響某些團體的利益時，必須跟這些團體進行接觸。經由這些磋商，可以使政府能夠從利益團體的專長上取得借鏡，增進政策的品質。另外還有法律規定讓利益團體參與正式的顧問委員會，幫助公共業務的管理。

在某些情況下，利益團體活動的型態已經接近治理的層面。例如在1970年代中葉，政府、企業，以及勞工的高層代表在定期的會議中晤面，希望透過「和諧的行動」(concerted action)，來討論經濟議題。這三個部門的官員試圖達成增加工資和物價的協議，並談判有關政府的經濟政策。參與這些談判的人接著就要執行所達成的協議，有時還得到來自政府的支

---

❹　Ibid.

❺　Sten Steinmo et al. eds., *Structuring Politics: The New Institutionalism in Comparative Perspective* (New York: Cambridge University Press, 1992).

持和鼓勵。

　　這種政府與利益團體間合作的普遍型態，就是通稱的新統合主義❻。社會利益先由緊密結合的階層性團體加以整合，然後再直接參與政策形成的過程。在相關團體的討論和談判中，達成了政策決定的協議後，接著就是透過政府來執行。這種政策制定的過程下所達成的經濟政策，事實上具有兩項要素。第一，新統合主義是一種體系，而非只是許多公司或不同政策的集合而已。在這種體系下，企業、勞工，以及政府，從過程一開始，就一起工作，並得到跟國家、區域、邦及地方議題有關的政策解決方案的共識。德國人所一直談的是「社會」（而非自由）市場經濟；因為他們有根深蒂固的信念，認為企業必須盡到責任，俾為經濟以及間接地為社會提供穩定的秩序。

　　這種新統合的模式使利益團體在政策過程中的角色固定下來。政府會認為當它們跟這些團體磋商的時候，實際上是針對大眾的要求作回應，而利益團體的成員則依賴團體來代表他們的觀點。因此重要利益團體的領袖，是政策過程中重要的行為者。新統合主義也可以減少政治衝突，這意味著統合主義的國家，在罷工的規模及政治紛爭上的程度，都會較有節制。

　　新統合主義下的另一項好處，是使政府的效率更好，參與的利益團體可以在沒有公開辯論及黨派衝突的壓力下，進行政策的協商。由於決策是在團體協商中或顧問委員會中達成，也就是由利益團體直接與政府機關互動，經由民主選舉產生的代議機關——州政府及聯邦眾議院——自然就被排除在外。因此當利益團體集中它們的精神，來直接跟政府機關打交道的時候，選舉政治的角色，反而就不那麼明顯。

---

❻　Claus Offe, "The Attribution of Political Status to Interest Groups," in Suzanne Berger, ed., *Organizing Interests in Western Europe* (New York: Cambridge University Press, 1981), pp. 123-158; Volker Berghahn and Detlev Karsten, *Industrial Relations in West Germany* (Oxford and New York: Berg Co., 1989).

　　最後，德國企業、勞工及政府都支持廣泛的架構規範的結果，所產生的制度是外表上僵化（因為公司和企業的進出都不容易），但內在卻充滿彈性（因為大型的公司和機構常極富彈性，使它們得以適應應用科技，而製造出專業性的產品）。總之，**這種體系只作規範，而非細節，但是所有的行為者卻必須遵守一般的競賽規則。**

　　有人會批評這種統合模式太過累贅也太無彈性。但是德國人卻認為它可以在重要的政策方向上促成協議，避免造成社會動亂失序。一旦所有主要的參與者非正式地達成了協議，接下來推動立法就會容易得多。由於德國國會也努力將重要的利益團體納入它的立法過程中，因此這種模式要比英國那種強調自由競爭的多元主義，少一份衝突的傾向。但是在最近幾年來因為統一的議題，卻使這種共識制度，遭遇到重大挑戰。其中最難解開的議題，是非經濟性議題中的政治庇護，種族暴亂，以及重要公眾人物的醜聞，所造成聲譽上的傷害及大眾信賴感的降低。

第三節　德國主要的利益團體

一、德國利益團體的功能

　　僱主團體及工會是德國社會中最為重要的利益團體。其他影響力較少的團體包括基督教及天主教會、農民協會、技師協會、聯邦醫師公會等等。這些團體都已經全面被整合到各種不同的輔助性的公家機構內，以便執行許多在其他國家是由政府機關所執行的社會功能。這些組織必須經由在政策執行中的角色，而承擔起一定程度的社會責任。因此它們跟其他國家「自私性的利益團體」所進行的不顧後果的競爭❼，事實上是不同的。

　　例如，教會經由國家向身為基督或天主教會的人民，徵收教會稅。所

---

❼　Kathleen Thelen, *Union in Parts: Labor Politics in Post-war Germany* (Ithaca, NY: Cornell University Press, 1991).

得的稅收讓教會有一筆穩定的收入，使它們在正常的教會功能之外，還能在社會福利的提供，以及對外籍勞工的幫助上，扮演主要的角色。農民協會一直就是自由民主黨及基督教民主黨／基督教社會黨重要的支持者，幾十年來一直強力地影響農業政策。它同時強烈地抗拒歐洲聯盟試圖在它整體的農業政策中，降低共同市場對歐洲農民所作的直接輔助。技師協會是德國商會的主要成員，所有的德國公司都必須加入後者。聯邦醫師公會則對社會及醫療保險（意即社會安全及一般的福利）的立法及執行，都參與審慎的規劃。

這些利益團體及輔助性的公家機關，都經由多重小型的統合制度，試圖限制社會的衝突。它們所承擔的責任，跟歐洲其他工業國家如瑞典及法國是一樣的。它們必須表達組織成員所關懷的事務，化解衝突，並且推薦甚或執行公共政策。如果這項制度失效，或衝突存而未解，則此團體的有效性就會受到質疑，社會某些人就可能沒有團體可以代表他們。因此任何利益團體及制度稍有不彰，就會導致一系列的社會運動出現；就如 1960 年代及 1970 年代，在有關大學的改革、工資的談判，以及外交政策上，所引發的後遺症一樣。1980 年代及 1990 年代，綠黨得以生存就是一個明顯的例證，說明當既存的制度不能針對某些爭執的議題進行調解並加以解決的時候，一些社會運動就會趁機而起。

但是由於德國嚴密的社會組織，體制外的參與及抗議並不多。從 1960 年代末期的學生動員開始，德國出現了政治及社會代表建制管道外的社會力量動員。其中最重要的社會力量包括女性運動、和平運動以及反核運動。這三個團體都以不同的方式，挑戰德國政治的基本規範，也說明既存的制度結構無法對這些團體所代表的訴求和議題作回應的事實。此等挑戰包括 1970 年代對限制性的墮胎法的反對，1980 年代示威反對在德國本土駐紮核子彈頭，以及從 1970 年代起針對核能發電廠，作定期的抗議。

從 1990 年代起，來自左派的抗議要比右派的為少。非法的新納粹一再作種族歧視的攻擊。值得注意的是，這些右派邊緣團體的攻擊，遭遇到

人民在各大城市所發起的自發性和平示威的抗議，每次從 20 萬到 50 萬人不等。這種反應說明，作為積極的民主表達的一部份，社會抗議在面對來自右派的新威脅，已經趨於成熟。畢竟維持一個民主參與的體系，以包容體制外的團體和特殊的組織性政治制度，其目的是要強化而非摧毀民主。德國如此，其他國家亦復如此！

二、主要的利益團體

㈠企業團體

德國有三大企業組織，代表商業及工業利益，包容 90% 的僱主。德國工業聯合會共結合 35 個工業團體。它所擁有的財力、專業能力、高效率的幕僚，以及跟聯邦政府間的密切關係，使它成為最有效的遊說團體之一。德國僱主聯盟 (the Federation of German Employers) 則由 54 家商會及 14 個代表 1,000 個邦區域性團體組織而成。它擁有自己的一群經濟專家，負責進行集體談判的交涉。德國貿易及商業總會 (the German Chamber of Trade and Commerce) 則代表 82 個商會的利益。以上三大團體一直都是基督教民主黨重要的政治捐獻者。但是德國僱主聯盟為了保護它在社會民主黨與自由民主黨聯合政府下的利益，也對自由民主黨作政治獻金。

㈡勞工團體

德國勞工運動組織相當嚴密❽。有一半以上的勞工參與工會。德國工業聯合會 (the German Federation of Trade Unions) 是 17 個個別工會的最高組織，將金屬、建築、化學工業及郵政系統，全部納入成一個單一的組織結構。1990 年後東部的工人也加入成為新會員。雖然跟社會民主黨沒

---

❽　Arnold J. Heidenheimer, *Comparative Public Policy: The Politics of Social Choice in America, Europe and Japan*, 3rd ed. New York: St. Martin's Press, 1990.

有正式制度上的聯繫，工業聯合會跟它的關係卻很密切。大部份社民黨的眾議員是聯合會的會員；聯合會也是大選時社民黨主要的支持力量。

　　雖然彼此利益不同，企業與工會卻能彼此相互合作。德國的經濟奇蹟就是得力於雙方都將經濟成長擺在優先。因此罷工或怠工所損失的工時，遠比大部份其他西歐國家為少。

㈢教　會

　　跟美國的政教分離不同，德國的國家與教會關係非常密切。政府代收的教會稅是教會重要的財源。除外，在德國正式的利益代表制度下，教會也直接地參與治理。例如教會的代表經常性地出席跟教育、社會服務以及家庭事務方面的政府計劃委員會，以及公共廣電的監督機構。

　　天主教組織嚴密，資源豐富，經常在政策上發揮重大影響力；在政治上則支持保守派政黨。基督教是路德教會所組成的鬆散團體，比較偏向於社會民主黨。

【第十七章】
德國的選舉制度

德國可能是西方民主國家中，最先瞭解到選舉制度與民主穩定重要性的國家。威瑪共和紛擾不安的政局，以及中間溫和政黨在左右兩翼的極端政黨夾殺之下，始終無法抬頭，成為民主政治的中流砥柱，這種經驗使得戰後的德國深切瞭解到選舉制度與政黨制度二者之間所存在的因果關係。因此在設計選舉制度的時候,西德基本法的起草者事實上存在著兩種想法。一方面基於它過去的傳統，以及像許多歐洲國家一樣，受到比例代表制所呈現的公平精神的吸引。這種制度是依照政黨所獲得的選票百分比，來分配各政黨在國會中的席次。它既可以讓政治光譜線上的每種利益都獲得代表的機會，又具有公平及保障小黨的優點。但是另方面，制憲者仍然對威瑪共和的記憶猶新，注意到政黨比例代表制下必然出現的多黨制，所可能帶來的政治後果。基於這兩方面的考量，德國成為世界上第一個採用混合選舉制度的國家，希望能夠帶來正面的助益，而卻不致有負面的影響。

第一節　混合兩票制的意義及其內涵

一、混合兩票制的背景

在說明混合兩票制 (hybrid electoral system) 的意義之前，先看看西德制憲者心目中對選舉制度的要求是什麼？第一，他們希望有選舉的公平性，但是卻不希望以分裂的政黨制為代價。第二，他們要避免人的代表性 (depersonalized representation) 被剝奪，使選民和選出的代表之間，缺少任何聯繫。第三，防止極端，反民主的政黨，壯大成為主要的政治勢力。仔細一看，可以發現這些要求事實上都是針對原型的政黨比例代表制的缺

點，所作的設想。因為比例代表制的優點確實是在於它的公平價值，但是分裂的多黨制，卻免不了會促成極端、反體制政黨勢力的出現。同時在政黨比例代表制下，每一個選區必然會產生數名國會議員，但是這些國會議員卻又並非代表選民，而是代表提名他們的政黨。因此任何一個議員對他（她）所出身的選區，不需要有任何特別的責任。這些議員所需要做的，就是讓有提名權的地方黨領袖高興，這樣就可以保證他們會被放在黨所提名的選區名單中的前面，保證他們會被選上。總而言之，政黨比例代表制下的國會議員，缺少回應選民意願的重要動機。

針對原型的政黨比例代表制的缺失，西德議會內閣制之下所設計的混合兩票制，是英美傳統上所採用的單一選舉區相對多數決，與歐洲傳統上所偏好的政黨比例代表制，這兩種選舉制度相連結之下，所產生的一種選舉制度。這兩種制度不尋常的結合，事實上是由英美所偏好的單一選舉區與德國傳統上的多黨制，二者之間的一種妥協。因為單一選舉區容易造成兩黨制，但是德國所要的卻是讓各個主要政黨，而非只有兩大黨，都能產生代表。

二、混合兩票制的意義

這兩種選舉制度的結合，等於把兩大選舉制度中的缺點互相作了彌補。如果說政黨比例代表制的優點在於它反映出來的公平性，那麼它的缺點就是上面所提到的多黨制，所必須犧牲的政府穩定性及效率 (efficiency)，以及議員缺少回應選民的必要動機。相對的，單一選舉區的優點——產生兩黨制，以及有助於政府的穩定和效率，卻正是政黨比例代表制所要避免的缺失。另外，單一選舉區下最受垢病的缺少公平價值及保護小黨的功能，卻正好從政黨比例代表制上獲得平衡。因此基本法的制定者認為兩種選舉制度功能互補的結果，將可以創造出一個既能免除政黨比例代表制的缺陷，又可消弭單一選舉區公平性不足的弊病，更可集合兩種制度優點於一身的政治環境。任何一種制度都不可能完美無缺，但是德國實施混合兩票制所

得到的成效，大致可以肯定。從 1980 年代中葉之後，混合兩票制以不同的面貌，為民主國家所採用，足證德國在選舉制度上的創意，有其吸引人之處。

　　德國的混合兩票制又被稱為人格化的比例代表制 (Personalized Proportional representation)。這種制度要求每一個選民在投票時要投兩張選票：第一張投給政黨在選區內所提名的候選人（通常是政黨提名，但不必然是）；第二張則投給各政黨所提名的一份候選人名單，而這份名單是按照優先次序排列，決定候選人當選機會的大小。這種制度讓選民一票選候選人，另一票圈選他（她）所中意的政黨，因此具有將政黨所提的候選人名單人格化 (personalized) 的效果。分配給政黨的國會議員席次，是由第二張票來決定；也就是說，依政黨在全國所得的有效票數，佔全部有效票的百分比，作為分配的依據，同時也適用於各邦。因此各政黨所獲得席次的百分比，跟每一個政黨所獲得的選票百分比，相當地一致。例如，當某一個政黨的候選人，在單一選區中贏得了一個席次，那麼該黨在政黨比例代表制中就少了一席。實際上大部份單一選舉區的席次，因為是贏者通吃的關係，通常都是由基督教民主黨及社會民主黨兩大政黨所獲得；小黨的席次大部份是經由政黨比例代表制中取得的。

　　因為德國選民必須要投兩票，因此眾議院的議員有一半的名額，是由各邦的政黨名單中（代表整個邦）產生，而另一半則是依單一選舉區相對多數決選出。因此德國的制度既不像純採用比例代表制的國家，也跟只採單一選舉區的英美兩國有所不同。譬如說，德國因為是多黨制，所以當選的單一選區候選人，通常只能以相對多數獲勝；但在美國，則獲勝的候選人總能以絕對多數勝出（英國的情形跟德國類似）。除了這點不同之外，另外就是英美兩國眾議院議員，都是經由單一選舉區選舉產生；德國則是兩種選舉制度各選出二分之一的國會議員。

　　為了方便瞭解，在此以 1983 年的選舉結果作說明。基督教民主黨／基督教社會黨在單一選舉區中贏得 180 個席次，在比例代表制中則獲得

48.8% 的選票（即第二票）；社會民主黨贏得 68 個選區，在第二票中獲得
38.2%；自由民主黨及綠黨則在第二票中分別取得 7.0% 及 5.6%，但沒有贏
得任何單一選區。按照德國所採用的計算公式，基民黨／基社黨在比例代
表制中，本來應分配到 244 席，但是因為它在單一選舉區中已取得 180
席，所以它實際所能分配到的席次是 244-180=64，然後由 180+64=244，
這才是它在眾議院的總席次。這種以比例代表制為主的算法，既可以壓抑
英美單一選舉區的制度下，大黨所常出現的過度代表的弊病，也可以使小
黨更有機會在比例代表制中贏得席位。社民黨在單一選舉區贏到 68 席後，
另外在比例代表制中分配到 125 席，總共是 193 個國會席次。自由民主黨
及綠黨則分別在第二票中取得 34 席及 27 席。

　　從上述說明中，引出了一個假設性的問題，就是如果某個大黨在單一
選舉區中所贏得的席次，超過它在比例代表制某一邦中所應得的席次，那
怎麼辦？這種情形很不尋常，但是卻偶然會發生。答案是，選民用選票選
出的當選人，沒有人有權加以剝奪。因此該大黨就可以保留它所多出來的
席次。例如依上述例子，假設基民黨在各邦單一選舉區贏得的總席次，是
245 席而非 180 席，那麼它在眾議院的總席次就是 245 席，而非 244 席。
也就是因為這個因素，所以德國眾議院的席次，每一屆都可能稍有不同。

三、門檻限制條款

　　德國憲政制度之所以成功，並能促進民主鞏固，原因在於它在制度設
計上考慮非常周詳，幾乎每一個小的環節都受到注意，並加以處理。例如
原型的比例代表制會造成多黨制，這是西德制憲者所吸取的一項歷史教訓。
既然基於歷史傳統，仍然決定繼續採用，那麼為了減少它的後遺症，就勢
必要對這個制度稍作修改。就是基於此項考量，因而有了 5% 門檻限制的
條款。這個條款要求任何政黨必須在全國贏得至少 5% 的選票（或在三個
單一選舉區中獲勝），才能取得在政黨比例代表制（第二票）中參與分配議
席的資格。這個門檻規定，主要是為了阻止類似威瑪共和時期小型極端政

黨的出現。實際上，5% 的條款也的確使許多小黨無法進入眾議院，大有助於政黨制度的鞏固。

這項條款本應適用於全德，但是 1990 年德國再統一之後，舉行第一次全德大選時，卻出現唯一的一次例外。東德人口只有西德的四分之一，如果把 5% 的門檻限制也適用原東德境內的政黨的話，所有的德東政黨勢必無法在新的聯邦眾議院內取得代表權。因此這些政黨反對這項條款的適用性，認為是一個不公平的規定，因此於同年 9 月向聯邦憲法法庭提起訴訟。憲法法庭的判決確認了該項條款違背平等的原則，並宣佈為違憲。眾議院被迫在兩個星期內修改法律，將統一後的德國分成為兩個選舉地區，使德東的政黨只要在原東德境內取得 5% 的選票，就可參與分配議席。這項安排只限於 1990 年的那一次選舉。

第二節　混合兩票制的影響

德國選舉制度的設計主要是針對政黨，因此這套制度對政黨的影響，也就清楚可見。首先，新的制度確實轉換了德國政黨制度的全貌，威瑪德國時代的分裂性多黨型態，為溫和多黨制所取代。單一選舉區本來就有利於大黨，比例代表制中的門檻規定，從 1955 年實施以後，更成功地限制了政黨的數目，不只使激烈性政黨難於生存，也促使政黨競爭的方向往中間溫和地帶移動。得力於這項規定，德國政黨集中的趨勢，要比其他歐洲國家來得明顯。從 1960 年代末期以後，歐洲許多國家由於社會分裂的結果，政黨的數目普遍增加。相對的，德國卻一直維持基民黨、社民黨及自民黨這種兩大一小的政黨制度，一直到 1983 年綠黨突破門檻的限制，才使德國的政黨結構，出現了些微的變化。即使在東德併入西德之後，德國的政黨數目仍未有顯著的增加。

第二，溫和多黨制之下，各政黨之間意識形態色彩不會太濃，有助於政黨凝聚力的增加，並使政黨黨紀容易貫徹，從而促成更穩定政府的出現。

另方面，政黨的團結則使政黨的立場，在 4 年任期內會維持其一致性，使選民能夠確定各政黨在許多議題上所採取的立場，並要求政黨及它們在眾議院內的議員，為他們對各項議題所採取的態度負責。德國選民過去 50 多年來的投票行為，始終沒有出現很大的變化，這點跟政黨立場的一致性有關。

　　第三個影響是促成選民的分裂投票 (split-tick voting)。這一點可以分成兩個層面來分析。首先是候選人（指單一選舉區）的人格魅力對選民投票的影響。由於德國選民可以一票投人，另一票選黨，因此某些選民可能會認為某位候選人特別幹練，因此放棄他們原本對政黨的忠誠，而投票給這位有吸引力的候選人。1952 年美國總統大選時，共和黨提名的候選人艾森豪 (David Eishenhower)，以「我愛艾克」(I like Ike) 的口號吸引了許多民主黨人的向心力，而投票支持他。跟美國選民不一樣的是，德國選民因為有兩張選票，因此並不會遭遇到如何在保持對自己所支持的政黨的忠貞，以及支持另外一個黨所提名的具有吸引力的候選人之間作選擇的難題。因為他們可以在選票的右邊，投給所喜歡的候選人，而將左邊的第二票，投給自己的政黨。德國是以第二票作為決定各黨在眾議院所得席次的依據，所以選民以這種方式來分開投票，並不會幫助反對黨，而只會幫助自己所支持的政黨。

　　分開投票的另一個層面跟政黨的選舉策略有關。德國因為是多黨制，因此基民及社民兩黨通常都無法在眾議院選舉中取得絕對多數的議席，第三黨的自由民主黨自然就成為組織聯合政府的伙伴。但是自民黨也只能在第二票中取得議席，而且必須超越 5% 的門檻。因此對自民黨來說，是為了維持它參加聯合內閣的資格，對社民黨或基民黨而言，則是希望有一個穩定的合作伙伴，所以在選舉時自民黨所採取的選舉策略，是要求選民將第二票投給它，俾使自民黨在國會維持第三黨的地位，來制衡兩大黨。因為有相當比例的基民黨和社民黨選民，認為如果他們所支持的政黨，在眾議院中得到絕對多數席次的話，並非是「好事」，因此這項訴求靠能夠得到

選民的認同。因此德國選民越來越傾向分裂投票，這種傾向反映出德國選民投票行為的「美國化」。但是偏好一大一小的聯合政府，跟英國選民傾向支持一個大黨，來組成政府並向國會負責的態度，卻又有所差異。

分開投票的另一個現象，來自兩大黨選戰策略上的設計。當自民黨在選舉時的支持度節節下降，甚至有泡沫化之危機時，執政黨常會出來呼籲選民，將第二票「借」給自民黨。1976年社民黨的施密特就要求基民黨及自民黨的支持者，將第二票投給自民黨，並且在 1987 年的選舉中重施故技。但是這項訴求的效果如何，不得而知。因為基民黨的選民會不會願意冒著減少基民黨在國會的實力，而反過來幫助社民黨及自民黨，這問題本身就有許多值得思考的餘地。

最後一點是對投票率的影響。雖然每一個邦在單一選舉區中的席次，在選舉前就已經決定，並且這些席次也只佔眾議院總席次的一半，但是每一個邦所選出的政黨比例代表制下的議員席次，卻是根據各黨在各邦中所獲得的票數，佔全國政黨總票數的百分比來決定。因此各邦依據第二張選票所選出的議員總數，有可能比單一選舉區所選出的議員人數多，也可能少。換言之，各邦的代表名額的多寡，要看邦的投票率是否明顯地高於眾議院選舉中的投票率而定。

第三節　競選資金之補助與競選活動

一、候選人之提名

國會議員候選人由政黨提名，爭取單選區提名的候選人，是直接由區域內的黨員，或由黨代表大會選舉產生。邦的比例代表制名單，則由邦的提名委員會遴選產生，全國性的政黨領袖影響力不大。但是代表制的名單卻讓高層政黨領袖，有了一個安全的出路，因為有三分之二的基民黨及社民黨在單選區的候選人，同樣也出現在各邦的代表制名單上。這就保證他

們的政治生涯，不會因為意外落選而中斷。

比較特別的是，德國不舉行補選或期中選舉。但議員逝世時，不論他（她）是單選區或代表制名單出身，其空缺都由黨的名單來填補。還有候選人並不一定要住在選區，但是多數候選人還是出身於選區內。

二、競選資金

比之於英國及法國的標準，德國競選期間相當長，達 2 到 3 個月。因為選舉通常是每 4 年舉行一次，所以選舉日期可以預先設定。但是競選活動所花的經費及競選技巧，有逐漸向美國看齊的趨勢。選舉不只花費高昂，而且競選顧問公司大行其道。1972 年的國會選舉中，主要政黨的經費支出，就已經達到 9,000 萬美金。因此競選資金的籌措變得很重要。

德國稅法原本准許納稅人從他們所捐的政治獻金，來抵銷他們的納稅金額，但是聯邦憲法法庭判決此法違憲後，各政黨的收入大為減少。為了要強化政黨的財務情況，又制定法律，由政府對政黨作補貼。聯邦政府及邦政府都提供各政黨一筆基金。但是 1966 年憲法法庭又將這筆基金給削減，認為政府只能對政黨「在合理的競選活動中的必要支出」給予補助，並且政府的補助還要擴大到那些沒有國會議員的政黨。這項決定對主要政黨是一大打擊。

針對憲法法庭的判決，1967 年國會通過了政黨法。該法規定，凡是在選舉時取得 2.5% 或更高選票的政黨，每一票將得到補助。但是憲法法庭並不滿意，它判決只要政黨獲得 0.5% 的選票，就應該獲得補助。新納粹就因為這個判決，而在 1969 年得到政府 40 萬美金的補助。

因此目前的情形是，任何政黨在任何邦選區的政黨名單的選舉中，得到 0.5% 的選票，就可以得到公家補貼。至於獨立候選人，主要在單一選區的選舉中得到 10% 的選票，就可以得到補助。政府對每一張選票補助 5 個馬克（等於美金 3 元）。每一個政黨所獲的補助金，跟它在政黨比例代表制中所得的比例相當。這筆錢相當可觀，例如 1987 年社會民主黨所獲的票

數，使它得到 4,000 萬美金的補助。甚至連新納粹黨，即使所獲得的選票相當有限，仍獲得 60 萬美金的補助。政黨甚至可以在選舉的 2 年前向政府預支款項。不管政黨在選舉中有沒有花那麼多錢，剩下的補助金仍然歸政黨掌控。選舉可以讓各政黨獲得一筆為數不少的利潤。政府對政黨競選活動之補助堪稱昂貴。

由於德國選舉支出可觀，因此有一些政黨領袖常擁有一個私人帳戶，來應付各種開銷。前總理柯爾在 1980 年代的政治獻金問題，到二十一世紀初才被公開，官司也還未了！

【第十八章】
德國的政黨制度

聯邦共和國於 1949 年成立以後，政黨在政治過程中的地位特別重要，因此常有人稱德國的政府為政黨政府，又有人稱德國的政體為「政黨民主」。這些稱呼都反映出二次戰後的德國政黨地位受到保障的事實。基本法中明定政黨存在及競爭的權利，以防止納粹當年禁止政黨的覆轍；此外，又要求所有的政黨必須支持聯邦共和國的憲法秩序及民主原則。政黨只要被認為有傾向納粹的證據，立刻被聯邦憲法委員會宣佈解散。從 1955 年聯邦選舉法規加上 5% 的門檻限制條款之後，所有的政治力量出現集中化的趨勢，在 1957 年的國會選舉中，取得國會席次的政黨大幅度減少，成為基督教民主黨，社會民主黨及自由民主黨兩大一小的局面。從此德國擺脫了威瑪時代，義大利，以及法國第四共和時代分裂多黨制所帶來的政治困境。德國政黨中庸溫和的性格，對憲政及民主體制的認同，政治衝突性質（由意識形態之爭轉為公共政策）之轉換，以及 5% 門檻條款之制定，是德意志聯邦共和國始終維持一大一小的政黨聯合，以及政治維持穩定的最重要因素。因此，德國的主要政黨包括中間偏右的基督教民主黨 (CDU/CSU)，中間偏左的社會民主黨 (SPD) 等政黨，各自擁有堅強而又嚴密的組織，而得以防止任何勢力將德國帶領到極端的方向。自由民主黨 (FDP) 則到 1987 年為止，以關鍵的重要角色，在兩黨之一組閣時，扮演「國王製造者」(the King maker) 的地位。

第一節　德國政黨制度的發展

在帝國及威瑪時代，德國的政黨所強調的是意識形態及原理，各黨都以僵硬、不切實際的政治主張和計劃，來跟其他政治組織作區隔。政黨對

選民所訴求的，不只是政策的選舉，而且是綜合性的政治信念。因此政策跟學說原理被整合在一起，雖然抽象而具理想性，但是對政黨的支持者，卻得到了知識理性上的滿足。此種性質的政黨使政黨制度趨於分裂而狹隘，政黨只能對一小部份的選民尋求支持，很難有任何政黨具有整合性的力量，來取得多數選民的支持。這樣的政黨排他性強，政治因此變成是我們（所支持的都是好的）跟他們（居心不良，有惡心的壞人）之間的鬥爭。結果是政治光譜線從極右到極左的每一個光環上都有代表某種意識形態的政黨。

這樣的一個分裂多黨，所導致的結果不只是政黨彼此間以語不驚人誓不休的激烈方式，將競爭方向推向兩個極端，使理應成為民主穩定力量的中間溫和政黨，乃因此而無法獨力支撐。威瑪德國時期是這種分裂多黨最好的印證。政黨沒有發揮民主國家下集結利益的功能，是這個時期的弊端之一；極右和極左翼的政黨甚至以反對民主秩序，以及推翻民主政體為目標，則更是威瑪政體最後崩潰的主因。政黨制度呈高度分裂及兩極化的結果，使 1928 年的選舉中，共有 40 多個政黨參與角逐，有 15 個政黨贏得國會席次。

西德制定基本法之初，為了避免重蹈歷史的覆轍，對政黨施加種種規範。先是西方三國佔領當局，先從地方而到邦再至聯邦，逐步對那些與納粹沒有關連，並支持民主程序的政黨，發給政黨執照，准予恢復政黨活動。制定基本法後，所有的政黨都必須支持憲法秩序及民主制度。由於這些規定，西德的政治及社會環境已大有別於威瑪時期，選民也已厭倦了往昔的意識形態。因此在 1949 年第一次舉行聯邦國會選舉的時候，雖然有 14 個政黨參與角逐，11 個政黨贏得席位，但是基民黨及社民黨這兩大黨卻獲得 60% 的選票，以及眾議院三分之二的席次。這種結果顯示，政黨制度已經與往昔的多黨型態有所不同。1955 年聯邦選舉法制定 5% 的門檻條款之後，德國的政黨出現集中的趨勢，許多小的政黨逐漸被整合。1957 年的選舉中，基民黨史無前例（事實上也是唯一的一次）獲得過半數的選票

50.2%（英國從 1935 年以後就從沒有一個政黨獲得過半數的選票，而其是許多人所稱許的兩黨制國家）。從 1961 年起，上述兩大政黨再加上自民黨總能囊括 90% 的選票及議席，此後 22 年間也一直是眾議院中僅有的三個政黨。但是從 2002 年起，由於社會及經濟型態的改變，再加上福利政策的削減，選民對兩大政黨的認同降低。因此，兩大黨所獲得的選票不到 70%，其情形與英、法等西歐國家一樣。

　　從德國政黨制度成形的過程中，可以得到三點觀察。第一，政治及社會環境的因素是影響政黨政治的一個重要變數；德國戰後英美佔領當局的政策，和快速成長的經濟奇蹟，使德國人民對溫和務實的政黨有了信心；第二，5% 的門檻條款對德國政黨制度發揮的影響至深且鉅，使各政黨間意識形態的差距縮小，既阻止分裂政黨的出現，避免聯合政府的不穩定，也使政治衝突的本質產生變化。回顧法國第五共和國民議會所採的單一選舉區兩階段投票制，將參與第二輪投票候選人資格的條件，提高為在第一輪投票得票 12.5% 以上，其意義和目的跟德國的門檻限制，有異曲同工之妙；第三，過去 50 年來，德國選民對政黨的支持相當一致和持續（見表 18-1）。這說明在適當的環境下，制度工程中的選舉規則，可以有效地將政治活動導向預先決定的方向。最重要的是，聯邦憲法法規強化了主要政黨的中心角色，而在禁止兩個政黨時，確定「戰鬥性民主」(militant democracy) 的明確意涵。

　　表 18-1 顯示，從 1950 年代開始，基督教民主黨一直獲得 40%-50% 的選票；社會民主黨則經歷長期間的穩定成長，從 1961 年以後都能獲得 35% 以上的選票；自由民主黨則通常獲有 5% 到 10% 的選票，而成為兩大黨力量的平衡者，聯合政府的當然伙伴。1980 年代以後，兩大黨的得票率有小幅下降，主要的原因是環保及反核政黨綠黨的力量成長，而在 1983 年的國會選舉中突破 5% 的門檻，打破近 30 年國會中三黨鼎立的局面❶。

❶　Russell Dalton ed., *German Divided: The 1994 Bundestagswahl and the Evolution of the German Party System* (New York and Oxford: Berg,

表 18-1 基民黨及社民黨在聯邦眾議院選舉中的席次，1949-2005

年次	基民 / 基社黨 (%)	席次	社民黨 (%)	席次	總席次
1949	31.0	139	29.2	131	402
1953	45.2	243	28.8	151	487
1957	50.2	270	31.8	169	497
1961	45.3	242	36.2	190	499
1965	47.6	245	39.8	202	496
1969	46.1	242	42.7	224	496
1972	44.9	225	45.8	230	496
1976	48.6	243	42.6	214	496
1980	44.5	226	42.9	218	497
1983	48.8	244	38.2	193	498
1987	44.3	223	37.0	186	497
1990	43.8	313	33.5	239	662
1994	41.5	294	36.4	252	672
1998	35.2	245	40.9	298	669
2002	38.5		38.5		
2005	35.2	226	34.2	222	664

資料來源：American Institute for Contemporary German Studies

　　東德崩潰為西德所接收後，原先執政的社會主義統一黨式微，其黨員另組民主社會主義黨。為了參與 1990 年統一後的第一次全德國會選舉，許多原本反對共產政權的反對團體，試圖組成政黨參與角逐。基民黨及社民黨更加入德東的選戰，分別為當地的政黨助選。但是仍然只有民主社會主義黨取得國會議席。

　　綜合而言，經歷納粹的痛苦教訓，德國選民不再受意識形態虛無空泛的訴求所吸引。德國的主要政黨變得更溫和務實，也更有意願接受妥協。因此，它們更能爭取到不同背景的支持者。由於政黨的包容性夠大，所以德國雖然有基督教與天主教的區隔，以及階級之分，但是社會卻沒有沿著

1966).

此等界限而分裂。政治衝突的性質改變，使傳統政黨制度的分裂狀態為之
減少了許多。即使在德國統一之後，政治勢力仍然只集中在幾個重要的政
黨，不足以威脅到聯合政府的穩定❷。因此，或許德國不像美國那樣是兩
黨制的國家，也不似英國那樣是以兩大黨為主的國會政黨結構（但是英國
有可能慢慢在改變之中），它是多黨制，卻也非分裂多黨。就這一點而論，
它跟法國第五共和較類似。但是由於社會及經濟的改變，再加上德國的統
一，德國政黨的性質在持續中已出現了變化。

第二節　德國政黨的演變

　　德國是世界上少數幾個將政黨列入《基本法》規範的國家，將政黨的
黨綱、組織與活動加以制約。這種作法對德國民主發展影響至大，除了
1949 年至 1953 年的第一屆國會出現了 12 個政黨外，從 1953 年德國的
政黨開始整合，先是兩大一小，而由兩大之一出來組閣，由唯一的小黨扮
演平衡者的角色，組織成一大一小的聯合內閣。這種政黨型態不只穩定了
德國的政局，且使德國不致往極翼的方向發展。在西德存在的 41 年間，這
種兩大一小的溫和多黨制，直到 1983 年才因為綠黨取得 5% 的席次而被
打破，但全德至今（2009 年），政黨數目仍然是 4 個半政黨（包括原出身
東德的民主社會黨）。就政黨數目及穩定度而言，它在西歐各國堪稱首位。
但是德國自二次世界大戰結束以來的 60 年間，由於經濟、社會及文化的變
遷，使各政黨無論在衝突與合作、在聯邦政府與國會的關係、彼此在選民
間的競爭，乃至政黨的黨紀，均有或多或少的變化。

　　聯邦共和國的政黨和國家可說是相互依賴，任何有建制規模的政黨都
會設法來取得對國家機關的掌握。但是在選民認同上，無論是在有組織的
黨員，或黨員的捐獻數目，均呈現明顯的衰弱，這幾乎是西歐及美國普遍

---

❷ Stephent Padgett, *Parties and Party System in the New Germany*
(Brookfield, VT: Dartmouth, 1992).

的現象。其原因如各國經濟富裕、階級意識降低、科技變遷、福利國家的擴充等，都促進社會及政治的價值，同時也使選民的政黨認同降低，越多的公民經由非組織性的管道去從事政治參與。這些現象都使政黨力量減弱，特別是跟選民及他們的會員組織❸。政黨在政府機關的組織仍然是一枝獨秀。

除了黨員的政黨認同式微以外，國會中的眾議院對政黨的依賴程度仍深；政黨內部的團結度從 1970 年代以來亦頗見強化。但是各黨對政府法案成為法律的比例，卻從 1970 年代的 80% 減少到 70%，比起英國及法國均不如。因為缺乏黨紀的支持，而使政府中的黨職或內閣職員受到停職的情況，其人數亦比英、法為少❹。

德國的聯邦主義一直都有強烈的政黨色彩，但是從統一開始，在參議院中黨的控制，由於德東各邦各自有其分歧的立場，而陷入全國性政府與反對政黨二者間的對抗，導致後者常要在參議院封殺政府立場，而且若選民的參與興趣越高，政黨對參議院的控制也越強❺。

在聯邦選舉中，選民的投票率是下降了，但是從 1970 年起從未低於77.8%（1990 年）。特別是選民認同在政黨取向上仍大於候選人取向。

第三節　德國的主要政黨

一、基督教民主黨

這個政黨沒有過去的歷史背景，純粹是二次大戰後的新生政黨。它是由中間性的天主教及強調自由與保守的基督教所聯合組成。成立伊始，就

---

❸ Simon Green and William Paterson, *Governance in Contemporary Genmany* (New York: Cambridge University Press, 2005), p. 50.

❹ Ibid, p. 51.

❺ Ibid, p. 52.

在西德 9 個邦成立黨組織，從事活動，只有在巴伐利亞 (Bavaria) 邦是由基
督教社會聯盟所代替。因此它又是兩個政黨（一大一小）的聯合，在眾議
院同屬於一個黨團。基督教民主黨之所以成立，主要是要對抗二次大戰後，
以社會民主黨為主的左派力量。由於納粹的聲名狼藉，當時幾乎沒有人敢
組成右派政黨，因此許多政治人物所努力的，就是如何組成左派政黨來對
抗社民黨。最後是一些溫和保守派人士提議成立一個包括天主教徒及基督
教徒的基督教政黨，以中間偏右無所不包的政黨姿態，將各個不同的非左
派力量（包括重生的舊納粹份子）整合起來。

在政策上，基民黨／基社黨主張社會市場經濟，因此能夠將支持市場
力量的人士，以及強調社會責任的基督教工會結合起來。這樣的一個組合
一方面吸引了企業界的支持，另方面則因為在價值觀認同天主教傳統上所
重視的勤勉和基督教的工作倫理，而符合保守主義的意識形態。艾德諾出
身天主教徒，他強勢而又不教條的領導風格，奠定了基督教民主黨 20 年的
執政地位，當他退休而由基督徒出身的歐哈德繼任的時候，這個政黨就超
越了它的宗教性格，成為政治上的主流力量。但是繼任的領導人在政策上
的偏差，使它在 1969 年第一次失掉政權，開始了它 13 年的在野時期。一
直到 1982 年當社民黨及自民黨的聯合政府，因為經濟政策出現裂痕，基
督教民主黨才以建設性不信任投票的方式，重新取得政權，與自由民主黨
再度組成聯合政府。

柯爾所領導的第一任政府 (1983-1987) 並沒有重大的政策作為，因此
很多觀察家預言柯爾不是輸掉選舉，就是因為受黨內人士的挑戰而退位。
事實上，柯爾跟他同一時期執政的英國首相柴契爾夫人，以及美國總統雷
根不一樣，他既無強烈的意識形態來支撐他施政的理念，而且他平淡乏味
的個性，又無英語能力的背景，使他無論如何都不是一個迷人的政治領袖。
但是他務實，草根以及經營政黨的長才，卻使他成為一個幾近完美的領導
者。他認識每一個基督教民主黨籍的市長及其名字的能力，以及他那敦厚
而木訥的性格，都是使他連續贏得 4 次大選的重要因素（平柴契爾夫人的

記錄，但是兩人風格截然不同）。當然，更重要的是，1980年代中葉有另外兩項因素，有助於柯爾的長期在位。一是社會民主黨缺少明確的政策主張，來挑戰中間偏右的聯合政府，另一是基督教民主黨政府強烈支持歐洲整合。這兩項因素綜合起來，再加上柯爾排除爭議，快速促成德國統一，就鞏固了他在統一初期的優勢地位。

統一之後，德東重建經費之龐大，超過原來的預期甚多，再加上面對冷戰結束之後，柯爾缺少領導長才來確定德國在國際社會中的新角色，使得他開始承受越來越多的批評。基督教民主黨內部對移民及少數民族的問題，更呈現分裂跡象。1994年國會選舉之後，自由民主黨僅以5%的得票率勉強過關，聯合政府已出現危機。持續16年的柯爾政府（戰後任期最長的總理），終於在1998年的大選中敗北而下野，進入社會民主黨與綠黨聯合政府的時代。

二、社會民主黨

社會民主黨有悠久的歷史，早在帝國時期就已獲得當時正在興起的工業無產階級的支持。一次大戰後，社民黨曾先後有過7次參加聯合政府（總共21次）。二次大戰後，社民黨重新恢復活動，但卻無法將它的影響力擴大到勞工階級以外。在最初10年，它堅持其左翼政黨的主張，強調工業國有化，提供廣泛的社會福利等具有馬克思主義傳統的政策路線，並反對艾德諾政府的新歐政策。這種純社會主義的主張，使它難以擴張它的支持者。1959年新一代的領導者布蘭德等人，在黨的代表大會中確定它成為一個「無所不包」(catch-all)的政黨新方向❻。雖然它並沒有完全放棄馬克思主義，也沒有停止它與勞工階級的繫帶，但是它開始在傳統的藍領勞工階級之外，爭取包括中產階級，專業人士及其他不滿基民黨及自民黨的選民的

---

❻ Otto Kirschheimer, "The Transformation of the Western European Party System," in Roy C. Macridis, ed., *Comparative Politics: Notes and Readings*, 6th ed. (Chicago: Dorsey Press, 1986).

支持。從此它轉化成跟其他西歐社會民主政黨一樣的政治團體。

　　1959 年的轉變使社民黨成為一個中間偏左的政黨，並在 1966 年與基民黨組成大聯合 (grand coalition) 政府。1969 年大選中，它爭取到自民黨的支持，第一次以第二大黨的身份組成中間偏左的聯合政府。雖然只在國會勉強維持多數，但是剛好遇到西德經濟表現最強勁的時候，卻使得這個政府歷經 4 次大選並維持 13 年的時間❼。1982 年經濟走下坡，由於自民黨反對國家干預及自由市場經濟的立場，聯合政府才告解體。

　　1980 年代及 1990 年代的社民黨命運處於艱困的轉型期，因為第一，它無法提出一套具有替代性的政策方案，來吸引其支持者和選民；第二，難以跟綠黨成立一個可以持久的中間偏左聯合政府；第三，在歐洲整合議題上，提不出一套對應的方案來吸引選民；第四，在統一的過程及統一之後，沒有把握機會爭取德東的支持。社民黨不斷更換黨魁，試圖為黨找到新的定位，以及贏回政權的魔術方案。從 1990 年代連續換了 3 個黨魁之後，在 1996 年第四任的施洛德 (Gerald Schröder)，被認為具備各種贏得政權的條件：較為年輕有活力，且具有吸引人的外貌以及領導者的氣度。當德國面臨統一後失業率升高以及各種接踵而來的經濟問題時，社民黨終於在 1998 年的國會大選中第一次擊敗執政的基民黨（以前歷次的政黨輪替，都不是因為在位者選舉失利，而是因為自民黨的選擇，而決定了執政黨），也是戰後德國第一次執政黨因為選舉失利，而導致政黨輪替。重新執政後，社民黨首次與綠黨組成聯合政府，通稱紅綠政府。紅綠執政一直到 2006 年，基民黨與社會黨組成大聯合政府而告結束。

---

❼　有關 1969，1972，及 1976 年等歷屆聯邦選舉之分析，可參見 "The West German Elections of 1969," *Comparative Politics 1* (July 1970); David P. Conradt and D. Lambert, "Party System, Social Structure, and Competitive Politics in West Germany: An Ecological Analysis of the 1972 Federal Election," *Comparative Politics* 7 (October 1974).

三、自由民主黨

　　成立於 1945 年，是舊的各自由政黨的組合。自由民主黨是戰後唯一連續在聯邦國會選舉中，超過門檻的第三黨，並連續 10 次參與聯合政府。這種角色一直到 1998 年才為綠黨所取代。自民黨的觀點包括兩項意識形態，可以廣泛地稱為經濟自由主義及社會自由主義，並藉此等哲學跟兩大黨輪流結盟。在聯合政府中幾乎永遠居經濟部長以及／或外交部長的職位。但是正因為它的角色重要性，遠超過它在國會中的力量，使它遭遇到批評，認為它缺乏強烈的政治信念，只想要獲取權位。1998 年的選舉中的得票率只略為超過 5%，聯合政府伙伴的地位因此為綠黨所取代。

四、綠　黨

　　綠黨在 1960 年代學生運動之後，開始在德國活動。它基本是由生態、反核以及和平團體，和對社民黨不滿的人士所組成的一個鬆散聯合。它主張以非暴力的抗議方式，來全盤改變德國社會。綠黨的訴求對於年輕選民、女權主義者，以及中產階級的環保人士特別具吸引力。在 1983 年選舉中，綠黨一鳴驚人得到 5.6% 的選票及 34 個議員席次。他們以「反政黨的政黨」自居，並對「資產民主國家」宣戰，將樹木帶進議場以支持他們的辯論，拒絕穿西裝打領帶。這些象徵性的訴求和動作，跟他們所拒絕的「常態政治」(politics as usual) 相符合，卻給德國政治帶來不小的衝擊。綠黨在 1987 年的選舉中，更上層樓取得 8.3% 的選票；但是在 1990 年的選舉中卻因為反對統一，而沒超越門檻後，它跟德東的聯盟 90 (Alliance 90) 結合，又在 1994 年得到 7.4% 的選票。接著在 1998 年的選舉中，表明它願意成為一個中間的現代政黨，因此得到更多選民的支持。這種妥協態度的出現，使它得以跟社民黨組成紅綠聯合政府 (Red-Green Coalition)。但是西方工業先進國家是否能夠既強調經濟發展，又重視環境議題，這個問題正考驗德國左派與新左派間的聯合。

五、民主社會主義黨

是東德舊的社會主義團結黨的繼承者。在 1994 年及 1998 年以後的各屆選舉中，都取得國會的席次。其選民以反對市場的自由主義，及反對資本主義為主。

六、左派政黨 (the Leftish Party)

在 2005 年中，社民黨內部因為反對黨對社福預算的削減，而自行創立左派政黨，並在 2005 年大選中贏得 8.7% 的選票。

第四節　德國戰後的政治變遷

1969 年是西德政治的轉捩點，因為社民黨在這次的選舉中雖然得票率仍低於基民黨，但是自民黨卻願意跟它組成一個勉強過半數的聯合政府，開啟了 13 年的社民黨執政時期。在 1982 年社民黨與自民黨的聯合政府，為柯爾所領導的基民黨與自民黨聯合政府所取代。柯爾從 1983 年那場爭議性的選舉開始，到 1994 年選舉前為止，連續贏得 3 次選舉，執政則達 12 年之久，因此 1994 年的選舉被認為是改變執政者最好的時機。原因有二，第一，一個有活力的民主政體，需要有持續不斷的菁英流動，使即使是最負眾望的領袖，最後還是有可能被取代。西德從第一任總理艾德諾在位 14 年，之後歷經歐哈德、基辛格 (Kiesinger)、布蘭德及施密特，到柯爾，50 年間共只有 6 位總理，這固然顯示德國政局穩定，但卻亦反映出德國菁英流動性不高（見表 18-2）。柯爾長期在位已經成為一個老面孔，以他不夠活潑甚至枯燥之個性，在政壇上已是異數。其次，德國的選民經歷了經濟持續的繁榮，以及後物質時代新政治的影響，已經起了改變。階級及宗教不再能夠完全解釋選民的投票行為。社民黨早已將其訴求擴展到工會以外的都會天主教徒，白領基督教選區，就如同基民黨在以往較弱的都會白

表 18-2　德國歷居聯合政府的組成成員及任期

組成的時間	改變原因	聯合政府的成員	總理
1949 年　8 月	大選	CDU/CSU, FDP, DP	Adenaur (CDU) 艾德諾
1953 年　10 月	大選	CDU/CSU, FDP, DP, G	Adenaur (CDU) 艾德諾
1957 年　10 月	大選	CDU/CSU, DP	Adenaur (CDU) 艾德諾
1961 年　11 月	大選	CDU/CSU, FDP	Adenaur (CDU) 艾德諾
1963 年　10 月	總理退休	CDU/CSU, FDP	Erhard (CDU) 歐哈德
1965 年　10 月	大選	CDU/CSU, FDP	Erhard (CDU) 歐哈德
1966 年　12 月	總理退休	CDU/CSU, SPD	Kiesinger (CDU) 基辛格
1969 年　10 月	大選	SPD, FDP	Brandt (SPD) 布蘭德
1972 年　12 月	大選	SPD, FDP	Brandt (SPD) 布蘭德
1974 年　5 月	總理退休	SPD, FDP	Schmidt (SPD) 施密特
1976 年　12 月	大選	SPD, FDP	Schmidt (SPD) 施密特
1980 年　11 月	大選	SPD, FDP	Schmidt (SPD) 施密特
1982 年　10 月	建設性不信任投票	CDU/CSU, FDP	Kohl (CDU) 柯爾
1983 年　3 月	大選	CDU/CSU, FDP	Kohl (CDU) 柯爾
1987 年　1 月	大選	CDU/CSU, FDP	Kohl (CDU) 柯爾
1990 年　12 月	大選	CDU/CSU, FDP	Kohl (CDU) 柯爾
1994 年　10 月	大選	CDU/CSU, FDP	Kohl (CDU) 柯爾
1998 年　10 月	大選	SPD, FDP	施洛德 (FDP)
2002 年　10 月	大選	SPD, Greens	施洛德 (FDP)
2005 年　10 月	大選	CDU/CSU, SPD	梅克爾 (CDU)

資料來源：李國雄著，《比較政府》（臺北市：中華電視文化公司，民國八十七年）頁 264。

領地區的支持度也昇高一樣。整體而言，天主教及郊區跟基民黨的高支持度有關，社民黨的希望則是寄託在中產階級日益增加的支持度上面❽。

❽　有關 1969, 1972, 及 1976 等歷居聯邦選舉之分析，可參見 "The West German Elections of 1969," *Comparative Politics* (July 1970) David P. Conradt and D. Lambert, "Party System, Social Structure, and Competitive Politics in West Germany: An Ecological Analysis of the 1972 Federal Election," *Comparative Politics* 7 (October 1974).

事實上戰後德國投票型態最戲劇性的變化，在於中產階級性格上的改變。擁有財產及農民等傳統中產階級，人數逐漸減少，而為新的中產階級包括文官及白領上班族所取代。這些選民的特徵是高都市化、較年輕、教育程度高，較不為傳統價值所限制，對新議題如環保事務、教育改革，以及別具一格的生活情趣，要遠比舊的經濟議題更為關注。在 1980 年代，這批選民是支持綠黨的主力，特別是初次投票的選民及年齡較輕的選民，尤其如此。

以上各項因素再加上前所未有的失業人口，以及統一所帶來的鉅額稅負，都對社民黨相當有利。但是基民黨的競選策略相當成功，它強調持續跟穩定的好處；社民黨本身則犯了一些嚴重的錯誤，主張大規模的財富重分配。因此基民黨仍然贏得勝利，使柯爾 12 年的政權延長到 1998 年——創歐洲民主國家的紀錄。1998 年的選舉對基民黨來說，是非戰之罪！因為德國選民確實希望有新的領導出現，社民黨的新黨魁施洛德，在個性上具備其他中間偏左政治人物的特質，特別在性格上更幾乎是美國的柯林頓 (Bill Clinton) 以及英國的布萊爾 (Tony Blair) 的綜合體。因此社民黨和綠黨首次組成聯合政府，並在 2002 年的選舉中再度獲勝。

綜合而言，德國未來還是有可能維持 3 到 4 個的政黨體系。政黨的訴求不再是狹隘的，也不是教條或意識形態，只有邊緣性的政黨才會有激烈的訴求。因此**德國充滿朝氣活力的民主，主要是得力於一個有效的政黨體系：它既不阻礙權力的有效集中，而又能提供足夠的選擇空間，並促成負責任的政治。**

【第十九章】
德國的政治經濟

在政治經濟的領域中，國家與市場間的互動型態一直是受到矚目的焦點。英國傳統上強調多元主義的論點，准許利益團體彼此之間相互競逐，以影響政府制定政策的內容，甚至方向。結果不只是政府的自主性減弱，連帶也阻礙政府政策的創新及經濟的成長。這種偏差在柴契爾夫人主政期間受到了糾正。她刻意地跟利益團體保持距離，強調政府依照國會中所代表的多數民意而組成，因此有權依據國家整體利益的考量，來制定政策。這種以維持政府的自主性為重，立意雖好，但是卻造成國家與社會的對立和集體認同意識的昇高。

相對於多元主義的決策模式，德國在處理國家與社會關係時，傾向於新統合主義，避免上述兩種極端。這個理論強調國家必須在社會和經濟利益，以及生產和交易的手段之間，維持一個平衡關係，如此才能出現持續的經濟成長。因此國家固然應該推動一個獨立的經濟策略，但是仍需跟社會上具有影響力的私有經濟部門，如金融機構、工會或企業菁英，維持緊密的關係，以便制定出更多為大眾所知曉的政策。因此不論是國家或社會中的市場力量，都不能超越對方。二次大戰後德國所採取的發展策略，要比大多數的國家更接近這種模式。它一直採取的發展路線是，強調以政府跟社會及經濟領域中重要的參與者，所組成的眾多利益團體網絡，來作合作性的互動。**得利於這項策略的實施，德國成功地避免了許多國家所遭遇到的失衡的困境：⑴強有力的私領域力量（特別是某一經濟部門的領袖們）可能左右或控制政府的政策；以及⑵政府左右或控制私領域的利益。在這一章，我們將深入討論德國獨特的組織性資本主義 (organized capitalism) 跟社會市場經濟 (Social Market Economy) 如何相互結合及運作，並使德國因為免於政府經濟策略的失衡，而不致受到不可預測的變化和經濟景氣**

及蕭條的衝擊。

第一節　國家在經濟中的角色

一、組織性資本主義的歷史背景

　　組織性資本主義和社會市場經濟是德國達成政治經濟目標的兩大支柱，直接影響到德國經濟的發展，相關社會及經濟政策的擬定，以及社會民心的凝聚和穩定。這兩項德國政經運作的方式，主要是由政府對自由企業作強力的指導和支持，所因此獲得的成效具體表現在廣泛的社會福利制度的實施上。表面上這是兩種不同的制度，事實上卻是彼此關連相互支撐。更值得注意的是，社會市場經濟的制度雖然在 1952 年開始展現在許多政策性的規劃上，但是整個制度的基礎，卻得力於歷史上組織性資本主義的漸進發展。因此二者的觀念及所欲達成的目標是相通的，沒有組織性資本主義的發展，社會市場經濟的實施所需要的客觀條件，可能就難以獲致。

　　早在德國於 1871 年統一之前，英、美……等國的資本主義早就蓬勃發展，因此它必須以相對劣勢的條件，來跟已經發展出工業化的資本主義國家相競爭。德國的企業及政治菁英知道如果只維持一個漸進而小型取向的經濟，來跟英、法及美國競爭的話，其結果將不堪設想。只有使國家成為德國經濟重要而強大的力量，才能面對國際上的競爭。因此一些先前獨立自主的各邦如普魯士、巴伐利亞 (Bavaria)，以及其他地區早在統一之前，就建立起強有力的公共部門，從事經濟的成長與發展。在十八世紀末及十九世紀初分崩離析的德國下，各邦必須在政府內部發展出一套制度，來供應經濟發展所需的物質以及人民的社會需求。各邦政府全力與民間的經濟力量作各種合作，使國家與市場之間幾乎沒有分際。除外，各邦同時在其後 100 多年的時間中投入德國工業化的建設。Gershenkron 認為德國能夠在十九世紀中葉，從一個半封建的社會轉換成高度工業化的國度，主要是

得力於大型企業，一個強有力的銀行制度，以及政府三個部門之間明確協調的關係，從而完成了德國快速的工業化❶。這其間普魯士首相俾斯麥的遠見以及利益團體的動員配合，尤具關鍵。

　　普魯士以領袖群倫的姿態在 1834 年結合了 18 個獨立邦的 2,300 萬人，組成了關稅同盟，促進了工業的現代化。俾斯麥利用鐵路的發展將較偏僻的德東地區所產的糧食，快速地運銷到市場上❷。這種作法一方面在各個獨立邦國之間開放貿易，另方面則保障各個小邦能依自身的條件來進行現代化。除了在南部各邦的許多地區，特別是巴伐利亞，仍能維持小規模的農業生產外，許多其他區域所特有的封建工藝品，也能適應工業現代化的型態。針對各邦不同的物質需求及社會環境，各邦政府要比中央政府更能有效地滿足自身的需求和發展。雖然在統一之後，俾斯麥為推動福利國家的政策及制度，將各項計劃推動到全德國，但是各邦政府仍然在某些特殊需求上，扮演強勢的角色。一直到第三帝國時代，納粹政權進行廣泛的集權化政策，各邦政府的角色才受到壓制。這個時期也正是各邦跟工業界聯合壓迫工人，使用奴工，並生產軍火，而起了重大變遷的時期。

二、德國資本主義的特徵

　　二次大戰之後，國家不再如以往那樣在經濟生活上扮演強勢的角色。有別於日本及法國所採取的國家對經濟的積極干預，德國在公私領域的關係上，逐漸發展出一種特別的模式。這種關係有別於一般的國家對抗市場的關係，也避免走上二次大戰後日本或法國所採取的由國家從事經濟發展

---

❶　Alexander Gerschenkron, *Bread and Democracy in Germany*, 2nd ed. (Ithaca: Cornell University Press, 1989).

❷　Colleen A. Dunlavy, "Political Structure, State Policy and Industrial Change: Early Railroad Policy in the United States and Prussia," in Sten Steinmo et al. eds., *Structuring Politics: Historical Institutionalism in Historical Perspective* (New York: Cambridge University Press, 1992), pp. 114-154.

規劃的模式。德國當然也沒有採用美國及英國在 1980 年代所採取的反對
政府從事干預的自由市場政策。換言之，**德國既非自由市場也非國家支配，
而是著重於國家與市場間的互動關係及相互影響。**但是為了使這個互動的
合作關係能夠順暢，德國傳統上就非常重視小型及大型企業的組織，強調
僱主及員工之間的協調，當然也重視員工的福利。這種作為反映出德國式
資本主義的特徵，認為資本主義只有在一個和諧的社會環境下，才能得到
健全的發展。因此資本家除了要保障員工的生活品質之外，更應該善盡他
們的社會責任。德國組織性的資本主義，就是在這種共識下成形。

其次，組織性的資本主義除了強調小型及大型企業的組織外，銀行體
系及金融界也直接投入私人投資以及參與小部份類似美國華爾街掮客似的
金融投機，以獲取快速的利潤。銀行業的主要角色是為參與國際競爭的製
造工業，提供長期投資，以奠定經濟的基礎。這種銀行跟它所熟悉的伙伴，
所進行的長期投資關係，有別於一般所見的銀行、投資家以及公司間的短
期交易。

再者，政府對社會的經濟政策是間接而支持，而非對企業進行高壓及
過度管制。政府設定廣泛的架構性規範，但是鼓勵各種組織性的團體如僱
主、銀行、工會，以及區域政府，進行協調磋商，而能有助於政府政策目
標的達成。這種作法表現出政府在制定政策上的彈性。第一，政府對經濟
活動的規範，是建立在一般性的架構上，而非如其他國家設定細節性的標
準。政府認為一旦所要求的基本要件受到遵守，而且一般的政策目標也都
已周知，那麼就不必對私有部門的行為者，再作細節性規範，而可以信賴
他們會達成政府的目標。這種對一般性的規範和信賴，就是德國半官方的
機關 (semipublic institutions) 會有權限、效率及責任，並參與許多國家政
策制定，以及被賦與重要的行政事務的執行的原因❸。如全國醫藥照顧及

❸ Christopher Allen, "Corporation and Regional Economic Policies in the Federal Republic of Germany: The 'Meso' Politics of Industrial Adjustment," *Publius* 19 (1989), pp. 156-157.

職業教育體系（包括學徒的訓練制度及執照的授與）。其次，經由合作式的聯邦主義，將聯邦政府所通過的法律及規範，授權給各邦來執行。唯其如此，因此在主要的西歐國家中，德國國有工業的比例最低。

第二節　德國的社會市場經濟

　　有了從歷史過程中演進而來的組織性資本主義作基礎，德國在二次大戰後就由第一任總理基督教民主黨艾德諾 (Konrad Adenaur) 推動社會市場經濟。瞭解德國組織性資本主義的精神，再來看看社會市場經濟的內涵，不難看到二者所要達成的目標事實上是一致的。社會市場經濟的概念是強調，在資本主義的制度下，基本的社會利益對於市場功能的發揮是必要的而非敵對。但是它的內涵並不只是一個自由經濟制度跟各個層面的社會利益相結合而已。它更深一層的目標是要創造出一套經濟政策，能夠排除其他各種經濟途徑如納粹主義，共產主義，自由放任，以及二次大戰後的凱因斯政策所產生的各項缺失。因此社會市場經濟是一種市場體系，它緊密地整合在一個綜合性的架構內，鼓勵公私部門的相互影響及合作。經由這種過程所制定出來的政策，會因為公私部門參與者間的協調，而創造出一套有助於經濟競爭力的結果。因此德國經濟有其多元的社會內涵，這包括醫療照顧、勞工權益、大眾運輸，以及對藝文的支持。這些利益有些部份跟日本及法國政府所提供的不分軒輊，但是某些公共利益的提供是由組織性的私人團體（如提供醫療保險的半官方疾病基金）所支持，使得德國社會市場經濟成為官方及民間行動上的結合體，共同支持公共政策的執行。

　　在這樣的經濟政策下，聯邦政府固然從事大量的福利支出，但所創造的利益卻不只是對財富的重分配而已。例如最重要的兩項措施，是政府對個人儲蓄的補貼以及全面性的職業教育體系，就對德國經濟的競爭力有直接及積極的益處。這些作為既提供投資資本的穩定來源，也創造了廣大的人才庫，使德國得以創造出高品質的產品。

　　針對德國架構性規範的制度，戰後經濟政策制定者之一的 Wilhelm Röke作了以下的闡述：

　　「（我們的計劃裡）包括各項措施及制度，以便針對競爭的需求，賦與一個公平的架構、規則及機制；這種競爭性的制度跟任何比賽或對抗都一樣的需要……。除非有一個合理的道德及法律架構，以及對條件有正常的監督，讓競爭能夠在符合真正效率的原則下舉行，否則一個真正、公正，而順暢運作的競爭制度，就無法倖存。這就需要所有負責的團體及個人有成熟的經濟思維，以及一個強勢無私的國家❹。」

　　這種制度使德國在二次大戰後的經濟政策，得以避免像鄰近的英國那樣，在自由放任的制度和國家主導的經濟政策間作激烈的轉變。也由於此項制度的成功，使得德國能夠在負擔起高工資及高的社會支出的同時，仍維持強大的競爭力。在主要外銷取向的製造工業中，強調高度的技術，是德國經濟政策所採取的特殊途徑，用來維持它的競爭地位。精心規劃的職業教育制度，再配合學徒訓練，則使這項政策獲得落實。整個高級專業技術訓練的結果，使德國在傳統的製造業，如汽車、化學原料、機器工具，以及工業電子，仍能維持它競爭的優勢，其工業經濟也因此歷久不衰。因此德國不只維持貿易順差，並且仍然有大批的勞工階級。每3個工作中就有1個是投入出口的行業（前面所提四項工業中，則每2個中就有1個）。工人精密的技巧使得德國得以克服獲取資源及支付昂貴工資所必須支付的成本。德國工業一直強調高品質及高生產力，來平衡這些消耗，其理由在此。

　　1990年代初期，德國社會市場經濟成功的經驗，遭遇到三項重大的難題。第一，柯爾總理全力推動並完成了德國的統一，但是卻嚴重地錯估統

❹　Wilhelm Röke, "The Guiding Principle of the Liberal Programme," in H. F. Wünche, ed., *Standard Texts on the Social Market Economy* (Suttgart and New York: Gustav Fischer Verlag, 1982), p. 188.

一以及整合東德 5 個邦所必須支付的代價和制度上的資源。東德經濟情況之惡劣遠超出原先的想像，迫使柯爾承認，欲將德東的經濟成功地整合到西德，必須付出更多代價，並需要比原先所預期的時間更長。第二，統一的結果使得德國政治經濟在 1990 年中葉所面臨的結構性挑戰，遠超過 1950 年代以來的任何時期。在 1990 年代初期為重建德東所編列的預算，約佔德國全部預算的 20%。除外，從民間公司，區域政府以及其他補貼，總計是另外的 500 億馬克。這麼一筆龐大的數目仍不足以幫助整個融合的工程。第三，比金錢上的付出更困難的，是要將西德的制度當作一個模式轉移到東德。例如政府的重建機構將 11,000 家公司中的 7,000 多家予以私有化；但是從國有到私有的轉移中，最大的支出之一，卻是前東德的大規模失業問題。除 120 萬人正式失業外，另外有 200 萬人是原先由政府作短期補貼。其他像共產黨的工業文化下所培養出的懶散工人，以及生活在計劃經濟體制下的東德人民，要如何改變才能適應西德運行 40 年的社會市場經濟，則更是一項艱難而卻又看不見的心理轉換工程。

第三節　德國的社會福利

　　社會市場經濟的成就之一，具體反映在它社會面的福利政策上。德國在社會服務上的花費佔 GNP 的三分之一以上。各級政府在社會政策上的支出，幾乎佔所有政府經費的一半。社會福利涵蓋的範圍從住宅補貼，到儲蓄補貼、健康照顧、公共運輸，以及被摧毀城市的重建和公共基層設施等等。社會福利的實施有其悠久的歷史傳統和朝野各政黨一致的共識。在俾斯麥時代，德國就已推動社會福利方案，來舒解工業成長所帶來的許多負面影響。從健康保險到社會安全，俾斯麥的政府建立起第一個現代的福利國家，這種作為的目的是要避免當時激烈的社會主義運動的惡化。他不顧企業家的反對，堅持經濟的成長需要有一個肯合作的勞動力量，就如同資本家必須履行其社會責任，是一樣的道理。這種認知成為今天德國社會市

場經濟重要內涵的一部份，也自然延續社會福利的各項政策。並且由於工會及社會民主黨要求增加公共支出的主張獲得實現，使得左派力量在1950年代及1960年代被納入了政治體制，大有助於政治秩序的穩定。

1970年代中葉，當失業率昇高到近4%時，許多社會福利方案被迫設下上限。這種情形曾經使德國人擔心福利國家是否會遭受到危機。事實上，德國實質性福利國家所提供的利益，所受到緊縮的程度之高，跟1980年代及1990年代美國及英國所削減的幅度，是無法相提並論的。在1980年代德國經濟仍然處於衰退，失業率因而居高不下，使兩項潛在的問題正式浮上了檯面。一是外籍勞工 (guest worker) 的問題。這些在1960年代德國經濟繁榮時所引進的勞力，經過近20年的時間，早已成為半永久居留，享有各項社會福利。但是當德國經濟衰退的時候，這些人就被視為代罪羔羊，引發德國激烈民眾對他們的不滿，社會緊張氣氛昇高，社區暴力亦因此不斷發生。另一個是更基本的結構性問題：當就業市場不斷緊縮的時候，德國所一直引以為傲的職業訓練及學徒制度，如何將一批批的新人納入勞動市場？這個問題雖然仍舊獲得解決，但是緊跟著德國統一之後，其他挑戰又接踵而來！

統一之後，西德原先的社會福利政策，同樣擴及到東部5個邦。雖然社會服務支出的項目如失業及退休津貼，是依據德東的經濟標準來發放，但是仍然是一筆鉅大的負擔。西德人民因此必須承擔這筆健康及福利上的支出。當聯邦政府在財政上開始節制開銷的時候，德國人要想繼續保有高水準的福利保障，就越來越困難。經濟衰退的情形到二十一世紀初仍未見好轉，而德東經濟現代化的工程卻仍需要持續。因此社會民主黨的施洛德 (Schröder) 政府，被迫要削減一些政策上的支出。但是面對1980年代以的內外困難，柯爾及施洛德政府在經濟成長衰退、失業率上升、國債增加、老年人的增加，特別是德國的再統一，增加福利國家的重擔，使德國前後任總理分別由不同政黨出任，但是兩人都未能大刀闊斧地對西方最大的福利國家，進行重大的改革工作。

第四節　德國與國際政治經濟

在全球化的潮流下，德國面臨區域性及國際性政治經濟關係的因應問題。首先，歐洲聯盟的成立是德國與法國共同領導下的成果，反映二十世紀 80 年代以來區域主義發展的態勢。由於歐盟的整合，對德國的經濟利益與市場的擴大，將具有正面的益處，歐洲鄰國對德國的戒心，也將會因而降低。但是德國內部特殊的一些制度性的組織，諸如工人（工會）參與經營的制度化，緊密的組織性資本主義，以及匠心獨具的學徒訓練制度，是否能夠成功地轉移到德國境外，是一個受到關切的議題。

其次，歐盟成立之後，各國都期待德國會因為它所擁有的經濟資源及政治力量，承擔起更大的政治責任。但是冷戰結束之初，在國際社會所發生的一些重大事件中，德國不是參與的興趣不高，就是政策立場搖擺不定。柯爾總理在波斯灣戰爭、索馬利亞，以及波希尼亞等事件中，都堅持基本法中的規定，不肯派兵到北大西洋公約組織以外的地區，即使是維持和平部隊的派遣，也仍加以反對。德國的立場引發了國際社會強烈的批評，認為它空有經濟實力，卻不願肩負起在外交上領導歐盟的角色。面對這些批評，德國除了指出基本法上不得派兵海外的限制外，也強調德國必須致力於統一後內部緊張及鉅額德東重建費用問題的解決❺。

但是 1994 年 7 月 12 日，聯邦憲法法庭的判決中，免除了這項限制之後，新的政治領袖們為德國的新角色取得了正當性。他們認為，為了恢復和平以及避免大規模的人權迫害，軍隊的使用不只與過去的教訓一致，而且對抗獨裁者及消除殘暴，本來就是德國人民的一項道德義務。社會民主黨政府在 2001 年 12 月派兵前往阿富汗，就是基於這項理念而作的決定。2003 年英美聯軍出兵伊拉克推翻海珊政府時，施洛德的政府與法國總統

---

❺ Donald M. Hancock and Helga Welsh, eds., *German Unification: Process and Outcomes* (Boulder, CO: Westview Press, 1994).

席哈克公開聯合反對英美的行動，則又展現德國外交自主性的一面。

　　在對歐盟的政策上，德國也比以前更為積極，比較願意從更廣泛及更包容的角度，來決定其政策上的優先次序。這一點在歐元 (Euro) 發行的態度上最為明顯。不只政府支持歐元，權力獨大的德國聯邦銀行，也將其權力轉讓給平凡的歐洲中央銀行。種種跡象都顯示施洛德的政府，正以更積極的態度來推動歐洲整合，包括一個更強大的歐洲議會，以為未來的歐洲聯邦（德國希望未來能夠推動歐洲聯邦）奠定基礎。

【第二十章】
德國的行政決策機關

　　1945 年德國戰敗後，所面臨的重大挑戰是如何重建自由民主，避免重蹈威瑪共和的民主倒退，造成納粹極權政體的再現。因此 1949 年基本法在起草的過程中，受到同盟國的監督的同時，也因為過去的教訓，而作了一些預防性的設計。由於主要的重點在阻止極權政體的再起，因此要保障新制度的穩定。但是制憲者深切瞭解，制定一個良好的制度架構，雖然是必要的，但是卻並非鞏固民主的充要條件。經濟的繁榮以及政策制定和執行所帶來的正當性，才是鞏固及維持民主的必要因素。前面所提到的社會市場經濟制度的成效，為戰後西德民主的快速成長奠下基礎，也為這個論點提供了佐證❶。無論如何，制度設計的成功對於西德戰後的各項表現，還是極具關鍵。事實上，整個西德戰後制度的建構，是以達成下列三項目標為考量：第一，在政治制度上維持歷史的持續性，因此威瑪共和時代的國會民主固然應該以新的面貌重現，傳統的聯邦體制也必須為防止希特勒時代強大的中央政府的再現，而予以恢復。第二，設計一個足以促成政治穩定，避免重蹈威瑪民主崩潰覆轍的政治體系。因此穩定的機制以及防止濫權的構思都極其細緻。第三，在制度上限制極端及反體制勢力的興起，使民主秩序不會受到顛覆。這些設計的考量就是波昂共和成功的基礎。

❶ Anna J. Merritt and Richard L. Merritt, "Unemployment and Elections in West Germany," in *Economics and Politics. The Calculus of Support*, Helmut Norpoth, et al. eds. (Ann Arbor: The University of Michigan Press, 1991).

第一節　歷史經驗對 1949 年基本法的影響

西德政治菁英在 1948 年 9 月 1 日集會波昂，起草基本法的時候，並非完全是從無到有。針對 1919 年憲法所產生的問題而作的分析，就是很好的藍圖。在所有的設計中，被認為最迫切的，就是在民主體制下建立法治以及特別要保障政府的穩定性。因此首先各界有了共識，認為必須將人性尊嚴原則以及限制行政、立法及司法對人權的侵犯，確定為憲法條款。另外，基本法第 79 條的「永久條款」，規定民主體制永遠不得改變，以及第 20 條明定德國是聯邦主義下中央與地方分權的國家，以及以法治原則為基礎的社會福利國家。制憲者所著眼的是要排除威瑪憲法中的緊急狀態條款，避免人民的基本權利被破壞。法治原則的強調具體反映在憲法法庭及行政上訴法院制度的建立上。

第二，新的政體必須是代議國會民主。基於納粹時代的慘痛經驗，基本法規定不得有公民投票，任何政策的決定不能訴諸於公民投票。由於威瑪時代總統直選以及總理權限之爭的教訓，新制度同時禁止總統或總理的直選。這兩項規定解除過去常見的高度政治化的危機。

第三，規定政體是聯邦分權制。邦的自主權重新確立，可以在聯邦及邦立法的範圍內，規範地方事務。聯邦政府則只能有基本法所列舉的權限以及相關的延伸權。

第四，為避免早在威瑪時代就已相當嚴重的階級衝突，會因為資本主義的漫無節制而更趨惡化，聯邦共和國強調，國家必須補償因為資本主義經濟所造成的社會苦痛。因此在組織性的資本主義下，建立起了社會安全制度及廣泛的勞工保護和勞資共同決定 (codetermination) 的法律。這種為避免因不均衡的社會分配而引發政治衝突，所採取的社會福利國家制度，大有助於民主穩定。

最後，威瑪憲法中的半總統制被放棄，代之以議會政體。原先總統被

賦與相當大的權限，包括解散國會、任命過渡政府，以及發佈緊急命令。現在則行政大權由總理及其內閣掌控。總理是行政領袖，並且是唯一由眾議院選出並向之負責的行政人員。除外，為了防止威瑪時代「否定性的政黨政治」所引發的後果，基本法設計了「建設性不信任投票」的機制，規定國會迫使總理去位的同時，必須以絕對多數產生一位新總理，不信任投票才算生效。

上述的這些條款如人權、聯邦主義，以及國會民主，並非真正創新的設計，它們都可以在威瑪憲法中找到其根源。但是 1949 年基本法中的設計，卻明白宣示這些原則不可更改，並且提供行政穩定機制的特殊安排。這些安排連同前面各章所提到的選舉制度的改革和政黨體系的轉換，就是波昂共和國政治穩定的重要因素。

第二節　聯邦制度

德國是歐洲少數的幾個聯邦國家之一。全國分成 16 個邦 (Lander)，各有其邦政府，是基本法所設立的重要制度（見圖 20-1）。政治權力分別由聯邦政府 (Bund) 及邦政府所分掌。聯邦政府雖然對大部分的政策擔負主要責任，但是各邦卻在教育、文化、法律的執行和區域的規劃上，各擁有其管轄權。在其他政策領域方面，則由聯邦政府及各邦政府共同分享權力，但是雙方發生衝突時，聯邦法律居於優先地位。除外，基本法所沒有明白劃分給聯邦政府的政策領域，各邦保有殘餘的立法權。

各邦邦政府採議會制及單一的立法機關，由選民直接選舉而產生。由控制議會的政黨或聯合政黨遴選一位部長主席 (minister president) 代表邦政府，是德國僅次於聯邦總理的一個重要職位。部長主席負責組織內閣，以管理各個機關及執行邦政府的決策事宜。除了履行立法及行政角色上的責任外，邦政府還任命各邦的代表，以組成聯邦參議會 (Bundesrat)。邦政府官員也參與聯邦總統及主要聯邦法院法官的選舉。

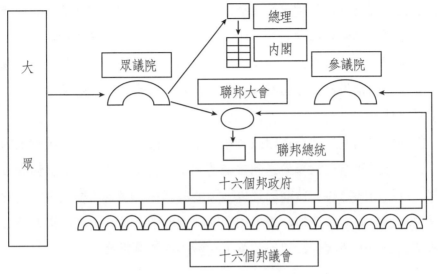

圖 20-1　德國聯邦政府組織

　　德國聯邦制到 1990 年統一為止，一直是中央化的社會，統一前的德國存在著社會相對的同質性，但是已被新型態的領土紛歧性所取代。這種新紛歧最明顯的是東德❷。東德被合併後，東西德的財政差異立刻被突顯出來，德國社會比以前更為「分權化」，領土比以前更為紛歧。新的紛歧造成聯邦各邦間的緊張，也更難產生和諧及全國性的政策標準。因此，要求聯邦制度進行修憲，以便能讓各邦得已在領土上制定合乎各邦政策的事項。各邦也要求讓參議院能在決策上更有效地適應領土的需求❸。各邦的紛歧性使國會兩院的分裂多數更常出現，例如從 1972 到 1982 年，1991 到 1998 年，以及從 1999 到 2005 年。這種情形常使許多法案難以過關，或經由委員會透過冗長的程序，始獲通過。

　　在 2006 年 7 月，《聯邦憲法》終於通過被稱為「改革之母」的修憲案，這個修憲案被認為是 1949 年聯邦共和國成立以來，最具全面性的憲法修

❷　Charlie Feffery, "Federalism: The New Territorialism," in Simon Green and William E. Paterson eds. *Governance in Contemporary Genmany* (New York: Cambridge University Press, 2005), p. 81.

❸　Ibid, p. 93.

憲。它包括《基本法》和聯邦法律的諸多變遷。這項修憲案的首要目標，是要明確區分聯邦與邦政府的權限。新的權限區分強調透明化，並且對要求參議院同意的法案數目，從原先的 60% 降低到 35-40%。為了彌補參議院所受權力的損失，各邦對某些政策領域，如教育和國民服務等事務，得增加其責任。

德國聯邦制度是建立在財政負擔共享的基礎上，為了減輕經濟上的不平等，財源是從富有的邦傳送到貧窮的邦，也就是原西德各邦轉移到東德各邦。今日財政富有和貧窮已經導致東德與西德，還有主要的政黨之間進行結盟。這次修憲成功後，為了加速聯邦制度的改善，重新改造聯邦政府與各邦之間的財政關係，已經成為下一波修憲的呼聲❹。

第三節　聯邦總統

聯邦總統不再具有威瑪時代的地位和權力；制憲者繼續保持這項職位，是希望有一個非政治性的官員，不只能夠代表國家，同時也負責一些禮儀性的職務。另外再由一名經由政治競爭出線的領袖（總理），來負責國家的大政方針。總統既然沒有政治實權，因此他就不需要經過直選的程序，而是由聯邦大會 (Federal Convention) 來選出，該大會由聯邦眾議院議員再加上由各邦邦議會依比例代表制的方式選出相同數目的代表所組成。它的功能類似美國選舉人學院，但是不同的是，聯邦大會是真的集會而且在現場投票。歷來能夠脫穎而出的總統人選，通常都是被認為公正及在政黨間具溝通長才，而又廣受尊敬的政治領袖。總統職位被視為是超乎黨派之上的，每 5 年選舉一次，連選得連任一次。

總統的權力包括任命及解除各種公職官員的職務，包括內閣閣員，軍

❹　Helga A. Welsh, "Germany: The Berlin Republic Strill in Transition," in Ronald Tiersky and Erik Jones eds. *Europe Today, A Twenty-First Century Introduction* (Estover Road, Plynmonth, UK, 2007), p. 104.

事官員以及罪犯的赦免。但是他的命令卻必須有聯邦總理或相關的內閣閣員的副署才能生效。他最普通的正式職權，是簽署並公佈所有的聯邦法律。因此理論上總統可以拒絕在完成立法程序的法律上簽字。基本法上雖然並未明白規定有此項權力，但是卻明確指出總統必須簽字後法律才能生效。這種規定可以被解釋為：法律完成立法程序後，並不必然自動生效。第一任總統赫斯 (Theodor Heuss) 就曾首先為一項眾議院通過的稅法，是否也應該交由聯邦議院通過，而提出質疑。當聯邦憲法法庭裁定兩院都必須通過後，赫斯拒絕在該稅法上簽署，該法也因此從未生效。這種作為未必相等於美國總統的否決權，但是在法律上的影響卻是一樣的。這項問題當然跟憲法上的正確程序有關，卻也引發了實質性的爭議。畢竟內閣及眾議院的絕對多數都已贊成的法案，卻因為總統阻撓的結果，使他捲入了政治。總統既然是代表國家統一的象徵，那麼他所持反對的立場，自然就會影響到某些黨派對他的支持。無論如何，這項行動建立了一項先例，那就是當法案需要參議院的同意，但卻為其所反對時，則總統可以拒絕在法案上簽署。1949 年以來，至少有過 5 次的類似情形出現。

綜合而言，總統的影響力一如英國國王，要視個人的性格及當時的政治環境而定。赫斯認為總統「不可以……參與日常現實的決策，但是他可以幫助改善氣氛，從而將某些非常單純、合理，而又是一般所接受的觀點，變成現實的政策」。從 1984 年起連選連任的總統魏茲謝克 (von Weizsäcker) 則認為不捲入日常的政治事務，並非意味他必須刻意地避免爭論。面對德國統一後東德重建所需的龐大經費，他在 1992 年公開地支持加稅的提議。因此在德國的體制下，總統所扮演的禮儀性角色，顯然要比英國國王更有參與政治的空間，但是關鍵點卻是一樣的：德國總理一如英國首相一樣，並不需要接受國家元首的建議；總理，而非總統，才是國家大計方針的掌舵者。但是另方面，德國總統在某些重大事務或爭論性的議題上，具有思慮判斷的權力，也非完全任由總統予取予求。這一點跟英國國王的角色又有不同。

第四節　聯邦總理及其內閣

一、內閣總理的產生

　　威瑪共和所創造的雙首長制，使得總統與總理二者間的權限未能作明確的劃分，常引發兩人間的爭端。聯邦共和國將國家元首（總統）與政府領袖區分的原則，明定在基本法中，並將重要的政治權力賦與總理。兩個職位間的責任跟義務得以作了清楚的區隔。例如，總理可以因為政府的政策而受到批評，但卻不致被認為是對國家的攻擊。由於許多鄰國一直對德國的過去持懷疑的心態，因此行政部門所作的這種權力上的區隔，是建立大家對新德國的尊重的重要安排。因為希特勒就是在 1934 年從興登堡總統手裡取得權力上的優勢，並且在興登堡過世不久之後，將總統與總理二職合併為一，由自己擔任「統治者」的新頭銜！

　　就如同英國首相由平民院多數黨黨魁出任一樣，德國總理也是由眾議院 (Bundestag) 以絕對多數選舉產生。因此總理必須是大黨的領袖（或聯合政黨的領袖），才能有效領導政府。總理產生之後，就進行組閣，由他就所屬政黨或聯合陣線內部，挑選最適任的議員來擔任閣員。但是德國的內閣制卻至少在三點上有別於英國的內閣制。第一，基本法規定只有總理需要向國會負責，而非如英國內閣必須負起集體責任。因此德國會有個別閣員因為政策偏差或個人醜聞而辭職，但卻沒有所謂集體責任的問題。第二，英國內閣透過政黨黨紀的貫徹而掌控了立法權，形成行政權與立法權都集中在內閣的現象；德國卻是行政權與立法權分開，仍維持國會的權力架構，因此總理並沒有具備內閣制下解散國會的權力；但是參眾兩院卻有權批評政府行動，並修改政府的立法案，在立法過程上的權力遠大於英國平民院。這種規定的目的在預防威瑪共和末期，總理過份專擅所造成的弊病。第三，英國內閣會議過程較不正式，閣員可對政策發表意見，但是卻不進行正式

表決，而由首相綜合會議氣氛作成決議。相形之下，德國內閣會議正式而嚴肅，有詳細的運作規則。它不只規定出席人數，而且還針對政策或議案，舉行正式表決。當內閣意見紛歧時，依多數決通過。但在某些重要議題上，相關部長如財政部的意見會受到尊重。

二、總理式民主 (Chancellor Democracy)

觀察德國跟法國 50 年來憲政體制的變化，可以發現一些有趣的現象和對比。兩國都因為歷史的教訓，而在憲政體制的變革上，作出細膩的制度設計，並且都達到民主穩定與效率兼具的目標。當法國從第三及第四共和轉型到第五共和時，權力由部長會議移到總統手裡。德國則在行政權限的分配上，也採取有別於威瑪時代的作法，而將權力由總統轉移到總理手上，與法國的方向相反。但是一個令人玩味的巧合是，法國權力的轉移並非完全由於憲法的改變，而跟第五共和的第一任總統的個性有莫大關係。德國也一樣，是第一任總理的性格跟憲法架構的改變相結合，而使總理職位的角色和地位起了變化。

德國雖然採議會內閣制，而且採取聯合決策，但是政策上的集體責任制卻非常有限。這除了因為基本法指定總理個人，而非整個內閣，向國會負責外，第 65 條指出，總理「決定，並且為一般政策負責」。因此依第一任總理艾德諾對這項條款的解釋，他在制定政策時，不需要跟內閣磋商。他將內閣看成一群專家，只有在他需要幫助時，才會凸顯其角色地位。如果他願意，那麼總理可以要求相關閣員提供資訊，作為決策的依據。但是因為他已有一個研究委員會直接對他負責，所以實際用到內閣的機會並不多。因此當他將提案送交內閣時，他自有其獨立和專家的意見作後盾，來打消來自閣員的任何反對意見。他對內閣的態度跟美國總統的作風有許多類似，也跟柴契爾夫人主政期間對她的內閣閣員的風格一樣，強硬而執著，有時連討論都被認為是浪費時間。艾德諾的領導風格跟柴契爾夫人一樣，都接近總統制。但是必須指出的是德英兩國都是議會內閣制的國家，而非

總統制。

　　艾德諾能夠支配內閣的另一項重要因素，在於內閣祕書處的成立；這個單位擁有 500 名學有專精的人員，相當於美國總統行政辦公室。他們專門負責經濟、外交及國內事務的分析，足夠使總理掌握國內及國際事務的動態，幫助總理制定大政方針，協調各部會的決策，以及監督內閣決策的執行。內閣祕書處由祕書長總管其成，其角色有如美國白宮幕僚長。

　　艾德諾在位共 14 年，這期間他強勢的作為，對內閣角色的限制，以及對整個決策過程和結果所產生的影響，歷久不衰。因此德國的議會內閣制被稱為總理式民主，就如同法國第五共和被稱為「戴高樂共和」，柴契爾夫人主政期間的英國，被稱為「首相制政府」。由於艾德諾的影響使德國戰後的國際地位受到尊重，「人」的因素對制度的影響，真的是處處可見！

　　1963 年艾德諾將權力交給對西德經濟復興有功的歐哈德，其權力與聲望非艾德諾可比，因此，總理的地位也大不如前。但是，社民黨崛起後，政黨黨魁之間的競爭漸趨激烈，無形中變成總理之爭，這是 1982 年之後，總理的寶座水漲船高的原因之一。另一個原因，則是歐洲聯盟的成立。德國為歐盟之大國，特別是總理輪值擔任主席時，其發言分量格外受到重視。現任總理梅克爾 (2005–) 就是因為她在歐盟的發言上發揮了她的影響力，使她的聲望大為提高。這說明德國總理在艾德諾時期，「人」的因素是主要原因，1982 年以後卻是客觀因素居多。

第五節　建設性不信任投票的意涵

　　民主國家中行政與立法部門的互動，往往不只影響到政府施政的成效，特別是在總統制的國家為然，而且關係到政府的穩定性，這一點以內閣制的國家為最。戰後的德國針對此項議題的處理，著力甚多，而且設計周詳，成效也甚為彰顯。其目的既在於維持行政與立法部門的平衡及相互牽制，尤在於保障總理不會動輒就因為國會否定性的多數 (negative majority) 而

下臺，造成政局的動盪。因此基本法一方面規定，總理沒有行使解散國會，舉行新選舉的權力——跟一般內閣制國家的機制有所不同，國會參眾兩院也仍有相當的權力批評政府的施政及修改政府的法案。但是另方面則限制立法機關對總理的控制。

一般議會內閣制國家，立法機關通常有權以簡單多數行使不信任投票，來迫使總理下臺。但是威瑪共和時代極端的左翼及右翼政黨經常聯合起來推翻內閣。極翼各政黨唯一的共同點，就是反對政府，但是它們卻提不出一個能為彼此所接受的繼任閣揆人選，民主體制自然動盪不安。基本法因此修改此項程序，而成立「建設性不信任投票」(constructive vote of non-confidence) 的機制。眾議院如要以不信任投票迫使總理下臺，此項投票必須是「建設性」，意思是指除了在通過不信任投票的同時，還要產生一位新的總理（通常來自某一個反對黨）❺。

這樣的憲政設計至少有三點重要的正面意涵。第一，可以確保政治領導不會出現真空，又可使新任總理擁有絕對多數的支持。第二，迫使反對黨必須提出有別於現任政府的具體及特殊的政策方案，而不能只因為反對政府的政策就要倒閣。第三，使在任總理能夠更容易協調內閣閣員間的爭端，卻不會威脅到他們的地位。

當然，這種設計可能產生的一個問題，是聯合政府中的自由民主黨，有可能被策動背叛現任總理，而達到更換總理的目的。在過去 50 多年間，建設性投票的機制被動用過 2 次。1972 年社會民主黨總理布蘭德 (Brandt)，面對基督教民主黨的挑戰，促成自民黨議員離開聯合政府，但是表決結果，布蘭德以兩票多數過關。1982 年社民黨總理施密特 (Schmidt) 同樣面臨基民黨的挑戰，自民黨的多數議員背棄施密特，並立刻與基民黨聯手選出柯爾為新總理。這是聯邦共和國歷史上唯一未經過國會大選，而由國會將總理趕下臺，形同一次和平又合憲的民主政變。

---

❺　Donald Kommers, *Constitutional Jurisprudence of the Federal Republic* (Durham, NC: Duke University Press, 1989).

　　第二種不信任投票則由總理主動提出，目的是讓總理為爭取國會對某項政策給予更多的支持，而進行動員，因此在政府所提出的立法案中，附上要求信任投票的動議。此項動議在提出 48 小時後進行表決（建設性不信任投票亦然），如果總理所提法案被否決，則他可以要求總統解散國會，重新舉行選舉。歷任總理共有 3 次提出此項信任投票，但是只有 1982 年施密特總理真正是為了動員支持而提出，而且也過了關，但是他沒多久就因建設性不信任投票的通過而下臺。

　　布蘭德在 1972 年提出信任投票動議，以解決預算的僵局，並要求社民黨某些議員投反對票，而達到他重新改選國會議員的願望。第三次則是柯爾在以建設性不信任投票中取得總理寶座後，希望經由重新選舉國會，來增加他地位的正當性及在國會中的席位。因此他在 1982 年 12 月提出信任投票的要求。一如布蘭德 10 年前的作法，他也故意輸掉這場信任投票，並要求總統解散國會。當時總統卡爾斯坦 (Karl Carstens) 對柯爾的作法曾有若干質疑，因此與各政黨領袖磋商並取得共識，才接受解散國會的請求，基民黨也如願贏得這場選舉。

　　但是 4 名國會議員針對不信任投票的合法性，向聯邦憲法法庭提出抗告。他們所持的理由是，總理在眾議院內仍擁有多數的支持，但卻蓄意輸掉不信任投票，以便達到解散國會的目的。他們認為，此等行徑違反了基本法的精神。一場德國的憲政風暴由此而起。卡爾斯坦總統面對此項爭端，親自上電視向人民解釋他同意舉行新選舉的理由，說明他是在考慮所有相關政治及憲法因素後，才作成決定。聯邦憲法法庭後來的判決，雖然支持總統解散國會的作為，但是卻同時對解散權提出新的詮釋，認為總理不得僅為了權宜的考慮，特別是當他在國會仍擁有穩定多數時，要求解散國會 ❻。

　　綜合以上所述，信任投票的程序只被動用了 3 次，而建設性不信任投票也只有 2 次，但是這些條款的設計卻自有其重要性。第一，從解散國會

---

❻ Russell J. Dalton, *Politics in Germany*, 2nd ed. (New York: Harper Collins).

與否的爭議中，看出德國總統對一些重大議題，享有一定程度的裁量權。第二，由於總理地位的強化，使得眾議院的黨紀更具彈性。國會通過內閣所不支持的法案，並不就是要倒閣。德國的制度清楚地告訴我們：對內閣的信任和對法案的通過是兩碼子事。或許英國這個老牌的議會內閣制國家，就是從德國經驗中得到啟示，因此在 1970 年代以後，才在憲政及黨紀的規範上出現了一些彈性！

　　總理地位因建設性不信任投票而強化，但是在眾議院不支持現任總理而又找不到一位繼承人，以及總理又不認為適合解散國會的情況下，內閣所要的法案仍無法通過。一場政治僵局依然解不開，甚至可能因此導致總理的辭職，那麼整個穩定政局的原意，屆時反而泡湯。因此第 81 條就提供了「立法緊急狀態」(legislative emergency) 以求化解可能的僵局。當內閣提出「迫切性」的法案，要求國會支持，而仍受到否決的時候，內閣可以要求總統宣佈立法緊急狀態。任何被眾議院拒絕或不受理的法案，只要得到參議院的多數支持（35 名參議員），就自動成為法律。但是除非眾議院產生一位新總理，否則其有效期限為 6 個月。這項但書等於告訴總理和眾議院間的僵局，不能無限期延擱下去。這項設計因為德國政黨制度的轉型，所以真正派上用場的機會不大❼。

---

❼　Donald Kommers, "The Federal Constitutional Court in the German Political System," *Comparative Political Studies* 26 (1994): 470-491.

【第二十一章】
德國的聯邦國會

二次大戰結束後，德國憲政制度上有兩大支柱，一為議會內閣制，二為聯邦制。但是相較於其他相同體制的國家，德國在這兩方面的表現，卻有若干差異。從議會內閣制來看，內閣固然由聯邦眾議院產生，並向眾議院負責，而且因為政黨政治的出現，也使得聯邦總理所領導的（聯合）內閣，通常都能得到議會的支持，因而有著英國內閣集合行政權與立法權於一體的現象。但是如同上一章所指出，基本法上對國會地位的保障，例如總理無權任意解散國會，使得德國又出現美國總統制下分權的精神；因此相對於英國，德國的國會當然更具自主性與權威性。這一點使它更接近美國的國會。從聯邦制來看，德國與美國一樣是兩院制。但是除了兩國的眾議院，同樣具代表各州（邦）人民的功能之外，美國聯邦參議院各州的 2 名參議員，原本是由各州州議會選舉產生，代表並反映各州的權益之意義甚濃。問題是從 1913 年起，參議員改由各州選民選舉產生後，參議員代表各州的原意出現了一些改變，主要以反映各州選民的利益為優先。德國聯邦參議員則依各邦人口的比例，而產生 3 至 6 名，並由邦政府直接任命，沒有任期限制，完全隨邦議會選舉結果由那一個政黨獲勝而決定。因此各邦參議員都集體代表該邦邦政府的意志，在參議會表決時，也以邦為投票單位。在黨紀上，德國國會的黨紀要比美國強，並沒有因聯邦分權而減弱。但是卻又比英國眾議院要稍弱（或者稱有彈性）。本章將以上述所提各點，作為分析比較的基礎。

第一節　德國立法機關的性質

德國的立法機關由眾議院及參議院 (Bundesrat) 所組成，在德國政治

過程中有其重要的地位和廣泛的權力。由於聯邦共和國是一個議會內閣制的國家，因此它跟英國一樣，具有行政權和立法權同時由內閣集中行使的現象。例如在所有國會審查的法案中，有一半以上是由內閣提出，並且絕大多數都能完成立法。1990 到 1994 年間，第 12 屆眾議院共收到 800 項法案，其中 407 項是政府法案，297 項是由眾議院起草，96 項則由參議院提出。政府法案通過的比率是 77%，參眾兩院則分別只有 7% 及 16%。這個數字說明內閣主導國會立法的程度，跟其他內閣制國家並無太大差別。但是行政及立法兩權集中於內閣的情形，並無損於聯邦國會的權力，這跟英國平民院幾乎淪為民主辯論的舞臺並不一樣。畢竟德國的國會具備了一般議會內閣制國家的兩點性質，第一，它是國會制政府下的國會，它有權決定政府的組成及在位時間的長短❶。第二，行政部門的最高職位——內閣總理及其閣員——也同時是眾議院中最重要及最具影響力的議員。除此之外，德國眾議院雖然不能任意迫使總理去職，但總理同樣不能隨時解散國會；這點除了說明為什麼 1949 年以後的德國國會，大都擔任滿 4 年任期的理由外，也反映出德國議會在集權之中，還具有分權的性質。議員們對政府法案的修改或否決，並不等於對政府的不信任。這一點除了使德國眾議院的黨紀更具彈性外，也使國會在立法過程中擁有更多的權限，包括對法案的修改與否決，反對黨在辯論和質詢中，要求政府為其政策負責，以及審查預算和政府提出的法案……等等。因此在這種同時具備集權和分權性質的制度下，德國國會的權力反而跟總統制的美國國會較為接近。

　　基於納粹中央極權政府所造成的慘痛教訓，1949 年的聯邦基本法特別恢復聯邦政府的體制，一方面符合德國歷史傳統中邦政府的地位，另方面則避免聯邦政府權力過大所可能造成的弊病。因此邦的地位和權力都受到基本法的保障，邦政府對教育、文化和區域規劃，有其獨特的權限。也

❶　Winfried Steffani, "Parties (Parliamentary Groups) and Committees in the Bundestag," in Uwe Thaysen, et al., *The U.S. Congress and the German Bundestag* (Boulder, CO: Westview Press, 1990), p. 273.

因此代表各邦地位的聯邦參議院，在立法過程中所擁有的權力及影響力，是各民主國家的上議院少有的。

因此今天的德國國會，已非第二帝國時代 (1871-1918) 的帝國議會，以及共和時代 (1919-1933) 的議會可比。舊時代的立法機關，在政治上及憲政上的地位都低於行政部門，為專業文官所操縱。聯邦政府成立之初，因為艾德諾總理聲望太高，國會在憲政體制上難免仍受到行政威權的牽制，但是時移勢異，聯邦國會已經擺脫它原先矮於行政部門一截的時代，成為國家制定政策的一個強有力機關。

第二節　德國眾議院

一、眾議員產生的方式及其影響

在統一之前，眾議院從 11 個邦選出 496 名眾議員，其中一半的議席是以單一選舉區的方式選舉產生，另外 248 名則是依政黨比例代表制選出。統一之後，由於新增德東的 5 個邦，眾議員總數擴增為 663 名。實施這種混合型選舉制度的結果，一方面促成德國的溫和多黨制，使各政黨的意識形態差距不大，有助於一大一小聯合政府的組成，另方面則有利於政黨的團結及黨紀的貫徹。影響所及，各政黨的政策立場清晰可見，使選民容易辨別各政黨在議題上的立場，選民可以要求他們所支持的政黨，為它在議題上的立場負責。政黨黨紀的貫徹則有助於政府的穩定性。

黨紀貫徹的直接效應，是使德國聯邦選舉的選民投票率高達 80%-90%。有學者認為，這種高投票率是由於德國人民的習慣或責任使然❷。但是從戰後三個主要政黨在政治立場高度的穩定性，以及每個政黨在歷次選舉中的表現，很少出現重大的偏差來看，政黨意識形態的明顯性，或許

---

❷ Ralf Dahrendorf, *Society and Democracy in Germany* (Garden City, N.Y.: Anchor, 1969).

更有可能是促成高度選民參與的原因。選舉制度對政治的影響不言可喻！

　　堅強的眾議院政黨組織，也造成一些缺失。就如其他民主國家中的國會政黨一樣，政黨的高階層領導人總會將新進議員排在議場後座，讓他們先當一段長時期的「學徒」。戰後德國一些知名的政治領袖，通常是經由他們在邦或地方政府長時期的服務，累積他們的政治知名度和技巧後，再進軍聯邦政府。例如布蘭德總理因為在擔任柏林市長時，適逢東德於 1961 年建立柏林圍牆，而一舉成名。施密特總理曾久任漢堡市長等。但是這種後排議員的歷練，雖然有助於他對黨意識形態的認識，卻也使年輕的議員倍感挫折。當國會委員會開會時，他們常常只是待命接受黨意志的馬前卒，少有自己表達意見的空間。當所屬政黨取得執政地位時，黨領袖對他們的頤指氣使更甚於往昔。這些情形容易造成高層領導人與後排議員間的隔閡。施密特的個性倨傲，使他在擔任總理時，與基層議員間的溝通更形欠缺，是造成他被迫離職的主因。

二、眾議院的組織

　　在談到眾議院的組織之前，有必要先說明德國議場的設計。英國平民院議場在二次大戰中遭受轟炸而半毀。戰後英國要重建時，邱吉爾發揮很大的影響力。他強調議場的大小和形狀，關係到立法角色和程序的順暢。因此戰後當德國在波昂的新議場完工後，準備議場的佈置時，有人主張採取英國平民院的型態，將執政黨與反對黨分開兩邊對立而坐，希望為眾議院注入新的生命，並使會議的進行也採取類似的程序。主張採納這個方案的人，所考慮的另一個著眼點，可能是認為會更有助於黨紀的貫徹。但是最後議場的設計，仍然採取德國傳統式樣，也就是像美國國會的扇形部署。德國眾議院在舊有的風貌中，展現出新的民主活力與效率，而政黨的團結與凝聚也並沒有受到影響。唯一令大眾垢病的是，偌大的議場經常是半虛空狀態，出席人數太少。因此前來出席的人，也就不需考慮前排後排，任意就座。另一個有趣現象，是每當議場辯論的主題一改變，原先坐在前排

的議員就跟著改變，以便讓對新的有專長的議員，可以更靠近主席臺。

眾議院主持會議的人是議長，由議員以祕密投票選出。議長跟美國眾議院議長一樣，並不需要完全退出政黨活動。議長以維持會場秩序，並保障議員權利及特權為主要責任。他或她有權將不守議場規範的議員的出席權予以停止，最高可達 30 天。另外有 4 名副議長及一些負責記錄的祕書，幫助議長協調議事的進行。無獨有偶的是，跟英國一樣，德國也在 1990 年代出現女議長。

眾議院的成員大部份是男性，來自專業或中產階級居多。社會民主黨的議員在 1950 年代時，有相當比例是出身藍領階級，但是這情形目前也已改變，使整體的同質性相對提高。女性議員的比例逐年有所增加，從 1980 年代的 15%，到 1998 年變為 30.9%。另外，在 1970 年代前只有少數的女性律師，但是進入 1980 年代及 1990 年代，隨著綠黨所選出的女性議員增加的結果❸，這種情形已經有了改變。統一之後，新的政黨如工人取向的前共產黨所改成的民主社會黨，以及綠黨議員自成一格的生活時尚，使眾議院的政黨及議員背景也跟著多樣化。如果這些新的政黨繼續在議會中保有席位，則眾議院中原本保有的共同的中產階級專業風格，勢必會降低一些。

三、眾議院黨團

眾議院內最重要的組織是國會政黨（或稱黨團），就是將那些靠同一個政黨標籤而選上的議員組織起來。任何團體只要擁有全部議員總額的五分之一，就有資格組成黨團。在西德成立的前 30 年間，一直只有 3 個政黨夠條件組成黨團：基督教民主黨、社會民主黨及自由民主黨。1983 年選舉後加上了綠黨。1990 年舉行統一後的全德性選舉中，綠黨敗北，使國會仍然只有上述 3 個黨團❹，但 1998 年的選舉後，綠黨又東山再起。

❸　Frank Rusciano, "Rethinking the Gender Gap: The Case of West German Elections," *Comparative Politics* 24, No. 3 (April 1992): 335-358.

黨團之所以重要是因為它們控制眾議院的組織及決策機器。雖然基本法上規定「全體人民的代表不得受（任何團體）指示的限制」，但是想要在國會生涯中更上層樓的議員，不會輕易去反對黨高層所作的政策決定，而背上冒犯黨紀或破壞黨團結的惡名。除決策外，黨團還有權指定各議員到各委員會，以及提出法案。辯論時間的分配是根據各黨團在眾議院的實力而決定。德國為了確定國會中不會有太多分裂性的政黨，因此只有少數議席的團體，都被排除在立法過程之外。

每一個黨團都依主題組成不同的工作小組或委員會，以符合國會委員會的需求。這些組織除了是決定黨政策的必要機制外，還可以培養議員們的專業。一個議員被分配到某一個小組後，如果肯勤於鑽研法案的性質和內容，就會展現其領導才能，技巧，辯論長才以及對主題的掌握，常會成為相關國會委員會中領袖群倫的議員，而有機會晉陞政務官之列。

四、國會委員會：新統合主義的舞臺

眾議院中重要的權力中心是元老委員會 (the Council of Elders)，扮演類似指導委員會的角色。這是一個由 28 名委員所組成的永久性機構，由眾議院議長擔任主席，四名副議長，及各黨團依據它在國會的席次比例而推薦的名單。這個委員會每星期集會一次，決定眾議院議程，以及分配每項主題所需要的辯論時間。它還任命每一個立法委員會的主席。

眾議院還設有其他各種委員會，包括常設，調查，以及特別委員會；其中以 23 個常設委員會最為重要。足堪跟美國國會委員會相比的是，這些常設委員會及許多小組委員會，稱得上是國會立法的樞紐。跟美國不同的是，委員會的主席人選是依照各黨團在眾議院內的實力來分配，並依照專長來任命，而非如美國那樣完全由多數黨的議員，而且通常是資深議員來擔任。這使得委員會常能夠超越黨派界限，促成內部的團結及成員對所屬

---

❹ 嚴格而言，基督教民主黨是由基督教民主聯盟 (CDU) 及基督教社會聯盟 (CSU) 所組成，因此事實上各有其黨團存在。如此則共有 4 個眾議院黨團。

委員會的認同。委員會的主要功能是針對立法院進行深入審查，並在必要時加以修改。因此委會員有權傳喚內閣閣員進行質詢，並邀請專家對法案進行聽證。各相關部門的常任文官，各邦以及參議院的代表也會受邀，提供建議。

值得注意的是，委員會審查法案時，並不以政府官員為限，它還邀請各個相關的統合性利益團體進行磋商，最後達成一個共識性的結果。因此德國國會（包括參眾兩院）的立法過程，實際上是新統合主義實施的舞臺，結合政府，利益團體及國會委員會三者的意見，在達成法案的結論後，送交院會定案。這種三者結合的模式雖然跟美國立法過程中的三角聯盟(triple alliance)──利益團體，行政部門的官僚體系，以及委員會──有點類似，但是多元主義下的美國，強調的是利益團體間的遊說和競爭，講求的是實力原則，而非德國三方面協調的結果所呈現的整體性利益的考量。因此政策形成的過程較容易受到非議，法案偏狹性色彩的痕跡彰然可現！綜合而言，德國國會要比英國的平民院及法國的國民議會，擁有更多的自主性和權限。

第三節　聯邦參議院

參議院是德國聯邦制度的支柱，負責聯邦及各邦權力的分配，並將執行聯邦法律的權力授與各邦。因此它是聯邦及各邦政府的交叉點，由各邦政府所指派的 69 名參議員所組成。參議院內政黨之間實力的對比，要看各邦的邦政府是由那一個政黨或聯合政黨所控制。16 個邦中的每邦參議員，依一個單位而非人數，並依邦政府指示而投票。所以控制多數邦政府的政黨，就等於實質上掌控參議院。如果掌控眾議院多數的政黨（就是執政黨），失掉參議院的控制權，其結果雖然不至於像美國的分裂政府或法國的左右共治那樣難堪，但是德國參議院是世界上少數幾個權力很大的上議院，這種分裂控制卻可能對眾議院的立法產生阻撓及延擱的後果。另外，在修憲

議題上，因為需要參眾兩院分別以三分之二的絕對多數通過，因此也凸顯出參議院地位的重要；在有關國際條約的履行上，因為常會涉及各邦的權益，參議院的發言份量自然相對提高。

隨著聯邦國會的自主性逐漸提高，參議院對於眾議院所通過的法案，是否關係到各邦權益的認知，也跟著有了相當的改變。從 1970 年代開始，眾議院所通過的多數法案，都被認定是跟各邦權益有關，因此必須得到參議院的同意，否則法案就消跡無蹤。影響所及，參議院的辯論越來越政治化，邦政府的選舉所牽涉到的議題，更是大部份都具全國性。參議院反而更接近全國的關切和需求，並且提供一個論壇，讓大眾瞭解國家的立法會如何影響到各個邦的權益或地位。

第四節　德國司法體系

由於州政府高度投入政治及經濟的事務，德國的司法一直在政府中扮演重要的角色。如前所述，德國政府在 1871 年之後是工業化的推手，需要廣泛的法律來確定它的權力範疇。因此德國在歷史上一直有一套完備的法律制度。但是政府與司法間過於密切的關係，卻使得無論是在第三或第四帝國時代，都出現法院摧殘人權，破壞民主發展的舉措。聯邦共和國的基本法特別關切的，就是要使新的司法體系能夠避免這些濫權現象的重現。它的首要條件之一，就是要司法明確保障個人團體，及政黨的民主權利，重視美英法的法律制度中所堅持的個人自由。基本法中對於個人自由的陳述和詳細的規定，遠超過美國憲法或英國的普通法。

聯邦共和國的法院系統分成三個部門。首先是一般的刑事及民事法院，以聯邦高等法院為終審機關。不同於美國的是，法院是單一制度，而不受 16 個邦政府的控制。它希望在法律事務上，對 16 個邦會採取共同一致的標準。

行政法院是第二個法院系統，包括勞工法院，社會安全法院，以及財

務法院。行政法院所管轄的範圍要比其他兩個法院系統小。它之所以設立，最主要是在聯邦制度下邦政府往往在執行自己邦內的行政事務外，還依聯邦參議院的決議，代為執行聯邦的行政事務及聯邦的法律。因此邦政府及其文官系統對德國人民的生活，幾乎處於宰制的地位。行政法院系統就是要對各邦的文官系統所擁有的仲裁權，發揮糾正的平衡效果。

第三個應該特別論述的是獨立的聯邦憲法法庭。這個法院是在美國堅持下而成立，其功能也與美國最高法院及法國的憲法委員會相類似，包括審核法律的合憲性，調解各級政府間的爭端，以及維護憲法及民主秩序❺。因此它隱含對國會決策權力的限制，以及對下級法院法官司法詮釋的審查。但是它最重要的職責卻是確保德國的民主秩序。它大部份的時間是花在有關對立法的司法審核，及跟人民在基本法上的權利有關的訴訟上，佔全部案件的98.6%。為了鼓勵人民重視他們的權利和自由，基本法授權一般人民在他們的基本權利為政府侵犯時，可以向此法院提出訴訟，不需負擔費用或由律師出庭。因此除了對政府政策的節制功能所引申出來的政策制定的效果外，它還具教育的功能。經由法院直言無諱的判決，提醒人民重視憲政價值，政治道德，以及國家的道德目標。因此大多數人民都理解到法院的存在及其在政治上的價值，視之為維繫民主體系的關鍵性要素。

憲法法庭有兩庭，各設 8 名法官，任期 12 年，分別由參眾兩院選舉產生。

❺ Donald Kommers, *Constitutional Jurisprudence of the Federal Republic* (Durham, NC: Duke University Press, 1989); Donald Kommers, "The Federal Constitutional Court in the German Political System," *Comparative Political Studies* 26 (1994): pp. 470-491.

欧盟會議大廈

第四篇
歐洲聯盟

•• 地理及人文簡介

會員國：奧地利、比利時、丹麥、芬蘭、法國、德國、匈
牙利、希臘、愛爾蘭、義大利、捷克、愛沙尼亞、
立陶宛、馬爾他、荷蘭、葡萄牙、西班牙、拉脫
維亞、波蘭、瑞典、斯脫伐基亞、斯洛伐尼亞、
盧森堡、英國、塞浦路斯、羅馬尼亞、保加利亞
等 27 國

人口：501,259,840 人

平均壽命：78 歲；男：75 歲，女：81 歲（只限於東歐等
10 國加入前）

人口結構：0-14 歲：17%；15-64 歲：67%；65 歲以上：
16%（只限於東歐等 10 國加入前）

歐盟總部：比利時首都布魯塞爾

【第二十二章】
歐洲聯盟的發展進程

　　歐洲聯盟（歐盟，the European Union, EU）是歐洲 25 個民族國家，在政治經濟上所作的一項極具企圖心的制度性規劃，目的在於建立一個治理架構，來對廣泛的議題共同作出決定。由於它的成員國家並沒有宣佈，要在任何政策領域放棄積極追求它們的國家利益，因此歐盟跟其他國際組織一樣，並沒有具備法律上的權威，在制度的發展上也仍未臻完備的境界。但是各會員國同意在歐盟這個侷限性的架構內，來追求它們的利益，卻意味著它們已經承認這個多重性機構所作的決策，以及在許多政策領域上所採取的行動，擁有最高的權威。

　　歐盟常常跟歐洲共同體 (European Community) 這個名稱交互使用。1958 年當 6 個歐洲經濟共同體 (European Economic Community, EEC) 的創始會員國簽訂羅馬條約的時候，歐洲共同體的名稱開始被使用。等到 1993 年馬斯垂克條約生效，歐洲聯盟的名稱正式取代歐洲共同體。但是在某些法律文件中，歐洲共同體的名稱仍然在使用。

　　歐盟跟一般國際性組織雖然有其相似之處，事實上卻有相當不同之處。首先，歐盟有一些機構並不受會員國控制，並且可以在政策制定過程中行使真正的權力。除外，歐盟雖然跟傳統的國家單位有明顯的相似之處，但是它跟本書中所討論的其他國家，卻又有明顯的不同，例如，它本身沒有軍隊或警察，也沒有一位總理或民選的總統。

　　歐盟經過近半世紀的發展，已經逐漸取得會員國的承諾和支持，進行一項「共同行使主權」(pooling sovereignty) 的實驗。因此隨著歐盟的政策議程慢慢的在擴充，會員國政府單方面作決策的情形也隨之逐漸地減少。歐盟所制定的法律效力高於各會員國所產生的法律，已經成為一項共同的規範。當各會員國都將屬於歐盟的事實，當成一件嚴肅的事情的時候，以

國家為單位所制定的法律，已在效力上小於歐盟。換言之，一個超越國家之上的組織不只隱然成形，而且具備一定的拘束力。

第一節　歐洲聯盟成立的背景因素

歐洲的歷史及政治相當複雜。在十四世紀之前，一般是以基督教世界 (Christendom) 來稱呼這個區域，但是卻一直沒有單一的政治組織，或是中古時代的國際秩序，來管理這塊基督教世界。拉丁語或希臘語也非真正的共同語言。十六世紀興起以領土為單位的民族國家後，強調政治權威而非教會統治的結果，傳統上將歐洲認同為基督教世界的觀念，開始受到挑戰。但是國家間的衝突與戰爭，卻從此未曾間斷過。整個歐洲歷史充斥著戰亂，造成邱吉爾所稱的「血流成河」(rivers of blood) 的悲劇。

歐洲整合 (European integration) 的運動最早可以追溯到希臘城邦時代，並且在歷史上一直以不同的方式在追求不同的整合型態，一直到現代。整合的動機或有不同，但是最主要的理由卻都是要維持和平，保持共同的歐洲文化，希望建立更好的物質生活條件，以及放鬆對貿易的限制。二次大戰結束之後所進行的整合努力，主要是立足於一個信念上，認為歐洲整合是解決「德國問題」最好的答案。也就是說，整合而非對抗是將德國緊密地留在和平的民主國家陣營，並且使它免於再在歐洲的地理政治中，扮演一個破壞性角色的最好方法。

擔心德國潛在的侵略力量，確定要使德國成為一個具合作意願，而非威脅性的鄰邦，確實是促進歐洲整合的主要動機。但是其他因素的考量卻是重要的催化性因素。由於以往在經濟上及軍事上一直依賴美國，使得西歐各國希望能夠建立自己的保護力量，防備美國一旦衰退所可能產生的影響。各國逐漸發現歐洲各國公司面對美國及日本的經濟貿易，正喪失其競爭力（正如經濟動機對美國由邦聯轉變成聯邦的過程，扮演很重要的動力，是一樣的道理）。除外，各國體認到環保、非法移民，及有組織的犯罪等國

際性問題，需要跨國性的合作。各國政府領袖瞭解到彼此結合在一起所能發揮的力量，要遠比個別行動來得有力。就是這些因素交相互動的結果，舊式的主權觀所強調的排他性決策的權力，乃被認為是「無知的主權觀」(naive sovereignty) ❶。布魯塞爾這個歐洲聯盟的象徵城市，乃因此逐漸扮演起最初是補充，接著是限制，領導，然後是替代各個會員國首都的角色。

今天歐盟會員國間的國際關係以及國內政治，已經越來越緊密，因此它雖然還不是「歐洲合眾國」(United States of Europe)，但是要想分析任何一個會員國的政治，都必須先考慮到歐盟所產生的影響。事實上歐洲聯盟目前的重要程度，已經使得我們不將在布魯塞爾所發生的事列入考慮，就無法瞭解各國首都的作為。同樣的是，不將各國首都的動態列入考量，就難以理解歐盟的政策 ❷。歐盟無法擺脫各會員國的政治，就如同華盛頓不能不注意各州首府的動態是一樣的 ❸。歐盟是歐洲整合過程中最重要的制度性安排，其政治體系就好比制度光譜線上介於聯邦制度與國際組織之間的型態，並且仍然沿著這條線在往前移動，到一個更整合的境界。為了要瞭解它一直在動的理由，就必須考慮其歷史起源。

1946 年邱吉爾就曾提到「盡大家的可能重建歐洲家庭」。其後由於波蘭及捷克先後為前蘇聯所控制，歐洲明顯地分裂成東西方冷戰集團，使西歐政治整合的構想更見迫切。在二次大戰受害甚深的各國菁英，擔心如果

---

❶ W. Wessels, "The EC Council: The Community's Decision-making Center," *The New European Community: Decision-making and Institutional Change*, Robert O. Keohane and Stanley Hoffman, eds. (Boulder: Westview Press, 1991), p. 136.

❷ Gary Marks et al., "European Integration in the 1980s: State-Centric V. Multi-level Governance," *Journal of Common Market Studies* 34, No. 3 (September 1996), pp. 341-378.

❸ A. M. Sbragia, "Introduction," in Albert Sbragia, ed., *Euro-Politics: Institutions and Policy-making in the "New" European Community* (Washington: Brookings Institution, 1992), pp. 1-22.

不能成立有效的整合機制，則另一場大規模的軍事衝突，就有可能再度出現。他們的懼怕主要來自在不到一個世紀間 (1870-1945)，法國與德國就打了 3 次戰爭，而且雙方都還捲入西班牙內戰 (1933-1936)。

　　1949 年 8 月各國協議成立歐洲委員會 (Council of Europe)，並決定建立一個「政府之間」的組織，而非一個超國家的單位，作為歐洲超越戰爭的一個初步制度性共識。1950 年 5 月 9 日法國外長舒滿 (Robert Schurman) 提議，建立一個國際組織，來協調煤及鋼鐵工業的生產及其他活動，這就是一般所稱的舒滿計劃 (the Schuman Plan)。這項計劃主要是想促成德法兩國的和解，並作為邁向歐洲聯邦的第一步。舒滿的意圖是要將德國納入一個整合性的架構，作為限制德國力量的方法。這種作法跟過去所採取的武力對抗方式完全不同，說明了為什麼今天的歐盟能夠有如此發展的理由。舒滿的計劃等於是「跳向一個未知的境界」 ❹，但是法國表示願意在煤及鋼鐵的領域內，限制它自己的主權，以使德國也願意作同樣的限制。因此法德關係的經營事實上是整個舒滿計劃的核心，而且這種關係仍然是歐洲整合過程的關鍵。當兩國同意進一步整合時，德法提供達成整合所需的政治能源及動力。

　　除了提出對德的新政策外，舒滿計劃同時邀請歐洲的民主國家參與舒滿所構想的組織，以為一個共同的未來願景催生。5 個國家先後回應這項邀請，包括德國、義大利、比利時、盧森堡及荷蘭。經過一個月的談判，在 1951 年 4 月 18 日正式簽訂巴黎條約，然後依據該條約成立歐洲煤鐵共同體 (the European Coal and Steel Community, ECSC)。巴黎條約則成為歐洲整合過程中的創始文件，歐洲整合過程也由此展開。

---

❹　Edmund Dell, *The Schuman Plan and the British Abdication of Leadership in Europe* (New York: Oxford University Press, 1995), p. 22.

第二節　歐洲聯盟的成長與擴張

ECSC 所著重的焦點是在經濟領域，希望經由國家間的貿易及其所帶來的繁榮，會有助於整合的趨勢。這也正是新的組織跟一般的國際組織不同的地方。一般的國際組織所重視的是代表權，權力的均衡，以及人權的保障，但是 ECSC 卻強調經濟的交流及其所帶來的經濟利益，以及所促成的和平效應。這種重視低階政治 (low politics) 的功能性交流，提供了各國參與的重大誘因，也為歐洲聯盟的成長奠定了好的基礎。

對德國總理艾德諾來說，ECSC 的成立意味著德國將被接受為歐洲及國際社會的一個受到尊重的成員，他還可藉此跟法國建立緊密的關係。此外，他更認為德國煤鐵生產業者，將會處於強有力的地位，使他們的利益受到保障。因此從戰略及個人觀點上，舒滿的提議頗具吸引力。義大利考量的角度有二。第一，跟西方國家整合可以幫助義大利擺脫它過去法西斯的記錄，並防止義大利共產黨取得政權。第二，歐洲整合有助於出口市場的成長，幫助義大利的現代化，以及讓義大利人得以移民到其他歐洲地區。至於荷蘭等三國不只一向依賴與鄰國間的貿易，而且可以有助於德國問題的解決，不再受到強鄰的威脅。比利時更可因此獲得煤礦的優遇。

歐洲重要國家中唯一沒參加的民主國家是英國。傳統上英國對歐洲事務本就沒有高度興趣，再加上煤鐵共同體本身所具有的超國家的特徵，使英國菁英及一般選民對此更覺冷漠及事不關己。工黨政府是以國內的政策議題而贏得執政權，對外事務並不熱衷；更重要的是，英國自認為是世界強權，是帝國的領導者，並不需要去關切它在歐洲的角色。這些因素使得後來當英國終於獲准加入的時候，跟其他的會員國顯得格格不入。它跟美國的「特別關係」仍然重於一切。

1955 年 5 月盧荷比三國建議六國外長，著手起草新的條約，以擴大共同市場，並採取步驟，促成歐洲進一步的整合，包括成立組織來處理共同

市場及關稅聯盟，以及原子能的問題。1957 年 3 月各國簽訂羅馬條約
(Treaties of Rome)，並在次年條約生效時正式成立歐洲經濟共同體 (the
European Economic Community, EEC)，以及歐洲原子能共同體 (the
European Atomic Energy Community, EURatom)。在歐洲經濟共同體的
架構下，各國原本分開的國內市場，將被合併成一個大型的單一市場，這
不只保證物品，人民，資金及服務的自由流通，而且將草擬廣泛的共同經
濟及社會政策。歐洲原子能共同體則以促進核能的和平使用為目的。1965
年歐洲煤鐵共同體、歐洲經濟共同體，以及歐洲原子能共同體這三個執行
單位，合併成歐洲共同體 (the European Community, EC)。

　　一旦歐洲整合順利地發展到這個階段，很自然吸引一些原本沒參加國
家加入的動機。英國先是在 1961 年終於申請加入，但是為法國戴高樂總
統兩次投反對票。一直到 1969 年戴高樂被迫退休後，英國才獲准加入，
並於 1973 年跟它密切的貿易伙伴愛爾蘭及丹麥正式成為會員國，是為歐
洲共同體成立 11 年後第一次擴張。挪威申請加入獲准，但是選民投票反對
加入。

　　1981 年希臘獲准加入；1986 年西班牙及葡萄牙二國也獲同意成為會
員國。3 個國家都因為從威權過渡到民主而獲得肯定，並使歐洲整合擴張
到南歐地中海地區。1995 年奧地利、瑞典及芬蘭也加入，因此到 1998 年
時歐盟共有 15 個成員國，包括斯堪地那維亞大部份國家，以及主要的地中
海國家。此時的歐盟已經在它的國民總生產毛額 (GNP) 及人口上超過美
國，並且是工業化的世界中的最大市場。

　　但是隨著會員國的增多，歐盟內部的整合問題開始出現困難，其中最
突出的問題，在於成員國間人口及面積的不對等。盧森堡人口只有 40 萬，
其領土面積及 GNP 佔整個歐洲聯盟不到 1%。德國的人口有 8,100 萬，佔
歐盟總人口的 21%，整個歐盟 GNP 的 29%。問題在於：當一個組織的決定
對每個成員國都具有拘束力的時候，如何讓大小相差如此之巨的國家，都
能感到舒坦？為了讓小國不會被大國所吞沒，歐盟內部設有一定的機制，

讓小國的發言權要比它們實際的面積大，一如當初美國獨立時對小州所作的保障一樣。但是問題並沒有完全解決。當歐盟要進一步邁向政治統合時，如何保障小國還是免不了會成為僵持的議題。2004 年歐盟討論制定歐盟憲法時，就面臨這種困境。這個問題在後面還會討論到。

第三節　歐盟的成立與挑戰

在歐洲共同體逐步擴張它的會員國的同時，它並沒有疏忽如何進一步促進歐洲整合的步調。在羅馬條約簽訂後，原始 6 個簽約國間的貿易，的確大幅增加。但是隨著 1944 年所建立的布蘭登堡森林協議所建立的金融體系 (Bretton Woods Forest System) 崩潰的結果，歐洲共同體的成員面臨美國霸權的支配，以及金融市場浮動性增加等因素，使得貿易的擴張受到嚴重的威脅。因此 1979 年在法德兩國的主導下，六國同意成立降低匯率浮動的機制，隨後成立歐洲貨幣體系 (the European Monetary System, EMS)。這個體系成立的最大意義，在於為一個共同貨幣及歐洲經濟與貨幣聯盟 (Economic and Monetary Union, EMU) 的催生奠定基礎。但是英國新執政的保守黨柴契爾夫人政府，卻拒絕加入這個貨幣體系中最重要的匯率機制。因此當 6 個創始會員國進一步邁向整合過程的時候，仍然缺少英國的參與。一直到 1990 年 10 月柴契爾夫人離職前，英國才加入這個體系。但是英國仍然不願意讓英鎊緊跟著六國貨幣的價位。

歐盟的成員國家所最關切的，是面對美國及日本的競爭下歐洲競爭力衰退的問題。因此在德法兩國的推動下，會員國彼此之間逐漸形成共識，認為歐洲必須建立一個真正的共同市場,能夠將所有非關稅障礙完全排除。因此市場不再只是單純地提供工人完整的保護措施而已，而應該是經濟成長的動力。歐洲理事會 (European Commission) 的主席戴樂斯 (Jacques Delors) 於 1985 年就任後，對這項共識的推動及執行不遺餘力，他可說是其後 10 年歐洲整合運動中，最關鍵的人物❺。戴樂斯認為既然是歐洲經濟

共同體，就應該將「內需市場」(internal market) 的觀念付諸實現。由於他的努力使羅馬條約作了重大的修訂，而有了單一歐洲法 (Single European Act, SEA) 的制定。

單一歐洲法的目的是要推動單一市場，激發歐洲市場的潛力，因此它改變了立法的規則。該法規定任何基於為建立內在市場而制定的法案，只需要加重絕對多數的通過，而不需一致性同意。換言之，對於明顯以建立市場為目的而提出的法案，會員國政府不得予以否決，歐洲議會的權力因此而獲增加。原先否決權的設計是為保護小國的權益，也為滿足法國對主權的堅持，而在 1966 年的「盧森堡妥協案」中，為各國所接受。加重絕對多數的提案通過後，等於是各會員國政府承認單一市場的優先性，而願意放棄原由成員國控制共同體決策的一項重要工具。同時歐洲議會權力的增加，也使共同體更具備超國家組織的特徵。

單一市場的成形是歐洲整合的一個里程碑。它的重要性跟美國憲法中「州際貿易條款」一樣。由於該項條款的具體實施，促成了美國聯邦政府的權限在十九世紀大幅增加。單一市場則不只是歐洲整合的一大步，而且是共同體制度性權力的成長關鍵。就市場潛能的擴大而言，單一市場主要是讓出口商得以在不受歧視的環境下——包括各會員國所訂的各種對國內生產者有利的規則——開放歐盟各國可以自由地銷售產品。在 1992 年單一市場計劃付諸實施之前，各會員國對其他成員國產品進口所施加的管制，甚至比非會員國更為嚴苛。單一市場計劃的實施使歐盟市場規模擴大，也提高了歐盟各國的競爭力。但是最值得重視的，卻是戴樂斯利用經濟的策略，來追求一項政治議題。正如他在 1993 年的一項訪問中所言，「如果這項工作只單純是為單一市場而為，我在 1985 年就不會來接任這項職務。我們並非為創造單一市場而來——這不是我的興趣——而是為創造一個政治聯盟而來」❻。

❺ George Ross, *Jacques and European Integration* (Oxford, England: Oxford University Press, 1995).

　　單一市場所達成的實質性及象徵性的效果是多方面的。企業投資量大幅度爬昇的結果，使歐洲在 1990 年代初期洋溢著一片樂觀的氣氛，因此要求成立歐洲中央銀行及共同貨幣，以作為延續單一市場的呼聲，開始獲得回應。但是就在戴樂斯正在領導一個小組的人，進行共同貨幣的發行事宜時，柏林圍牆於 1989 年 11 月被破除，接著原先大家沒有想到會實現的德國統一成為事實。面對一個新的德國，歐洲其他國家開始探索的幾個問題是：冷戰結束後，德國將在一個經歷變局的歐洲扮演何等角色？歐洲又將如何圍堵這個剛增加 1,600 萬人口的經濟強權？總而言之，「德國問題」必須共同面對。

　　舊的問題這次用的是新的方法來解決。各國希望透過一個新的條約的簽署，使德國的政經制度會進一步跟歐洲共同體結合在一起，從而確保「歐洲的德國」(European Germany) 不會被一個「德國的歐洲」(German Europe) 所取代。在德國總理柯爾的強力支持下，一個讓德國更為緊密地整合於歐洲共同體中的計劃於是出現。這就是歐盟條約 (the Treaty of European Union)，通常稱為馬斯垂克條約 (the Maastricht Treaty)，取名於 1991 年 12 月 12 個會員國在這個荷蘭小城完成最後談判。

　　馬斯垂克條約於 1993 年 11 月生效，是為歐洲整合歷程的又一個里程碑。這個條約將歐洲共同體改名為歐洲聯盟，並使共同體的管轄權及於最重要的貨幣政策領域。更重要的是改變共同體的結構，建立共同體三個制度性的支柱。這是下章討論的重點。

---

❻　Charles Grant, *Delors: Inside the House that Jacques Built* (London: Nicholas Brealey, 1994), p. 70.

【第二十三章】
歐洲聯盟的成立及其架構

　　由於歐洲聯盟是因為馬斯垂克條約的簽訂而成立，因此它是建立在國際條約，而非憲法的基礎上。但是根據條約，歐盟卻又可以制定規則，直接對歐盟會員國的人民產生拘束力。所以歐盟雖然尚非一個聯邦性組織，但是它卻遠非一個政府間的協議或商業議定書可比，它的目標是整合，而不僅是國家間的合作。歐盟也不只是一個區域性的組織而已，因為一來各成員國都已承諾放棄部份的國家主權，二來它提供人民以歐盟公民權的身份，任何一個成員國的人民，可以在任何他們所居住的歐盟國家內投票，成為候選人，或自由旅遊。

　　歐盟是邁向歐洲整合過程中的另一個更高的階段，因此它實際上是綜合了 3 個共同體及 3 個條約而成的產物：根據 1951 年巴黎條約而成立的歐洲煤鐵共同體，以及根據 1957 年羅馬條約而成立的歐洲經濟共同體及歐洲原子能共同體。在正式法律文件中所指的歐洲共同體（多數），就是指這 3 個組織，但是一般所稱呼的只是單數的歐洲共同體。馬斯垂克條約後，歐洲聯盟（歐盟）才是正式的名稱。

　　歐洲經濟共同體之下制定許多立法及政策，包括關稅聯盟，終止卡特爾 (Cartels) 及壟斷，保證人民，服務及資金的自由流動，還有共同的農業及運輸政策。這些條約經由 1986 年所簽訂的單一歐洲法案修改之後，內容更為明確，其拘束力也更為加強。因此綜合而言，歐盟成立後的治理架構，就是上述各階段所成立的各項制度，再加上新成立的各種機制。這些機制不只是持續與創新的結晶，而且更具聯邦的性質。

第一節　歐盟的制度性支柱

歐盟成立後建立了三項制度性的支柱，每一項支柱下的各種組織都有其一定的管轄權，並履行特定的功能。第一項支柱被涵蓋在新成立的經濟及貨幣聯盟 (the Economic and Monetary Union, EMU) 中，包括新的歐洲中央銀行，共同貨幣以及先前由共同體管轄的所有政策領域。因此從羅馬條約簽訂後的各種法律及司法判決，都屬於第一項支柱，例如單一市場、環保政策、區域政策、研究及科技政策、消費者保護貿易、漁業、競爭及運輸等政策皆屬之。

支柱內的決策程序仍受傳統的歐洲共同體時期各項制度的影響。屬於第一項支柱的政策領域，仍然在法律文件中沿用，因此依舊由歐盟理事會 (Council of the European Union)，歐盟高峰會 (the European Council)，歐洲理事會 (Council of Europe)，歐洲議會 (European Parliament)，歐洲法庭 (the European Court of Justice)，以及歐盟執委會 (European Commission) 等機構負責處理。但是非傳統共同體的歐洲貨幣聯盟及歐洲中央銀行，則是集權的決策性機構，不需要對其他共同體內的機構負責。整體而言，第一項支柱所包括的是舊的歐洲共同體，再加上新成立的歐洲中央銀行，主要是著眼於經濟及金融的整合。

第二項及第三項支柱代表歐盟整合途徑及領域上的新嘗試，因此也反映在新成立的制度上。第二項支柱指的就是過去從未作過的共同外交及安全政策 (Common Foreign and Security Policy, CFSP) 領域。第三項支柱則是指司法及內部安全事務。歐盟理事會就是負責在這兩項領域進行決策。換言之，歐洲理事會並沒有主動制定政策的權力，必須由部長會議一致通過。

從歐洲整合在 1951 年開始啟動起，內部就一直存在著兩種不同的主張。一種主張成立超國家如聯邦式的組織，以便加速整合的過程；另一種

主張則重視國家傳統主權的存續，英法兩國是這一派的主力。部長會議之所以被賦與重大的權力，歐洲理事會的角色反而被貶降，所反映的就是這兩種不同途徑的一種妥協。第二及第三項支柱仍然被放置在整合的過程中，但是卻由歐洲會議及部長會議這兩個被認為是整個共同體的制度架構中，最具政府間互動機制色彩的單位來治理。

許多觀察家認為第三項支柱所轄的事務既重要而又敏感，但是目前的安排卻出現許多制度上的弱點和混淆，因此主張跟第一項支柱一樣，讓歐洲理事會，歐洲法庭及歐洲議會也有管轄權。但是英國反對讓歐洲法庭在這項政策領域內有管轄權。

歐盟的治理機制就是以這三項支柱間的政策區隔為基礎而成立，其內部複雜的決策過程通常是跟第一項支柱有關，包括重要的政策形成機構如歐洲理事會，部長會議，以及歐洲法庭。第二項及第三項支柱則以歐洲會議及部長會議為重要的制度行為者。歐盟整個制度架構及程序性的規則跟我們討論過的國家組織，有明顯的不同，它是以發展出一個經濟及金融聯盟，一個共同的外交及安全政策，以及在司法及內部事務上的共同問題上，採取行動為目的。凡是國家，區域或地方層次所無法解決的政策，都歸歐盟管轄。

第二節　歐盟的行政組織

(一)歐盟理事會 (Council of the European Union)

歐盟理事會中的部長會議是歐洲聯盟的各國政府最主要的集會場所，也是歐盟制定政策的主要機構，它的決策常變成歐盟的法律。因此，部長會議幾乎成為歐盟的立法機關，其決策權限要比歐洲理事會或議會為高。但是部長會議在政策及決策方面必須依賴，也必須取得歐洲理事會及歐洲議會的合作。部長會議的許多決議、協議案雖然不具法律效果，但是其政

治上的影響力卻很難被疏忽；有時候，這些會議的文獻就是要求歐洲理事會直接加入法案。

除了各種部長會議外，每一個會員國有一個國家代表團駐在布魯塞爾，變成類似歐盟的大使館，有一個秘書處提供部長會議的行政支援。除了祕書長外，共有約 2 千 5 百人擔任各種業務，顯示出官僚化的程序。會議時的表決採用一致決，這是由於戴高樂堅持的結果，但是當單一歐洲法通過後，改採「一定數目的絕對多數」(qualified majority voting) 及「絕對多數」。近年內採用絕對多數的情形越來越多，表明各國對政策立場有越來越具彈性的趨勢。事實上，各國在高峰會上多採取一種大體上鬆散的架構來舉行，使與會的參與者不可避免地同意許多事務。

部長會議的舉行也有其重要的意義，它不只使理事會及議會所通過的政策讓各國知曉，並採取相關配合的執行措施，更保證在各會員國內一體遵行，增加歐盟的一致性。從這個角度來看，它是歐洲整合的保證機制。

永久性代表委員會是決策過程中很重要的一部分，由來自各國的代表們組成，都擁有大使級的頭銜。他們每星期開會一次，以準備部長會議的議程及資料，因此，該委員會針對理事會的提案，負有協調各國立場的重要角色。

(二)歐盟高峰會 (The European Council)

由於歐盟越來越難以在重大事件上達成決議，因此各國認為必須要有新的權威中心來提供必要的領導，這種領導被認為是使歐盟在國內及國際上變得更有效率的要素。在 1970 年代，法國及德國領袖認為，只有各國不正式的交換意見，增加各國高層間的相互瞭解，並對政策發展提出方向，始能有效打破僵局。此後，就形成「兩層」的會員：會員國的最高行政領袖以及理事會的主席，與各國外長以及理事會的代表。事實上常參加的是法國及芬蘭總統，因為他們的政治權力要比其他國家領袖要大，各國同意一年至少要開兩次會。

　　會議由 32 名理事所組成，每一名理事均由各國的總理或總統提名，經歐洲議會同意後任命，任期 5 年，任滿得連任一次。除德、法、英、義及西班牙等五國各有 2 名理事，其餘二十五個會員國每個國家 1 名。主席由各會員國政府從理事中遴選產生，但須經歐洲議會同意。雖然主席只是許多平等中的首位，但其角色卻又跟傳統的英國首相不同，因為他不必向歐洲議會負責。強勢的主席如第一任的霍斯汀 (Walter Hallstein) 及戴樂斯 (1985-1995) 任內都因相當有作為，而大大地提高會議的地位及聲譽。

　　但此會議當初成立的初衷並沒有完全達到，特別是從 1980-1998 年間，這段時間的高峰會議變成例行性質，討論時間多花在政策上的細節，而非構思未來的藍圖；但是另方面，一些正面的成就卻也不可忽視，各國領袖間的相互瞭解有顯著的加強，重要的目標諸如歐盟的擴大、歐盟內在市場的加入、制度改革、經濟及貨幣組合 (Economic and Monetary Union, EMU) 等重要議題都獲得結論。當然領袖們的不定期集會，無形中也加強了會議的凝聚力，並且增加了它的制度能力。

　　它的貢獻與益處為歐盟各國所肯定，但是一直受到批評的是它沒有外交政策，例如援助的金錢，以及跟許多第三國所達成的合作協議。有許多的歐盟外交是由一些國家所促成，例如歐盟對巴基斯坦提供更多的援助，大部分的因素是因為英國的壓力，這種暫時的作為一直為歐盟所非議。

　　這種非外交的作為，因為《里斯本條約》的簽訂，並在 2009 年 12 月 1 日正式生效而成為規範歐盟的有效文獻。峰會主席原由任命產生，條約生效後改為經由選舉產生，任期 2 年半，可連任一次。這個新條約就是引起熱烈討論的歐盟新總統一職的由來。換言之，「推選總統的目的主要是代表歐盟，希望以後對外都能有一個聲音說話」❼。總統一職由於屬新設，因此其權力大小恐有待發展。而依《里斯本條約》所設立的外長，則將負責歐盟共同的外交和安全政策。歐盟外長任期 5 年，將兼任歐盟執行委員會副主席，管理歐盟每年 70 億歐元的海外援助，可以決定援助對象和援助

❼　湯紹文教授接受訪問時的談話，見《遠見》第 282 期，pp. 59-60。

金額，以及領導 5 千人的團隊。

《里斯本條約》的通過和執行，意味著歐盟今後將可能更團結，也象徵此會議的權力大為增加。

㈢歐洲理事會 (Council of Europe)

這是一個極富策略性的機構，形同各會員國間的領袖高峰會議，由各國總理（首相）及法國和芬蘭的總統率領外長出席，每 6 個月舉行一次，通常採取一致決。這項會議的主要任務有選舉理事會主席，並負責監督在三項支柱內的政策，包括外交、國防及重要的經濟主題。在整個歐盟的制度架構中，「它居於頂尖的地位，負責處理重要的政治決定，並時常化解大小的麻煩」❽。例如有關將歐盟的範圍，擴大到東歐這一類重要議題，就是由歐洲會議來定奪。

理事會的主席每隔半年就輪流一次，輪值主席對外代表歐盟：在跟美國每半年所舉行的高峰會議中，歐盟是由理事會主席以及當時擔任聯盟主席的國家的外長代表出席。對於輪值擔任主席的國家而言，最感困擾的事就是它的政府官員必須在部長會議內的好幾百個會議中，擔任主持的工作。

另外一個行政機構也相當重要，就是 1970 年開始舉行的歐洲政治合作 (the European Political Cooperation, EPC)。這個組織在歐洲單一法案中被確認，目前是歐盟制度安排的一環。它是由 27 個會員國外長經常性集合的一個論壇，討論有關外交政策的協調，以及安全的政治及經濟面。

從 1981 年起在布魯塞爾的一個小型祕書處的協助下，它在聯合國大會的一些會議中以及許多國際性議題上，負起協調各會員國政策的責任。這使得歐盟在一些重大的國際問題中，能夠展現一致性的立場，發揮集團性的力量。但是在某些關鍵性的國際事件中，歐盟仍然免不了出現重大的紛歧。例如 2003 年 4 月英美聯軍攻打伊拉克的軍事行動中，德法兩國公

---

❽ Fiona Hayes-Renshaws, *The Councils of Ministers* (London: Macmillan, 1997), p. 163.

開表示反對的立場，但是多數的其他歐盟國家，卻表示支持。因此除非這個組織被賦與更大的政策協調責任，否則歐盟不同行政機構的重疊，不只將使外界容易將 EPC 與歐洲理事會相混淆，而且外界非會員國家更不知道究竟應該跟歐盟那一個組織打交道。這個問題因為不同的國家每六個月就要擔任歐洲理事會與 EPC 的輪值主席，而變得益趨複雜。

(四)歐盟執委會 (European Commission)

為歐盟的執行部門，成員由歐盟會員國各派出一名代表，經歐洲議會同意後組成；執委會主席則由歐盟高峰會提名，經歐洲議會同意，每任任期為五年。

第三節　歐盟的立法及司法機構

(一)歐洲議會 (European Parliament)

歐洲議會是世界上唯一超國家的立法機關，其議員由選民直接選舉產生，而非由政府派任。在 2004 年東歐等 10 個國家加入之前，歐洲議會是由 625 名議員，直接在 15 個會員國同時選舉產生，任期 5 年。比較奇怪的是，各國可以採取不同的選舉制度，並且因為牽就小國，使小國有不等比例的影響力，因此每一個議員所代表的選舉區人口多寡，相當地不一致。例如盧森堡所選舉產生的 6 名議員，每名代表 65,000 名選民；但是從德國選出的 99 名議員，卻每名代表多達 82 萬的選民。歐盟以民主體制為入會的條件之一，但是在議會議員的選舉上，卻遭遇到最根本的代表性公平的難題。這是民主的無奈，卻也是歐盟整合過程中的妥協。

歐洲議會大會每個月在法國史特拉斯堡 (Strasbourg) 集會一個星期，委員會卻在布魯塞爾開會，為數達 3,600 名的祕書處人員則在盧森堡辦公。議會議員代表 60 多個政黨，但卻組合成政治團體。這些政治團體並非

依國家陣營，而是依政見或意識型態為組成的基礎，例如 2002 年共有八個政團。議員們得使用任何 11 個歐盟的官方語言。

　　歐洲議會是討論歐盟事務的論壇，也代表 455,000,000 的歐洲人民，而且又是直接選舉產生，所以它要比理事會或歐洲會議更接近歐洲人民。議會就利用這個正當性來施加壓力或進行威脅，以增加它的權力或影響力。目前它還未能跟其他機構處於平等的地位，但是至少在一些領域內的影響力正在增加中。例如部長會議對於它所採取的作為，就必須將議會的立場列入考慮。單一歐洲法案成立後，歐洲議會的立法角色跟著提高。它可以接受、否決或修正某些立法提案，又有權批准新的國際協議，甚至否決由部長會議所達成的一些協議，以及同意新會員國入會案。它還有權對理事會的理事進行質詢，或將之免職，也可以對部長會議提出質詢。但是在複雜的決策過程中，歐洲理事會可以接受或否決議會所提的修正案，部長會議也可以用一致決方式，推翻議會及（或）理事會所通過的決定。

　　歐洲議會在 1999 年的阿姆斯特丹條約 (The Amsterdam Treaty) 中，獲得更多的立法權限，以及監督理事會理事的權力。這項權利立刻在它 1999 年 1 月對理事會議所提出的譴責案中展現出來。該項譴責案雖然以些微比數未獲通過，但是隨後當一個調查委員會於 1999 年 3 月完成報告，具體指出欺詐枉法的情事後，引發集體辭職。報告的內容跟議會所作的指控完全一樣。

　　就如同各個國家的立法機關一樣，歐洲議會的各種事務大部分是在委員會階段完成。每一個委員會可以自行決定是要公開或閉門（不對外開放）舉行。相對於大部分國家的委員會都閉門舉行會議，大部分的歐盟委員會都在開會時對外開放。但是委員會所通過的決議，仍需要在大會中獲得通過，因此有時候大會會推翻委員會的建議案。

　　綜合而言，歐洲議會並沒有享有立法優勢的地位，但是當歐盟的其他治理機構都是未經民主選舉程序產生，而出現民主赤字 (democratic deficit) 的危機，仍未能充分反映一般民眾意願的時候，議會的正當性優勢

就益發突顯出來。因此歐洲議會目前除擁有歐盟大約 45% 的預算權外，它還有諮商、合作或共同決定的權限。任何的重大政策，理事會及部長會議必須先與議會進行諮商，表示對議會的尊重。否則一旦議會發表一份決議案，公開表示相反的立場，就可能給各國政府帶來很大的難堪。在合作權方面，議會對部長會議的建議案所提的修正意見，部長會議可以決定要接受那一項修正案。部長會議只有在一致同意的情況下，才能對修正案提出修改意見。否則理事會及議會的修正案就告成立。在共同決定的權限上，議會可以將部長會議所提議案予以擱置，即使該項提議是由部長會議一致通過，也仍一樣處理。因此議會可以封殺各個會員國所同意的立法案。這種情形佔議會所審法案的四分之一。

　　歐洲議會成立近 30 年，它扮演的角色越來越重要，這一方面由於議會認真爭取它的權力而獲得，另外則是客觀的環境使歐盟為了「民主的赤字」問題，不得不將權力放出一部分給歐洲議會，例如給予至少 45% 的預算權，並授與諮商、合作或共同決定的權限。

　　但是議會雖然盡了它的努力，並增加它不少的影響力，卻仍普遍地被認為並非是一個恰當的巴力門。最重要的原因是它的正式權力仍然要比各國的國會要弱小許多，這包括經濟及金融組織、共同的外交和安全政策、對外的貿易政策，以及警察和司法合作等方面，大部分仍限制在收取資訊及磋商的角色上。此外，它並沒有完整的立法權，其預算權也仍受到限制，也不能推翻任何一個政府。

(二)歐洲法庭

　　設立在盧森堡，歐洲法庭是一個權力很大的超國家機關，所作的決定形同司法判決。該法院共有 25 名法官，由每一個國家指定一名法官參與，並選出一名院長。法官任期 6 年，得連任一次。但是它跟海牙國際法院及歐洲人權法院不同，會員國必須接受歐洲法庭的裁決，卻沒有法律上的義務去接受另兩個法院的判決，因為它們並非歐盟的一部份。歐洲法庭於

1989 年成立第一類法院 (Court of First Instance)，但是它只有有限的管轄權，不能處理有憲法性質的重要案子。這個法院所管轄的領域包括跟競爭性法律有關的行為，跟反傾銷法有關的案子，以及跟歐洲煤鐵共同體條約有關的案子。因此它的重要功能，是在減低歐洲法庭的負擔。

歐洲法庭的主要功能在保障歐盟的相關法律會適當地被採用，同時解決政府間、歐盟各個機關相互間，以及歐洲公民對法律所發生的爭端。因此法院跟一般國家的司法機關一樣，具有非常明確的司法仲裁功能。一般人民或公司如果因為歐盟的法律而導致權益受損，就可以提出告訴。所有的會員國都必須接受巴黎條約及羅馬條約的約束，受到法院判決的拘束。因此目前歐盟各國都已經有了共識，承認在國家法律與歐盟法律相牴觸時，前者無效。歐洲法庭所作的裁決不得上訴。法院成立以來，其功能已逐漸擴張。

從羅馬條約簽訂以來，法院一面將國際法列為判決的基礎，另外則建立起「歐洲利益」本位的原則，這使它成為一個跟美國最高法院一樣的強力機構。瞭解歐洲法庭的立場，變成跟瞭解歐盟及各國政策一樣地重要。

【第二十四章】
歐盟發展的難題

　　歐洲整合從 1951 年跨出第一步以來，已經超過半個世紀的時間，在會員國彼此以妥協、包容及對未來有共同期許和承諾的心胸中，獲得一些難得的成就。在 1950 年代到 1960 年代之間，這項歐洲計劃努力的重點，是促進德法兩國的和解，使歐洲不再飽受戰火的蹂躪。隨著歐洲經濟共同體的成立，各國間內在的關稅逐漸廢除，農業上的勞力轉移到工業的結果，歐洲區域間的貿易大幅擴張，經濟成長率超越美國在內的多數國家。在外交政策上，歐洲經濟共同體成為冷戰架構下對抗蘇聯的支柱。得力於這些成果，難怪英國及其他歐洲國家會期盼加入這個經濟俱樂部。

　　但是當英國終於在 1973 年加入的時候，歐洲經濟卻遭受戰後第一次的衰退。歐洲經濟共同體也開始接受英國適應的問題及其他內部的種種挑戰。先是英國加入後經歷了重新談判加入的條件的困頓期，接著柴契爾夫人主政後，對於英國所獲得的利益諸多不滿。但是隨著希臘、葡萄牙及西班牙的加入，使得民主政治的力量向南歐擴張。然後戴樂斯擔任理事會主席期間，單一市場的計劃使這個俱樂部恢復了新的動力。共產主義在中歐及東歐崩潰之後，新的挑戰和機會跟著出現。歐盟正式成立後，單一貨幣的流通，人民不用護照就可以自由旅行，司法及內部安全上的合作，以及共同的外交及安全政策，都先後付諸實現。

　　就是在這樣一些重大的歐盟計劃次第展開之後，歐盟內部的困難開始受到注意。特別是二十一世紀以來，各國經濟發展停頓，會員國擴大的結果，又導致歐盟富裕國家內大批移民的湧入，使人民對歐盟的前景開始有幻想破滅之痛。另外，歐盟東擴實現之後，原本存在的內部決策程序中，共識決與多數決之爭，正式浮上檯面。爭議已久的歐盟憲法制定之後，接著面臨的是各國批准的難題。歐盟的發展的確處於十字路口。

第一節　歐盟東擴及各國考量

　　歐盟在最初開始發展的時候，雖然只有 6 個會員國，但在經濟上卻都是屬於已開發國家，人民的生活水準彼此相差無幾。1973 年英國，丹麥及愛爾蘭的加入，無論就各國的人口總數，或每個人的平均購買力，對歐盟的擴大都有正面的意義。1981 年的希臘比之於其他原有的會員國，算是較不富裕的國家。1986 年加入的西葡兩國，以及 1995 年的奧地利、芬蘭及瑞典，在經濟規模上雖都還算是發達國家，但是除西班牙外，卻都是人口少的國家。歐盟最盼望未來能夠加入的新會員國，其中一個是挪威，但是它 2 次申請獲准，2 次為其公民投票所否決；另一個是瑞士，則從未表達過加入的意願。歐盟就像一個俱樂部，希望多吸引富商巨賈的加入，但是從 2004 年以後等待加入的國家，卻都是升斗小民！

　　2004 年 5 月 1 日共有 10 個國家獲准加入歐盟，從數目上來看，這是它成立以來最大的一次擴張。從政治意義上來說，這次的擴張代表歐盟整合過程中的一次勝利，因為除塞浦路斯 (Cyprus)，馬爾他以外，其餘 8 國都是前蘇聯所控制的東歐共產國家。這些國家在脫離鐵幕控制後，分別加入歐盟，意味著這個組織已經有其價值（包括政治及經濟）上的吸引力，成為一個真正屬於「價值的聯盟」(a union of values)。任何歐洲國家只要抱持民主及人權的理想，就可以成為會員國。從實質意義上來看，由於 10 個國家的加入，使得歐盟擁有 455,000,000 人口，是世界上最大的共同市場，也是僅次於美國的世界第二大經濟體。

　　這些新會員國入會後，將參與歐洲議會的表決，每年將獲得歐盟約 300 億美元的補助。但是它們也必須在 7 到 10 年間，放棄它們目前使用的貨幣，改採用歐元。各國也必須消除一切貿易障礙，並得讓人民跨過邊界自由在歐盟境內旅行。但是現有各會員國都將在新會員國的邊界設立檢查站，以防止大批移民湧入境內，造成新一波的移民潮。

　　上一段的事實陳述，說明這些新會員國的共同特徵，是經濟落後以及人民生活貧困。它們的平均 GDP 只有歐盟 15 個會員國平均值的 46%。只有斯洛伐尼亞 (Slovenia) 要比目前最窮的希臘富有。但是拉脫維亞平均 GDP 卻只有歐盟 15 國平均值的 36%。波蘭如果要趕上歐盟目前的水準，至少要花 59 年的時間 (參見表 24-1)。這些經濟上的差距使得歐盟現有的成員國家，在期待中夾雜著憂慮慌恐的情緒。

表 24-1　歐盟每一波擴張的比較

擴張年代	加入的國家	附加的人口 (%)	附加的 GDP(%)	加入的國家 GDP 平均值佔既存會員國平均值 (%)
1973	英國、丹麥、愛爾蘭	33.4	31.9	95.5
1981	希臘	3.7	1.8	48.4
1986	葡萄牙、西班牙	17.8	11.0	62.2
1995	奧地利、芬蘭、瑞典	6.3	6.5	103.6
2004	塞浦路斯、捷克、愛沙尼亞、匈牙利、拉脫維亞、立陶宛、馬爾他、波蘭、斯脫伐基亞、斯洛伐尼亞	19.6	9.1	46.5
2006	羅馬尼亞、保加利亞	—	—	—

資料來源：*The Economist*, May lst 2004, p. 26.

　　歐盟既有的成員對於這次的擴張，抱有三點期許。第一，它們希望能夠讓這些國家在擺脫共產統治之後，能夠帶來貿易及工作的機會，並提高人民的生活水準。第二，歐盟正處於經濟衰退期，失業率高漲。各國政府針對勞動市場，優厚的退休制度以及預算膨脹的福利制度等等，想要進行改革，卻又遇到重重政治阻力。大多數的歐盟公司根本無法與美國及亞洲廠商作強力競爭。影響所及，人民對歐洲政府及歐盟的希望逐漸幻滅。因此各成員國家在這些新會員國身上看到一些希望。新會員國的經濟力量雖小，但是卻成長得很快。這就意味著歐盟的公司及企業家可能在這裡找到

新的市場。還有，這裡的工資較低，員工福利和稅負也較少。這對於想要削減開銷，增加利潤及改革經濟的廠商而言，當然是新的投資理想地點。經濟的誘因是新會員國能夠被准許加入的主要因素，這背後有許多利益團體的影子。第三，政治及安全的考量。歐盟非常重視東歐及中歐會建立為鞏固的自由民主國家。歐盟的成員國，特別是芬蘭、德國及奧地利，靠近東歐及中歐的國家，不願見到該地區成為政治不穩定及不安全的地區。因此，歐盟主張要幫助東歐及中歐鞏固民主的陣營，甚至當民主滑落時，造成持續性地嚴重破壞歐盟創始國的自由民主、對人權的尊重及基本的自由時，要對這些國家進行制裁。

但是新會員國在人口及經濟力量上與舊會員國間的差距太大，卻給歐盟體制一個新的危機。新的會員國中有 9 個人口少於 1,000 萬。但是基於外交禮儀，人口 8,300 萬的德國總理梅克爾，必須跟人口只有 39 萬的馬爾他總理平起平坐。會員國增加之後，首先是任何歐盟的事務都必須像聯合國或其他大型國際組織一樣，由會員國公開討論。結果是沒有任何政策可以作深入的討論。即使是一般日常事務可以由專業的部長來處理，但是會員國不斷增加的結果，使得它的決策功能也相對降低。

為了要解決這種決策上的難題，歐盟或許可能發展出類似指導委員會或小組 (caucus)，先行就政策性議題作成決議後，再交全體會員國批准。但是此類構想容易引發小國的疑慮，擔心英法德義及西班牙等大國會掌控政策的主導權，使歐盟最後成為大國壟斷的論壇。這個問題即使獲得解決，大小國之間平等投票權的機制下，依據「盧森堡妥協案」的協議，各國對任何政策均擁有否決權，這又可能使大國所支持的政策，因為小國的反對而不得實現。其間又牽涉到歐盟內部對於未來發展途徑的兩種不同主張：聯邦制或國家主權。隨著歐盟的持續發展，這個問題早晚必須獲得解決。

第二節　歐盟民主赤字的危機

　　歐盟的擴張過程中大批小國加入的結果，引發各國人民的不滿與情緒上的反彈。他們擔心這些小國加入以後，歐盟在財政上對會員國的補貼會跟著增加，使各國人民的稅負加重。在目前經濟蕭條的壓力下，各國人民更憂心新會員國的人民，在自由旅行開放之後，新的大批移民可能造成各國社會經濟秩序的負擔，並奪去人民的工作機會。這種關注的情緒，使歐盟變成高度不受人民歡迎的機制。影響所及，各舊會員國都處於一片悲觀的政治低氣壓中。西班牙及希臘的選民都在 2004 年的選舉中，將原先的執政黨換掉。德國及法國政府也同樣在地方選舉中遭遇重挫。選舉中大有斬獲的是民粹主義及民族主義政黨。選民對歐盟的支持率從 1990 年代的70% 以上，降低到 2004 年的 50% 以下❶。

　　這些不滿情緒一旦發洩到相當程度，一個久已潛伏的問題就公開地成為爭辯的焦點。這就是民主赤字與政治正當性的問題。歐洲整合從一開始就是菁英們所推動的政治及經濟工程，而非民眾運動。因此歐盟所作的決定，一向沒有對民眾的意願作足夠的回應，更從未受民眾的檢驗。這不只說明了歐盟所存在的民主赤字的缺陷，而且使它的權力及政策都沒有足夠的正當性❷。這種菁英與民眾之間對歐洲整合意見上的落差，很明顯地表現在菁英與歐洲民眾，對歐盟所願意作的授權上的不同態度❸。由於歐盟的掌權者很少得自歐洲議會的授權，因此其正當性自然必須從選舉及治理

---

❶　"Special Report. The Future of Europe. A Club in Nead of a New Vision," *Economist*, May 1st, 2004, pp. 25-26.

❷　F.W. Scharpf, "Economic Integration, Democracy and the Welfare State," *Journal of European Public Policy* 4, 1997, pp. 520-538.

❸　I. Hooghe, "Europe Divided & Elite vs. public Opinion on European Integration" *European Union Politics* 4, 2003, pp. 281-304.

的過程中獲得。但是民眾所表達的意見，卻顯然跟這種過程的要件不一致，這包括丹麥人民及愛爾蘭在 1992 年及 2001 年的選舉中，對馬斯垂克條約及尼斯條約 (Treaty of Nice) 的否決。因此民眾自然傾向利用投票的機會，來懲罰執政黨及其候選人。

　　民眾對歐盟廣泛的不滿加深了大家對「民主赤字」的批判，認為民主的正當性不足是歐盟當前的主要議題。造成這種情形的原因，則是整合的腳步加快，使得歐盟成為文官以及中央集權的天堂，卻很少有民主控制。民眾普遍認為歐盟已經變得太集權，太官僚，以及太過於跟一般人民的生活需求脫節❹。一種普遍的觀念是，各國及超國家的科技菁英所作的仲裁性決定，已經使歐盟變成位在布魯塞爾的一個「超級國家」(superstate) 下的「官僚專制」❺。這種看法一旦在各國的報紙及網路上成為小道消息及譏諷的話題，很容易立刻在民間發酵。

　　導致民眾對歐盟不滿的另一個原因，是歐盟所處理的議題以及甚至如何去處理這些議題的次一等制度性的選擇，對一般的歐盟選民而言，都非絕對重要。在西歐民主國家中最受關注的 5 項議題中，包括健康醫療，教育，法律與秩序，退休金及社會安全政策，及課稅，沒有一項是歐盟所著重的範疇。在次一類重要的 10 項議題中，也只有幾項如處理經濟，環境以及歐洲本身的失序等，才為歐盟所注意到。相對的，歐盟所專精的議題，包括貿易自由化，貨幣政策，排除非關稅障礙，環保與其他領域的技術性規定，援外，以及一般外交政策的協調等則難以吸引選民的興趣。因此選民提不起興趣是限制人民對歐盟的政治參與的重要因素。選民參與歐盟的管道和機會本來就不多，直接的管道只有歐盟議會選舉，再來就是抗議或示威，間接的機會則是在國會或如法國的總統選舉中，用選票對現任執政黨及其候選人加以懲罰。但是即使是類此直接管道，投票率卻因選民的冷

---

❹ Andrew Moravcslik, "Europe Without Illusions," *European Union Center*, Harvard University, September 2002, p. 15.

❺ Ibid., p. 15.

漠與疏離，而比各國國會的投票率要低很多。這更會拉大民眾與菁英在態度上的落差❻。

　　即使在歐盟內部對於政策上的共識，也是經過爭議及妥協之下的結果，例如馬斯垂克條約中的社會政策，在 15 個國家中有 14 個國家接受，在金融政策中則只有 11 個國家接受。在外交及國防政策的協調上，同樣是經過彈性的安排，而建立起「意願的聯合」(coalition of the willing)，意即讓有意追求特定政策的政府，可以不需其他國家的承諾，而自行採取聯合行動。新國家加入後，有關共同農業政策問題，可能要費更長的時間，才能在東歐國家生效。另外在有關歐盟日益增加的保護主義趨勢，以及共同的貨幣聯盟政策，同樣也引發偏狹主義的質疑，並導致部份國家不加入歐元體制❼。隨著整合程度的提高，令人關切的是它內部的分裂會不會進一步加深。

第三節　歐盟憲法與批准的挑戰

　　歐盟的入會條件中除了必須具有民主體制外，還包括市場經濟，具備競爭力，以及遵守歐盟法律的意願等。當然位居歐洲的地理條件，是基本的前提。因此在理論上，歐盟無法拒絕任何一個具備這些形式要件的國家加入，這就使不斷擴大的歐盟，成為理論上的可能。事實上，未來歐盟隨時有可能要面對白俄羅斯、烏克蘭，甚至俄國的申請加入的問題。阿爾巴尼亞、保加利亞、波希尼亞及羅馬尼亞的入會申請更幾乎是迫在眉睫。由

---

❻　Jean Blondel et al, *People and Parliament in the European Union: Participation Democracy, Legitimacy* (New York: St. Martin's Press, 1998).

❼　Peter Hall, et al, "Central Bank, Independence, Coordinate Wage-Bargaining, and European Monetary Union," *International Organization*, 52 "Summer 1998", pp. 505-535.

於歐盟一直拒絕在入會的條件上加上必須有最低的收入或財富，這些國家自然有其申請的資格。但是跟著而來的另一個未來必定會碰到的問題，是土耳其的入會問題。

在美國 2003 年 4 月攻打伊拉克之前，與伊拉克緊相連接土耳其的軍事基地要不要租借給英美聯軍使用，曾經引起國際間的矚目。因此土耳其是中東地區的一個世俗性的回教國家，似乎毋庸置疑，但是因為它有一部份土地是在歐洲地區，因此它也符合地理上的基本要件。使土耳其目前無法申請入會的關鍵，是因為土裔的塞浦路斯和希臘裔的塞島間所作的重新統一的問題陷於僵局。這個問題一旦獲得解決，歐盟與土耳其就有可能展開入會談判。但別忘了土耳其不只面積大，人口多，而且是一個貧窮的回教國家。

面對歐盟日趨擴張及多元化的趨勢，幾乎每個國家都會同意，會員國數目越多要達成決議就益加困難。因此原本各國所保有的否決權，要不要繼續保留的問題，就成為內部一直僵持不下的問題。這個問題的根源，不只是大國與小國之爭，而且也是主張讓歐盟往聯邦途徑及中央集權方向發展，與強調國家應該保留其主權的地方分權間的對峙；前者以德法為首，後者則由英國、波蘭及丹麥為代表。德法認為除非改採多數決（甚或比重多數決）否則歐盟根本無法推動，形同癱瘓。但是英國則認為多數決之門一旦打開，歐盟不可避免地將會往聯邦制的方向發展❽。

有關多數決之爭的問題，以英國為首的反對派與法德領導的贊成派，於 2001 年時，在許多重大議題上無法達成協議，到 2004 年 6 月 25 日才終於取得協議。雙方在這個議題上已以「雙重多數」(double majority) 的方案獲得突破，也就是說任何議席只要獲得 15 個國家的支持，而這些又能代表歐盟總數 65% 的人口，就算獲得通過。

即使各國化解了這項憲法爭議，但是並不表示歐盟的運作今後可以在多數決的基礎上前進。表面上這部憲法將使歐盟在幾乎每一項公共政策的

❽　"The Tyranny of the Majority," *Economist*, May 29, 2004, p. 55.

領域上，從徵稅到外交政策到社會安全政策上都通行無阻。實際上英國布萊爾首相早就宣佈，英國有一條政策紅線 (red lines) 不許歐盟越過，只要歐盟一觸及這條政策紅線，英國就可能動員一個少數聯合，來達到否決所需的門檻。結果仍然是明顯的權力與現實的僵局並存的局面。歐盟要直線邁向進一步的整合，仍然困難重重。

　　但是憲法批准的程序一旦真的展開，歐盟卻又面臨前所未有的困境。愛爾蘭在 2009 年初，它的選民認為歐盟的政策太過自由 (too liberal) 而悍然對憲法加以否決。先前被視為關鍵的法國早在 2005 年就以 55% 的多數拒絕通過憲法。緊接著，荷蘭又以 61.1% 表達他們的反對立場，因為它的選民認為布魯塞爾不夠自由派，各國都指向龐大的文官人員。之後，一向對歐盟憲法抱持著冷漠態度的英國選民，必然地會以更多的否決票來拒絕它。歐盟以人民的選票來決定它的前途，但是很明顯地，各國選民不滿歐盟的各項言不及義的政策，更不滿高高在上的上萬名的文官人員。歐盟東擴之後，問題才告開始。

第四節　歐盟的財政危機

　　從 2009 年，義大利 (Italy) 發生財政危機後，西班牙 (Spain)、葡萄牙 (Portugal) 也陷入財政困境。接著，愛爾蘭 (Ireland) 及希臘 (Greece) 也陷入經濟危機，這就是所謂的「歐豬五國」(PIIGS) 所面臨的困境，但因此名稱具有貶低的意味，故並不常出現在媒體報導中。

第五篇
日本政府與政治

日本國會大廈

•• 地理及人文簡介

位置：東亞，居北太平洋及日本海的島嶼鏈上，在朝鮮半
　　　島東邊

面積：377,835 平方公里

氣候：南方屬熱帶氣候，北方涼爽

人口：126,770,000 萬人

人口結構：0-14 歲：14.64%；15-64 歲：67.83%；65 歲
　　　　　以上：17.53%

人口成長率：0.17%

平均壽命：80.8 歲；男 77.62 歲；女：84.15 歲

正式國名：日本國

首都：東京

年平均國民所得：24,900 美元

貨幣：日圓

【第二十五章】
日本政治中的非制度性因素

　　日本是亞洲少數幾個穩定的民主國家之一，它是世界上最有生產力而又充滿活力的經濟體之一，是八大工業國俱樂部的成員。就其幅員版圖而言，日本跟英國、法國及德國一樣，都只能算是中型國家，但是它 1 億 2 千 7 百萬的人口，卻遠比德國多，更是英國和法國人口的總和。它的全國總生產毛額 (GNP)，佔世界的 15%，國民生活水準則是居於世界最高之一。日本經濟在二次大戰之後持續的成長紀錄，曾令西方國家注意到日本奇蹟背後的發展與管理模式。日本經濟的發展是亞洲雁行經濟的帶動者，這種強調進口生產原料後由國內製造產品，而後再行出口的發展模式❶，先是由亞洲四小龍（南韓、臺灣、新加坡及香港）追隨在先，然後又有東南亞國家及中國、印度緊跟在後。雖然從 1990 年以後，日本泡沫經濟出現，使它進入經濟衰退期，但是日本的經濟發展經驗對亞洲各國之影響，卻是不言可喻的。

　　日本的議會民主在許多方面跟西歐的型態非常接近，唯一明顯不同的是，日本從 1955 年起就由自由民主黨長期執政，這種一黨執政而又不失去它的民主資格，可說不讓印度的國大黨專美於前。自由民主黨長期執政的記錄（比印度國大黨還長），雖然到 1993 年宣告結束，但是不到 3 年的時間，自由民主黨又重新取得執政的地位。南亞與東亞兩大民主政黨一先一後執政地位失而復得的記錄（印度國大黨在 1978 年失掉政權，但是一年之後國會大選大勝，重新執政，只是在 1980 年代末期又再度成為在野黨），形成亞洲特有的民主記錄。跟德國一樣，日本成為現代民族國家的時

---

❶　有關雁行理論以及其對東亞影響之論述，見王佳煌，〈雁行理論與日本的東亞經驗〉，《問題與研究》，第 43 卷第 1 期，民國九十三年一、二月，頁 1-32。

間，恰好是在俾斯麥快將統一德國之時。因此兩個工業化起步最慢的國家，都是由國家擔負起積極推動現代化的角色，都曾打敗強鄰，列入世界強國之林，並先後發動侵略戰爭。德國兩次戰敗，兩次被戰勝國強行實施民主政治，但跟日本一樣，都在二次大戰之後，建立起成功的民主政體，達到民主鞏固的境界。

第一節　日本的歷史發展

日本位居歐亞大陸海岸外的一系列海島上，在 2,000 多年前就由一群獵戶和開墾者所居住。因為四周為海所包圍，因此從一開始就有明確的自然疆界，在西邊及西南邊跟中國及韓國分開，在西北邊則與俄國隔離。這使得早期居民培養出強烈的種族認同。到第三世紀時已經有一個規模粗具的國家出現，藉著神祕的太陽女神之名來統治，並開始受到中國文化的影響。儒家思想中有關政治秩序的道德基礎，以及以孝道及服從權威為基礎的社會和諧觀念，都在早期輸入日本。因此儒家思想從第三世紀末傳入日本後，就對日本文化有深遠的影響。除外，起源於印度的佛教，也在六世紀中葉經由中國傳入日本，並且得到統治階級及一般人民的信仰。儒家思想及佛教，連同日本人對自然及祖先的崇拜，就影響日本人民目前的日常生活。

從八世紀以來，日本除了二次大戰同盟國的佔領期間外，一直維持著統一而且在政治上是獨立國家的地位。但是在中古時代（約十二世紀末），日本處於封建時代，由一群封建領主分別統治全國各地，天皇無權又無錢地偏處京都一隅。十七世紀初，德川家康征服全國，建立了幕府統治時代，開啟了長達兩個半世紀的統治，並定都現在的東京。但是全國各地卻仍由 250 個將軍領主分而治之，由幕府大將軍藉天皇之名直接統治日本的精華地帶。也就是在這段期間，日本進行自我孤立，以避免為歐洲列強所征服。

1853 年美國海軍司令培里 (Matthew Perry) 率領艦隊到日本海域，要

求日本開放對外通商。德川幕府無力抗拒被迫簽訂條約，准許美國人通商；這個決定引起各地諸侯的不滿，紛紛要求幕府下臺，還權於天皇。1868 年年輕的明治天皇正式定都東京，封建制度被廢除，各領主所統治的土地及人口全部歸還天皇。所有封建領主跟一般平民一樣，都是天皇平等的臣民，無分階級。這就是一般所通稱的明治維新 (1868-1911)。日本的民族主義因為培里事件也開始萌芽。但是更重要的是，明治天皇在一批年輕氣盛的民族主義革命家的輔佐之下，開始進行一場由上而下的革命，在半個世紀內將日本從一個落後的封建帝國，轉換成二十世紀早期的一個工業及軍事強權。

到十九世紀末期，日本面臨兩項危機。一是幕府時代末年日本被迫與西方國家簽訂許多不平等條約，這些條約一直到十九世紀末才告廢除，並因此恢復日本的關稅自主權。另一項危機則是西方國家征服了南亞及東南亞地區，紛紛建立起殖民統治，日本鄰近的中國也在列強欺凌下顯得積弱不振而又危機重重。日本感受到西方入侵的危機，環繞明治周圍的一群元老認為，要在帝國主義時代中獲得生存，日本必須有一支現代軍隊，和跟西方一樣的強大的工業經濟❷。因此為了要獲取現代科技及工業生產所需要的原料，日本全力生產絲及棉織品，以及後來的鋼鐵製品，船，機器及化學物質，然後大量出口。

因此日本從門戶開放以後，就逐漸成為一個從事貿易的國家。這項傳統維持到二次大戰爆發前一直沒變。二次戰後也是以同樣的模式，帶動經濟的快速繁榮，成為亞洲其他國家的典範。另一項傳統是從明治維新開始，國家一直積極地對經濟的管理及社會採取干預性的角色。這種干預性國家的傳統到二次大戰結束之後，轉型為發展型國家，由國家扮演輔導型角色，幫助日本企業獲取工業發展及國際市場方面的資訊，擴張對外貿易。因此

❷ Richard Sormuels, "Rich Nations, strong Army," *National security and the Technological Transformation of Japan* (Ithaca, N. Y.: Cornell university Press, 1994).

這兩項傳統對日本國力的發展，有很大的助益。

第二節　從明治憲法到軍國主義

　　美國培里海軍司令強迫日本開放，對日本來說相當突然，但也很全面。因為日本不只接受與外國通商的必要性，而且還派員到美國及西歐學習及觀察進行現代化的最好途徑，包括西方的制度，觀念及作法，不只是外國的經濟模式，同時還包括政治的學說。到 1880 年代密勒的《論自由》(*On Liberty*) 以及盧梭的《社會契約》都已在日本翻譯及出版。這些民主觀念的傳播，促成自由及人權運動的興起。一些原來在政府內工作，但是因為權力鬥爭或理念不合而離職的政府官員，分別組成兩個政黨，要求實施議會民主，以強化政府正當性。政府最後在 1889 年公佈以普魯士的原型憲法為基礎的西方型態的憲法，並仿效英國採行兩院制。

　　因此到 1890 年代日本成為君主立憲的國家，有部份選舉產生的國會以及批判聲浪很高的政黨。但是既然明治憲法是以普魯士憲法作基礎，那麼在實際上這部憲法就不太可能是一部民主的憲法。這部一直到二次大戰後才被迫廢除的憲法，雖然保障天皇臣民的民權及自由，但是依照憲法所選出的眾議院，卻沒有財政權來控制政府。如果眾議院和非選舉產生的貴族院無法針對預算案取得協議的話，政府可以依照去年的預算來執行業務。首相則是由一群元老提名經天皇任命，國會同樣沒有置喙的餘地。

　　因此一直到二次大戰爆發前為止，日本是一個以決心追求快速工業化以及軍力擴張為目標的國家，政治民主化明顯地並非它考慮的重點。事實上，日本與德國的發展過程有許多相似之處。除了成為獨立的現代民族國家的時間點很相近之外，德國受到內部要求民主呼聲的影響，所採取的政策是容忍社會主義與民主運動，並成立帝國議會，卻又壓制社會民主黨的活動；而且議會也沒有重要的權力，可以制衡行政決策部門。德日兩國的民族主義都在十九世紀 70 年代以後興起，並且都以國家的力量積極投入

工業現代化及建立強大軍隊為目標；還有兩國都在十九世紀末期各出現雄才大略的首相，日本是伊藤博文，德國是俾斯麥；兩國都在完成工業化的過程中，發展出軍國主義，向外侵略，最後同遭二次大戰的敗北，並且在戰後建立起民主體制，以良好的經濟表現為基礎，達到民主鞏固的境界。

　　日本在發展現代化的過程中，所表現的軍國主義之傾向，可以從它在1878 年及 1886 年先後成立陸軍總參謀處及海軍總參謀室中看出來。這兩個單位被賦與完全掌控陸海軍的權力，只對天皇效忠，因此完全排除文人政府的控制。這種超乎憲法的特權，最後導致軍方採行它自己的外交，而且常常跟文人政府的目的發生衝突，甚至於在關鍵的國內外政策議題上，壟斷了整個決策的過程。雖然眾議院在 1910 年代末期到 1920 年代，曾經對日本威權政府體制，在自由化及民主化方面作了一些成功的改革，但是這個日本在二次戰前的民主之春，卻非常短暫。當日本的經濟接二連三地因為一次戰後的經濟蕭條，以及 1930 年代的經濟大恐慌，而受到重創的時候，國內主張民主的人士開始受到軍人以及文官體系中的右派團體的猛烈攻擊，認為他們是造成日本景氣不佳的禍首。

　　1920 年代末期，陸軍將領田中被任命為首相後，軍人開始接掌政府並左右政策。田中政府最激烈的動作是入侵中國東北，炸死張作霖，成立滿洲國，將東北置於日本直接控制之下，並成為日本國內出口產品的最大市場。田中後來雖然被迫辭職，但是軍人卻持續在天皇默許之下鞏固對政府的控制，文人領袖稍微在對外政策上示弱或傾向和平，立刻成為被恐嚇、勒索及暗殺的對象。從 1930 年開始，日本連續發生海軍及陸軍軍官暗殺文人首相，攻擊政府機構，殺害政府官員的政治謀殺事件，使反對軍人的政府官員，商界人士，學術界及傳播媒體不敢嚮聲。

　　當國際聯盟於 1933 年通過決議案，譴責日本侵略中國東北時，日本宣佈退出國聯；接著德國及義大利也分別退出。因此這三國在 1936 年成立號稱反共軍事聯盟，與西歐國家對立的態勢乃益趨明顯。此時美國與日本間的貿易摩擦，也因為日本的擴張行動而趨於嚴重。1939 年美國終止與

日本的貿易協議，使日本斷絕了石油及原料供應最主要的來源，日本因此尋求在東南亞取得補充，派兵侵佔中南半島。美國立刻對日本宣佈禁運，禁止廢鐵出口到日本；接著在 1941 年禁止汽油銷售日本，並凍結日本在美國的資產。當西歐國家在同一年宣佈對日進行國際禁運時，日本感受到它的能源及原料可能斷絕的危機，因此在主戰派陸海軍將領的堅持下，決定對美國發動戰爭。1941 年 12 月 7 日日本對美國在夏威夷的海軍基地珍珠港進行全面攻擊，美國羅斯福總統立刻要求美國國會對日本宣戰，二次大戰爆發。

第三節　同盟國佔領與日本民主鞏固

日本在戰爭初期曾獲得明顯的軍事勝利，但是不到一年之後，隨著中途島海戰的失敗，日本在太平洋的戰役中幾乎都敗北。到 1944 年日本的大城市都處在美國轟炸機的毀滅性空襲之下。1945 年 8 月當美國分別在長崎及廣島投下兩顆原子彈的時候，日本天皇正式宣佈無條件投降，但是所有日本包括東京在內的大都市已經變成一片廢墟。

戰敗後的日本由同盟國最高指揮部佔領,最高指揮官是麥克阿瑟將軍。同盟國對德、日、義三國佔領的主要目的，是要保證這些國家不會再對愛好和平的國家構成安全上的威脅。當時同盟國內部也深信，具備民主體制的國家跟獨裁政府相比之下，較不會發動戰爭❸。因此在佔領的頭 18 個月，最高指揮部就下決心要達到佔領的兩項目標：將日本完全解除武裝及達成日本的民主化。除了將日本完全解除武裝，軍隊全面復員（德義兩國亦然）之外，同盟國並著手成立民主體制的政府。有因於一次大戰後威瑪

❸ Charles Kades, "The American Role in Revising Japan's Imperial Constitution," *Political science Quarterly* (Summer 1989), pp. 215–248. Robert E. Wade, and Yoshikazu Sakamoto, eds., *Democratizing Japan: The Allied Occupation* (Honolulu: University of Hawaii Press, 1987).

德國失敗的民主經驗，同盟國認為經濟及社會改革，會為民主政治制度提供一個持久而穩定的基礎。由於戰敗國是無條件投降，因此戰勝國可以對這些國家的內部事務，擁有無限制的權力。

在對德國和日本的佔領方面，有兩點基本不同。第一，德國是由四國分成四區加以佔領，日本則除了沖繩、朝鮮及臺灣之外，是全面由同盟國最高指揮官麥克阿瑟所掌控。因此美國政府的政策才是決定日本未來的主要關鍵。第二，德國在投降之後，幾乎沒有一個有效的全國性政府，因此由同盟國直接立法；但是在日本卻仍有天皇在位及帝國政府存在，因此是由日本政府依照美國的指示，來制定相關的法律及發佈命令，以貫徹美國的政策。因此對日本的統治雖然是間接的，但是其政策卻是統一的，並且及於全日本。

同盟國佔領之初所面臨的第一個問題，是關於天皇是否應該予以逮捕，給予戰犯審判，以及是否應該廢除天皇制度。還有人認為日本政府不可能加以信賴，因為反動（保守）份子太多，無法完成同盟國所要求的全面改革的任務。但是整個佔領過程卻是在爭議最小的情形下，迫使日本進行改革，並完成民主體制的建立。天皇的命運獲得保護是因為美國擔心如果將他交付戰犯審判，可能會造成日本民眾暴動。因此相對於德國戰敗後，所造成的同盟國內部嚴重的紛爭，以及柏林封鎖 (1948-1949) 所形成的西方國家與前蘇聯間的戰爭危機，日本就像是成功的範例，麥克阿瑟也因此而受到讚美。

或許就是因為日本成功的統治經驗，2003 年 4 月美國與英國聯軍進攻伊拉克，推翻獨裁的海珊政權，希望透過政權的更替 (regime change) 來使伊拉克成為中東地區第一個民主國家。美國的作法基本上跟當年對日本的政策是一樣的。首先，美軍實際佔領伊拉克，成立行政管理委員會（類似當年的盟軍最高指揮部），並設有行政長官。其次，將所有海珊的軍隊完全解散。第三，任令伊拉克政府整個解體，另行扶植一個由當年流亡海外的反海珊人士組成一個新政府。但是美國在佔領伊拉克之後，卻面臨回教

徒激烈的顛覆及破壞行動。美國所犯的錯誤包括將伊拉克軍隊及政府完全解散，忽略了伊拉克缺少一個為當地民眾所信賴的政治權威，以及回教影響下的伊拉克民族性格，有別於儒家思想薰陶下的日本民族性。整個國際環境也與日本戰敗時完全不一樣。政治經驗並不一定能夠完全抄襲。

　　同盟國最高指揮部對日本所作的全面改革包括對日本作一次全面性的土地改革，讓歷來貧困的佃農取得土地所有權。這項改革除了使日本的財富發生重分配的作用，對社會及政治發揮了穩定的效果外，同時也使日本的農民成為最保守的一群，擔心社會主義政黨或共產黨會將他們的土地沒收。農村因此成為自由民主黨最主要的票倉，支持自民黨的長期執政，但也因此使日本郊區的代表性偏高，農產品價格也一直居高不下。日本社會還是付出代價的。另一項本來要作，但後來因為冷戰的關係，美國需要日本社會早日恢復安定，而沒有作的改革是大財團仍然繼續存在，並沒有依原先計劃予以打破。這使得戰後的日本政治繼續受到財團左右，金錢政治成為受人垢病的民主弊病。除外，工會運動因為受到鼓舞而勃興，婦女地位也獲得保障。

　　日本民主化最重要的一個步驟，是在麥克阿瑟的堅持下，美國一批律師負責起草一部新憲法，將美國所推動的永久解除軍備和民主化的各種措施予以法律化❹。這部在 1947 年生效的憲法，無論是其精神和文字，特別是其前言，都充分反映了美國價值，是一部道地的民主及和平的文獻。憲法將天皇定位為凡人，不再是（太陽）神的化身，只是扮演象徵性及禮儀性的國家元首的角色，主權屬於全體國民。參議院及眾議院分別經由直接選舉產生，是日本最高立法機關；日本成為議會內閣制國家，由內閣向眾議院負責。另外，司法機關擁有司法審核權，有權對國會立法及政府命令的合憲性進行審核。

---

❹　Ray A. Moore and Donald L. Robinson, *Partners for Democracy: Crafting the New Japanese State Under MacArthur* (New York: Oxford University Press, 2002).

這部日本新憲法雖然是在美國主導下而草擬及生效，但是或許是因為受到原子彈洗禮及戰後初期經濟困頓，生活艱難的影響，日本人民從一開始就對反戰條款給予高度的支持，並且婦女，學生，知識份子，勞工……以及各個階層人士，也都對他們所得到的憲法上權利，極為珍惜。其次，美國大力支持日本戰後重建，土地改革所奠定的成果，以及韓戰爆發等因素，都使得日本戰後的經濟恢復得很快。除外，因為反戰條款的存在，日本的國防安全是由美日安保條約所支撐，這使得日本省去大筆的軍費，也是經濟發展一大助力。經濟發展的成功就如美國佔領初期所預期的，是日本民主政治能夠穩定發展的重要因素。當然，日本經由各級學校的教育以及傳播媒體的宣導，是日本憲法的價值和精神能夠深入民心，得到廣泛支持的重要因素。

日本從一個脆弱的經濟和軍事小國，到全面推動現代化，成為工業和軍事強權，並向外擴張侵略，而後雖然戰敗，但是卻能維持其政治獨立和主權完整，並繼續發展經濟。這些過程跟德國有極其相似之處，這點前面已經提到。但是更有趣的對比是戰後德日的政治發展路線，竟然也有神似之處。跟德國戰後基民黨總理艾德諾領導達 14 年一樣，日本戰後除了有一年多的時間是社會黨執政外，長期是由自由民主黨掌控政權，並且有很長一段時間是由其第一任黨魁吉田茂擔任首相，然後在他退休後，再由其門生輪流接掌政權。這就是吉田茂學校的由來。

【第二十六章】
日本政治的基礎

上一章曾提到過，美國在日本戰敗之初，就設下佔領日本的兩大目標：解除日本武裝及達成民主化。戰後半個多世紀以來，除了日本成為一個非武裝國家的事實，一直是其內部進行修憲與否的爭議焦點，也引發亞洲各國的關注外，日本成功地達成民主化及民主鞏固的境界，跟它成功的經濟發展有著密切的關係。因此人們可能會認為日本的經濟發展及民主政治的成功，純粹是二次大戰後所得到的成果 ❶。事實上，就跟德國一樣，早在二次大戰爆發前，無論是經濟發展或民主政治，都已經有了相當的基礎。明治維新以後，日本在現代化的努力以及國民所忍受的犧牲（如童工、女工及勞工待遇之低，工作環境之惡劣），使日本的經濟在 1920 年代已有了相當的基礎。這也正是日本在 1920 年代中葉就已實施健康保險的因素。

日本一直到二次大戰以後才在政治信念及制度上全盤接受民主，這是事實。但是在戰前的日本，就已經有過民主政府的實驗，雖然是在軍方的控制下，並沒有具備真正的民主程序要件，而且從明治憲法的本質來看，國家威權主義的色彩也太重。不過有了戰前那一段民主運作的經驗，卻至少使日本人戰後對民主不會太陌生，再加上客觀條件的配合，自然使這種型態的政府變得更穩定而又更可靠 ❷。

除了經濟發展和戰前的民主經驗外，日本的政治文化，社會結構以及政黨體系等因素，也是促成日本戰後的政治能夠穩定，並促成經濟持續不

---

❶ Sir George B. Sansom, *The Western World and Japan: A study in the Interaction of European and Asiantic Cultures* (New York: Random House, 1949).

❷ B. Thomson et els, *Sentimental Imperialists: The American Experience in East Asia* (N. Y. Horper and Row, 1981).

斷發展的重要原因❸。

第一節　領土與人民

　　日本是一個島，其總面積比美國加州還小，但是它的四個主要島嶼——本州、九州、四國及北海道——以及其他小島卻散佈於西太平洋廣大的海面上，南北差距達 1,800 英浬。另方面，日本的主要島嶼跟亞洲大陸相隔著 100 英浬的公海。這種地理位置使得日本在歷史上得以免受外來的侵略，除了二次大戰後同盟國佔領的一段期間外，它從未被其他國家所征服。也因此日本人民得以在孤立的環境下發展自己獨特的文化和制度，以及在早期就建立起自己的國家認同，並且因為德川幕府的統治者以及明治天皇以後的繼任者刻意地將這種國家認同加以強化，進一步促進了國家的團結，使日本成為現代世界最有整合能力也最統一的民族之一。

　　今天日本文化上的許多特徵，如語言，房屋建築，食物及服裝，都有異於鄰近的國家。比較令人訝異的是，除了在語言上的獨特性之外，它的文字是傳自中國，因此在都市街道中望去，許多商店用的招牌都是中文。但是這一點卻無損於日本民族主義的發展，反而從十九世紀末期就一直不斷地向中國侵略，一直到二次大戰結束後才停止。

　　比之於許多國家在種族結構上的多元紛歧，日本的種族具高度的同質性。除了北海道上的愛奴族人數只剩下幾萬人，以及二十世紀初日本吞併朝鮮以後，有數十萬朝鮮人或被強迫移居日本，充當勞工，或自願移民日本之外，在歷史上始終未曾有過大規模的移民進入日本。因此日本對於其種族的純淨性（再加上它獨特的語言及文化）和同質性，有著強烈的傲氣。跟印度、美國以及世界上許多其他國家所呈現的種族、宗教及文化的多重對立，所引發的緊張與衝突，日本幾乎是單一的種族結構，堪稱是得天獨

---

❸　John Dower, "The Useful War," in Dow, *Japan in War and Peace* (New York: New Press, 1993).

厚，世界少有。就是為了避免社會異質性所可能出現的後遺症，所以日本
政府即使在勞工匱乏的情況下，也仍然不鼓勵外來的移民。如果考慮到日
本各島過度擁擠的人口密度，以及西歐國家如德國引進「外籍勞工」後所
引發的各項問題，那麼日本所採取的「移民閉關」政策，也就可以理解了。
但是在交通及旅遊日趨發達的時代，外籍勞工雖然並不存在，非法的外籍
勞工和各國派駐日本的各行各業人士卻到處都有。這種情形各先進國家皆
無法免除，日本也難例外。

　　因為歷史上長期的自我孤立及地理的隔絕，所以使日本文化得到了自
我成長的機會，但是一旦日本對外開放，它卻展現不只不排斥，而且積極
吸收外國的文化及科技，使日本文化既保有它傳統獨特的人文風貌，又有
西方文化中的物質文明的內涵。這種集傳統與現代於一爐的混合文化，實
際上就是日本現代化能夠成功的重要關鍵。今天日本人民的生活水準極高，
也飽嚐經濟發展後的各種必然的影響與衝擊，但是日本的社會秩序，犯罪
率之低和人民所感受到的安全感，卻是所有工業國家中最佳而又倍受肯定
的。

　　日本文化深受儒家思想的影響，因此人民很能接受尊重權威及重視社
會和諧的價值。這種對權威的尊重反映在對天皇傳統角色的神化，以及二
次大戰後天皇對國民凝聚力和人民對天皇及其家庭的愛戴上。從德川幕府
時代以來，無論是對人民及社會生活的支配，對國家工業化及富國強兵政
策，對一次大戰後的侵略擴張政策，乃至二次大戰後的經濟發展策略，國
家一直是處於強力指導性的角色，但是日本人民卻始終是支持與配合。這
種在威權體制時代所扮演的順民的性格，到民主政治實施後，參與性的政
治文化中仍展現傳統中自制祥和的一面。這或許正是日本的社會及民主秩
序要比其他西方國家為好的原因之一。

　　日本政治的奇特之處，在於它的文化及思想跟西方國家大不相同。西
方國家的政治起源於單一的《聖經》基督教傳統，上帝被視為人類最終的
救世主，因此是道德上不容置疑的信仰。個人聚集為共同之善而努力，但

是最後的契約卻是在於個人與全能的上帝。相對而言，日本文化的精髓卻是儒家，佛教及日本原始神道傳統的混合體。因此日本包容多神，並具有明顯的人文特徵。日本人認為所有的宗教都有其價值，並且跟儒家一樣，都強調和諧及有條理的行為。這種多元的宗教信念使日本的文化比西方少一份獨斷，比西方更將妥協當作政治生活中的現實，因此除了 1960 年的美日安保條約外，朝野很少發生嚴重的政治對立和衝突。綜合而言，日本人民閱讀宗教讀物是為了得到智慧，尋求達到社會和諧這一終極目標的指針，並化解不可避免的衝突強度❹。

　　日本與西方文化上的另一項重要差異，在於他們對於國人在生活中的角色。西方社會將個人的獲救置於重要地位，因此講求個人主義，個人權利明白地宣示在美國的獨立宣言及法國的人權宣言中，它跟社會權利是對等的。但是日本人將群體的權利置於個人權利之上。日本人的觀點跟德國有其神似，相信只有社會秩序才能讓個人蒙受其利，因此人民必須將他們自己的利益，置於群體利益之下。日本在 1980 年代，其國民平均儲蓄率達 14%，相對之下，美國則只有 4%。這種高儲蓄率，（在 1950 年代到 1960 年代高達 30%），不只使日本有充沛的資金從事科技和經濟發展，更使國民有較強的安全感，有助於社會的和諧及凝聚力。

第二節　日本的政治文化

　　在談到德國的政治文化與民主成長的關係時，我們曾提到過，在 1959 年時候的德國人民仍然受到長期威權政體的影響，是典型的臣（順）民心態，對政治抱著敬而遠之，避免談論的態度；對民主政治中個人所能享有的權利缺少瞭解和爭取的動機。因此德國是經歷了一段非常積極的政治社會化過程，才在 1970 年代以後逐漸產生了參與性的政治文化❺。相形之

---

❹　有關日本對衝突態度之討論，可參見 Ellis S. Thomas et als, *Conflict in Japan* (Honolu, Hawaii University Press, 1984).

下,日本從明治維新到二次大戰前的軍國主義同樣經歷過長期的威權統治,臣民的被動心態當然仍舊存在。但是跟德國不同的是,日本傳統的政治文化中雖然有其不利於民主發展的成份,卻自有其正面的要素,不只有利於現代化的推動,更間接助長民主政治的發展。

日本政治文化最主要的內涵來自儒家思想的影響。儒家思想從第三世紀傳入日本以後,就為德川幕府採用為日本官方的國家意識形態。儒家所強調的階層,服從,忠君及秩序,都有助於統治地位的穩定,而它害怕衝突(亂)及社會各階層的和諧,更深入社會人心,成為奠定政治秩序的心理基礎。除外,儒家更成為明治維新之後的一項整合社會人心,以及帶動民族主義萌芽發展的工具性基礎。藉著儒家思想深入社會基層,明治維新以及後來的軍國主義成功地將社會、人民及國家統合成一個以仁慈的天皇及其政府為首的大家庭。

這種儒家思想文化對戰後的日本民主仍有其正面的價值。天皇仍然是民主社會下形式上的大家長,在激烈的社會及政治變遷中,對天皇的尊敬並沒有降低,反而是日本人民的心理支柱及往前推進的力量。天皇的存在代表日本傳統的象徵,是使社會安定的秩序在變化中仍能持續的關鍵❻。從 1990 年以後,日本因為泡沫經濟破滅,因此經濟不景氣的壓力持續已達 10 年以上,許多結構性的改革如財政金融和銀行體制,一直未能有效進行,這或許是與傳統的積弊有關❼,但是日本的社會及政治仍能維持穩定。

---

❺　David P. Conradt, "Changing Germen Political Culture," in Gabriel A. Almond and Sidney Venra, eds., *The Civic Culture Revisited* (Boston: Little Brown, 1980), pp. 217–272.

❻　有關文化與政治的關係之討論,見 John Combed, *Politics and Culture in Japan* (Ann Arbor: University of Michigan, CPS/ISR, 1988). Takie S. Lebre and William P. Lebra, eds, *Japanese Culture and Behavior.* (Honolulu: University of Hawaii Press of Hawaii 1987).

❼　ED. Lincoln, "Japan's Financial Mess," *Foreign Affairs*, May-June, 1998; William K. Tabb, *The Postwar Japanese System: Cultural Economy and*

儒家思想的艱困忍耐和節儉的內涵及影響是一大因素。因此原本是非西方及傳統的事務，就不只不必然與現代的格局不協調，反而有隱性的重要功能。

儒家思想中所強調的忠的觀念，在最高的層次上表現出來的是，對國家無限制的付出，例如在 1943 年以後日本飛行員為了保衛日本本土，不斷地以戰鬥機俯衝美國軍艦，所強調的就是對天皇、對日本的效忠和殉職的集體精神。但是集體忠貞的文化，表現在另一層卻是對所屬服務單位的終身奉獻，反映在企業文化中的終身僱用（或終身任職）上。日本人民在接受學校教育後，很自然孕育出勤勉及奉獻的工作倫理。一旦接受公司聘請，許多年輕一代就成為公司的員工，這是一個人社會化另一階段的開始。經由公司內部的互動以及各種激勵酬庸，乃至終身僱用的安全保障，就使員工自然產生對公司的忠貞。日本企業界很少出現罷工，跟這種終身僱用下的忠貞意識，有密切的關係。一般人稱日本為「公司國家」或「公司社會」，指的就是許多藍領及白領階級的生活，是以公司為中心的現象。這種現象在政治上會阻礙政治意識的滋長，並避免積極地捲入政治，以及對政府政策作過度的批判。但是長期經濟衰退的結果，已經改變了這種僱用的型態，使不少公司放棄工作的安全保障，以及依年資付酬的制度。

集體忠貞的情形除了對國家以及對企業之外，還有就是對自由民主黨長期的支持。從二次大戰以後，除了第一任片山哲內閣是社會黨以外，自民黨是幾乎沒有中斷地一直在執政。考其原因，日本選民對自民黨政府的信賴與支持，固為重要原因。但是深一層去瞭解，就可以發現日本在儒家文化及教育制度下，很明顯地就是要追求社會的共識及一致性價值。但是此等價值的維繫，其關鍵卻是絕大多數的日本人民大致上滿意目前的情形。譬如說，日本不僅是一個富裕的社會，人民大體上都享受高品質的生活水準，而且在財富分配上也比大多數其他國家更為均衡。這種相對的富裕不只使人民感到自滿，而且政治信賴感高的結果，使日本選民很自然地轉嫁

Economic Transition (New York: Oxford University Press, 1995).

為對自民黨執政的信賴。

日本政治上的共識性及一致性，也自然會出現脫軌的非常態現象，包括極左派及極右翼的暴力團體所使用的恐嚇及流血手段❽。1960 年代出現許多左派馬克思革命團體，以攻擊資本主義的權力機構為目標，包括自民黨總部，皇室家庭，機器及港口為主要對象。1970 年代的紅軍 (the Red Army) 甚至跟國際恐怖組織有連繫。進入 1980 年代以後，則又是極右翼的政治組織橫行，共有約 840 個類似團體。這些團體大部份是激烈的反共團體，對日本的帝國傳統及國家未來極度關切，任何它們視為言論不當的人士，都會遭受暗殺。宗教性教派的激烈行動以 1995 年 3 月間，奧姆真理教派的領導人麻原彰晃在東京火車站人潮洶湧時間，公開施放毒氣，造成 12 人當場死亡，5,000 多人受傷的慘劇為最轟動。

第三節　一黨長期執政的民主

世界上的民主國家通常都免不了政黨競爭，而且即使是在無所不包 (catch-all)，意識形態差距不大的政黨，彼此之間仍然會有政策理念上的差距，因此使國家的政策路線出現週期性的鐘擺，由不同的政黨輪流執政。例如英國保守黨政府從 1979 年到 1997 年間一直執掌政權，就如同德國從 1949 年到 1969 年間一直是由基督教民主黨執政一樣。但是日本從二次戰後實施民主以後，卻從未出現過政治鐘擺，因為它在 1955 年兩個保守政黨——自由黨及民主黨——合併成自由民主黨之前，就是由民主黨執政，兩個保守性政黨合併而建立五五體制之後，更是從無間斷地維持它對政權的掌控。即使在 1993 年因為失去對眾議院的控制後，也只是終止了自民黨不間斷的執政記錄，而仍未出現政治鐘擺的現象，因為繼起的 7 個政黨聯合政府，不只內閣更換頻仍，而且也無法提出一個具體而又有別於

---

❽　David E. Apter and Nagayo Sawa, *Against the State: Politics and Social Protests in Japan* (Cambridge: Harvard University Press, 1984).

自民黨的政策內涵。1996 年以後雖然有短暫的時間由社會黨黨魁村山富市領導跟自民黨所組成的聯合政府，基本上仍是由自民黨主導，政治鐘擺仍未出現。

　　因此有近 40 年的時間，日本幾乎可說是沒有所有政黨競爭或反對黨強力監督的國家，在世界上堪稱絕無僅有。在 1993 年之前，每次的眾議院選舉，社會所關心的不是那一個政黨會獲勝，而是自民黨會多贏或損失多少個席次。這種異乎尋常的政治穩定主要是由幾項因素所促成。從自民黨執政之初，日本的大財團就因為擔心左翼力量的興起，一直對執政黨給予毫無保留的財政支持；日本的農民則在分配到農地後，成為保守政黨最積極的支持者。這兩大力量結合在一起的結果，固然使大財團旗下的員工順理成章地成為自民黨的支持力量，而郊區的農民則因選舉區的劃分，使農民的代表性遠超過都市地區，都市卻通常是勞工及左派政黨的大本營。

　　第二，自民黨執政初期正是歐美社會處於和平與繁榮的時期，大有利於日本大量的出口外銷；韓戰的爆發更是刺激日本經濟發展的重要動力。經濟的持續擴張提高了日本人民的生活水準，當然也使日本人民對自民黨有信心，認為它是能夠確保日本經濟穩定成長的政黨。相對地，反對黨的積弱不振，長期處於分裂，以及太過強調社會主義的意識形態，卻使日本選民對左翼政黨失掉信心❾。第三，自民黨利用近乎比例代表制的方式，將政黨及政府資源分配給各個派系，以維繫內部各派系的凝聚力。這種無關意識形態的紛爭獲得解決，使得自民黨無內部之憂，反而能夠全力推動

---

❾　相對於德國社會民主黨及法國的社會黨在 1960 年代、1980 年代分別進行轉型，向中間溫體地帶移動，取得中產階級的認同，而終於在 1969 年及 1981 年取得執政的地位，日本原本最大的在野黨卻不斷地因為意識形態之爭，而造成內部分裂及選民的排斥。例如社會黨一直到 1996 年與自民黨合組聯合政府後，才正式承認日本國歌及國旗。有關社會黨與自民黨這一左右政黨間的合作，參見 Ray Christensen, *Ending the LDP Hegemony: Party Cooperation in Japan* (Honolulu: University of Hawaii Press, 2000).

經濟發展以及社會福利。結果是日本的反對黨在選舉時不只因此找不到明顯的議題來挑戰自民黨，反而使自民黨跟非共產黨的反對力量，得以在國會辯論時，能夠在大多數的法案和議題上得到妥協。經濟的繁榮以及自民黨靈活及務實的策略，是日本能夠到 1980 年代仍維持基本的一黨執政局面的重要因素❿。

　　日本一黨統治的民主機制並非是先天條件的配合而理當如此。反對黨當然會把這種令人氣餒的現象，認為是日本共識型及一致性文化下所種下的結果⓫。但是如果看看 1953 年到 1960 年這段期間，日本朝野激烈緊張的政治對立，1960 年美日安保條約要續約時，所爆發的大規模暴力性的對抗與示威活動，就可瞭解日本戰後民主的穩定，是經過一段坎坷的道路的。再看看 1950 年代中葉，有超過一半以上的白領及藍領工人支持日本社會黨，但只有約三分之一是支持自民黨。但是到 1980 年代中葉，卻有一半以上的勞工是支持自民黨，相對的，支持社會黨的卻降到總數的五分之一。

　　這些數字所反映的意義有二。第一，階級在現代日本政治中並非利益團體組織以及政治動員的基礎⓬；第二，自民黨的成長與長期執政跟經濟發展的成效，如社會高度的凝聚力未變，相對平等的財富分配，大眾及高品質教育的普及，傳統文化價值的維持，有效避免現代化所帶來的社會動盪及犯罪率的控制，以及有能力而又投入的政府官僚體系。這些其他民主國家所沒達到的成就，就是《日本第一》這本暢銷書受到重視的理由⓭。

---

❿　Kent E. Calder, Crisis and Compensation: *Public Policy and the Political Stability in Japan, 1946–1986* (Princeton, N. J.: Princeton University Press, 1988).

⓫　Kurt Steiner et als., eds., *Political Opposition and Local Politics in Japan* (N. J.: Princeton University Press, 1980).

⓬　持不同的觀點的還是很多，參考用書可見 Rob Steven, *Classes in Contemporary Japan* (Cambridge, U. K.: Cambridge University Press, 1983).

⓭　Ezra F. Vogel, *Japan as Number One: Lession for America* (Cambridge:

權力使人腐化，自民黨執政 38 年未曾有過政黨輪替的記錄，自然也種下廣大選民政治幻滅及不滿的種子。日本大財團為了保護自己的企業利益，長期地與自民黨內部的派系掛鉤，以金錢從事政治捐獻，作為影響政府政策的代價，使自民黨內部各個重要派系都因此成為財團的俘虜。這種金錢政治不只壟斷政治及政策形成，而且使自民黨政府最高層領袖及各公司的支持者都被捲入無止境的政治醜聞。從 1970 年代末期，當時日本的首相田中角榮因介紹日本航空公司購買美國洛克希德公司 (Lockhead) 的飛機，而接受大筆的政治獻金，被揭發以後，進入 1980 年代末期，日本繼任的首相一個一個地捲入政治腐化及貪汙的案件。結果先導致自民黨失掉參議院的控制，接著又在 1993 年眾議院的選舉中失利，而結束長期執政的記錄⓮。這些政治腐化所形成的鐵三角，將自民黨，文官人員（負責法律的詮釋以及執行），以及特殊（大財團）的利益結合在一起，使日本的政策是由這些特殊利益所決定，並犧牲廣泛的大眾利益。因此自民黨長期執政的結果，日本各界還是付出了代價，包括大大地降低代表的層次，從大眾降低到私人財團利益，也使自民黨不必為政策的成敗負責。文官系統則因循成性，長期墨守成規，無法對快速變遷的日本社會及經濟，作創新性的政策決定。這種情形跟英國利益團體的強大影響力，所產生的多元性僵止，並沒兩樣。

第四節　有組織的犯罪集團

龐大而半合法化的犯罪集團在日本政治所扮演的角色，特別值得注意。

Harvard University Press, 1979).

⓮ Terry MacDougal, "The Lockheed Scandal and the High Costs of Politics in Japan," in *The Politics of scandal: Power and Process in Liberal Democracies*, ed. Andrei S. Markovits and Mark Silverstem (New York: Holmes and Maier, 1988).

犯罪集團共約達 9 萬人之多，分別屬於各個犯罪組織。1992 年的一項法律
准許地方政府將這些組織登記為暴力團體，俾使它們直接地被整合到「制
度」裡面來。換言之，日本跟西方不同的是，日本接受一個事實：只要有
非法物品的需求，就會有組織的犯罪，因此日本將有組織的犯罪當做制度
中一個自我規範的部份。大型的犯罪組織必須像任何其他的企業團體那樣
去約束它們的成員。有一個由犯罪組織所發行的雜誌要求它的成員要有如
下的作為：

　　(1)保持和諧以強化團體；(2)要愛護及尊重團體外的人民，並記住對他
們有所虧欠；(3)要常有禮貌並永遠記住資深－資淺的關係；(4)從資深者學
習其經驗並自我改進；及(5)跟外界接觸時，要有所節制。

　　這種將罪犯當成日本家庭的一部份，顯然發揮了功效，因為日本所報
導出來的犯罪率，是要比其他工業民主國家為低。但是這種策略也並非沒
有其危險性，因為經由犯罪所取得的合法跟非法活動的界限可能會變得更
加難以分辨。

【第二十七章】
日本的政治經濟與發展

在本書所要討論的國家中，法國，德國，日本，俄羅斯及中國都是現代化起步最慢的國家，並且都是由國家擔負起現代化推動者的角色。法國是因為傳統的保守力量不願意寧靜的傳統生活，為快速的現代化步調所破壞，因此國家成為這股力量的維護者。一直到二次大戰結束後，才如夢方醒，體會到經濟發展對國家力量的重要性，由國家帶領社會急速進行經濟發展。法國曾經是一個有民主卻沒有經濟的國家，要拿來印證經濟發展與民主政治的因果關係，會有很多值得爭辯之處。俄羅斯在十九世紀末開始推動現代化，但是國家的角色雖然凸出，對現代化的後果卻沒有處理好，反而因為現代化的進行，加速沙皇政權的崩潰。

德國在所討論過的國家中，跟日本最為相似。從現代化民族國家出現的時間，國家在推動現代化的過程中的積極角色，軍國威權政體的發展，到向外侵略擴張的過程，以及最後民主轉型的成功，一直都是比較政治中受到重視的議題。特別是德日兩國經濟力量興起的過程中，跟美英法等殖民先進國家所產生的資源及市場的競爭，最後導致軍事衝突。這個歷史經驗同樣在今天中國經濟快速發展的階段,國際政治學者所關注的還是一樣：中國的興起會不會引發另一個即將到來的衝突？

雖然有過軍國主義不愉快的經驗，但是日本卻是現代化相當快速而成功的國家。這不僅因為它是當今世界上最富裕及先進的國家之一，國民所得分配是世界最平均的國家,擁有世界最富有經濟體中最低的通貨膨脹率，最重要的是，日本是世界上最安全的國家之一，因為它在工業先進國家之中的犯罪率最低，嬰兒死亡率也最低（見表 27-1）❶。

---

❶ 美國嬰兒在一歲前的死亡率偏高，排名工業國家第十八名。前總統柯林頓夫人希拉蕊在她的回憶錄提到這一點，美國總統老布希拒絕相信，經過查證後才在

表 27-1　　1990 年各國通貨膨脹，所得分配，嬰兒死亡率及平均壽命

	通貨膨脹百分比(1900–1990)	所得分配		嬰兒死亡率（每 1,000 人）	平均壽命	每 10 萬人中的罪犯人數
		最低 20%	最高 10%			
法國	6.1	(1979)6.3	25.5	7	77	5,831
德國	2.7	(1984)6.8	23.4	7	76	7,031
義大利	9.9	(1986)6.8	25.3	9	77	–
英國	5.8	(1979)5.8	23.3	8	76	7,355
美國	3.7	(1985)4.7	25.0	9	76	5,741
日本	1.5	(1979)8.7	22.4	5	79	1,358

資料來源：*The World Bank Report* (Oxford: Oxford University Press, 1992).

第一節　日本戰前的經濟發展

　　日本的經濟現代化的策略始於十九世紀中葉的明治維新。明治天皇的政府開始經營兵工廠、礦產、鐵路、電報、電話公司，及紡織廠。但在 15 年內，這些企業大多數都賣給私人經營，隨後有人就因此建立起龐大的企業王國。這種現象反映出十九世紀許多較晚進行現代化的國家，是由強勢的政府主導來發展全國性的經濟。在以後約 70 年的時間中，這些大量而又越來越超國界的企業帝國，左右了日本當代經濟的工業部門，並在有紀律而又高度民族情結的文官體系的支持下，帶動快速的擴張。文官體系對工業及大公司提供許多的誘因，而有計劃地鼓勵及引導國家經濟的發展。這些誘因包括直接補助、減稅、關稅保護，以及由政府出資建設工業基本設

第二天接受此項事實。見 Hillary Rodham Clinton, *Living History* (New York: Simon & Schuster, 2003), p. 99。日本則遠比德、義、英、美等國都要好。

施如港口、鐵路、道路及通訊網路等等。日本成為一個最顯著的例子，由國家跟社會中最有力的經濟團體合作，來帶動快速而有規律的經濟發展。

日本利用一次大戰的機會使它的紡織、鋼鐵、機械工具、化學及造船工業快速擴張。工業發展的結果使日本的農業人口由 1905 年的 65% 降為 1940 年的 44%，工業部門則由 12% 增加為 24%。在 35 年的時間中（1905 到 1940 年），工廠的生產量由國內總生產量的 6% 增加為 29%❷。二次大戰前夕，日本已經成為世界成長最快速及最具競爭力的經濟體之一。

但是二次大戰前的日本經濟卻存在著許多嚴重的問題。除了人民財富及所得分配極端的不平均，而造成社會緊張以及國內市場無法快速成長外，大多數的日本僱主不能容忍工會組織❸，使得加入工會的人數不及全部勞動力的 8%。未加入工會的工人所獲的工資幾乎只能勉強糊口。這情形尤其是以在僱用絕大多數勞工的小企業部門最為嚴重。因此僱主與勞工之間常為工資及工作條件而發生嚴重爭執。

日本戰前的農業經濟也發生同樣的問題。在十九世紀末二十世紀初，郊區的土地所有權越來越集中在少數的地主手中，無地可耕的佃農則在 1930 年代末期增加到所有農民的 30%。這種情形導致地主跟佃農之間常常為地狀及租金等問題而發生嚴重的甚或暴力的衝突，捲入此類衝突的是 3 萬名地主和 10 萬名佃農。因此馬克思主義者利用這種農民被剝削的現象，在全國各地祕密從事農民革命的組織。

大多數農民及城市勞工的貧窮不只造成頻繁的爭執，而且使多數的日本人無力購買許多國內生產的製造品。這就迫使日本必須尋求海外市場，

❷ Kazuski Ohkawa and Henry Rosovsky, *Japanese Economic Growth: Trend Acceleration in the Twentieth Century* (Stanford: Stanford University Press, 1973), pp. 80-81.

❸ Robert A. Scalapino, *The Early Japanese Labor Movement: Labor and Politics in a Developing Society* (Berkeley: Institute of East Asian Studies / Center for Japanese Studies, University of California, 1984).

並增加它對貿易的依賴，以填補無法大量擴張的國內市場的不足。但是日本缺乏天然資源而又必須進口大量的原料，結果是出口增加了，但是進口量也需要增加。日本甚至必須進口大量的食品來滿足快速成長的人口需求，進口總額因此超過出口總額。為了克服此等困境，日本開始尋求海外殖民地，最初是朝鮮及中國，後來是南洋及太平洋，並美其名為「大東亞共榮圈」，但其實只是一個擴張的龐大日本帝國。這種擴張行動最後使日本直接跟歐洲列強如英國、法國及荷蘭等國發生對抗，而且當美國從十九世紀中葉開始建立起它在亞洲及太平洋的殖民大餅的時候，日本對中國的持續擴張自然遭遇到美國強烈的反對。最後日本攻擊珍珠港，日本與西方的對抗終於在 1941 年 12 月爆發。

第二節　日本戰後的經濟復甦

二次大戰結束後，日本經濟發展跟德國一樣都被稱為是奇蹟。兩國經濟的快速成長都跟兩項因素有關，一為美國的援助及強迫改革，另一項因素則是國家扮演經濟成長的火車頭。西德的經濟復甦得力於美國馬歇爾計劃下的大量經濟援助，還有艾德諾的強勢領導，以及他的經濟部長歐哈德所領導的科技菁英團隊對經濟發展的運籌帷幄。因此歐哈德被稱為德國經濟復興之父。日本在戰後經濟的發展上所受到的兩項因素之影響，比德國有過之而無不及，當然為經濟成長所付出的代價及所承受的批評也很可觀。

從美國的因素來看，它迫使日本進行民主改革，使日本在政治、社會及經濟制度作全面的變革，為經濟發展奠定了基礎性要件。在農村的土地改革，使大部份的農民有了自己的農田後，收入增加，擁有足夠的購買力，工業生產的物品因而獲得了穩定的市場。另方面，戰前在郊區萌芽的馬克思主義，乃因此轉化成戰後日本支持保守派勢力的最穩定選民集團，是日本政治穩定的重要支柱。在城市方面，美國所作的民主化改革則大幅減少經濟財富及權力的集中，一方面將最大株式會社的資產及經營權的控制，

分散成新獨立的公司；另方面則將城市大部份的勞工納入工會體制內，讓
勞工取得集體談判的力量。這種改變同樣提高了都市勞工的生活水準，跟
農民一樣建立了國內龐大的消費市場，提供了經濟發展的動力❹。

　　就國家的角色而論，本書已經提到過的是，德國在戰後強調社會市場
經濟的觀念，認為政府與市場間的關係既非自由放任，也不是政府完全壟
斷。因此國家對社會的經濟政策是間接性的支持，由政府設定一個明確而
具彈性的架構，由民間部門遵循此架構而執行。因此就國家與社會的關係
而論，德國是一個典型的統合主義者，既不是英美兩國的自由放任，也非
集權經濟下對社會的全面控制，所強調的是相互協調，各自扮演好自己的
角色及履行自己的責任。

　　相對來看，日本雖然常被認為是自由市場經濟的資本主義國家，但是
並沒有像英美那樣具備意識形態的觀念，認為國家不應該介入或干預經濟。
相反的，當經濟發生波動或失衡時，政府固然應該以金融工具如匯率及利
息的調整進行干預（一如美國聯邦貨幣儲備會），而且應該主動引導國家進
行經濟變遷。這就是以日本為首的發展國家的重要內涵之一。日本自民黨
政府在處理國家與經濟間互動的時候，幾乎完全背離它保守主義的政治哲
學（這也正是為什麼它常被批評是既不「民主」也不「自由」的原因，如
果從經濟政策來看，則它更非保守性政黨）。因為自民黨不只以有效地監督
資本主義，並以遠離純自由市場途徑，而引以為傲，而且透過美國式肉桶
立法 (Pork-barrel legislation) 的經費運用，以經濟利益討好它們選區的選
民❺。從國家介入經濟的程度來看，日本不只與英美有別，與德國不同，
跟社會主義國家，則除了它決非計劃經濟外，反而有點接近。唯其如此，

---

❹　Deborah Milly, *Poverty, Equality, and Growth: The Politics of Economic
　　Need in Postwar Japan* (Cambridge, M. A.: Harvard University Press,
　　1999).

❺　T. J. Pempel, *Policy and Politics in Japan: Creative Conservatism*
　　(Philadelphia: Temple University Press, 1982).

因此在處理跟社會力量如工會關係的時候，跟德國的新統合主義就有不同。這一點以後會再加討論。

　　日本政府在 1960 年經歷過反對美日安保條約續約的風潮後，繼岸信介被迫辭職後出任首相的池田勇人首相，為了緩和日本社會的緊張情緒，宣佈將在 10 年內讓日本的國民所得倍增。這項宣示的目標遠超過預期。因為從此開始，日本進入經濟高成長的時代，而著名的通產大省就是從此時起扮演推動日本工業及對外貿易發展的要角。從戰前通產大省就著有聲譽，戰後更因為它在日本經濟亮麗的成長中，負責行政領導的傑出表現而倍受讚譽❻。通產大省一向以它受過良好訓練而又極具文官良好素質著稱，主要負責國際貿易政策領域中的政策擬定及發展，國際貿易行政，工業政策，以及工業地點及環境保護等事務。它下面的局處則專責基本工業，機械及資訊工業以及民主工業等領域的執行。

　　通產大省部會規模及預算都非最大，但是它的權力卻在許多方面發揮的淋漓盡致。第一，發照權及許可權；第二，自由而有效地行使行政督導；以及在非官方的政府預算——財政投資及貸款計劃——中的份量。通產大省不只熟練而又積極地運用常帶壓力及強制色彩的行政領導，而且運用它的影響力將財政投資及貸款計劃中所累積的資金，用在公共工程建設如公路和房屋發展，以及私部門經濟如高科技工業，小型企業，農業等等。通產大省在這些計劃中所佔的預算達 19%。

　　這些實際掌握工業發展及對外貿易政策的通產大省官僚，與商界及政界領袖早已是摯友，因此並不需要國會通過新法律，才能夠執行政府的政策。行政督導這個抽象的用詞往往就道出了文官對企業活動的龐大影響力，也說明政府的政策必須而且又能夠貫徹的理由。許多從政府退下來的官員，會突然間從天而降成為私人企業的行政主管，正說明文官與企業界的緊密關係，但也造成可能的利益衝突甚或腐化。

❻　Chalmers Johnson, *MITI and the Japanese Miracle: The Growth of Industrial Policy* (Stanford: Stanford University Press, 1982).

　　除了通產大省的角色外，戰後日本經濟的快速發展另有其得天獨厚的客觀環境。例如從 1947 年到 1951 年間美國除對日本提供 18 億美元物質的援助外，還幫助日本平衡預算赤字，避免造成戰後的經濟混亂。1952 年日本恢復獨立以後，美國又開放其市場讓日本出口，並准許日本取得美國所開發的新科技。他如世界銀行，國際貨幣基金以及關稅貿易聯盟（世界貿易組織的前身）等會籍的取得，使日本更容易獲取原料來源，來自全球各地的商品，資本市場，以及高級科技和科學資訊。冷戰所造成美蘇對立，使得美國對日本的扶植堪稱不遺餘力。

　　韓戰爆發後，日本成為美國軍隊所需大量軍備物資及後勤補給的主要來源，從而帶動此後長達 20 年間的經濟起飛。當二次戰後，西方國家因為大規模重建而出現的經濟繁榮，在 1970 年代初期告一結束的時候（多少跟中東國家與以色列間的戰火，而造成的第一次能源危機有關），日本已經成為僅次於美國的世界第二大市場經濟體。

第三節　日本經濟發展及其爭議

　　日本的經濟發展一直是以出口替代工業化作基礎。從明治維新開始，以廉價的勞動密集工業的產品如紡織品從事出口，來達成快速的工業化；然後再經由高附加價值的資本密集工業產品的出口，如鐵、鋼、造船以及機械，使工業昇級。這種發展模式不只證明對日本是成功的，亞洲其他國家也紛紛跟著效法。二次戰後大部份工業國家的經濟復甦普遍都很快速，只是日本要更快一些，而且成長率也要比德、義、英、法都高。在 1960 年到 1974 年的高成長期間，日本的經濟成長曾達到史無前例的 10% 年成長率。這項記錄在後來雖然同樣在臺灣和 1990 年代的中國大陸出現，但是在當時確實是舉世無雙。尤其是高經濟成長並沒有帶來一些現代化的後遺症，更是值得一提。

　　但是經濟發展的結果卻也給日本帶來國內及國際上的問題壓力及深思

的課題。首先日本政府太過重視經濟發展的急迫性，將精力集中在建立工業基層設施的投資上，除了使環境汙染問題的嚴重性遠超過美國及西歐各國之外，導致對公共設施投資的疏忽。這種作法導致許多日本的居住環境及生活品質出現明顯失衡的現象。今天日本人民固然擁有一般現代社會都該有的家庭配備，如電視、洗衣機、電冰箱……及汽車。但是日本都市住宅的條件卻並不好。1980 年代因為經濟投資所造成的城市土地及住屋價格高漲的結果，卻使一般的上班族家庭，終其一生都無法在都會區買到一幢最起碼的公寓，其居住空間也只有美國城市居民的一半。1990 年東京住宅用地的平均價格是紐約的 90 倍，倫敦的 30 倍，德國法蘭克福的 25 倍。更有甚者，大多數的日常消費品價格要比美國及西歐國家貴 18% 到 50%。這種情形所造成的結果之一是，日本人民的年平均所得雖然要比美國人為高，但是實際購買力卻遠不及美國人。日本城市的公園也更少而且擁擠。例如東京每個人所擁有的公園面積，約只有芝加哥或柏林的十分之一，與倫敦或波昂相比則連十分之一都不到。日本物價之昂貴世界聞名，1 公升的牛奶在美國紐約可能只要 180 日圓，但在日本東京卻高達 410 日圓。其他如米，蔬菜，汽油都要比紐約，倫敦，巴黎或柏林貴 2 到 3 倍。

　　因此比較之下日本的經濟表現確實相當突出，而且各項前面提到的指標也好的令人難以置信，但是日本可也並非人世間的天堂。日本的土地及住宅政策被視為是戰後政策上最大的失敗。就是因為居住及生活的品質不夠好，再看到 1980 年代末期政治上的醜聞接二連三地發生，因此日本選民的反感及厭惡情緒累積到頂點，終於爆發成對自民黨政府幻想的破滅，在 1993 年結束了 38 年一黨未曾中斷的統治。日本是一個不尋常的民主國家 (an uncommon democracy)，它物價不尋常的昂貴世界聞名，日本人民卻能夠容忍，這又是另一個不尋常之處。但是物極必反，1993 年以後的日本在許多方面逐漸出現改革的跡象。

　　日本一切為出口而不注意到它國內基礎生活設施的建設，同樣反映在它只顧出口，而傾一切國內力量來阻止外國產品進口到日本市場上。為了

實施這種不尋常的貿易保護主義，日本樹立了各種關稅及非關稅壁壘，因而與美國在 1990 年代發生了嚴重的貿易摩擦，幾乎影響到彼此間的外交友好關係。隨著冷戰的結束，各國越來越重視經濟議題的結果，日本近乎殘酷的競爭及擴張貿易的作風，再加上它世界第二的外匯存底，都使它的形象及作為受到相當大的爭議，認為日本公司在外銷上所採取的貿易為先的方式，形同巧取豪奪的行徑，使其他國家固然在競爭上居於劣勢，甚至因此而使國內的就業市場受到重創。這些受到批判的行徑包括傾銷（以低於出口國的價格外銷），以及各種在亞洲國家盛行的賄賂方式達到出口的目的。許多國家認為這種掠奪式的出口，無異是日本新帝國主義的復活。

這些批評並非全對，因為在經濟競爭中各國都想獲取利益佔居優勢，並非日本獨有。例如最主要的批評來自美國，但是美國在對外貿易出口市場上，同樣也常常以其國力作後盾，以保護美國的市場佔有率。美國的作法同樣招受許多非議，否則美國帝國主義的說法也不會出現。問題是日本的經濟奇蹟幾乎是完全建立在對外龐大的出口貿易上，而且對於所有跟日本貿易的西歐及亞洲國家而言，日本始終是出口的順差國。僅有的例外是少數石油輸出國，例如印尼，馬來西亞及汶萊。日本最受非議的是，各國商品要進入日本市場困難重重，而且是全國上下全力爭取外銷，並有志一同設下重重貿易障礙，形成美國人所指摘的日本公司 (Japan Inc.)。還有，日本商人只重銷售，卻吝於以技術轉移來輔導落後國家工業水準的提昇。

針對經濟發展所出現的缺失，日本從 1990 年代開始進行一系列改革。選舉制度的改革一直是 1980 年代以後受到關注的焦點，1994 年終於完成改革，其目的之一就是要降低企業與政黨間的金錢糾葛，以及所因而造成的政治腐化。文官制度改革之後也變得比以前更能反映大眾的需求。在對外經濟關係的處理上，日本政府的經濟政策，企業及日本人民的態度和行為，也開始有改變的跡象。近年來對外國的批評變得更敏感，更能作出回應。例如政府和大多數人民同意應該取消長達半個世紀對外國稻米進口設限的政策。日本同時理解到調整保護政策，是必走的方向，也更符合日本長期的利益。

【第二十八章】
日本的利益團體

　　政治是一個動態的過程，負責對社會資源進行權威性的分配。為了使資源的分配讓社會各階層或團體都能接受其結果，資源的分配過程必須開放給大眾競爭，才能使政府的分配結果擁有其正當性，政策的執行也會因社會的接受而更順利。這是民主多元社會的常態現象，因此利益團體對政治資源的競逐雖然飽受批評，但是它卻是政治過程中極其重要的行為者。跟其他所有民主工業國家一樣，日本也有企業，勞工以及其他各種團體，在政策形成的過程中試圖發揮其影響力，以爭取較大的政策利益大餅。但是日本的利益團體，無論在成員參與團體的動機，團體參與競爭所持的態度，以及政商關係的處理方式，跟西方國家都存在著基本的差異。因此本章先討論日本利益團體的特徵，再說明日本重要的利益團體的種類以及其影響力；最後再分析 1990 年代以後，各種利益團體的起伏以及跟政黨和政府間關係的變化。在必要的地方，用比較的觀點將更能瞭解到日本利益團體的本質。

第一節　日本利益團體的特徵

　　從形式上來看，日本的利益團體跟西方國家一樣，大部份是有組織、有目標，以促進共同利益為活動的動機。但是在實質上卻明顯地表現出日本有其實質性的差異。西方國家大多數的利益團體主要是功能性的結合，其成員是為了要達成某一個特定的經濟或政治目標而加入某一個組織。但是個人在社會中所扮演的角色往往是多重的，因此他（她）所追求的目標或價值自然也可能是多元的，參加多重社會團體並不必然跟其他的目標或價值相衝突。個人具有多重團體成員的身份，只是多元社會中的常態現象，

並不必然需要相互排斥。即使在目標或價值出現矛盾，他們仍然可以作自我調適。正是由於這種交叉 (cross-cutting) 摩擦的結果，西方國家利益團體的凝聚力通常會較弱，所表現出來的動員力量也就相對受影響。

日本人當然也為了達成特定的經濟及社會目標而加入團體。但是跟西方不同的是，他們對利益團體的參與並不看成是個人多重角色的反應，而是當作一個彌足珍貴的社會經驗。例如日本人對所服務的公司，通常會給予家庭式的高度忠誠，對自己所參與的團體，也會有同樣的態度和付出。因此日本人比較之下不太可能加入利益相互衝突的團體。這也說明為什麼日本利益團體要比西方國家的團體更具凝聚力的原因。由於這一點差異，因此團體領袖的地位要比西方為高，更為基層會員所尊重。一旦團體作出決定，領袖的意見都會被接受。從政治的角度來看，這意味著日本的政治領袖，在跟大型的社會團體尋求支持的時候，要比西方國家，特別是美國，更能處於堅強的地位，動員其成員的支持。

其次需要指出的是，日本的決策過程常常是以避免衝突的方式，來作成政策上的決定。因此常會在曠日費時的情形下，以並不明確的妥協案解決了事。由此可以看出，日本的政治事實上是缺少領導階層，因為每個人都不想得罪人，也都不願承擔責任。但是戰後日本的表現卻被評估為當代最突出的成功故事之一。這種決策過程推推拉拉，執行政策卻迅速而有效率，一方面反映出日本政治文化（或是儒家文化）中重視顏面❶，不去任意得罪人的傳統，另方面卻說明日本文官系統的專業與效率。

因此日本決策過程的重要特徵是「共識決策」。這固然使每一個利益團體都有機會影響到決策的內涵，但是卻也有例外的時候，而且因為妥協後的共識往往並不明確，因此對政策的詮釋也偶爾會出現各取所需的情形，有時候更會在反對黨及重要的利益團體強烈的反對下，作出政策上的決定。共產黨就常常被排除在有廣泛共識基礎的決策之外，有時候共識型的決策，

---

❶ Susan J. Pharr, *Losing Face: Stabs Politics in Japan* (Berkeley: University of California Press, 1990).

就需要有人出面推動各相關團體對政策的支持，這種情形類似西方國家所偏好的大聯合 (the grand coalition)。

在其他情況下，因為主要的利益團體都不贊成，因此此時共識型的決策就是無為，一直等到有共識為止。另外一種情形是，當有某些人因為某一個政策而受到損失時，那麼政府就會經由給予補償的方式，來達成協議❷。因此共識型決策可以是積極的，被動的，也可以是議價的方式而達成。這種決策方式的好處是，它不像英美多元主義下的競爭那樣，對某一個議題的決策往往造成參與競爭團體的全得或全失。在日本共識型的決策下，每一個競爭的團體從決策中所得到的，不可能是全得全失之分，而是多得或少得之別。任何違反共識規範，但是表達反對立場的少數派，通常都會得到某些政策上的補償。這種利益團體的競爭型態跟德國有精髓上的相似之處。

討論完共識型的決策風格之後，很自然就必須處理比較政治的爭辯中有關日本究竟是多元主義或新統合主義的問題。美國式的多元主義是強調利益團體為爭取對公共政策的影響力，而參與高度競爭的過程。北歐及西歐（法德兩國）的新統合主義則是經由磋商和談判的機制，使所有相關團體都能對所要實施的政策達成決議。但是日本究竟是屬於那一種政商關係的模式，卻存在著極大的爭議❸，因為要將日本的個案應用到兩種模式，立刻會出現概念上的混淆。

一般所言的新統合主義實際上包括兩種不同的現象。宏觀的統合主義所指的是在全國性的層次中，政府，企業及勞工三方面的議價

---

❷　Kent E. Galder, *Crisis and Compensation: Public Policy and Political Stability in Japan, 1946-1986* (Princeton, N. J.: Princeton University Press, 1988).

❸　Arend D. J. Lijphart and Markus M. L. Crepaz, "Corporatism and Consensus Democracy in Eighteen Countries," *The British Journal of Political Science*, 21:2 (April 1991), Figure 1, p. 240.

(bargaining)。由於在全國性的層次中，共識型的議價行為常將勞工排除在外，使日本成為一個「沒有勞工的統合主義」(corporatism without labor)❹，因此日本在宏觀的統合主義上排名是在後面。這一點跟德國的情形差異甚大。在微觀的統合主義中則是讓利益團體跟政府發展出非常密切的關係，使得公共跟私有領域的分界變得很模糊。在這裡所謂的微觀指的是，日本的政策決定有相當高的比率是在「次政府」(sub-governments) 內部達成的。參與的成員則包括自民黨政策事務研究委員會中的一個單位，單一的內閣部會或是單一部會中的一個機構，以及相關的利益團體❺。換言之，在次政府的組織中的關係更像是微觀統合主義，日本在這個層次中的排名也較高，也只有在這個層次上，才真正反映出日本共識型的決策模式。

　　大多數的日本專家目前都將日本歸類為有限制的多元主義。例如 Muramatsu 和 Krauss 在區別傳統的多元主義跟日本的多元主義時指出，前者是指政策只是「壓力團體對一個相對脆弱的政府，進行無止境的，競爭性的遊說，所產生的結果」。日本政策決定的特徵則是一個強勢的國家，擁有其自己自主性的利益。他們指出，日本的多元主義機制主要是因為它提供相當廣泛的管道，給為數甚多具有競爭性和影響力的行為者，政府對各種社會利益則又能作相當的回應；而且因為競爭是「由相當固定而又制度化的政黨、文官以及意識形態的關係」所安排，可以避免這些聯盟不會變成像古典多元主義那樣散漫。意識形態和組織的歷程使政黨與利益團體間的聯盟早就有固定的型態。除外，政策性議題的管轄權分配給特別的部

❹　T. J. Pemple and K. Tsunekawa, "Corporatism Without Labor? The Japanese Anomaly" in Gerold Lembruch and Philippe C. Schmitter, eds., *Patterns of Corporatist Policy-making* (Beverly Hills, ca.: sage Publications, 1982).

❺　John C. Cambell, *Contemporary Japanese Budget Politics* (Berkeley, CA.: University of California Press, 1977).

會時，這些部會早就跟利益團體建立起關係，使可能的聯盟關係和政策制定的型態，都在程序上有了一定的規範❻。

因此在日本有許多團體會捲入政策制定的過程，但是彼此間的競爭卻要比美國更有節制。在此所要強調的是，這些團體競爭的風格跟美國並不一樣，因為很少出現明顯的贏家和輸家，並且就如前面所言，很多參與者都會在政策輸出時給予酬勞。日本的多元主義不只是限制的，而且是共識取向。但是議價過程中結構性和固定的型態，意味著雖然沒有團體會完全居於優勢，但是在某些特定的議題領域內，卻總會有某些利益團體要比其他團體更有地位，因此得到更多的報酬。

第二節　利益團體的影響力

日本政治中強調共識的作法，具體反映在政策決定中利益團體的角色。但是隨著利益團體與執政黨關係的遠近，對政策影響力的大小自然會有不同。在 1950 年代當時日本文化政治的議題（跟意識形態左右對峙有關）將政治圈分成兩個陣營，保守及進步兩派。雖然中間派和中立的力量一直存活在日本政治上，但是各種利益團體卻被迫必須在兩個陣營中選邊站。保守派取得大財團及農民的支持，勞工陣營則傾向左翼的社會黨。這種分類的基礎大體上跟西方一樣。

從 1949 年到 1993 年因為保守派掌控政府，因此跟保守陣營關係密切的利益團體，通常採取「圈內人」(insider) 的途徑從事利益表達。圈內人團體依照規則，議價和妥協等規範爭取利益。它們會被給予各種管道接觸到制定政策的人。它們會經常性地由文官和政客跟它們接觸，針對會影

❻　Micho Muramatsu and Ellis Krauss, "The Conservative Policy Line," in Yamamura and Yasuba, eds., *The Political Economy of Japan: The Domestic Transformation* (Stanford, CA.: Stanford University Press, 1987), pp. 537-543.

響到它們的議題進行磋商。相對地，跟進步派保持關係的利益團體，則採取「圈外人」(outsider) 的策略，表達它們的利益。圈外人團體通常會採取抗議，擾亂以及使用對抗的策略，來爭取上頭條新聞及吸引大眾注意。就因為它們無法接觸到政府中制定政策的人，因此圈外人團體通常會以取得媒體和大眾的同情，來影響政策，以平衡圈內團體的優勢，或者在特別的改變實在不能作到的時候，則威脅要擾亂政策制定的過程。

從 1955 年起保守派的合併使自由民主黨持續地得到各種團體的支持，因此得以擴大它的聯合成員並增加圈內人團體的數目，以及圈內人所提政策的比例。但是保守派勢力對政權的長期壟斷，卻造成進步力量的困境。因為如果它們繼續採取圈外人的策略，就會斷了它們跟制定政策的人間的接觸，因而對法律及規定的細節就沒有影響力，而這些都會直接影響到它們的利益。另方面，如果採用圈內人的策略，則意味著它們接受保守派的政權的政策藍圖，這就會限制它們要求經由議價及妥協，作為達成共識的手段。但是隨著意識形態對立的色彩衰退，圈外人團體被迫接受保守派壟斷政權的事實。它們發展出中間性的策略，結合公開抗議跟幕後議價兩種作法，很快地接受圈內人的策略。

不論是內圍或外圍團體，日本的利益團體的影響力很大是不爭的事實，這種情形明顯地影響到政黨與利益團體的關係。例如自民黨長期執政的結果，使日本選民看不到有任何政權變更的可能，這使得自民黨更能得到各種利益團體的支持。長期以來一直比其他反對黨更能爭取到來自利益團體的捐助或其他政治利益，而自民黨則在政策上作或多或少的調適，對這些利益團體給予政策上的回饋。日本企業團體因為組織凝聚力高，財政力量又好，因此從 1955 年以來就在每一屆的選舉中都動輒支持好幾百名候選人，給予可觀的財政捐獻。這些選舉期間的作為，使參眾議院中總有一批國會議員跟這些特殊的利益團體維持緊密的關係，因此積極地在黨內為這些團體進行影響深遠的遊說活動。自民黨和它的黨員就是為了要爭取競選資金以及爭取選票，而跟各種不同的利益團體維持聯繫。但是這些捐獻和

所爭取到的選票，卻都必須由議員或自由民主黨以回饋的方式，對選民作特別的服務❼。

因此自民黨還是必須靠外圍的團體來維持其生存和發展，「這種（對利益團體的）依賴」正如日本學者 Fukui 所言，「反映出政黨組織的弱點，以及它的黨員組成的特殊性，但是卻嚴重地限制到自民黨行動的自由，以及政策決定的選擇❽。政黨與利益團體的結合還有可能造成政黨內部的紛爭，影響到政黨內部的團結和政黨的形象。例如 2 個或以上的利益團體，或 2 個或以上的部會發生衝突時，可能整個政黨都會受到衝突的波及。日本學者 Fukui 指出，這種衝突常常會發生在自民黨的政策事務研究委員會所屬的單位與特別委員會之間，而且也會將執行委員會牽涉在內，因為它對外來團體的壓力通常會比較敏感❾。在這些環境下，不論執行委員會對某項議題採取什麼樣的決定，都可能造成爭論，政黨的團結及形象因而受損。

利益團體的力量如此之大，影響力也如此高，那麼日本究竟是新統合主義或如上述所說的，是一個強勢國家下的多元主義，還是會有爭議點的。因為利益團體可以影響到政黨，政府部會及政策的內涵，就憑這一點，日本的國家自主性，當然會受到質疑。Schwartz 指出：

「經濟政策中的關鍵性決定很少在政黨或國會內達成：議價桌上才是政府當局直接跟工會領袖，農民代表，小商人及漁夫，以及其他各種僱主聯合會的代表碰頭的中間地帶。這些每年無數回合的談判，對一般市井小民的生活要遠比正式的選舉重要得多❿。」

❼　Haruhiro Fukui, *Party in Power: The Japanese Liberal Democrats and Policymaking* (Berkeley, CA: University of California Press, 1970).

❽　Harukiro Fukui, *Party in Power: The Japan Liberal Democrats and Policymaking*, pp. 161-168.

❾　Ibid., p. 168.

❿　Frank Schwartz, "Of Party Cloaks and Familiar Talks: The Politics of Consult" in Gary Allison ed., et. al., *Political Dynamics in Contemporary*

第三節　日本重要的利益團體

㈠大財團

　　很多人一提起日本的利益團體，很自然就會想到它的財團。財政幾乎就是利益團體之所以承受惡名的主要因素。大財團在日本的地位等於美國的華爾街。日本經濟組織聯合會是工業民主國家中最有組織的團體，在政治上是大財團的主要傳聲筒，經常對當前重要議題表達意見。大財團經由日本經濟組織聯合會跟文官體系取得接觸，又因為它們提供大筆競選資金，而輕易地跟自由民主黨建立起密切關係。這兩項優勢使大財團對政治及政策都發揮很大的影響力。經濟組織聯合會包括 750 家最大的公司，以及110 個製造商組織。它在東京的總部形同日本最重要企業組織的神經中樞，跟權力特大的通產大省隨時作緊密接觸。但是近年來這個聯合會因為許多重要企業擁有它們自己的資金，開始獨立活動，所以其影響力有今不如昔之感。日本經濟發展委員會主要是處理勞資關係，並組織企業團體來負責在每年「春鬥」之時跟工會談判工資。

　　大多數的人都同意，日本的經濟政策一直有利於大財團。財團堪稱是日本最重要的單一利益團體。但是企業力量還是有其限制❶。從 1955 年到 1993 年日本唯一能夠控制日本政壇的是自由民主黨；日本財團因為一直擔心社會黨執政，因此一直從事對自民黨的財政捐獻。金錢雖然幫助自民黨贏得選舉，但是選票卻比金錢更重要，大財團卻並沒有掌握許多選票。任何時候，當自民黨面對討好財團與失掉選票，或得罪大財團與贏取選票之間作選擇的時候，自民黨都會選擇後者。因此大財團一直都保有接觸管

Japan (Ithaca, N.Y. Cornell University Press, 1993), p. 11.

❶　Haruhiro Fukui, "The Liberal Democratic Party Revisited," *The Journal of Japanese Studies*, 10 (summer 1984), pp. 385-485.

道，它的利益也從未忽略，但是它跟任何利益團體一樣仍必須談判與妥協。冷戰結束後，大財團不再那麼擔心社會主義政黨會掌握政權，而且對自民黨的腐化以及高額的政治獻金也開始不滿，因此在競選經費上的捐獻，已經有所減少。

(二)農業合作社

二次大戰結束後，日本進行土地改革的結果，使農民不再是激烈政黨進行煽動甚或革命的理想伙伴。1950 年代以後保守派政府對農業給予大額補貼，並在農村實施基礎建設。因此自民黨不只利用政府的慷慨資助，而在郊區建立一個穩定的票倉，而且使社會黨失去了一個可以作政治訴求的議題。

農民在郊區有非常好的基層組織，幾乎大多數的農戶都加入地方的農業合作社。這些合作社是一個金字塔型的團體。全國有一個最高組織叫中央農業合作社協會，負責對政府農業政策的監督，強調政府對農業的支持，是日本安全的重心。一般民眾也都支持這種論點；1988 年有高達 70% 的農民表示寧願忍受高米價，也不要輸入稻米。由於合作社通常為政府機關執行許多津貼政策，因此是農民與政府間主要的聯繫橋樑。在選舉時地方合作社的支持是候選人得勝的關鍵。日本農民目前佔全國人口的 10%，而且很多並非真正以農為業。面對日本在 1990 年代以後被迫准許外國稻米，以及加入世貿之後有關農產品進口上所作的讓步，農民開始有不滿的情緒出現，全國農業合作社協會聲稱，必要時不惜跟社會黨合作。未來農民選票的動向可能影響日本政治的未來。

(三)組織性的勞工

日本戰後的工會是在美國扶植下而成立的，目的在建立起集體議價的制度。日本的工會組織跟美國一樣，是依企業性質，而非所有的勞工，並且只有永久性的非監督人員才能成為會員。這樣的組織使工會聯合會的結

構，就比較缺少力量。另外的一個因素是工會所支持的社會主義政黨一直
長期在野。

　　日本全國工會聯合會在 1960 年因為社會黨的分裂，也跟著一分為二。
一個是規模較大而又更激烈的日本工會總會，是日本社會黨的主要支持者；
另一個規模較小也較溫和的全日本勞工聯合會，是民主社會黨的支持者。
一般的國有鐵路工會以及中小學教師所組成的工會，是日本工會總會的核
心，民營企業的工會則是全日本勞工聯合會的骨幹。跟其他西方國家比較，
日本工會化的比例偏低，只有 24.4%；英國是 57%，德國 42%，法國 28%，
美國 28%。這個比例還會降低。

　　1970 年代初石油危機之後，工會聯合會開始跟資方合作，採取圈內人
的策略，在某些議題上跟政府合作。工會總會的立場也不再如以往那樣強
硬。兩個分裂的工會因此在 1989 年組成日本工會聯合會❶。工會運動重
新組合之後，日本政黨的重新組合接著在 1993 年發生。工會在政黨政治
下的立場是什麼，則仍有待觀察。

---

❶　Yutaka Tsujinaka, "Rengo and Its Osmotic Networks," in Gary D. Allison
　　and Yasunorisone, eds., *Political Dynamics in Contemporary Japan*
　　(Ithaca, N. Y.: Cornell University Press, 1993).

【第二十九章】
日本的選舉制度與政黨

二次大戰以後日本民主的發展與它在經濟成長上的表現皆一樣的可觀。日本民主的穩定性不只表現在它沒有任何血腥政治暴力的記錄，不曾有過因為大規模群眾運動或示威而發生的流血或傷亡。更重要的是，自由民主黨曾經有過 38 年不曾中斷的長期執政的記錄；即使在 1993 年以後，它身為日本第一大黨及位居政府穩定重要支柱的角色，也還是沒有改變。

相較於西歐議會內閣制國家，日本一黨獨大的民主政體突顯出三點特徵。第一、有因於 1994 年日本選舉制度的改革，日本政黨制度出現持續中的變遷 (change through continuity)，即自民黨第一大黨甚至執政的地位未變，但是新浮現的政黨以及既存其他政黨間的整合，仍然處於未定狀態之中；第二、1996 年眾議院的選舉中所正式採用的新的混合選舉制度，所可能產生的效果和各種影響，仍然有待觀察，必須經過幾次選舉之後才能知曉；第三、自由民主黨長期掌握政權，使它得以在不同的制度範圍內維持，擴大和集中權力，但也因此出現政治腐化的現象。新的選舉制度是否能夠消除過去近半世紀以來受人垢病的金錢政治，將是觀察日本未來政治走向的重要指標。

這一章將首先討論舊的選舉制度的缺點及其對日本政黨制度的影響；然後說明新的混合制度實施的情形，以及到 2003 年的選舉為止所出現的結果；第二節說明新的選舉制度下，日本選民的投票行為出現那些變化；最後說明日本目前的主要政黨及其意涵。

第一節　SNTV 的選舉制度及其影響

在 1994 年以日本眾議院採取的是跟西方國家國會不同的選舉制度。

它既非英美所採取的單一選舉區相對多數決，也不是西歐及北歐多數國家所採用政黨比例代表制，而是複數選舉區，單記不可讓渡投票法 (Single Non-transferable Vote, SNTV)。

這種選舉制度是將全國分成不同數目的選舉區，並依選舉區人口數目的多寡，確定不同數目的應選名額，得到該選區最多選票的前幾名候選人，就取得當選資格。每一名選民在選票上只能圈選一名候選人，並且當選人比最低票數當選者所多出來的票數，不能轉讓給其他候選人。因為 SNTV 下各個選區的應選名額，通常都在 2 名到最多 5 或 6 名之間，因此又稱為中選舉區。還有，選民在多名候選人及多個當選名額中，只是圈選一名，所以是一種「限制投票」。

這種選舉制度的最大優點，在於它的公平性僅次於比例代表制，使每個政黨所獲得的選票百分比，跟它所得的議席百分比間的差距，僅次於比例代表制。而且小黨生存的空間要遠大於單一選舉區。但是它所產生的政治後果卻引發許多爭論。參選的候選人只要在選區內取得一定百分比的選票，就可以取得當選的資格，使他（她）在該選區的代表性會受到質疑。這種情形在選區內如果出現一名明星級或魅力型的候選人，吸去了高比率的選票後，最後一名當選的候選人可能就是以極低票數而獲勝；再者，鼓勵候選人以激烈意識形態作訴求，以掌握固定百分比的選票獲勝。相對地，選區越大，應選名額的選區中，競爭的方向越可能往極翼地帶移動，使中間溫和的候選人往往在離心競爭中被夾殺。

第三，主要的政黨為了贏取國會的控制權，必需在同一個選區中提名多個候選人，造成同黨候選人為了爭取當選而互相競爭甚或相互侵入對方票源或地盤，演成政治上相互殘殺的局面。第四，候選人不必依附於政黨，只要靠自己的人格魅力或財團及派系的支持，就可以獲得當選，因此政黨黨紀往往無法貫徹。最後，SNTV 可能是所有選舉制度中唯一需要政黨配票的一種制度。因為主要政黨為了要使黨所能掌控的選票，能夠平均分配到黨所提名的候選人身上，以爭取到最可能多數的當選席次，所以必須提名

最佳數目的候選人❶，換言之，提名人數太多，可能造成當選票數的減少；提名人數太少，則可能使黨所掌控的選票無法充分被利用，減少黨的當選席次。這種提名人數的把握常是選舉勝負的關鍵。

自由民主黨能夠長期執政跟 SNTV 的選舉制度有密切關係。綜合而言，戰後的土地改革使原本憤怒情緒高昂的農民，變成穩固的保守選民。特別是在 1955 年時絕大多數的日本人口集中在郊區，今天卻只有 5%。當多數人口不斷往城市移動的時候，原本規劃的選區卻沒有調整。這種郊區過度代表的結果，等於是維繫保守政權的最佳護身符❷。其次，面對反對黨明顯的意識形態以及長期的分裂，自民黨不只幾乎壟斷領導人才的吸收，特別是在早期取得歷練的高級文官的合作，並且在 1960 年美日安保條約的風暴後，全力發展經濟，避免提出任何重大爭論性的政策，也是確保政權平穩發展的重要因素。另外，選舉制度本身對自民黨有利。在複數選舉區下，除了自民黨外，沒有那一個政黨有足夠的人才，資金和黨組織，來經營激烈的選戰。現任議員當選以後，所建立起的堅強組織（後援會）更常構成難以擊破的銅牆。

但是這種選舉制度下所引起的爭議，卻在於它所出現的雙重邪惡 (evil twins)：派系與腐化。派系存在於自民黨內部，但是彼此卻無政策上的差異，而只是黨內政治權力競爭下的組織，各有其正式的領導者，派系辦公室及派系的成員。派系間的競爭表現在眾議院議員選舉的結果上。選舉結果當選人數越多的派系領袖，在黨總裁（通常就等於首相）的選舉，內閣職位分配上，以及下屆眾議員候選人的提名人數上就越佔優勢。因此為了擴大派系的影響力，派系領袖最重要的工作就是募集政治獻金，來支付辦公室租金及職員的薪水，還有最重要的派系門下議員選區後援會的開銷。

就是在這種派系政治下，金錢政治變成必然出現的共生體。自民黨長

❶　Ibid., p. 410.

❷　Albert L. Seligamani, "Japan's New-Electoral System, Has Anything Changed?" in *Asian Survey*, vol. XXXVII, No, May 1997, p. 410.

期的執政發展出綿延不絕的恩寵關係，一般的大企業財團就是提供鉅額政治獻金的最主要金主，作為自民黨政治競爭所需要的資金來源。這些財團當然瞭解它們所捐獻出去的金錢，不會白白浪費，因為自民黨各個派閥領袖自然會透過內閣，國會以及關係良好的文官體系，制定並執行財團所需求的各項公共政策。這樣就衍生出聲名狼藉的日本鐵三角：自民黨政客，文官，以及特別利益（主要是財團），形容日本政策的決定是取決於這些特殊利益，而以大眾利益作犧牲。

日本所出現的這種三角政治跟美國的利益團體，國會中的常設委員會（掌握法案生殺大權的二讀階段）以及官僚體系所結合成的三角聯盟 (triple alliance)，有異曲同工之妙。二者都是民主政治下金錢影響政治及政策的現象。所不同的是，日本所表現的東方金錢政治的弊病，似乎比美國更嚴重。一來自民黨派閥領袖所表現的奢侈消耗的大筆金額，以及視為理所當然的腐化行徑，遠非美國政客所敢為；二來美國在過去 20 多年中，對於大戶捐獻（通稱為肥貓 fat cats）的數目一直進行立法規範，日本卻很少對財團的捐獻加以規範，任令金錢影響政策的弊端層出不窮！

第二節　新的選舉制度：兩票制

一黨優勢下的自民黨長期執政，同樣使民主政治的本質受到扭曲，因為它使得日本政治下的代表性以及為政策負責的民主常規，都因而減弱。同時面對快速變遷的日本社會和經濟需求，以及越趨成長的全球性整合所需要的新政策創新管道，也都受到阻礙。這種日增的制度性失敗的現象，使日本中產階級大眾（90% 以上的人民自認為中產階級）對政治的疏離感越重，對自民黨執政所造成的腐化也更趨不滿，當然也連帶責備社會民主黨沒有盡到在野黨的責任，而造成的制度失敗。當日本選民注意到原有的制度失敗的時候，自由民主黨終於在 1993 年眾議院的選舉失去控制權。自民黨雖失去了政權，但卻使爭議已久的選舉制度的改革，取得新的動力。

　　細川護熙在七黨所組成的聯合政府中當選為首相；憑著他的年輕、魅力及進行改革的熱忱，他在任期短暫而又沒有強大的政黨後盾支持下，全力推動選舉制度的改革。有了自民黨剛剛敗選的教訓，幾乎包括已淪為在野黨的自民黨都支持新的選舉改革法案，並在 1994 年 1 月完成立法程序，將積弊甚深而又備受指摘的 SNTV 中選舉區制度，改變成小選舉區（即單一選舉區）與比例代表制並立實施的兩票制，並在 1996 年 10 月舉行的眾議院選舉中首度實施。

　　新的選舉法規針對選舉及競選經費作了許多改變。首先新的制度並非純粹是單一選舉區，因為在眾議院全部 500 個席次中（原先為 511 席），只有 300 個席次是以單一選舉區的方式產生。換言之，300 個選區中每個選區的選民只能在選票上圈選一名他所中意的候選人，以得到最高票的候選人為當選。其餘的 200 個議席，則是保留給政黨比例代表制選舉產生。

　　跟 SNTV 的制度一樣的是，在新的比例代表制下，全國劃分成 11 個區域選舉區，依據每個選舉區人口的多少，決定其應選名額。因為比例代表制是由選民針對他（她）所支持的政黨而投票，所以是選擇政黨，而非如單一選舉區或 SNTV 那樣，由選民選擇所中意的候選人。投票結束後，每一個選舉區根據各個政黨所得的選票總數，按照頓特最高平均數法 (d'Hondt Highest Average System) 來分配各黨所應得到的席次❸。這種議席分配方法表面上可以讓小黨有機會在比例代表制中贏得席次，但是一來日本的兩票制下，比例代表制的席次要比單一選舉區的席次少 100 席（從 2000 年起比例代表制下產生的議員減少為 180 席）；二來日本在比例代表制下的選區規模雖比單一選舉區為大，但仍然只能算是中選區；第三、最高平均數法的議席分配仍然是對大黨有利❹。

---

❸　有關頓特最高平均數法分配政黨席次的方式，請參見王業立，《我國選舉制度的政治影響》，（臺北市：五南圖書出版公司，民國八十五年），頁 29-32。

❹　William H. Riker, *Liberalism Aagainst Populism: A Confrontation Between the Theory of Democracy and the Theory of Social Choice,*

特別值得注意的是，日本所採取的兩票制是並立制，不同於德國與紐西蘭的聯立制，因此不只比例代表性不同，對小黨有利的程度也有別。聯立制下，政黨所分配到的席次是以第二票（政黨的得票率）為基礎，來決定各黨所能分配到的總席次；也就是先扣除各政黨在單一選區中已當選的席次後，再來分配政黨在比例代表制下的席次❺。這種制度明顯地具有保護小黨的作用。日本的兩票並立制則因為政黨所得席次係由兩種不同選舉制度分別計算，因此保護小黨的功能並不很大。

日本兩票制的設計中的一項特別規定，是容許候選人同時在單一選舉區及比例代表制中保留候選的資格。這種設計使各個參選政黨可以作不同的選戰策略考量。第一，將政黨高層領袖或所欲培植的人才同時放在兩份候選人名單中，可以形成一個安全網，預防在單一選舉中失利的話，仍能保證會在比例代表制中當選；第二，一個聲望高、魅力大的候選人，明知他（她）一定會在單一選舉區中獲勝，但是將他（她）列入比例代表制的候選名單中，可以藉此拉高政黨的聲勢，增加政黨的得票率；第三，原本可以安排在比例代表制名單中的強棒級候選人，為了打擊黨所不喜歡的特定政治對手，乃刻意也安排他在單一選舉區中進行對決，達到懲罰對手的目的。

因為有這種雙重候選人 (dual candidates) 的規定，所以日本新的選舉法又特別准許政黨將它所提名的比例代表制中的候選人排名擺在同一順位（例如皆擺在第一順位）。這些被列為相同順位的候選人，如果未能在單一選舉區中獲勝，那麼他們彼此之間在比例代表制中的排名順序，就必須以各候選人在單一選舉區所得票數，來除以該選區中當選者所得票數後的數字為準來作決定。這種數字就是日本所特有的惜敗率。惜敗率高者可以取得優先當選的資格。但是也因為有惜敗率的規定，就有可能造成某一個選

San Francisco: W. H. Freeman (1988 reissued by Waveland Press), p. 25.

❺ 這一點本書在討論德國部份時已有著墨論述，另外請參閱王業立，《我國選舉制度的政治影響》，頁 75。

舉區內，有 3 個議員當選，1 個是在單一選舉區中獲勝，另 2 個則是因惜敗率高而當選；當然這三個可能都是來自不同的政黨。

第三節　日本新選舉制度的評估

選舉制度的改革是 1980 年代中葉之後西方民主國家的政治主流，日本在保守政治支配近 40 年，產生諸多政治弊端之後，才在經歷過政權轉移 (regime change) 之後，完成了爭論達 10 多年的選舉制度的改革。這項被稱為兩票制的新制從 1996 年第一次在眾議院選舉中採用以來，又歷經 2001 年 7 月、2003 年 11 月及 2005 年的三次眾議院選舉，雖然尚不能完全掌握兩票制的實施，究竟對日本產生什麼樣的影響，但是綜合 3 次大選的結果，至少可以看出一些初步的結果。

兩票制實施以來，首先引發大家關注的是，1996 年選舉中選民的投票率創二次大戰結束以來的最低記錄。日本選民的投票率雖然一向並不如西歐或北歐國家那般高達 80% 以上，但在 1996 年以前的歷屆眾議院選舉中，至少都在 70% 上下徘徊❻。但是 1996 年的投票率是戰後首次跌破 60%，只有 59.65%，比之於 1993 年的 67.26%，跌幅達 7.61%。2001 年的選舉中投票率再度下滑，只有 56.4%，已接近美國總統大選時被認為一向偏低的投票率。2003 年的日本眾議院選舉小幅爬昇到 59.9%。因此新的選舉制度下偏低的投票率，有可能成為常態。所要探討的問題是：什麼因素導致投票率的下滑？

日本跟其他議會民主國家一樣，選民在選舉中投票給他（她）所中意的候選人，政客們則爭取選票，以爭取參政的權力。但是從選民的投票行為來看，卻相當程度地受到社會中施恩者與受惠者 (patron-client) 關係的

---

❻　有關日本戰後投票率起伏之分析，見 Masaru Kohno, "Voter Turnout and Strategic Ticket-splitting Under Japan's New Electoral Rules," *Asian Survey*, vol. XXXVII, No. 5, May 1997, pp. 430-434.

影響❼。大多數的選民和參選的候選人，都在他們所屬的垂直性（上下）組織系統中，爭取利益的極大化，並且履行其社會角色下的施恩者與受惠者的角色。每個受惠者（選民）都依附於社會中的團體，如跟地方名流、工會領袖、地方政治人物以及地方團體的領袖們，維持緊密的關係。這些關係中最明顯的就是議員們在選區中的後援會。當選民加入某個後援會的時候，他就必須履行對該議員支持的社會責任。後援會跟其他選民有關的指涉團體就成為選民動員的重要支柱。這種經由團體來履行社會責任的投票取向，就是 Gerald Curtis 所稱的紮根選票 (hard vote) ❽，或是社會責任票。

在這種垂直的社會網絡關係下，選民用選票買到可以看得見的物質及好處。得到選票的議員則會在國會爭取選民所期待的各種實質利益。因此 Hideo Otake 認為後援會不只是選民動員的社會組織，而且是公開的分贓機制❾，更是政治腐化的根源之一。選舉投票率低落的原因，是否跟選舉制度改革後，選民對這種垂直的社會網絡系統所能產生的利益產生懷疑，或者是中產階級社會大眾對一連串政治醜聞的不滿，因而對政治傾向冷漠，可能需要進一步的研究才能獲得答案。還有一種可能是：工業及科技社會中的人民流動性越來越增加，選民跟固定團體的接觸相對減少，這使得選民蒐集有關候選人或政黨的資訊所需的時間浪費，會因而增加。這些選民認為他們所投的選票，並不會帶來看得到的好處，投票的意願自然受影響。

兩票制對選民的投票行為所產生的第二點影響，是選民作策略性投票的誘因明顯增加。在新的制度下，每個選民可以投兩張票的結果，選民為

---

❼　Nobutaka Ike, *Japanese Politics: Patron-client Democracy* (New York: Alfred A. Koptf, 1972).

❽　Gerald Curtis, *Election Campaiging Japanese Style* (New York: Columbia University Press, 1971), p. 38.

❾　Hideo Otake," How a Diet Hember's Koenkai Adapts to Social and Political Changes," Otake ed., *How Electoral Reform Boomeranged: Continuity in Japanese Campaigning Style* (Tokyo: Japan center for International Exchange, 1998).

了避免他（她）的第一張選票，因為投給一個理念相同，但卻不會當選的候選人，而變成廢票，選民將兩張選票投給兩個不同政黨的可能性就會增加。這種分裂性投票 (Split-Ticket Voting) 在德國一直存在，在日本則趨勢明顯地在增加❿。選民通常會將第二張選票投給一個他真正喜歡的政黨，而將第一張票投給比較不壞 (the less evil) 而且會當選的大黨候選人。

　　兩票制的第三點影響，是選民分裂性投票所造成的政治菁英間持續進行大規模的政黨重新組合 (partisan realignment) 的趨勢。事實上，日本的政黨制度經過了多年的穩定後，從 1993 年起進入一個浮動游離不定的時代。政黨起伏之快，令人有目不暇給之感。先是由舊的政黨分裂出來而組成新的政黨，然後再相互或與舊的政黨合併。最後在 1996 年出現新境界黨 (the New Frontier Party, NFP)，是當時最大的反對黨。進入二十一世紀後，政黨政治的生態又起了變化。50 年代的民主黨重新出現，並成為 2003 年眾議院選舉中得票率最高的政黨，保守黨則與自由民主黨合併，公明黨也加入自民黨成立聯合政府，使自民黨政府在國會中的席次超過半數，由小泉純一郎續任首相。但是民主黨取得 177 個席位，兩個半政黨的態勢已然呼之欲出。

　　最後，在新的選舉制度下，原來常出現的「同黨操戈」的情形已經不復見，個別候選人以偏激訴求爭取勝選的情形也相對減少。在革除金錢政治方面，2000 年起實施的「政治獻金規正法」中規定，任何對個人所作的政治捐獻，不得超過 10 萬元日幣。由於這項改革的配套，對候選人所組成的後援會給了相當的限制，因此減少財團介入及政商勾結的歪風。相對地，政黨對候選人的拘束力，則因為提名權及競選經費的支援而大為提高。

---

❿ 有關分裂投票的討論，見 Thomas Mackie and Richard Rose, *The International Almanac of Electoral History* (Washington, D. C.: Congressional Quarterly, 1991)，p. 159; 以及 Masaru Kohno, "Voter Turnout and Separating Ticket-splitting Under Japan's New Electoral Rules," pp. 434–439.

【第三十章】
日本的行政決策機關

　　根據 1889 年帝國憲法之規定，天皇的地位是「神聖不可侵犯的」，是「帝國的元首，跟主權者的身份集合於一身」，日本應由「歷代天皇永無止境地統治下去」。因此依據這部憲法，日本應該屬於君主專制的國家，憲法中並沒有任何地方暗示，認為日本有一天會實施民主政治。事實上，如果天皇既是主權者又是統治者的話，那麼「民」主政治根本就不可能出現。天皇的專制跟中國歷代皇帝，或德國在十九世紀末期統一後的皇帝一樣，都是經由宰相而進行的間接統治。天皇的統治地位表現在任何法律及政策，如果沒有得到他的批准都不得公佈或實施。但是這種絕對的君主專制權威，在 1931 年到 1945 年期間卻因為軍國主義的興起，使內閣決策權限完全由軍事將領所把持，造成天皇權力的形式化。因此日本戰敗後，天皇的地位和戰爭責任就變成新的政治制度設計上的一項爭論焦點。

　　日本戰後的民主制度是由美國所一手製造出來，但是早在波茨坦宣言 (Potsdam Declaration) 中盟國要求日本無條件投降後，當時的日本政府就對天皇制度的維繫和政府體制的完整，有過內部的堅持和爭議。盟軍佔領日本後，麥克阿瑟將軍對於制定新憲法的主張，也跟戰後的日本政府有不同的意見。這些相關議題隨著日本新憲法的制定，以及冷戰出現後美國對日本佔領政策的改變，都得到解決。這一章所要討論的有下列問題，包括天皇的制度在新憲法中的地位是什麼？天皇制度的定位對日本新的民主憲政，有何政治意涵？冷戰的興起使戰後美國對日本的佔領政策，產生什麼改變？這些改變對此後日本的政黨政治的發展，產生什麼影響？這種影響對日本首相的權力又有何影響？戰後文官體系的權力為什麼如此之大？選舉制度改革後，內閣與文官體系的關係有何改變？

第一節　戰後天皇地位與新的憲政制度

　　正式的歷史記載中，在六世紀的時候藤原家族就以其皇室的身份，成為日本實際的統治者。這種天皇地位的傳承一直沒有改變，因此今天的日本擁有世界上最古老的皇室傳統。但是在歷史上，天皇卻很少真正以個人名義統治日本，例如在封建時代是由幕府將軍統治日本，明治維新之後是由首相行使統治權。二次大戰結束後，同盟國內部有強烈的聲浪，主張徹底廢除天皇制度，以終止日本人民對天皇的崇拜，甚至認為裕仁天皇應該接受戰犯審判。

　　天皇的命運和戰後日本的政治走向，跟麥克阿瑟（麥帥）的個人偏好及其政治幕僚的智慧抉擇，當然有密切關係。但是日本國內對天皇長期存在的崇高景仰和深厚的感情，卻不是麥帥個人所能完全忽略的。天皇制度的存在如果不獲得承諾，日本軍方是否願意放下武器，就一直為大家所關注❶。日本的憲法權威學者在重新制定一部新的民主憲法的決定還未實現之前，更認為「所謂民主跟君王的制度是不相容的說法」是無稽之談，「幾千年來日本人民的公意志就一直是支持天皇制度，而天皇也一直根據人民的意志來統治日本」。問題只在於「軍國主義時代，（國家體制的）觀念被濫用」❷。因此天皇制度的保留，一方面跟麥帥身邊幕僚對日本天皇地位

---

❶　軍人的態度在 1945 年 8 月 9 日深夜日皇親自主持的御前會議中表達的很清楚；軍方的態度及美國的反映，見 Nagao Ryuichi, "Bid Kokutai Change? Problems of Legitimacy in Postwar Japan," in Kataoka Tetsuya ed., *Greating Single-party Democracy, Japan's Postwar Political System* (Stanford, California: Hoover Institution Press, Stanford University Press, 1992), pp. 135-138. 以及 Leon Sigal, *Fighting to a Finish: The Politics of War Termination in the United states and Japan*, 1945 (Ithaca, N. Y.: Cornell University Press, 1988).

❷　Ibid., p. 142.

的重要性的瞭解有關，不願意日本戰後的社會秩序因為廢除天皇而受到威脅，另方面則因為裕仁天皇在美軍佔領時期，抱持著相當合作的態度。

天皇制度決定保留之後，新憲法中有關日本憲政體制的爭論也就塵埃落定。因為如果要採取美國式的總統制，則天皇國家元首的身份勢必跟總統的職位發生衝突。因此設計出一個既能讓天皇地位維繫下來，又能跟民主體制相符合的憲政制度，就成為唯一的選擇。依照 1947 年所頒佈的麥帥憲法，帝王主權的精神完全為人民主權所取代；天皇被剝奪所有跟政府有關的權力，成為憲法中所言的無害的國家象徵。天皇的角色跟一般君主立憲國家中的國王角色一樣，只扮演禮儀性及象徵性的角色。因此這種憲政制度跟英國的型態幾乎完全一樣，將所有立法權及行政決策權完全歸與下議院中的多數黨來掌控，兩項權力完全合一，君王則統而不治 (reign but not rule)。這就是西方議會內閣制的精髓。

日本戰後新憲法的制定不只達成麥帥保住天皇制度的意願，也是使日本邁向政治民主化的一個重要里程碑。但是麥帥對日本進行政治改革的宏觀藍圖中，本來還包括全面摧毀舊的統治菁英，使軍國主義永遠不會復活。主戰的軍方將領，支持向外擴張的大財團，以及文官體系，被認為是軍國主義的三大支柱。但是除了軍事將領在被送交東京戰犯審判法院後，處以極刑外，另有 21 萬名軍人被清算。對大財團的改造工作則因為戰後美蘇之間冷戰的爆發，美國對日本的佔領政策改變，轉而希望扶植日本成為美國亞太地區的忠實盟友❸，而未能貫徹。

在有關對文官體系成員的清算上，則因為麥帥對日本的間接統治，必須要依賴日本文官人員的行政專才，也不得不作妥協。日本原有的內政部被廢除，司法部重新改組。相對於 17% 的政治菁英，包括全國性的保守份子被清算，只有 1% 的文官被整肅，常任文官中的次長級菁英只損失了

---

❸　Kataka Tetsuya, "The 1955 system: The Origin of Japan's Postwar Politics," in Kataoka Tetsuya (ed.,) *Creating Single-party Democracy, Japan's Postwar Political System*, p. 157.

48%❹。從整個政治清算來看，日本跟德國有許多相似之處，都將決策及直接執行的官員免職，但是盡量維持文官體系的完整。由於這項佔領政策的改革，使得日本的文官階層在 1955 年以後自民黨長期執政的時期中，除了最初跟文人政客形成競爭關係外，所取得的影響力相當大。相關因素在第二節會加以討論。

　　麥帥政治改革的構想獲得日本社會黨人士的肯定與支持，但是社會黨也因為麥帥所執行的清算保守派人士，以及美國要扶持日本政治中的溫和力量而獲利。在麥帥所一手主導的 1946 年及 1947 年兩次選舉中，社會黨都因此而成為贏家，並迫使社會黨人與吉田茂所領導的民主黨組成聯合政府。將社會黨視為「溫和的社會力量」的看法，在 1947 年 2 月 1 日的大罷工為同盟國鎮壓後，開始有了改變。社會黨被貼上「激烈的自由力量」(radical-liberal forces) 的標籤。

　　1948 年美國因為冷戰出現，對日本的佔領政策由政治及社會改變，轉變為重建以及要求修憲及重整軍備。美國政策的改變使日本共產黨及日本社會黨受到震撼，認為是受到出賣，左翼勢力開始疏離美國，向前蘇聯靠攏。但是保守派力量卻高興見到美國政策的轉變，開始視美國為潛在的朋友。中間力量如社會黨右翼則不知所措。日本政治開始出現重新組合的趨勢，但也逐漸走向政治兩極化的方向。

第二節　1955 年體制下的自民黨

　　1949 年是戰後日本的一次關鍵型選舉。第一，這是麥帥主導日本政局的力量，因為美國國務院的介入，而首次受到削弱的一次選舉；第二，社會黨中間派的力量沒落，從 143 席降為 38 席後，迫使社會黨在經過長期思考後，作出結論認為它們的未來必須是在左翼領導下進行反美。麥帥原先所期待的「溫和民主力量」的構想，至此完全落空。日本「內部的北緯

---

❹ Ibid., pp. 154-156.

38 度線」，因此而隱然成形；第三，自由黨黨魁吉田茂是此次選舉的大贏家，在眾議院 466 個席次中，贏得 266 個席次。吉田茂是標準的官僚派出身，他將文官體系中的官員吸收加入大選，建立起效忠他的派系，也開創了由文官轉為政客的吉田茂學校。吉田茂的勝利也等於是保守派的勝利，而且剛好是在美國對日政策右轉的時候發生，因此使美國順利得到了一個冷戰的盟友。

　　1951 年韓戰爆發不久，以美國為首的同盟國跟日本簽訂了舊金山和約，另由美國與日本簽訂美日安全保障條約，日本的國防完全由美國承擔。但是日本政治兩極化卻由此而益趨明顯。保守勢力主張修憲及重整軍備，左派力量則反對修憲，並要求廢除安保條約。社會黨左翼在 1952 年選舉中發現反對美國，主張中立及強調民族主義的立場，在選民間有其吸引力；共產黨則因為太強調暴力，而失掉它在 1949 年的選舉中所得到的 35 席。1953 年的選舉中，社會黨大有斬獲，得到眾議院三分之一的席次，使它足以阻止任何修憲案。社會黨開始抱著在 2 到 3 次的選舉後，可以贏得執政的希望。力量分散的日本保守派人士則對局勢開始憂心。

　　社會黨人對政局的發展頗為樂觀，認為在它支持之下，有可能組成一股聯合力量，共同推翻吉田茂政府。原本在舊金山和約中分裂的社會黨，在 1952 年、1953 年以及 1955 年的國會選舉中穩定地增加它的席次，左翼勢力的成長尤其可觀。就在這段期間，日本的勞工聯盟也同時提高它在日本政壇上的分貝。它快速地向左轉，並且隨著韓戰的爆發，越來越激烈。它除發動大規模運動，反對許多工廠所進行的生產「合理化」外，同時對兩派社會黨力量施加壓力，要求重行合併。1955 年春天的國會選舉中，兩翼完成盡快合併的競選綱領，10 月社會黨正式合併。

　　如果說外界的壓力是促成社會黨合併的動力，那麼以日本大財團所代表的企業界，也同樣是日本保守政黨合併的推手。企業界在發動科技更新和生產合理化運動的同時，更要求有一個穩定的保守派政府，能夠跟美國維持良好關係，防止社會黨力量的成長，並處理日益激烈的工會運動。就

是在這股強烈的壓力下，保守的自由黨和民主黨在 1955 年 12 月正式合併成自由民主黨。左翼政黨跟右翼政黨分別合併成兩大政黨，其主要誘因就是對政治權力的追求，並爭取執政的機會。這就是日本五五體制成立的背景及誘因。總之，1955 體制本身是具有對抗性的，兩大政黨背後都有龐大的組織作強力的後盾。

　　但是在五五體制成形之後，本來只是政黨內部所具有的一些特徵，如派系和金錢政治，卻明顯地表現成制度化的常態，並且對日後自民黨政府的運作，首相的權力以及內閣與文官體系間的關係，有著極大的影響。

　　保守性政黨的派系最初起源於自由黨內部吉田茂的文官派跟他職業政客對手鳩山一郎間的競爭。這兩派分別向保守黨內部相同背景的人爭取支持，所造成的內部分裂就形成不同的派系。自由黨內部的兩個勢力再加上保守黨，這三個團體在實質議題上的差異，就是形成自民黨派系政治的主因，並且因為選舉制度採取複數中選舉區而強化了派系間的競爭。吉田茂是自民黨一黨執政主要的提倡者，他認為如果自民黨要想壟斷政權，那麼派系政治就必須維持下去。因為只有在派系政治下，政府的變更只會在自民黨的派系之間進行。否則在一般的兩黨制下，政權就可能週期性輪替。

　　因此當鳩山一郎的政府在 1956 年消失的時候，自民黨的派系政治正式在當年 12 月的總裁選舉中出現。當時所謂的「七個師和兩大兵團」，指的就是吉田茂和鳩山兩大派系，以及黨內的其他勢力。自民黨內部的派系幾乎跟獨立政黨所具備的條件沒什麼兩樣：總部辦公室、獨立的經費來源、首相候選人以及爭取政府和黨內職位的影子內閣。每一個派系都會有一位有野心成為首相的政客來擔任領袖。派系為它的成員所能夠爭取到的職位和金錢利益越多，派系就會成長得更快、更為壯大，派系領袖就越有可能成為首相。從岸信介首相時代派系變得更為制度化以後，所有的自民黨議員都會成為某一派系的成員，派系成員的名單也會正式在報紙上公佈。

　　因此大部份的派系看起來就形同政黨，由派系所組成的自民黨反而缺少派系所具有的凝聚力，無法像一般的政黨那樣提出長期的政策黨綱。但

是自民黨派系最重要的特徵，是它們從不取代黨的地位，反而是各派系都在黨的大傘下進行競爭。對內各派系並沒有議題上的差異，而是各憑本事爭取政治資源；對外則在政策上團結一致，支持自民黨政府，並防止社會黨執政。因為派系力量總有起伏，因此各派系都有機會執政。民主國家中的政黨輪流執政，在日本就變成自民黨派系輪流接掌政權。掌握執政權的派系，以及跟首相維持合作關係的相關派系，就稱為主流派。這有點類似多黨制國家中的聯合政府。這種派系政治對於日本議會內閣制的權限，有許多權力上的限制。因此，日本自民黨的先天問題如果不解決，它早晚必須面對選民的不滿，而失掉政治競爭的原動力。

第三節　日本的政黨體系：特徵與變化

日本政黨政治發展得很慢，到十九世紀末期才開始出現，其間又受到威權及軍國主義的影響，更使政黨的制度化努力中挫。即使到現在，日本政黨的發展仍要比西方國家落後。

早期西方國家的政黨是菁英式的組織，由國會議員彼此間因理念及政策相同，而發展成國會中的派系。但是隨著選舉權的擴張以及民主體制逐漸趨於成熟的結果，這些原本只是國會中最原始的派系，為了爭取選舉的勝利，達到執政的目的，以落實其理念與政策，早已演變成政治人物與選民的結合體。彼此以完整的政黨組織，深入社會基層爭取選民的認同。日本的情形卻不一樣，一直到今天，它的政黨仍然保留著西歐國家政黨的原始型態。也就是說，政黨組織仍然是全國性政治菁英的組合，既沒有發展出美國那種強調地方分權，鼓勵業餘政客加入的開放性政黨，當然更沒有形成西歐那種以選民參與為組成基礎的群眾性政黨。

因此多數日本政黨的特徵，反映在菁英型的組織上，只有在黨中央才有嚴密的組織，並且是由少數寡頭所控制。因此有黨的形狀和外貌，卻沒有真正的基層黨員。地方基層組織相當脆弱，幾乎並不存在。這些組織上

的弱點，連社會主義政黨的社會民主黨及民主社會黨，都無法避免。或許
就是因為領導階層跟選民大眾缺乏直接接觸的關係，造成日本社會主義政
黨長期為意識形態和政策路線進行鬥爭，一方面內部無法整合，另方面則
始終無法像英國的工黨和德國的社會民主黨那樣，轉型為中間溫和的民主
政黨。就因為日本政黨缺少任何基層的組織，所以常被稱為鬼魂政黨。

　　由於日本政黨所具備的上述各項特徵，包括封閉型的菁英組織，個人
派系主義，以及脆弱的地方基礎，所以日本政黨被認為是以候選人為中心
而建立起的政治機器，透過選民服務，地方肉桶立法式的利益分配（有關
肉桶式的利益分配，將在本章第二節討論），以及個人恩惠等恩寵制度，來
爭取選民的支持，而非靠政黨認同及政黨理念，作為贏取選舉的利器。

　　戰後日本的政治從 5 個政黨開始，保守派有自由黨、保守黨以及另一
個小黨，進步勢力則有社會黨及共產黨。1951 年及 1952 年兩次的眾議院
選舉，沒有出現多數黨。這個因素再加上日本總工會從旁施加壓力的結果，
使原本分裂的社會黨左右兩翼，在 1955 年重新整合成社會黨；幾乎就在
同一個時期，日本商界的大財團也基於穩定保守勢力等因素的考慮，促成
兩個保守政黨合併為自由民主黨。

　　在五五體制的影響下，日本的政黨體系維持著相當程度的穩定性，成
為兩大（在朝的自民黨與在野的社會黨）一小（共產黨）間的競爭。一直
到 1993 年自民黨失掉政權為止，其間共有 3 個政黨成立。在 1960 年社
會黨內部的溫和勢力分裂出走，另外組織民主社會黨；1970 年代末期又有
社會民主聯盟從社會黨分裂出去。第三個新出現的政黨，則是在 1960 年
代中葉以日本佛教團體創價學會為基礎所組成的公明黨。社會黨的兩次分
裂主要是因為意識形態及政策路線的衝突所引起，有人主張更偏激的社會
主義，有人主張對自衛軍及美日軍事聯盟等議題，抱持更敵對的政策，另
有人要求對中間溫和政黨採取更批判性的態度。社會黨的國會議員只有一
半以上加入派系，但是內部派系間的鬥爭和分裂會間歇性地爆發；相對地，
幾乎所有自民黨的議員，都會加入某一個派系。但是在 1993 年以前從未

發生過派系出走或公開反對黨的政策的情形。這項對比就是自民黨政府得以持續存在 38 年的關鍵因素。

在選民的支持群上，自民黨的票源及財源主要來自農民及企業界。社會黨得到公共領域中的工會支持，民主社會黨的支持力量則主要來自民間的工會。公明黨靠創價學會會員的支持。共產黨的支持群最小，以城市的工人團體及知識份子為訴求對象。

在政黨彼此間的互動關係上，由於自民黨長期控制參眾兩院的多數，因此社會黨只能將眾議院當作強勢抗爭的舞臺。在 1960 年的美日安保條約的批准過程中，社會黨與總工會的團結動員及街頭示威，使日本社會幾乎癱瘓。到最後安保條約雖然通過，但是美國艾森豪總統的訪日之行取消，岸信介首相也辭職。在 1960 年代社會黨還未分裂前，眾議院議場的抗爭行動中，常可以看到社會黨以「牛鬥」的姿態反對法案的通過。1980 年代以後，社會黨的反對手腕漸趨細膩，通常會對某些法案進行強烈的抵制，然後再由議事一向中立的眾議院議長出面溝通，然後由自民黨作出讓步後結束對立的態勢。

1989 年後日本的政黨制度開始浮動，先是是年自民黨失掉參議院的多數，接著自民黨高層領袖紛紛捲入政治弊案及醜聞，選民表現極度不滿情緒。接著 1993 年眾議院選舉前，自民黨內部首次發生派系連續出走的情事，造成自民黨在首次失掉對眾議院的控制權後，跟著失掉政權。日本的政黨體系從此進入春秋戰國時代。許多政黨面對新的選舉制度，紛紛重新整合，希望既能在單一選舉區中增加競爭力，又期盼能夠經由政黨的黨綱，來取得選民對政黨的認同。這一波從 1993 年開始的政治重新組合，到 2000 年大選、2003 年 11 月 9 日和 2005 年的眾議院選舉結果為止，暫時告一段落。自民黨仍然是第一大黨，民主黨第二大黨的地位則更趨鞏固。

第四節　日本議會內閣制下的首相權力

　　戰後日本新憲法規定「國會是國家最高權力機關」，因此內閣首相由國會選舉產生，內閣必須向國會（指眾議院）負責。但是因為自民黨在 1993 年以前始終在參眾兩院掌握多數（1989 年參議院的選舉例外），因此自民黨總裁必然就是內閣首相。這種首相產生的方式至少可以從三方面來觀察其政治效應。第一，在自民黨派系政治下，能夠當選總裁（及首相）的政治領袖，並不一定有相當的政治才華，群眾魅力或偉大的演說天才，而是因為他擁有可觀的政治資源，並能夠取得其他派系的支持。這種以派系領袖的身份為首相資格的先決條件，跟其他議會內閣制國家的內閣首相（或總理）所必須具備的各項條件，如爭取選民認同的政治魅力、長期在國會歷練的經驗、雄辯滔滔的口才技巧以及協調各方的能耐，可說大不相同，而且也剝奪選民對首相人選置喙的權利。

　　第二，首相既然是自民黨內部派系競爭（或妥協）下所產生的人選，他所任命的內閣閣員，就必須考慮到自民黨內部的派系生態，將閣員席次依派系實力分配給各個派系。其中大藏大臣（財政部長）及外務大臣最具聲望，常被認為是首相的踏腳石。但是因為各派系之間對於政治資源的分配，彼此競爭非常激烈，排班等著接閣員位置的議員人數很多，因此大約有一半的閣員必須每年更換，俾能讓首相所建立的派系聯合，可以維持於不墜。

　　第三，自民黨總裁一任 2 年，可以連任一次；眾議院議員任期 4 年。因此照理首相只要能夠獲得眾議員的支持，他（她）就可以在 4 年任期屆滿前繼續在位。但是由於派系政治下，各個派系都希望早日取得總裁寶座，輪流當上首相的位置。因此歷來國會很少 4 年任期屆滿才解散，平均任期是 2 年半，這種情形在議會內閣制中甚為罕見。

　　從上述的討論中，對於日本首相及內閣的職位，就有一些認識。首相

及其內閣的組成都是派系競爭及相互妥協的產物，因此任期都不會太長，也因此無法有效制定及貫徹首相的政策主張。這些因素再加上首相的人選通常只具有派系縱橫的長才，缺少在國內選民間的崇高聲望，因此日本首相的權威跟其他西方國家的行政領袖並不一致。換言之，日本雖然有一個議會內閣制，但是這個制度的運作卻是日本式的。首相不只不是工業民主國家中最強勢的行政首長，反而是較弱勢的決策領袖。在派系政治下，日本幾乎形同是多黨制的國家，首相所組成的內閣，形同是聯合內閣，他只是一個聯合的建立者 (coalition builder)，不可能是強勢的政策推動者。

因此二次大戰以後，日本很少出現聲望特高、別具強勢的政治領導。事實是戰後 29 位首相中，能夠讓人叫得出名字的，不只是寥寥無幾，還真是令人眼花撩亂！從二十世紀 60 年代開始，議會內閣制國家一直在向總統化的方向走，也就是說黨的形象及國會選舉的勝利，因黨魁而決定，政府的形象和貫徹政策的能力，則要看首相個人的意志和決心。英國和德國的政黨政治都反映出此等趨勢，沒有群眾魅力和帶領黨贏得勝利的黨魁，很快地會被替換掉。

1994 年新的日本選舉制度通過，並且在 1996 年舉行第一次選舉。當重要的政治制度改變，各界反應會改變政黨的領導風格，以及政黨的競爭型態。2001 年上任的首相小泉純一郎，利用選舉制度的改變，掌握了自民黨的機器，將原本是地方化的黨機器，進行中央集權，使原本由地方分權下的議員提名權，變成由中央掌握，使黨機器、黨提名的議員及總裁三者一體變成首相個人的所有。由於黨對總裁提名人選方式的改變，小泉利用電視建立起他的聲譽，沒多久就得到 90% 的支持率，成為史上最高。

小泉在 2001 年進行行政改革，目的在強化政客們的權力，減削文官對政策權力的影響，增加首相及內閣的權力。因此，內閣幕僚的權力增加了，內閣的各種委員會成立，以減少首相對文官的依賴。這是史上第一次，首相有權在內閣中主動提出政策提案❺。

❺　Eiji Kawabata, "Reforming the Bureaucracy," in Sherry L. Martin et al.,

　　2005 年小泉又進行另一次的大改革，改革規模浩大的郵政民營化計畫，目的在使遍布各地的郵政儲金業務進行私有化，要將原先由各地方議員的私有利益，回歸社會大眾。這個方案遇到元老派的強烈反對，在黨的壓力下，下議院獲得通過，但在元老們的壓力下，參議院卻悍然拒絕。小泉決定要「粉碎舊的自民黨」，宣布解散國會，在重新舉行大選後，自民黨獲得大勝，使自民黨的黨及黨務進一步中央化❻。

　　自民黨的首相從未控制黨務，小泉的作為等於是反傳統。他是一名機警的戰略家，也是擅於競選的政治人物。在他之前，除了曾根康弘時代以外，小泉似乎是現代真正能使日本首相走向英國首相制的人。小泉遭到他黨內的指責是要將日本帶到美國「總統化」的方向走。「總統化」的概念幾乎是西歐議會內閣制國家的共同走向，日本如果能擺脫弱勢首相的形象，那將是日本之福。小泉的政治作為，再加上 90 年代以來政治改革的影響，或許真能改變政治派系的痼疾，使首相真正走上「英國化」的道路。

　　派系政治操縱下的日本首相難能有所作為的原因，是任期短，無法突顯個人的政策主張。這種現象所造成的影響，使日本國會成為世界上最弱勢的國會之一。但是當政客們忙於爭權奪利的時候，文官在穩定的政治環境中，不只容易培養出他們的專業能力，而且在政策制定過程中的角色就大幅提高，這種情形跟法國第四共和時代完全一樣。由於日本跟法國有相同的司法制度，法官影響政策的空間相對萎縮，這更增加日本文官體系的重要性。但是政治改革之後的日本，如果能夠擺脫派系政治的束縛，甚至走上政黨輪替的方向，內閣制定及貫徹政策的意願及自主性提高，文官的影響力可能就必須回到常軌。

Democra.

❻　Ian Holliday and Shinods, "Governing from the centre: core executive capacity in Britain and Japan," in Christopher Hood eds, *The Politics of Modern Japan, Volume I, Politics and Society* (London and New Youk: Routledge, 2008), pp. 198-220.

第五節　日本自民黨的失敗與民主黨的執政

　　小泉雖然在任內頗有作為，率領自民黨贏得兩次大選及一次參議院選舉的勝利，更重要的是，他在黨的議員提名權及黨的財政權的中央集權方面，做了相當的突破。自民黨的黨總裁、首相及幹事長三種職位一向以弱勢著稱，經過小泉的作為，這一切都起了變化，日本的首相制政府也因為黨邁向英國的中央集權化，而使政治朝向英國強勢首相制（或者更貼切的向美國總統化）方向走。

　　但是政治最怕的是人亡政息，小泉 5 年的任期在 2006 年屆滿，由外相安倍晉三繼任，但是不到 1 年，聲望直線往下掉，弊端叢生，之後繼任的福田康夫在位亦不滿 1 年，期間經濟持續滑落，時不我予，而眾議院的任期也已將屆滿。改選的結果，由最大的反對黨民主黨獲得大勝，黨魁鳩山於 2009 年 9 月 16 日繼任首相。這是 1955 年以來，自民黨第二次喪失政權。但是不同的是，第一次是在 1994 年，當時是由八個派系組成聯合政府，那時不到一年政權又重新回到自民黨手中，但是 2009 年日本已建立兩黨制，鳩山所領導的民主黨有足夠的議員支持他的政府，有廣大的選民期盼他的政府有一番作為，故民主黨政府將可以任滿 4 年。但是鳩山不到一年的政權，就因為施政不佳，而在新黨魁的選舉中，由菅直人繼任，而成為民主黨的新任首相。由於民主黨缺乏執政經驗，因此，各界對民主黨的施政，仍抱有相當的疑慮。

　　民主黨成立於 1998 年，跟自民黨受制於五五體制，而自然形成派系；民主黨則由自民黨出走、社民黨及其他年輕一輩共同組成，因此兩黨具備共同的派系背景，問題是民主黨會不會一樣受困於派系的漩渦？

　　民主黨早在 2007 年就已擊敗自民黨，而取得參議院的控制權，因此它現在等於控制兩院，大有利於它的施政。鳩山施政的重心是自民黨政府所未完成的改革官僚體系，因為文官的權力太大，會影響首相及內閣的政

策主導權，甚至扭曲執政黨的大眾意願。但是文官勢力根深蒂固，歷來改革之議繁多，卻始終未見宏效，鳩山從未有過執政的紀錄，使他在這方面免不了會遇上一些困難。他要實施中央政府的分權化，並將更多的權力分給地方政府，進行民主黨政府所稱的「區域主權」。因此，它將在獨立控制地方政府下，大大增加經費。如果此方案成功的話，政府就可以從根本上改變中央政府的文官制度，而大幅增加民主黨在地方政府的根基。政府還要增加公民對政府的參與，以便終止文官對國內政策的壟斷❼。

　　在經濟方面，日本經歷兩個失落的十年，經濟衰退相當嚴重，一般評論家用「不安」(unrest)、「僵止」(stagnations) 及「失落」(bleak) 等六個字來形容日本的處境。除外，日本還面臨嚴重的問題，其中包括日益減少的人口數目、農業的沒落、越來越少的年輕人，以及日益流失的中產階級。在 2003 年日本的出生率是為歷年來最低的，只有 1.29 個孩子（每一個婦女），這個出生率比起所定的「超低的出生率」都還要低❽。面對當前的經濟情勢，鳩山的挑戰可想而知。

　　鳩山相信目前的重要議題是「小孩撫養、老年人的照顧、教育環境及地方分權。」這些問題用以社區為基礎的歐洲方法，可能適應日本的需要，這就是他所倡言的斯堪地納維亞國家所用來解決日本的問題。但是日本是個大型的國家，能否負擔得起如北歐國家般的社會福利開銷，是值得深思的課題。政府如果無限制的增加支出，而陷國家總體經濟於不利的境界，反而會失掉民心。

　　從民主黨上任以後的政策作為，我們可以發現日本的兩黨制確實已然形成，自民黨與民主黨只是黨的角色在 2009 年的選舉中對調而已。過去還有共產黨和社會黨人要爭取廣大的票源，來代表政黨體系中不同意識型態的票源，在目前的選舉制度下，這些小黨被邊緣化了，因此，政治中的

❼　Yoich Funabaski, "Japan," in *Foreign Affairs*, Nov./Dem. 2009, Vol. 88 issue 6.

❽　Ibid.

「中間選民」(median voters) 就由目前的兩大黨來競爭,所代表的政策也就大同小異了。

例如有關對農民及小孩的支持議題,就突顯出兩黨的相同點。兩黨都同意對這兩項議題增加補助,並且都理解到這些補助需要增加消費稅。但是擔心這種作法將不受選民青睞,因此兩黨都在選舉中逃避這項議題,自民黨表示在未來三年內將不會課徵消費稅,民主黨則聲稱在未來四年不會課徵❾。

民主黨在意識型態上比自民黨更為分歧,雖然並非是完全以階級為單位,亦非以意識型態或宗教為取向。民主黨的支持者一直是以在都市的民眾及工會的成員為主,而自民黨則是傳統上的郊區團體,年紀較大者以及大企業家。老人一向在傳統上支持自民黨,但從 2007 年在參議院選舉開始,因為一連串的退職金弊案,而轉投民主黨。本來如鐵一般的保守選民,目前正由兩黨在爭奪❿,中間及保守派選民仍然主導著日本政治。

民主黨的自我標榜仍然混沌未明,但是跡象顯示,它越來越能反映多數選民的不同利益,應該是屬於中間偏左的政黨。

---

❾ Ibid.

❿ Ibid.

附註:本節後半部因為日本新近完成大選,資料有限,因此內容多半取自 Funabaski "Japan," in *Foreign Affiar*, Nov./Dem. 2009.

【第三十一章】
日本的立法與司法機關

　　跟其他民主國家一樣，日本的立法機關——國會——在二次大戰後的憲政體制中，扮演不可或缺的角色。國會是政府與反對黨間針對重要政策進行公共辯論最具權威性的舞臺。因為憲法規定國會是國家最高機關，決定政府預算，批准國際條約，選舉首相，並監督內閣的行為，所以日本國會如何組成，它又如何運作，是瞭解日本民主政治過程的重要一環。

　　就如同任何其他民主政體一樣，國會固然是人民政治參與的重要機制，也是代議政治的主要表現，但是政黨政治的興起，卻從根本上改變了憲法聲稱它所賦與國會的權力與地位，使行政與立法機關的角色起了關鍵性的變化，卻是不爭的事實。這種情形特別是以議會內閣制的國家為然。這一點在英國政治中已作了很深入的討論。日本既然是議會內閣制的國家，政黨的地位受到民主體制保障的結果，國會的地位和權力的象徵性功能，就要比其實質性更為突出。特別是從五五體制出現到 1993 年為止，日本長期的一黨執政，對國會的影響是不言可喻的。

第一節　日本的立法機關

　　日本新憲法制定之時，美國原認為日本可以採取一院制，而不需要像美國那樣有參議院來代表各州的利益。但是日本認為既然有了一個眾議院，才更需要有一個經由普選產生的參議院來發揮牽制的作用。因此依憲法規定，首相及內閣皆經由國會選舉產生，但是如果兩院對首相人選發生爭議，則由兩院組成聯合委員會，在 30 天內協調產生一個折衷的人選。如果協調失敗，則眾議院所同意的人選自動成為首相。但是參議院的設計既然是要牽制眾議院及政府的權力，又要不至於影響政府的統治能力，因此參議院

仍有權否決眾議院所通過的法案。但是為了怕因此造成立法僵局，所以憲法又規定，眾議院可以三分之二的絕對多數，來貫徹它的意志。

這種規定使得參議院的地位有點不上不下，它最大的功能只是首相人選及法案的延擱權而已。特別是遇到眾議院有強勢的多數黨及強勢的政府時，參議院的提案往往會很快地被否決。但是在自民黨失去眾議院多數之後，日本進入比較脆弱的聯合政府時代，參議院在政治天秤上，有可能扮演比過去更為重要的地位。總的來說，日本雖為兩院制，但是憲法卻明白地賦與眾議院許多參議院所沒有的優越地位。這點可以由下列四方面討論。

一、法案議決權

任何提交國會審查的法案皆必須由兩院通過，才能公佈成為法律，但是如果眾議院所通過的法案，為參議院所否決或修正時，則眾議院只要再以三分之二的多數通過，該法案就自動成為法律。

二、預算案及條約案之議決

在參議院拒絕通過預算或條約案，並且兩院間的歧見又無法在聯合會上取得協議的情況下，以眾議院所通過的版本為準。

三、首相人選之決定

憲法規定，首相由國會「指名」，並由天皇任命之。但是當參眾兩院對首相人選出現爭議時，由兩院召開「聯合委員會」進行協調。協議不成時，則以眾議院所決定的人選為準。

四、對內閣提出不信任案的權限

依憲法第 69 條規定，「在眾議院通過對內閣的不信任案，或內閣所提的信任案被否決時，若（首相在）10 日內不解散眾議院，則內閣必須總辭」。由此條款可知，內閣是否能夠繼續在位，是以眾議院之信任為前提；但是

國會通過不信任案時，內閣可以用解散國會權來對抗。這些設計跟英國內閣制的內涵極其類似。

　　但是客觀地分析，參議院的角色還是有不能忽視之處。例如政府並不一定能夠常常擁有眾議院三分之二的多數，來推翻參議院的否決。這種情形特別是在 1993 年自民黨喪失政權以後的 2 年間（指七黨聯合政府時代）為最明顯。除外，掌握參議院的多數聯合，跟控制眾議院的統治聯合，並不必然相同，因此政府仍有必要尋求兩院對法案的妥協。第三，參議院政黨實力的消長，可以是政權變遷的前奏。例如 1989 年自民黨在參議院選舉中，首次失掉對參議院的控制權，4 年後自民黨就喪失眾議院的多數，使一黨統治宣告結束。2004 年 7 月參議院的選舉結果，又是另一例。自民黨小挫，民主黨則議席一下子增加 14 席。這個結果既反映了小泉首相的聲望，因為人民對於老人年金改革及派遣自衛隊前往伊拉克的問題表示不滿，而激速下降，有的甚至認為可能影響到他續任首相的機會。另方面則說明 1998 年才成立的民主黨所獲得的支持度急速爬昇的結果，對自民黨已經形成威脅。

　　眾議院會期是每年 150 天，從 12 月開議，必要時可以延會。這種會期要比美國、英國及德國都要短。內閣或兩院中任何一院四分之一的議員要求，可以召開特別會。法案通常由政府送到眾議院院會審查。由議長及眾議院管理委員會決定議程，並將法案分送到各常設委員會。跟美國不同的是，委員會很少針對法案的本質作重大的改變，所以就重要性而言，兩國有很大的差異。

　　其次，跟各國立法機關所進行的三讀程序也大有不同。在日本，委員會對法案審查時，並不作第二讀的程序。整個立法過程只有一讀，就是在委員會將法案送往院會後才展開。就是因為少掉常設委員會的過濾和談判妥協的階段，所以院會變成朝野各政黨交鋒最激烈的階段。由於在野黨常會訴諸於激烈的抵制動作，因此大約只有一半的政府法案，會在國會受到部份的修改，其餘的則會因為反對黨威脅要抵制到底而撤回。這跟英國政

府送交平民院審議的法案，有三分之二會獲得通過的情形，有明顯的不同。當然，這一點也反映日本傳統的共識政治，同樣在國會出現。

　　日本的國會政治中最受人垢病的是金錢政治，也就是在民主政治之下，金錢與政治掛勾的情形益趨嚴重，使財團對日本政治影響力日增。金錢與犯罪組織合法地捲入選舉政治，同樣是日本政治的奇特面，也被認為是日本朝野政黨，被迫在 1994 年轉而採取單一選舉區與比例代表制的兩票制的重要因素。導致日本國會選舉跟金錢結合，最主要的原因當然是複數選舉區單記不可讓渡 (SNTV) 的選舉制度所造成。

　　民主政治是一種經由選舉過程決定誰能掌控政治決策權的過程。特別是在議會內閣制之下，任何一個政黨要想取得執政地位，就必須在眾議院的選舉中取得過半數以上的席位。因此眾議員的選舉固然是自民黨維繫政權的命脈，更是自民黨各派閥領袖爭取黨魁及內閣席位的關鍵。因此為了爭取在中選舉區的 SNTV 下獲勝，自民黨及各派閥領袖莫不傾全力支持其旗下的候選人。但是競選時所需的龐大競選資金，卻需各派閥領袖憑藉其個人人脈，向各大財團募集。募集的款項數目越多，派系的實力越大，其派閥領袖越有可能角逐自民黨總裁的寶座，再成為首相。日本的選舉成為「錢舉」，其原因在此。

　　除了金錢政治受人垢病之外，日本戰後每遇經濟不景氣時，總是以擴大政府公共工程的投資為手段，以達到恢復經濟榮景的目標。歷年來這些公共建設大多由中央政府所主導，統一政策的規劃，經費的編列與計劃之執行。以日本文官體系的專業能力，這些計劃的執行成效相當可觀。但是從 1980 年代以後，同樣的公共建設的主導權，卻逐漸由中央的文官體系轉換到自民黨派閥，使得原本的政高黨低的型態轉變為黨高政低的局面。影響所及，政府公共工程的分配不再以經濟效益為考量，而是以政治利益分贓為出發點。這不只造成經濟資源的浪費，也形成政黨派閥與旗下議員和地方樁腳間不當利益之結合，使財政赤字持續擴大，對民主政治之汙染莫此為甚❶。派閥政治之如同過街老鼠，其理由在此。

第二節　日本的司法機關

日本有好幾個層次的法院，1 個最高法院，8 個高等法院，50 個地方法院（附設 235 個分院），49 個家庭法院，以及 575 個簡易法庭。最高法院首席法官由內閣提名，天皇任命。其餘 14 名法官由內閣任命，但是必須在下次國會大選後，獲得眾議院的同意，必要時可以被罷免，其後每隔 10 年都需要經過此等同意程序。

法院最為顯著的權力，在於對政府命令及國會立法，有違憲審查權。跟美國一樣，政治反對勢力習慣上會對他們所不喜歡的立法案的合憲性提出挑戰，如此法院就可以發揮它政治上的功能，達到改變公共政策的目的。但是憲法雖然明白地賦與法院司法審核權，日本法院卻基於對傳統及國會的尊重，而相當不願意宣佈法律違憲。例如下層法院曾經兩次裁定，日本自衛軍違反 1947 年憲法中第 9 條棄戰條款的規定，因此宣佈為違憲。第一次是在 1950 年代末期，第二次則是在 1970 年代末期。但是最高法院卻兩次推翻了下層法院的判決，理由是此項議題政治性太濃。這項判決等於是承認自衛軍的合憲性。從它成立到 1993 年為止的近半個世紀間，最高法院支持下層法院所作法律違憲性的判決，一共只有 5 項。這個事實雖然反映最高法院的被動與保守，但是至少使各界所擔心的日本司法審核會不會消失的問題成為多餘。

日本最高法院不願意隨意使用司法審查權，可以歸諸於下列五項因素。第一，日本一直有一項強勢的法學傳統，認為司法機關不應該干預立法及行政部門中高度政治性的事務。因為行政及立法機關所反映的民意，要比司法機關更直接。其次，日本在個案性法律 (case law) 的傳統上，要遠比

---

❶ 有關派閥政治與公共工程關係之討論，可參見蔡增家，「全球化與日本經濟衰退之政治經濟分析：從財政赤字及公共工程建設的角度觀察」，《問題與研究》，第 43 卷第 1 期，民國九十三年一、二月，頁 63-82。

英國及美國弱很多，因此法官比較不願意以先前的例子作基礎，來挑戰新立法的合憲性。第三，大多數最高法院的法官，是由自民黨的歷屆內閣所任命，因此在風格上比較保守，自然就會傾向支持保守性政黨所作的決定和行動。第四，司法的被動性或許反映出日本人傳統上不願意動輒訴諸法律的性格。最後，日本缺少司法審核的傳統。在明治憲法中，天皇被認為是高於法律，法院根本沒有藉天皇之名，宣佈某法律無效的權力。這項傳統繼續影響當代最高法院的態度及行動。但是一旦自民黨一黨執政的記錄改變，譬如說，民主黨崛起，則司法被動的傳統可能會被迫改變。

俄羅斯國會建築（又名白宮）

第六篇
俄羅斯政府與政治

•• 地理及人文簡介

位置：歐亞大陸北邊，鄰近北極海，在斯堪地那維亞半島
與北太平洋之間

面積：17,075,200 平方公里

氣候：南邊乾燥，但是在歐洲部份則顯潮濕。冬天黑海海
岸涼爽，西伯利亞酷冷；夏天溫暖，極海海岸氣候
涼爽

人口：140,041,247 人

人口結構：0-14 歲：17.41%；15-64 歲：69.78%；65 歲以上：12.81%

人口成長率：-0.35%

平均壽命：67.34 歲；男：59 歲，女：72 歲

正式國名：俄羅斯聯邦共和國

首都：莫斯科

年國民平均所得：7,700 美元

貨幣：盧布

【第三十二章】
俄羅斯政治中的非制度性因素

　　1991 年 8 月 19 日前蘇聯共產黨內部的保守派份子,將正在黑海別墅渡假的戈巴契夫 (M. Gorbachev) 軟禁,要求讓前蘇聯重回改革前的秩序和中央集權。葉爾辛 (Boris Yeltsin) 登上國會大廈前廣場上的一輛坦克車,公開呼籲民眾起來反對這場政變。3 天之內政變失敗,戈巴契夫帶著疲乏的身體回到莫斯科,但是這個事件卻使前蘇聯元氣大傷,戈巴契夫這位因為改革開放的作為,而引起矚目的前蘇聯領袖,權力及地位都大不如前。身為前蘇聯最大共和國總統的葉爾辛,則是聲望如日中天;他宣佈自己是民主價值真正的擁護者,以及俄羅斯國家利益的捍衛者。這個政變事實上是戈巴契夫領導地位及前蘇聯共產帝國終結的開始。這年 12 月 25 日戈巴契夫親自上電視告訴前蘇聯人民及全世界:蘇聯不再存在。在這之前葉爾辛聯合烏克蘭及白俄羅斯等共和國組成獨立國家國協 (the Commonwealth of Independent States, CIS),來取代前蘇聯❶。

　　前蘇聯的崩潰使包括俄羅斯在內的 15 個加盟共和國,進入一個浮動而不確定的國族 (nation-building) 重建時期;國際政治上原本存在的超級強權間的競爭與衝突,則進入一般所稱的後冷戰時期。人口大約 1 億 5 千萬人的俄羅斯,恢復了它帝俄時代的獨立地位,仍然是歐洲人口最多的國家;就面積而論,也依舊是世界幅員最大的國家。但是這個重新復國的俄羅斯,卻在政治、經濟的重建以及社會秩序上遭遇到重重困難和挑戰。俄羅斯明顯地處於國家認同、民主化及市場經濟三重轉型 (triple transition)

---

❶　有關前蘇聯崩潰的討論,可參見 Stephen White, *After Gorbahev* (Cambridge: Cambridge University Press, 1992); 有關政變的記載,見 Victoria Bonnell et al., *Russia and Barricades: Eyewitness Accounts of August 1991 Coup.* (Armonk, N.Y.: M.E. Sharpe, 1994).

的艱困環境中。這些轉型的困境跟舊俄羅斯帝國及前蘇聯共產時期的歷史發展，人文及地理環境，以及人民所承襲的政治態度及價值，皆有互為表裡的因果關係。

第一節　歷史發展因素：從帝俄到共產蘇聯

一、帝俄沙皇時代

　　俄羅斯橫跨歐亞大陸，一望無際的大平原使它幾世紀以來一直受到外力的入侵和挑戰，但也讓它的領導階層有了向外擴張的野心。從十三世紀起受蒙古人統治達 250 年之久以後，莫斯科維大公國進行一連串的征服，到十七世紀時，已征服了西伯利亞及東烏克蘭。1721 年彼得一世大帝正式將它改名為俄羅斯帝國。在十九世紀，帝國吞併了高加索、喬治亞、阿美利亞、亞塞拜然及中亞土耳其斯坦。當中國中衰後，它取得中國滿洲及高麗的部份領土，到 1905 年日俄戰爭戰敗後，這些擴張行動才受到扼止。

　　為了統治如此龐大的帝國，俄國沙皇採取專制統治，以壓制境內隨時可能爆發的抗爭；支持專制政體的工具，則是無所不在的恐怖統治。從十八世紀開始，每一個沙皇都依賴祕密警察，來維持他們高壓的統治。因此俄羅斯從未因為專制統治而發展出有效的牽制力量。沙皇將全國土地都置於他們控制之下，絕大多數農民都是農奴，必須加入鄉村傳統的社區組織。因此個別的農民無法形成重要的力量。而且當國家一直控制經濟，並左右經濟發展的時候，當地的資本家或企業家，就無法像西歐那樣容易出頭。而這些人正是民間社會興起的重要力量。結果是工業化的主要動力，來自國家本身以及與外國的合資公司，並由沙皇政府負擔外債。國家及外資的支配性角色，造成大型工廠的出現，以及一些小型私有工廠。但是工會一直到 1906 年才合法化，卻造成工人不滿的情緒增加，終於爆發了 1905 年的革命。隨著沙皇鎮壓手段的惡化，終於導致 1917 年革命的爆發。

東羅馬帝國（拜占庭）的獨裁政治制度，也同樣影響俄羅斯的統治者及其政治思維。從莫斯科維大公就接受希臘正教，並以「第三個羅馬」自居；但同時也受到拜占庭的影響，認為西方（羅馬）是異端，不能信賴。這種信仰傳承到沙皇俄國時代，一方面使俄國逐漸與西方國家脫節，文化及科技的發展開始受到限制。另方面，則因為希臘正教成為國教，一切的真理標準都由教會來決定；教會同時成為專制政治秩序的支持者。沙皇理所當然地成為真理的維護者。這種從意識形態出發的正與邪的分類傳統，在共產蘇聯時代執行起來毫不費力！

二、共產革命 (1917-1924)

從日俄戰爭失敗之後，俄國開始加速現代化。但是快速現代化的結果，卻使傳統的俄國社會為之破裂，增加社會的緊張，焦慮及種族和社會階級之間的衝突。各種種族及社會團體紛紛要求政治參與，平等，以及社會正義。但是俄國的專制政體面對這些壓力，無法也不願意作快速的政治改革，來滿足這些要求。俄國軍隊在一次大戰中戰敗，是 1917 年爆發革命的導火線。先是沙皇在二月革命中被迫退位，接著臨時政府無法應付戰爭和經濟崩潰的壓力，列寧所領導的共產黨利用這種權力真空，推翻了臨時政府，是為十月革命。列寧及共產黨員在接著而來的內戰 (1918-1920) 中，擊敗反對力量，並在 1921 年鞏固對俄國的控制，宣佈成立蘇維埃社會主義聯邦共和國（簡稱蘇聯）。

十月革命是俄國歷史重要的轉捩點。新的共產黨政府沒有模仿西方經濟發展的模式，而採取一個完全不一樣的經濟、社會及政治發展的藍圖。以列寧為首的共產黨員，是一群相信這場革命是反映工人（即無產階級）政治利益的馬克思主義者。他們自認是農人及工人這群無產階級的先鋒；在取得國家機器的控制權後，黨的領袖們對社會及政治現實有充分的瞭解，也比人民更能知道人民的利益，稱共產黨的統治為無產階級專政。因此前蘇聯所採的民主，是為民所享，而非為民所治。

　　前蘇聯所控制的幅員遠大於帝俄沙皇時代，但是卻能有效控制轄下的
15 個共和國。它雖然號稱聯邦，實際上卻是中央集權。這主要是得力於列
寧所一手建立的黨組織。列寧強調，為了推翻沙皇統治，必須成立一個由
菁英所組成的嚴密政黨組織，強調黨員是一種特權及責任，而且必須是全
天候的職業革命家。這個先鋒政黨是由原先俄國社會民主勞工黨中的少數
派 (Bolshevik) 所組成，因此黨員稱他們自己為布爾雪維克。這個政黨之所
以能夠革命成功，取得政權，靠的就是它的凝聚力，戰鬥力以及嚴密的紀
律和組織。前蘇聯成立後，它更成為強力統治國家的工具，不但滲透黨組
織，更控制各級政府，並如同人體的細胞一樣，遍佈到全國每一個領域，
藉此提供群眾參與及吸收領導人才的管道。

　　除了先鋒政黨的概念以外，布爾雪維克的另一個統治利器是民主集中
制 (democratic centralism) 的觀念。有別於西方的自由民主，民主集中制
結合參與和階層性的要素，來控制黨內部結構。黨的領袖依照階層性的架
構選舉產生，黨的領袖在理論上必須向下層的黨員負責。因此在黨的每一
個階層都可以討論政策，提供意見。但是一旦黨作成了決策，就必須全體
一致支持這項決策。也就是說，民主集中制中的集中原則要優先於民主的
理念。時間一久，這種哲學就用來作為共產黨以及前蘇聯一切行動的合理
化基礎，民主集中制及先鋒政黨也都不再強調民主的程序或領袖們對大眾
的責任。這些概念只是被用來達成正確的政治結果，反映共產黨領袖所認
為的工人階級真正的利益。

三、史大林時代 (1924-1953)

　　列寧於 1924 年死後，布爾雪維克立刻展開一場血腥的權力鬥爭
(1924-1929)，托洛斯基 (Leon Trotsky) 及布哈琳 (N. Bukharin) 先後被放
逐及暗殺，而由史大林集大權於一身。前蘇聯進入一個集個人獨裁及血淋
淋鬥爭的恐怖時期 (1929-1953)，所有列寧主義所強調的民主原則，完全
被放棄，社會的權力受國家控制，一切黨內外的反對力量全部被整肅或鎮

壓。沙皇時代祕密警察的傳統，在這個時期被發揮得淋漓盡致。前蘇聯生活的每一個環節都發生激烈的改變，目的是要建立一個集經濟、政治及意識形態權力於一體的政治結構，這就是學界所通稱的極權政體❷。

極權政體是形容國家經由一個整合性體系的意識形態、經濟及政治控制，而滲透到公共及私人生活的每一個部份。達到這個目標的機制有各種手段，包括傳播媒體的全面控制，國有經濟，祕密警察所製造的恐怖氣氛，以及群眾動員參與由上級所控制的組織及活動。史大林的作為基本上傳承沙皇時代的國有政策，以國家為促進經濟快速發展的動力；但是他所建立的黨國一體的機制，則成為權力和真理的來源，使社會團體完全喪失自主性，這是帝俄所不及。除外，他推動殘酷的農業集體化，使人民流離失所，種族散居各地，以及農業生產力大降，都對以後的前蘇聯及今天的俄羅斯，產生極大的負面效果。他聲名狼藉的大規模整肅及恐怖屠殺，則是造成戰後男女人口失衡的原因之一。

四、後史大林時代 (1953-1985)

史大林時代的恐怖政治對前蘇聯影響至深且鉅，不只所有的領導菁英時刻草木皆兵，不知道何時人頭落地，並且無人敢有意見或參與，也使理性的政策無法形成。當史大林逝世時，前蘇聯的政治進入一個重要的轉捩點，逐漸趨於規則化及穩定。但是恐怖氣氛雖告消失，政治控制及人民對外的孤立卻仍持續；血腥的權力鬥爭雖不復見，世代的權力交替仍然以整肅的方式出現。更重要的是，前蘇聯的政治及經濟制度日趨僵化，雖然極權色彩已經消退，保守的官僚政體卻以維持一黨獨裁為務，而難以進行有效的改革。

赫魯雪夫 (N. Khrushchev) 是史大林死後第一個集黨政權力於一身的領袖。他在位期間 (1953-1964) 最大的作為就是進行去史大林化

---

❷ Carl J. Friedrich and Z. K. Brezinski, *Totalitarian Dictatorship and Autocracy* (Cambridge, Mass.: Harvard University Press, 1965).

(de-stalinzation)，將過去的恐怖氣氛緩和，並去除對史大林的個人崇拜
(cult of personality)，恢復共產黨原有的決策機制，及其對社會、文化、
政治及經濟的控制。祕密警察 (KGB) 重歸黨的控制，黨內會議定期舉行，
黨內權力仍然集中化，並依民主集中原則恢復黨內選舉。赫魯雪夫在 1964
年被鬥爭後，由布里滋涅夫 (1964-1982) 執掌大權。這段期間他主要集中
在前蘇聯對外政策上，國內的經濟成長衰退，民生必需品短缺，改革的動
力受到官僚阻撓。國防上，前蘇聯捲入與美國的軍備競賽，國內資源消耗
加速，使人民期望昇高，但希求卻得不到滿足。前蘇聯的國力已近日薄西
山。1982 年之後，安得洛波夫及契爾年柯 (K. Chernenko) 分別繼位，在
位期間極短。1985 年 3 月 11 日，54 歲的戈巴契夫被選為共產黨總書記，
前蘇聯政治進入重要的，但也是最後階段的變遷。

第二節　俄羅斯的地理及人文環境

　　沙皇帝俄及前蘇聯所統治的面積，居世界第一，佔全球陸地的六分之
一。今日的俄羅斯聯邦，雖然有許多領土為其他獨立國家國協成員所分割，
也仍然是世界最大，幾乎等於美國或中國的 2 倍大。由於面積廣大，溫度
相差極大，西伯利亞的一些地區甚至有到零下華氏 150 度。大部份地區年
雨量不到 20 英寸，不利農作。但是天然資源包括石油、天然氣及各種礦產
甚豐，足堪自足。西伯利亞一大片寒帶森林，是木材的盛產區。但是內陸
交通不便，現代公路系統尚未普及，鐵路運輸是主力，卻未善加保養，因
此資源難以開發，油管鋪建也很困難。可耕農地不多，灌溉設施及農化原
料則既昂貴，而又造成環境汙染；農田基礎設施貧乏，以及前蘇聯時代集
體化及國有農場所留下的後遺症，使得今日的俄羅斯農業產量，仍然嚴重
落後。

　　幅員廣大有其缺點及優點。缺點是一大片平原，缺乏天險，外敵容易
入侵；但優點是縱深長，加之入冬常天寒地凍，敵人難耐酷寒天氣。另外，

大部份地區冬天結冰，使歷來政權一直要向外拓展，爭取出海港口。帝俄時代以來持續不斷要入侵近鄰的土耳其、伊朗、阿富汗、蒙古及中國，其目的就是要取得戰略上的優勢──包括取得出海港。今日的俄羅斯聯邦對其新鄰國（中亞各國、白俄羅斯及烏克蘭……）也仍有同樣慾望，只是國力不足，無法有所作為。

今天的俄羅斯人口仍居世界第 6 位，僅次於中國、印度、美國、印尼及巴西。但是如同前蘇聯一樣，它有世界上最具異質性的人種結構之一，包括不同的種族、語言及宗教。為了適應這種複雜的人口結構，俄羅斯一共有 75 個省（包括在 21 個自治共和國及 1 個自治區），還有 59 個非自治省。社會結構之複雜與紛歧，可能只有非洲國家可以相比。就種族結構來看，在前蘇聯時代，俄羅斯人口佔 50.8%；目前的俄羅斯聯邦，則有 82.4% 是俄羅斯人。其人口的同質性雖高，但是卻因此出現一個敏感性的議題：究竟俄羅斯人是依種族來確定，或是依國籍身份為依據。如果依前者，則一方面境內近 20% 非俄羅斯族人民，將會被排除，如果依後者，則居住在其他獨立國協成員國的 2,500 萬俄羅斯人，將列入政府的保護範圍，這將會影響到俄羅斯對這些新鄰國的外交及貿易政策，甚至成為俄羅斯干預鄰國事務的藉口。

另一項議題則關係到境內少數民族的地位問題。在俄羅斯境內少數民族的民族主義情緒高漲，一直是葉爾辛總統以來最難處理的問題。最為嚴重及明顯的例子，是位在俄羅斯南部的車臣 (Chechnya) 共和國。這個以回教徒為主的自治國，在宣佈獨立後，葉爾辛對它發動全面武裝攻擊，在造成雙方嚴重傷亡後，被迫接受停火協議。1999 年普丁 (V. Putin) 總理再度發動新的軍事攻勢，以消滅所有的軍事反抗，並炸死獨派的車臣總統後，恢復了俄國在此地區的統治，但是 2004 年 5 月 9 日，俄國所支持的總統卡迪洛夫 (A. Kadyrov) 又為反抗軍所炸死，使普丁總統的綏靖政策受到重挫。

在社會階級方面，前蘇聯時代的共產黨領導幹部及政府官員和高級文

官，都是社會的特權階級。後共產時代的俄羅斯，一批新的菁英又從舊的統治階層中出現。他們控制日益增加的經濟資源，藉此「購買」政治影響力，並擴大他們的經濟勢力。他們經常捲入大規模的黑市買賣以賺取暴利。這些人被稱為黑手黨 (Mafia)。由於經濟政策的改變，個人及合作企業興起的結果，另一批人從事非法買賣及盜取國家資源的情形也日趨嚴重，他們又是另一類型的黑手黨。

第三節　俄羅斯的政治文化

在許多方面，俄羅斯人民的政治文化跟沙皇時代有很大的相關性。俄羅斯的民族主義提供建國的基礎，它同時是蘇維埃及俄羅斯國家認同的主要部分。人民的意義就是基於俄國人是何意義，以及什麼人會被認定為俄國人。俄羅斯的民族主義包括帝俄沙皇的崇敬，對希臘正教的認同，對馬列主義意識型態的執著，以及 1991 年以後所出現的民主理念。

主流的俄羅斯民族主義包含對俄國的認同，如歷史、文化及宗教。這些內涵就構成狹義甚至是排他性的認同，例如俄國境內的少數民族被迫遷徙，猶太人經常被迫害，最惡名昭彰的就是史大林在二次大戰之後表現非常極端且盲目的民族情緒，導致數十萬計的少數民族被屠殺。這種盲目的民族情緒及反猶太主義，到二十世紀末期仍有文化及知識分子的鎮壓在執行。

政治文化是經由學習而得來的行為，並由世代傳遞下來，任何國度的人民或政治體系都無法擺脫過去的某些經歷。易言之，政治文化即使在面對重大的社會及政治領域的動盪，還是有持續的軌跡❸。因此，俄國那種近乎政治沙文式的民族主義，不只存在於沙皇及史大林時代，在 1960 年

---

❸　有關俄羅斯政治文化相關的討論，見 Archie Brown, "Ideology and Political Culture," in *Politics Society, and Nationality Inside Gorbachev's Russia*, ed. Seweryn Bialer, Boulder , Colo:Westview Press, 1989, pp. 1-40.

代以後亦可見到集體主義──一種集體責任為團體付出。就因為這種集體
主義的傳統，使俄國至今仍是個欠缺民主的公民社會，也使俄國仍然保持
菁英式的政治文化，其特徵是各種制度及專業人材，如軍隊及經濟經理人，
成為享有特權的階級。但是國家所要實現的社會主義，也只能望樓興嘆，
反過來壓制言論、新聞，及集會的自由。前蘇聯時代，共產黨領導幹部都
是在社會的特權階級，後共產時代的俄羅斯，一批新的菁英又從舊的統治
階層中出現。他們控制日益增加的經濟資源，藉此「購買」政治影響力，
並擴大他們的經濟勢力。他們經常捲入大規模的黑市買賣以賺取暴利，他
們被稱為黑手黨 (Mafia)。另一批人從事非法買賣及盜取國家資源的情形也
日趨嚴重，他們又是另一類型的黑手黨。

　　俄羅斯一直到 1980 年代，特別是戈巴契夫上臺後才開始有個人主義，
強調個人尊嚴和價值。他是一個改革者，決心要為蘇聯人民建立一個更開
放的社會。戈巴契夫的改革最後導致人民對共產主義意識型態的質疑。他
挑戰安全的價值，強調改革，反對一致的單一性。但是任何革命性的變遷
就如同政治文化一樣，都強調它緩慢變遷的特徵❹，以及人民對當權者的
支持，在某種程度內都受到經濟表現的影響。因此，戈巴契夫當政期間並
沒有很大的成就，但是他卻播下了民主的種子給俄國社會。葉爾辛及普丁
繼起所做的改革，使俄國的前途得以安定。

　　對民主價值的支持及民族主義是俄羅斯政治文化的兩個面向。民族主
義是俄羅斯傳統與更新的象徵，也是促成蘇維埃共和國於 1991 年解體的
主因。民主政治在俄國則屬新生事物，但是人民的生活卻很快成為新的認
同標的。在 1990 年代初期以來，所做的各項大規模民意調查發現，俄國
社會對民主價值的認同，已成為一股穩定的核心力量。俄國人對目前的政
府高度不滿，對現存的政治制度也少有信心，對當前經濟制度表現的不滿
比例，要比對政治體制不滿為高。但是調查結果也發現，對於自由民主的

---

❹ H. A. Almond and S. Verba, *The Civic Culture, Princeton* (N. J.: Princeton
　University Press, 1963).

原則：政治自由、多數統治、個人權利、反對及異議的權利、傳播媒體的
獨立，以及競爭性的選舉有著高度的支持❺。

　　1997 年有人針對俄羅斯人民對政治領袖的看法進行調查❻，結果顯
示，在葉爾辛執政期間有超過半數的受訪者寧願蘇維埃在戈巴契夫期間所
做的政經改革，而不願生活在當前的體制或任何西方式的民主下。45% 的
受訪者則同意「史大林並沒有為建設社會主義受到適當的崇拜」。

　　另外一個俄羅斯政治文化的主題是有關政治領導的問題，俄國人很強
烈地指出個別政治領袖素質的重要性。當被問到「如果決策權由少數值得
信賴而能幹的人掌握，則大眾的參與可以不需要」一題時，有 50% 的人同
意。更重要的是，有 85% 的人認為：俄羅斯需要堅強的領導更甚於民主政
治❼。

　　另一項重要的問題是，政治文化上俄羅斯人民很重視領土完整。為了
要保持領土完整，葉爾辛簽署了一系列的條約與某些共和國作為讓步，而
在另方面，則對車臣進行兩次非常猛烈的軍事攻擊（分別在 1994-1996 年
及 1999 年）。也因為這樣，維持俄羅斯聯邦的領土完整，一直是目前普丁
政府所最重視的任務❽。

❺　Jemes L. Gibson and R. M. Duch, "Emerging Democratic Values in Soviet
　　Political Culture," in Arthur M. Miller et al., *Public Opinion and Regime
　　Change: The New Politics of Post-Soviet Socieites*, Boulder, Co:
　　Westview, 1993, pp. 72-78.

❻　Vicki L. Hesil, *Governments and Politics in Russia and the Post-Soviet
　　Region*(Houghton Mifflin Company, Boston MA., 2007), p. 117.

❼　Ibid, pp. 118-119.

❽　Ibid, p. 119.

【第三十三章】
戈巴契夫的改革與俄羅斯

從 1970 年代末期，前蘇聯的領導階層面對積重難返的社會沉疴，越來越無力應付。布里滋涅夫專心於外交政策問題的結果，更增加國內議題的僵化。經濟成長率下降，人民生活水準停滯不前。許多民生必需品供應不足，民間怨聲載道。除外，為了維持前蘇聯的超強地位以及軍備的競爭力，只能將最好的資源投入軍事部門，這更使得民生需求及農業領域，難以滿足大眾的期待。數十年來一味強調工業發展，絲毫未曾注意環境汙染的結果，使人民生活的品質及健康，特別是疾病及壽命，都受到嚴重的影響。同一個時期，東歐一些國家的自由化以及傳播科技的進步，前蘇聯人民對西方的生活方式及觀念，眼見及耳聞隨著增加。當共產體制滿足人民期待的能力下降的時候，前蘇聯稍具影響力的人民，對進步的渴望卻持續上揚。就是在這種情境下，下一個更關鍵的轉型出現了。

第一節　戈巴契夫的改革

史大林死後的前蘇聯歷任領導人中，戈巴契夫的年齡最輕，但是他成長過程所受到的共產黨思想的灌輸，以及在黨系統中的歷練和爬昇，卻跟他的前任無大差異。他也沒有直接跟西方國家接觸的經驗。因此在他接任之初，幾乎所有的西方分析，都低估了戈巴契夫，認為他的上任只是前蘇聯一仍舊貫的政治變化而已。他可能會推動更多的政策改革，並持續他的前任契爾年柯 (K. Chernenko) 的反腐化運動，除外不可能有任何出人意表的舉措出現。但是就如同過去一樣，西方的專家大大地錯估了戈巴契夫，也沒有預料到他所帶來的最終結果——前蘇聯的崩潰。共產蘇聯（或任何其他共產國家）政治之不可預測性，一直到現在還是有許多西方的克里姆

林宮專家們 (Kremlinologists) 所唏噓不已！

　　戈巴契夫的改革確實有其保守的一面，因為他希望將體制作充份的改革，來促進經濟的成長，並使政治氣象煥然一新，但是卻不會削弱共產黨的統治地位，或者對其意識形態的原則作妥協。問題是他的各項政策沒有適當的構思，產生了許多預想不到的結果。還有，戈巴契夫跟他前幾任領導者不同的是，他從沒有過在俄羅斯以外共和國服務的經驗，使他無法體驗前蘇聯民族的複雜性及敏感性。而這些在後來都會考驗到他的領導能力，最後也導致前蘇聯制度的崩潰。

(一)經濟改革

　　戈巴契夫的改革計劃有四項重要概念——改革、開放、民主化以及新思維。根據這四項概念，學者沙克瓦 (Richard Sakwa) 將戈巴契夫的改革分成四個重要時期❶。在 1985 到 1986 年期間，他所強調的改革著重在經濟上，試圖利用前蘇聯傳統的方法，來刺激經濟，並重視勞工及社會的紀律。具體的作法包括減少軍備支出、快速增加工業投資、使私有部門具有競爭力。他要求將經濟的控制及管理，全面分散到地方基層的工廠。工廠經理從 1987 年起由員工選舉產生。他同時支持有限制的私有制及合作公有制。這種經濟結構的分權化及理性化，是希望使個別企業（公司）能夠以更具彈性及有效的方法，來面對經濟更新的需求。私有部門增加的結果，卻使前蘇聯的經濟越傾向資本經濟體，如英國、法國及德國的混合經濟。國家不再壟斷經濟的結果，各加盟共和國及地方政府對經濟的自主權也告增加，包括生產項目，物價，工資，以及產量。

(二)政治及社會改革

　　第二個階段從 1987 年 1 月到 1988 年 6 月，將焦點擴大到開放及民

---

❶　Richard Sakwa, *Russian Politics and Society* (London: Routledge, 1993), pp. 1-10.

主化，而不再只限制在高層的改革。戈巴契夫為了要牽制根深蒂固的中央文官系統的抗拒，積極爭取從他開放政策獲利的知識階層的支持。他認為除非有一套全面性的「社會革命」來改變共產黨的威權體制，單靠經濟本身的改革，是不可能成功的。除非在動機、價值、規範和態度作相同的基本變革，以及對各層次的政治生活中，約束領導人及隨從的統治過程，也作了改變，否則即使是最精心設計的經濟改革，還是會歸於失敗。只有透過他所說的「人為因素」(human factor) 的啟動——包括個人的奉獻、熱情、主動、信賴以及對前蘇聯社會的責任——經濟的活力才能夠再現❷。戈巴契夫指出，缺少民主是前蘇聯所面對的最主要問題，唯有民主變遷才能將經濟活力所需要的這些質素，給全部釋放出來。

　　具體的作為上，開放包括放鬆對公共討論，不同觀點的表達，以及以前被禁止出版的文學作品❸；雖然並沒有完全解除新聞檢查，但卻再也無法像往昔般地控制媒體。在民主化方面，主要是著眼於各政治機關，要加強對黨內外公共情緒的反應。民主化並非全盤吸收西方自由民主觀念，而是強調程序性的要素，如競爭性的選舉，以法律為基礎的國家，自由的政治言論。因此它隱含著對列寧主義中的民主集中制及先鋒政黨的挑戰，而向「為民所治」的方向邁進。黨的領導階層也就越能體認到人民有充份表達的權利，而不應該只讓較開明的菁英，來決定公共利益。戈巴契夫更藉此讓社會持續辯論民主的本質，以及它如何影響到由國有轉換到私有財產權的經濟改革過程。

　　第三個階段從 1989 年 3 月到 1990 年 3 月，主要是將民主化的概念具體付諸實施於選舉上。從共產黨革命成功開始，黨就經由其中央黨組織及領導階層，完全壟斷立法功能。立法機關數十年如一日則完全順從並一

---

❷ 見 Mikhail Gorbachev, *Peresoika: New Thinking for Our Country and the World* (New York: Harper, 1987).

❸ 有關開放時期的公共討論，見 Alec Nove, *Glasnost in Action: Cultural Renaissance in Russia* (Boston: Unwin, Hyman, 1989).

致地支持黨的政策。各級的立法機關層層由各地區選出，並且只有由黨所
提名的單一候選人。各級行政主管（即總理）象徵性地由各立法機關選出，
實際是由高層官僚所指定或免職，必須負責執行黨的政策及一般事務。

　　因此戈巴契夫的民主化，就是要削減共產黨對政治權力的把持。在
1989 年 3 月，他舉行前蘇聯歷史上第一次比較開放的國會選舉，導致許多
共產黨官員的落選。希望透過此等方式，來建立以一黨國會為基礎的一黨
民主，並成立以法律為基礎的國家。接著在 1990 年 2 月，他又在 15 個加
盟共和國的國會，以及數千個地方省級、市及區議會，舉行更具競爭力的
選舉。再有，受到東歐共產政權 1989 年年底崩潰的影響，2 月初有近 50
萬以上的人民在莫斯科示威，表示對多黨體制的支持。蘇共中央委員會在
數天之後集會，宣佈廢除憲法中共產黨單獨存在的權力；歷時 70 年的一黨
專政至此宣告終結。

　　改革的最後（或第四）階段從 1990 年 3 月到 1991 年 8 月的失敗政
變為止。這個階段中黨政內部針對經濟政策的衝突日益激烈，整個社會中
的政治及民族情緒的訴求，也越來越嚴重。從改革一開始，戈巴契夫的新
思維就受到舊思想的抗拒與批判。在 1990 年到 1991 年間，面對日益增強
的反對力量，戈巴契夫的改革動力漸趨衰退。在這期間，俄羅斯共和國出
現的改革者中，最具影響力的是它的總統葉爾辛。他深孚民望，又具民粹
主義的政治手腕，更是最先由公民直選產生的總統。因此當他在 1991 年
公開提出俄羅斯的主權要求時，等於是向日益衰敗的蘇維埃制度進行挑戰。
至此前蘇聯的敗象已不可免！

第二節　戈巴契夫改革的敗因及影響

　　戈巴契夫的領導才能跟他前任有很多不同：他是第一個認知到前蘇聯
衰敗及式微跡象的領袖；他勇於指出各種偏差，並擺脫教條的束縛來進行
改革。但是他卻無法維持蘇維埃制度，反而作了許多影響深遠的改革，6 年

半執政的歲月中，他的聲望從 1988 年的 80% 的支持改革，到 1990 年的 10% 及 1991 年前蘇聯解體時的 3%。這有部份是由於一連串的失誤所造成，使他無法充分利用好的機會，來達成他改變的目標。但是**這些失誤和失敗**，卻是戈巴契夫一開始就犯的錯誤所造成：**他低估纏困前蘇聯的沉痾嚴重性**，因為如果前蘇聯本身的結構不健全的話，那麼單純的改革根本不夠。因此他既沒有提出一套完整的經濟改革計劃，也無法控制反對改革的舊勢力。

　　第二個失誤是他沒有明確的改革優先次序。他先是進行經濟改革，但是卻在 1988 年又改變方向，進行政治改革，而快速地摧毀了前蘇聯的國家結構，破壞了人民心目中的權威，也打開了潘朵拉的盒子。如果他跟中國的作法一樣，先集中精力改善農業的生產以及日常生活必需品，則成效會顯而易見，有助於人民對改革信心的建立❹。正由於國家權威及黨地位的衰落，使得各共和國潛藏數十年的分離運動一發不可收拾。

　　第三個失誤來自於他對前蘇聯民族政策的全面失敗，以及非俄羅斯民族對莫斯科中央統治不滿的嚴重性的缺乏瞭解。例如在 1987 年他聲稱「我們已經解決民族問題」，宣示前蘇聯的民族政策「是十月革命最偉大的勝利之一」❺。他從政的生涯完全局限在俄羅斯，這使他沒有宏觀的視野和意願，來處理此等關鍵性的問題。當他在 1991 年 4 月堅決拒絕各個共和國對主權要求的時候，他儼然成為一個跟時代脫節的帝國反動的守護者。事實證明，潘朵拉的盒子一經打開，種族及民族所作的要求就無法再關閉。衰退的經濟表現強化了種族情緒的不滿，使各加盟共和國的發言人更振振有辭地聲明：它們可以做得更好。事態發展到最後，即使戈巴契夫不斷讓

---

❹　前蘇聯與中國改革經驗的比較，見 Peter Nolan, *China's Rise, Russia's Fall: Politics, Economics and Planning in the Transition from Stalinism* (New York: St. Martin's, 1995).

❺　引用自 Hélène C. d'Encause, *The End of Soviet Empire* (New York and Row, 1993).

步，努力要促成結合 15 個加盟共和國成為一個新的聯邦體，也仍告失敗，演變成一股「分離主義的狂潮」(separatism mania)。

　　第四受制於他成長的背景（15 歲時就上了《真理報》的頭版，被譽為共產黨勞動楷模；後來又獲得獎學金，進入全國最好的國立莫斯科大學，於 1955 年取得法律學位）。這使得戈巴契夫無法放棄馬列主義的教條，以及他對前蘇聯所存有的意識形態幻想。即使在黨內有對他的政策存在著懷疑甚或不支持的態度，他仍然執著於對「更多的社會主義」以及「改善的社會主義」的承諾。在 1991 年他更表示「堅持共產主義的理念，至死不渝」❻。就由於他對黨及馬列主義的信念，而形成了一個心理上的障礙，使任何改革都只能固定在一個框框上。

　　戈巴契夫的改革除了導致前蘇聯最後的解體之外，另一個最大的影響，是從根本上改變了國家與社會的關係。在史大林時代，前蘇聯是一個典型的極權政體，國家全面滲透並控制整個社會，社會組織不是被摧毀，就是受到國家的監控。後史大林時代則是個威權政體，新的制度開始出現，讓人民得以參與公共生活。但是這些團體仍接受共產黨指導，黨仍是思想及政治控制的重要管道。另外一種半自主性的社會活動，是 1960 年代以後開始出現的異議運動。它包括廣泛的目標，如要求增加全國性團體的權利，宗教自由，爭取公民自由或藝術表達自由。這些團體主要是由知識份子所組成，他們所訴求獨立的政治及社會思想，常能得到國際社會或西方國家的奧援。1970 年諾貝爾文學獎得主索忍尼辛被放逐到西方，猶太人被准許離境……等等都是著例。

　　1980 年代末期，許多新而又相對自主的社會團體，因為開放政策而獲准成立。瞬時間公共活動及基層團體如雨後春筍般地出現，並表達不同的利益及關懷。這些團體包括各個非俄羅斯共和國的民族陣線組織，環保團體，宗教組織，政治討論俱樂部……等不一而足。團體組織幾近爆炸性地蔓延的結果，民間社會逐漸成形，最後戈巴契夫控制不住，間接促成共產

---

❻　Ibid.

體制的崩潰。

第三節　俄羅斯的利益團體

　　從上一節有關戈巴契夫改革及其失敗原因之探討中，可以得到兩點觀察。第一，威權或專制政體的改革不易而且危險；第二，加速改革的危險，甚至造成前蘇聯解體的原因，跟前蘇聯由國家掌控政治、經濟及社會權力於一體的國家主義 (statism) 模式，轉換成多元模式 (Pluralist model) 直接相關。

　　托克維爾曾對法國路易十六所作的小幅度改革，作了一個深入的觀察。他認為那不僅沒有化解大眾不滿的革命壓力，反而激發了革命的發生：「對一個壞的政府來說，最危險的時候就是當它開始啟動改革的時候。」印證在二十世紀中，改革所造成的革命動盪，堪稱不勝枚舉，1917 年的共產革命，1970 年代末期的伊朗回教革命，以及 1989 年的東歐共產國家的民主革命都是著例。

　　掌權者所採取的有限自由化措施，所帶來的是社會有組織的壓力，要求更多的權利和自由。然後是上層作更多的讓步，跟著的仍然是更多的政治化以及群眾政治的興起。這種循環很快就達到一個高峰，社會的壓力除非出現大規模流血，否則就不是政府所能控制。1986 年，特別是 1987 年和 1988 年，前蘇聯所出現的急劇增加的社會組織性活動，使越來越多的團體捲入了政治。它們的活動包括群眾示威到媒體出版的自主和選舉活動。這些團體並沒嚴密的組織和紀律，甚至是時起時伏，所以被稱之為「非正式的組織」。

　　多元主義的現象跟威權政府所採取的開放政策及包容有關。一些原先為政府所操縱的社會團體，受到了新政治氣象的鼓舞，紛紛轉變為自主性的民間組織；過去從未或未被准許的組織，則理所當然的出現了。由於社會長期被壓制，團體的組織經驗缺乏，各方的意見也缺少統合或協調，因

此新團體大部份缺少團結性的力量和基礎，無法發揮像西方社會團體表達利益的功能及展現其影響力。換言之，我們不能以純西方的民主觀念，來看待俄國的利益團體角色。俄國重要的利益團體如下。

㈠軍方力量

在前蘇聯及俄羅斯的歷史上，軍人都在政治上扮演直接的角色。在後史大林時代，任何領導者都必須取得軍隊的支持，才能當權或繼續掌權，而軍方力量也一直參與政治局的決策過程。在冷戰時代，為了維持超級強權的地位，至少有四分之一的國家預算，是用在軍事支出上；國家最好的資源和工業，也都投入軍事相關的用途上，因此出現像美國一樣的軍事—工業複合體 (military-industrial complex)。軍方力量是影響力很大的利益團體，相當切合實際，因為一來它缺少民主國家所會有的相對社會力量的牽制，二來在政局動盪的過程中，它是唯一可能維持社會安定的一股力量。這一點跟中國人民解放軍的角色是一樣的。但是俄羅斯獨立以後，軍方的角色雖然仍受重視，在資源的分配上所享有的影響力也似乎一仍舊貫，問題是，軍隊在平定車臣共和國獨立的軍事行動，其表現深受質疑。再有，隨著政局趨於穩定，軍隊是否仍能維持以往的重大角色，有待觀察。

㈡組織性的勞工

在從國家社會主義轉型到市場經濟的過程中，勞工是最受影響的階級之一。他們常常拿不到工資，常面臨資遣或強迫離職，再加上通貨膨脹，以及原先由國家補貼的福利，轉由民間企業負責等等。這些都反映出無產階級的一群，已不再是國家照顧的對象。因此罷工及示威的事件從 1994 年以後持續上升。這種情形隨著勞工情緒不滿的累積，以及勞工組織動員能力的強化，而益趨嚴重。

有組織的勞工與僱主會不定期集會，討論工資問題，經濟政策，並至少讓勞工有機會表達對社會政策的觀點。從 1992 年起，政府開始跟勞工

代表及企業經理見面，形成一個鬆散的「三邊委員會」架構。這種準統合制度雖然未必對政府的經濟政策有很大的影響力，但至少讓勞工可以聯合企業界的力量，爭取到國家對政府的支持，同時也避免勞工與企業的兩極對立。

(三)婦女團體

勞工所表現出來的利益表達的動作，說明當人民本身的利益發生快速變化的時候，以所組成的團體來反映本身利益的心聲，至少會使影響力得到展現的機會，或表現其團結的意志力。俄羅斯的婦女是經濟改革下受難的一群，她們常因為資遣而失業，因為通貨膨脹而備感生活的壓力，因此1992 年以後，婦女行業及團體紛紛出現。1993 年，俄羅斯婦女黨首次成立參加國會選舉，成功地跨過 5% 的比例代表制門檻，展現婦女在政治上的聲音，但是在 1995 年以後，卻逐漸式微。

(四)寡頭資本壟斷

俄羅斯經濟改革過程中，最醜惡的現象之一，是少數的經理人利用他們對國營企業的瞭解，低價搜購國營企業，獲取高利潤。他們並繼續運用這種良好的政商關係，獲取國家在政策上的優惠及種種好處。這些「黑手黨」是真正有能力影響政策的一群人。

【第三十四章】
俄羅斯的政治經濟

　　俄羅斯政治與經濟互動的型態，跟一般的民主國家不能混為一談。雖然從帝俄開始，國家就一直是推動經濟發展的主力，這似乎跟德國及法國的經驗相似。但是俄國與後兩國卻有殊多差異。從帝俄沙皇時代起，國家就幾乎主宰整個社會及經濟，農民絕大多數是農奴，依附類似公社的集合體為生，民間社會幾乎沒有存在發展的空間。法國是先有傳統的民間經濟，並獲得國家保守性政策的維繫，來支撐社會秩序不為現代化所衝擊。在二次大戰之後，當國家全力推動經濟現代化的時候，得力於長期的民主發展，法國社會的自主地位已經確立。德國則因為它長期的封建制度，以及 1870 年統一後的社會福利制度，一直有著相當完善的社會結構。真正由國家宰制社會的期間，只有納粹當權的 12 年。德法兩國的情形跟前蘇聯的經驗也完全不同。因為前蘇聯對社會的控制不只是帝俄傳統的延續而已，甚至是黨國一體下的極權統治，當然更無民間企業成長的空間。缺少民間企業的發展和中產階級力量的存在，是俄羅斯聯邦成立後，經濟發展的一大缺口。

　　其次，德法兩國長期以來一直維持著資本主義自由（或社會）市場經濟制度，俄羅斯聯邦卻從帝俄到前蘇聯都缺少這種傳統。前蘇聯在意識形態主導下，始終採取社會主義的統制（或稱計劃）經濟，來左右國家的經濟發展。政治及思想的力量成為限制經濟力成長的兩大因素。經濟制度的僵化不只影響到生產能量的釋出，左右人民勤勉及創造力的動機，更使得戈巴契夫改革無法跳出國家角色的範疇，使其改革的動力趨於衰敗。

第一節　前蘇聯經濟制度下的國家與社會

　　帝俄沙皇時代，國家就是經濟發展的主力。共產革命成功後，前蘇聯

基於它意識形態對西方資本主義國家的敵視，以及對社會、經濟及政治控制的考量，也同樣強調國家對經濟的支配。雖然在內戰結束後，因為生產量的大幅衰退，造成社會的不安，所以有了新經濟政策的制定，暫時從國家對經濟的強烈干預政策上退卻，但是對大型工廠的控制，以及農業生產結構的分配，仍然固守國家操縱的原則。史大林執掌大權後，為了加速工業化，也為防止農業資產階級（相當於毛澤東時代的中國農村富農階級）的出現，又重新回到以國家主導經濟發展的時代。1930 年代放棄新經濟政策後，前蘇聯進入全面發展重工業及史大林大整肅的恐怖統治階段，國家的壟斷性角色更為強化。那個時代所建立的基本經濟架構，大致維持到1990 年代初期。瞭解這個背景，就可以知曉為什麼日後俄羅斯經濟轉型會困難重重。

即使到現在，許多前蘇聯時代的經濟結構，仍然以修改後的方式，跟新的政經架構一齊運作。多數目前在政府及經濟界位居要津的官員，是在前蘇聯時代受過訓練，並沿襲相同的思維模式，甚至擔任相同的職位。這些人有的相當具有幹才，也表現出他們具備適應新環境的能力。但是多數人卻不夠彈性，無法展現適應及創新的能力，來面對新的挑戰。雖然年紀在 20 或 30 多歲的新一代經理人才，正逐漸在私營和國營企業中取得更多的影響力。問題在於前蘇聯過去的行為和方法，仍然是經濟的主流，舊有的人際網絡對於物質、資訊以及利益的獲取，特別的重要，這就會延誤新企業文化的建立。儘管大家都在談「市場經濟」，但是經理人員及官僚們卻並不瞭解市場經濟如何運作，當然更談不上有實際的技巧去操作。

所有的生產資源及工具都歸國家所有，因此生產物品的優先次序及數量，也由國家計劃委員會來決定。固定的 5 年及 1 年經濟計劃，會設定這期間發展的重點，生產的數量由那一個單位負責執行。各企業單位主管面對高標準的目標，就必須懂得如何應對，好讓計劃的目標降低，並避免上級的壓力。累積庫存以及隱藏供應量是最常採用的手法。在農業部門中，國營農場相當於工業中的企業單位。集體農場雖然理論上屬於農民，卻跟

國營農場一樣，由國家規劃及管理，而且農場工人的社會福利跟國營農場也不一樣。農民可以擁有小規模的自留地，將生產所得在城市中的農民市場銷售，對農民收入及生活大有助益。因此自留地的生產效能要比國營或集體農場好很多。

由於生產目標是由中央官僚，而非消費需求來決定，前蘇聯的經濟並不反映消費需求。企業也不需要尋找買主，因為自有行銷系統來負責分配各單位的銷售量。這種經濟制度所造成的結果是，企業所供應的物品不是其行銷單位之所需，零售店存下一大堆沒人要的商品，但消費者所需要的卻買不到。物價由中央統一決定，因此並不反映成本，不像市場經濟那般，完全依供需決定價格。只有在農民市場或黑市，價格反會隨著物品短少或過剩而浮動。因此生產者對短缺的物品，缺少增加生產量的激因，更無必要的動機去爭取利潤。消費者為各項民生必需品，在不同的時間，在各個專賣零售店前排長龍，是司空見慣的事。在物價高漲的時候，排隊購買商品可以成為一項「職業」，因為買到的商品可以轉售圖利！

前蘇聯長期重視重工業發展的結果，導致其生態環境嚴重受到汙染。到 1980 年代中葉，有 100 個城市的空氣汙染程度超過最高可容許的範圍 10 倍之多！科技安全設施的不健全及規範結構的不足，導致 1986 年烏克蘭車諾堡 (Chernobyl) 核能外洩的重大災難，廣大的烏克蘭及白俄羅斯農地，都因此受到汙染，道出前蘇聯國家控制的危機。環境汙染的結果，使人民呼吸道系統的健康問題加倍惡化，平均壽命也持續下降。

在優先次序上，軍備生產是政策重點，最好的資源都率先投入此部門。同時經由生產及分配的控制，國家執行一套社會政策，跟人民建立一種沒有明示的社會契約，由黨國保障各種安全，包括基本社會需求上的保障，和最起碼的生活水準，以取得人民的合作及服從。依此原則，政府將基本生活需求及服務，以低廉價格來供應，就成為重點指標。舉凡住屋、交通、醫療、食品供應、工作地點的食堂、孩童衣著及照顧……都由國家在物價上補貼。但是許多民生必需品短缺，以及住宅不夠分配，卻使這項政策的

原意打了折扣。

教育相當普及，並由國家提供經費完成大學教育；畢業後由國家分配工作。婦女生產假及育嬰假、殘障津貼、工作保障……都是社會契約中的核心部份。但是全民就業的代價，卻冗員充斥，勞動生產力及紀律不佳。因為工資普遍低下，因此並沒有嚴重的貧富差距。

第二節　俄羅斯的改革措施

戈巴契夫時代的經濟改革強調企業的自主性及對許多區域和加盟共和國的實質授權，但是銀行體系的失調和通貨膨脹的上升，再加上經濟的急遽衰退，使得改革的阻力倍增。因此戈巴契夫在面對是否進行全面改革與可能造成紛擾的後果之間，猶豫不決難以作斷然決策。前蘇聯崩潰之後，新獨立的俄羅斯政府才進行激烈的市場經濟改革，通稱為震撼性療法(Shock Therapy)。這種激烈的改革目的，是要以一套短期的政策，來建立一個自由及開放的經濟市場，以達到宏觀的經濟穩定❶。具體的作法包括將經濟及生產資源和工具，由國家轉到私人手裡；生產、分配以及投資的決策也由中央計劃官員轉到私人企業家，價格依供需決定，而不再依賴國家補貼，企業必須自己負責成敗。如此可以迫使生產者在作有關生產及價格決定時，必須考慮到消費者的需要和成本的考量。

這種經濟策略使過去共產黨統治時期，所形成的無形社會契約完全解體，並且不可避免地使某些部門的經濟產量及人民的生計，開始下滑。但是葉爾辛的顧問希望一切很快會復原。他們認為，主要能夠穩定金融制度，特別是嚴密控制國家預算，以及中央銀行所發行的通貨，那麼政策就會成功。政策的最後目標是建立一個西方型的市場經濟，並將之整合到全球性

---

❶　有關震撼性療法的討論與辯論，見 Peter Murrell, "What Is Shock Therapy? What Did It Do in Poland and Russia?" *Post-Soviet Affairs* 9, No. 2 (1993): 111-140.

的經濟體系內，且又能夠促進國內的繁榮。

　　儘管震撼性療法有其理想和目標，但是要建立一個市場經濟，卻是困難重重。首先這項政策的全面實施，所帶來的社會及政治後果，將包括許多企業的破產、增加社會的不平等以及高失業，從而造成社會緊張和衝突。因此政治及社會的壓力，使改革的速度慢了下來；當新舊菁英面對國有系統的解體，相互競逐要取得分贓的好處時，這種腐化和人際的腐化網絡，也使改革的意圖不得不縮水。缺乏個人企業及私有財產制的經驗，使改革的過程要比部份的東歐國家更為困難。相對於中國，俄國區域性的地方分權及自力更生的根基太過薄弱。各種因素的缺乏配合，使得政策實施的後遺症遠超過想像之外。

　　先是從 1994 到 1995 年初，高通貨膨脹一直在每月 21% 到 4% 之間擺動；這跟中央銀行只知印鈔票，卻又沒有具體的資產作後盾的軟貨幣政策有關。當增加的工資抵不過通貨膨脹的速度時，消費購買力跟著下降。許多的企業不再能生產相同的物品，公司則失掉原有的顧客。經濟衰退變成一股相互加強的現象：某一部門的衰退使其他部門的買主及供應商也受到影響。改革的進行也造成區域性的衝突。自然資源富裕的地區會要求更多的自主，甚至會抗繳給聯邦政府的稅金。當這些要求獲得讓步的時候，其他地區就認為待遇不公，也要求相同的特權。

　　將大型的國有企業轉為私有財產，同樣遭遇困難。首先是資金稀少，購買者不多。俄國雖然鼓勵外國投資，卻又不願讓外資掌握多數股份，或投資在有利可圖的行業上。最後許多企業是以聯合投資 (joint-stock companies) 的方式，由企業員工及經理人（內行人）及外來的買主共同持有。到 1994 年時，有 80% 的中型及大型企業，是用這種方式轉型。

　　前蘇聯自稱是由工人，農民和知識份子三個社會階層所建立的社會主義國家。「蘇維埃」人的觀念代表著各民族和人民之間共同的歸屬感。國家主導的統制經濟則使人民享受到經濟上一定程度的福利。這些社會及經濟型態都有助於集體認同的基礎與成長。但是此等歷史遺緒卻亦阻礙了俄國

進行經濟改革的努力和成效。從前蘇聯崩潰以來，社會及政治的因素，就一直關鍵性地影響到俄國的改革。從集體經濟轉型到市場經濟的過程中，不只在菁英和一般民眾中出現了贏家（獲利者）和輸家（受損者），而且社會上的多數人都在短期內受到傷害。除非這種情形能夠很快地改變，否則包括罷工在內的大眾抗議，要求區域性自主，以及非民主及反體制政黨的運動，勢必更加激烈。

由於人民對前蘇聯時代在經濟福利上的懷念，使得市場經濟的轉型變得更為困難。例如因為預算上的限制，使得社會福利的支出必須有所削減，企業因為必須面對競爭的壓力而減少開銷，並要求增加生產力。尤有甚者，傳統上許多社會利益是經由工作場合轉放給人民，這使得工作的地方不只是就業的地點，更是一個社會制度。但是現在卻因為資源減少，而必須降低對這些社會利潤的依賴。長期習慣於平權主義的待遇，也使俄國人民不願意接受不平等的制度。他們認為財富是腐化的象徵，而不是勤奮或努力創新的酬勞。這種態度使不少民眾對新企業和企業家更抱持不信賴的態度。

一些弱勢團體在改革過程中受害最大，流離失所、無家可歸者及乞丐數目激增，特別是如莫斯科之類的大城市。無一技之長的勞工和在公家機關如教育界的人，收入固定或減少，但物價高漲的結果，使他們的生計大受影響。有一技之長的人如木工、修理匠和水管工人，則深受改革之惠。所得差距因改革而激增。

第三節　俄羅斯市場經濟的成效及前景

戈巴契夫以及葉爾辛所作改革的努力，確實造成工業及農業部門生產力的急遽下降。例如 1995 年俄國的 GNP 降到 1989 年總額的 53%，工業生產量則只有 47%。當然，有些部門如鐵和鋼鐵以及化學和石化工業的生產量，從前蘇聯解體以後首次出現成長。但是一般的報導，對俄國改革的成效，的確是負面居多。有的認為 1990 年代是俄國人民災難的 10 年，有

的則指出，俄羅斯已經變成「一個掠奪及破產的原始混亂社會」。美國眾議院一位領袖更將俄國形容為「當代最病態的腐化政體 (Virulent Kleptocracy)」，比非洲查日的莫布杜更腐敗。事實上這些描繪只反映改革過程中的黑暗面，有些甚至跟真實的數字不符。例如市場制度下，企業不會再生產出賣不出去的物品，結果自然就在短期間內會降低生產的總額。還有，在前蘇聯時代，工廠經理為了獲取更高的紅利，會例常性地將生產總額給灌水。中央計劃經濟結束後，經理們為了要降低稅額，卻希望將生產數量以多報少。因此俄國在改革前的總產量，可能比官方的報告低很多，它後來的下降額度也就相對要小❷。

　　因此儘管俄國的生產確曾有過崩潰的危險期，但仍然有些學者認為，葉爾辛的改革計劃是「俄國的成功記錄」。亞斯倫德 (Anders Åslund) 這位瑞士的經濟學家兼前俄國政府的經濟顧問，就發表如下的論點：

　　「西方將俄國描繪成一個在崩潰邊緣或就要落入法西斯手裡統治的一個赤貧國家，這個看法錯得離譜。情況當然不夠完美，但是沒有人會認為不需付代價，共產主義就會消失。在新的開放下，所有的問題都會在俄國的媒體下討論，並常常被誇大。但是卻少有人談到俄國的成功，如不再有（物質的）短缺或饑荒的危險。更有甚者，其他前蘇聯共和國的真實災難，常被拿來跟俄國混為一談。當然俄國仍然存在重要的問題如犯罪和通貨膨脹，但是即使每月的通貨膨脹在（1994 年）6 月的時候，也降到 5%。❸」

　　亞斯倫德認為，俄國浮現中的資本主義經濟，其首要問題在於組織性犯罪以及所控制的經濟比例日益增加，還有工作場所工人不受管理階層節制的情形。他的結論是：葉爾辛及其總理基諾米汀 (Chernomyrdin) 是成功

---

❷　Andrei Shleifer and Daniel Treisman, *A Normal Country, Foreign Affairs*, March–April 2004.

❸　Anders, "Russia's Success Story," *Foreign Affairs* 73 (5) (1994), p. 58.

的核心人物，因為他們建立了讓自由市場經濟發揮功能的基礎。緩慢而有限的改革，而非震撼性療法，才是造成俄國經濟災難的主因。

亞斯倫德的看法事實上被證明是對的。先是俄國經歷十年的經濟衰敗，人民的國民總生產毛額，從 1990 年的平均值 39%，降到 1997 年的 22%。但是，在 1996 年春天，俄羅斯舉辦了八大工業國會議 (G8)，開始被整合到世界經濟中，其後正式成為該團體的會員國。接著俄國做了重要的作為，成為一個以市場為基礎的經濟體系，由國家控制經濟的範圍大為減少，國內的物價及對外貿易被廣泛地予以自由化，貨幣及財政政策上越來越快速地向市場經濟靠攏❹。

一旦市場經濟的制度漸趨完備，經濟的成就也就可以預期。果然從經濟表現首次在 1997 年出現 GDP 溫和的成長，且 1997 年的中央政府預算歲收繼續增加。但是，世界性的金融危機破壞了亞洲市場，最後形成俄國在 1998 年 8 月的貨幣貶值。這次的財政危機，使 IMF 拒絕對俄國政府提供額外的貸款。由於破產及貶值的結果，大批的民眾損失了可觀的存款，他們的所得購買力也突然間掉到幾乎蕩然無存。

但是 1998 年的金融泡沫，使俄羅斯的決策官員在面對國家處於經濟災難的邊緣時，改變了他們的一些處事方法，而使經濟漸趨好轉。例如預算政策變得比較保守，對於債務的處理也顯得更有分寸，俄羅斯的經濟開始快速復甦。1999 年，葉爾辛突然宣布辭職，，結束了他有時怪異或狂傲的領導歲月。總理普丁先是以代理總統的身分繼位，接著在 2000 年被選為總統。

俄國在普丁繼任後，經濟大幅復興。從 2003 年 8 月的前二年間，生活在貧窮線上的人口減少了 50%，但是寡頭鉅富所擁有的財產卻是前 10% 的人占了全國 32% 的財富。大型工業及企業，如石油、瓦斯、交通運輸、發電等經濟，分別為國家及少數寡頭富商所分享。

普丁提供了俄國所迫切需要的政治安定，卻是近年來乎取之不竭的石

---

❹　Ibid.

油。從他上任的 2000 年開始，俄羅斯的經濟獲得了大幅度的反彈。2003
年一家大型的外銷石油公司的獲利高達 38%。並從 2003 年 1 月開始，中
央銀行的貨幣儲存增加了 480 億美元。普丁執政期間所獲致的成果❺，有
的是他的才幹，有的則是他的運氣使然，但是其他客觀因素也很重要。

　　經濟的反彈主要得力於下列因素：第一，俄國的石油是經濟復甦的要
因；第二，匯率貶值使俄國工業增加了競爭力；第三，1998 年冬及 1999
年所執行的價格政策，使能源及運輸支出降低；第四，俄國企業花了相當
大的心血進行現代化，依消費者的需要來調整庫存量。因此經濟及工業的
反彈，跟供給面的經濟政策，能夠有效適應俄國的現實情況有關❻。

❺　Ibid.

❻　Jacques Sapir, "The Russian Economy: From Rebound to Rebuilding,"
　　Post-Soviet Affairs, 2001, 17. 1, pp. 1-22.

【第三十五章】
俄國的選舉制度

　　本書所討論的國家中,選舉制度與政黨制度間的因果關係都極其明確,選舉制度所產生的結果甚至影響到政府制度的穩定性及有效性。從英國的單一選舉區所促成的兩黨制,以及由一黨所組成的負責任的政黨政府,法國國民議會中所實施的單一選舉區兩階段投票制,促成了法國政黨的整合,也造就了強勢的行政機關,到德國單一選舉區兩票制的實施,以及 5% 選票門檻的規範,所產生的政黨集中的趨勢,以及溫和多黨制的出現,對德國二次戰後的民主的穩定、經濟的繁榮以及民主的鞏固都出現重大的影響。這些事實都讓我們清楚地看到選舉制度的設計,對政黨制度的影響至深且鉅。即使是日本所採取的單一選舉區兩票制,雖然實施不久,但是它對政黨整合的效應也已逐漸浮現。

　　相對於西方民主工業國家,俄國最多只能說是剛完成由威權過渡到民主的程序性民主政體 (Procedural democracy)。無論從雙首長制下總統權力的獨大,立法機關近乎任令葉爾辛及普丁兩位先後任總統之予取予求,乃至政黨組織之脆弱,和民間社會之尚未成形,都使得它最多只能算是半民主的憲政體制。因此在討論俄國選舉制度對政黨制度所產生的影響的時候,自然就無法期待會出現上面所提到的因果關係。事實上,俄國從 1993 年實施單一選舉區兩票制以來,這種選舉制度所產生的政治影響,幾乎顛覆了一般人對單一選舉區及比例代表制的假設。因此為什麼俄國會是一個政黨分裂及小黨林立的局面,無法單從選舉制度的層面來探討,而必須先從俄國所承襲的歷史軌跡,政治菁英的作為,所造成的政黨的弱勢等非制度性的因素,先作為分析的焦點。

第一節　俄國政黨的弱點

在民主國家中，政黨是協調國家與社會互動的政治團體，表現出 4 種功能。首先，它負責整合大眾意見；其次，政黨將大眾意見傳達給政府，成為民眾與政府間的輸送帶，政黨也讓政黨的支持者瞭解它對世界及政治社區的概念和意義，使它所訴求的集體行動，能夠因為群眾的情緒性投入，而有實現的機會；以及最後它拔擢當前及未來的政治領袖❶，使菁英的流動管道暢通無阻。

民主政治就是政黨政治，只有藉著政黨將人民的意見及要求組織起來，讓掌權者知曉並予以回應，政治才不會僵化，政府的正當性才能夠建立。一個社會如果缺少政黨來履行這種功能，則社會中許多的意見將因為過份的擴散，無法得到整合。民間社會也因此無法形成對國家權力的制約力量。一個社會如果缺少政黨將人民的意見傳遞給政府，則國家將會遠離人民，使得寡頭的利益壟斷國家機器，促成政治的腐化，使民主更難以進展到鞏固的階段。意識形態則是政黨賴以爭取人民支持的工具，訴求民眾情緒上的認同的基礎。無論意識形態的地位衰退到何種程度，政黨能否塑造出一套完整而又跟社會相關的政治理念，直接關係到它是否能夠爭取到民眾的向心力，以及吸收到有才識而又會得到民眾支持的候選人。

要檢驗俄國的政黨是否具備執行上述 4 項功能的能力，首先必須瞭解它們存在的歷史背景，以及它們在俄國重新取得獨立後的政治環境。俄國從沙皇時代就沒有政黨活動的傳統，當然也就缺少政黨存在的政治環境。列寧所領導的共產黨一直是逃避沙皇特務機關追捕的地下組織。等到前蘇

---

❶ Joseph LaPalombara and Myron Weiner, "The Origin and Development of Political Parties," in *Political Parties and Political Development*, ed. Joseph LaPalombara and Myron Weiner (Princeton: Princeton University Press, 1985), pp. 182-183.

聯成立之後，它強調無產階級專政的結果，任何共產黨以外的其他政黨，都無法存在。這種情形具體反映在 1977 年前蘇聯憲法的第 6 條條文的規定上：保證蘇聯共產黨壟斷一切權力。這部憲法一直到 1990 年 3 月才廢除。雖然這一年有半民主的人民代表大會的選舉，但是真正的政黨組織，卻是到 1993 年 12 月通過了多元的新憲法之後，才開始出現。但是在葉爾辛統治下的這些政黨，卻一直無法履行西方民主國家的政黨所展現的各種功能。

造成俄羅斯政黨弱勢的原因，跟俄國所承受由歷史所留下的病態的「路徑依賴」(path dependence) 有很大關係❷。從沙皇時代，俄國人民所習慣的制度就是中央集權，而不是由下而上的人民主權的觀念。前蘇聯時代的政治過程，更是強調以個人的人際網絡，作為獲取稀有經濟物質的基礎，使民間社會及政黨的發展受到抑止，連帶地使俄國要邁向另一個歷史發展途徑，就倍增困難❸。多數的俄國人認為民主的政治過程跟歷史傳統存在著許多不協調，也使非正式的制度，如政黨的發展阻礙重重。這種情形增加了政府對政黨操縱的機會。

從葉爾辛開始，克里姆林宮（俄國最高決策中心所屬的建築物）就開始以其政治資源，來左右政黨的起伏。例如 1993 年 4 月成立的俄羅斯的選舉 (Russia Choice)，就是由代總理蓋達爾 (E. Gaidar) 所成立的第一個執政黨，目的是要使政府的政策得到正當性，並藉其資源來吸引區域性菁英的支持。普丁接任總理後，同樣經由他的緊急情況部部長修估 (Sergei Shoigu) 出面組織團結黨 (Unity)，作為他達成總統願望的政治工具。這個政黨並因此而得到行政部門及經濟寡頭的全面配合。它在 2000 年 10 月的正式黨綱中，明白宣佈它是「保障總統權力的政黨」，強調總統不只是一

---

❷ Douglas C. North, Institutions, *Institutional Change, and Economic Performance* (New York: Cambridge University Press, 1990), pp. 93–94.

❸ Stefan Hedlund, *Russia's "Market" Economy: A Bad Case of Predatory Capitalism* (London: University College of London Press, 1999), pp. 285.

位民選的官員，並且是人民團結的象徵以及希望的指標。因此政黨成為為
總統作嫁的工具，絲毫沒有提出任何跟社會有關的意識形態，當然更不具
備整合輿論及擔任民間社會與政府輸送帶角色的功能。

　　統治菁英想要利用政黨作為政治的工具，但是卻又強調自己要超然於
政治之上，而不捲入政黨之間的政治競爭，是造成政黨無法發展成穩定的
政治組織之另一項非制度性因素。葉爾辛及普丁都未表明他們是政黨提名
的候選人，而是所有俄國人的總統。他們或許想模仿戴高樂那樣高高在上，
但是法國至少因為總統直選的關係，而促成政黨組織的強化，並使政黨因
而在基層紮根，而不像俄國只是總統個人的政治工具，像水上的浮萍，沒
有基層的根作支柱。事實上政黨也並不需有基層的組織，來扮演集結社會
利益及傳送帶的角色。因為只要政黨領導人利用他個人的關係，依附在行
政權貴之下，那麼政黨就能得到許多豐富的政治資源。但是這樣的政黨所
必須付出的代價，卻是使政黨與行政部門間的關係，類似半封建的型態。

　　以上的各點說明為什麼俄國的政黨一直維持著以個人為中心，以莫斯
科地區為基礎，而又不需發展群眾基層力量的非制度性原因。特別是當政
黨依附權勢，作為獲取政治資源的憑藉時，更使具草根性的真正代表性政
黨，無法發展起來。依附權勢的政黨在普丁擔任總統後，又發展到新的境
界，4 個國會中的政黨聯合組成「聯合俄羅斯集團」(Unified Russia)，成
為支持普丁政權的聯合政黨。這個政黨在國會中（2003 年選舉結果）共有
232 席，佔全部席次的 49.3%。由於它們幾乎全面與普丁政府合作的結果，
已經大大限制了國會辯論和修法的空間。

第二節　相關制度性因素與政黨發展

　　俄國所承襲的歷史傳統以及統治菁英刻意地想利用政黨為個人權力及
政策合理化的工具，是造成政黨無法發展其組織及群眾基礎的原因。但是
要瞭解俄國在採用單一選舉區兩票制的選舉制度下，卻仍造成幾乎就是威

瑪共和時代（採取的是原型的比例代表制）的分裂多黨制的翻版，其原因
卻必須從俄國統治菁英所設計出來的制度及其運作的結果中去尋找。分裂
多黨制的形成，當然不能歸諸於菁英蓄意地作為，但是各種相關制度的設
計所造成的結果，卻的確是使單一選舉區兩票制，無法達到這種制度對政
黨制度原本可以達到的規範效果的重要因素。譬如說，單一選舉區的採用，
無論是在英國、法國及德國，都強化了政黨制度，促成兩大政黨的競爭，
但是在俄國，這種制度卻是政黨數目氾濫的禍首。比例代表制的設計原本
是要反映社會結構的多元性，並促成公平性及黨紀的貫徹，但是在俄國則
情形並不如此。

　　第一個要分析的因素，是俄國的聯邦制對政黨的發展所造成的負面影
響。俄國雖然是一個聯邦國家，但是各個區域卻沒有被整合成一個真正的
上下階層關係，而是跟莫斯科的中央政府處於競爭狀態，並相互追逐資源。
其結果是在這種缺乏「整合性的聯邦結構下」，政黨政治幾乎完全變成是只
限於全國性（指中央政府）的一種遊戲；政黨不只無法有效深入地方的權
力機關，而且無法為政治人物提供一個循序漸進的梯階，讓他們可以從地
方爬昇到全國的政治中心。相反的，地方的政治人物只能一直停留在所出
身的地區，而政黨也因失去了擴張其基層群眾基礎的機會，被迫從莫斯科
狹隘的範圍中，去拔擢有限的菁英❹。

　　政黨的發展同時受到法律的限制。除了第一節提到葉爾辛及普丁都自
外於政黨，這種在民主國家中少有的例子外，葉爾辛時代由人代會於1991
年制定，但到1995年才實施的政黨法，明文規定在國家機關及執法部門
任職的政府官員，不得為政黨黨員。這種將政黨與行政機關分隔的規定，
除了使政府領導階層偏離社會的現實外，也使政黨在菁英的吸收和組織的
發展上都受到更深一層的限制。葉爾辛與普丁在政黨法上的這點規定，可
能為的是方便他們對政黨的收買和控制。事實是，從1993年開始，俄國

---

❹　Peter Ordeshook, "Russia's Party System: Is Russian Federalism Viable?"
　　Post-Soviet Affairs 12, No. 3 (July–September, 1966), p. 202.

政黨發展的一大特徵是政黨的意識形態紛紛往中間地帶靠攏，與葉爾辛共享相同的政治理念，造成極端政黨如共產黨及民族主義政黨的逐漸邊緣化。但是這種情形以及政黨參與競選所需經費極其昂貴可觀，所造成的結果是使政黨的數目更趨擴散而非鞏固，候選人的拔擢也益加困難。

　　國家杜瑪的內規是造成政黨數目難以整合的另一項制度性因素。國會及委員會以政黨為分配席次的單位，這項規定本意是要強化政黨地位的一項規定。但是問題在於，內規規定在選舉期間所組成的政黨，有組織的政治運動，或政治團體等選舉團體，卻不能進入國會。反而是由當選的議員組成「國會派系」及較小型的議員團體，取得分配的資格。但是議員們是基於個人利益的考量，來決定要加入某個派系或團體，而不是忠貞。因此派系或團體成員實際上並沒有真正被整合到政黨架構中，常會在選舉期快到的時候，改變他們所屬的派系或團體。從 1995 年選舉結束到 1996 年新國會第一次院會為止，一共有 100 名議員改變他們所屬的政黨，組成兩個完全是新的政團，而造成一個「浮動的杜瑪」❺。

　　這種容許派系和團體在國會單獨存在的結果，讓小黨得以在國會立足，而這些派系和團體在 5% 的門檻規定下，原本都已在選舉中被淘汰，卻在國會會期中重新得到生命。因此使人聯想到這種內規的設計，其目的不在鞏固政黨組織，而是政治菁英採取的一種分而「制」之的權謀。更難以置信的是，在單一選舉區中當選的小黨議員，可以集合起來自行組成團體，或者將自己「借」給其他的派系，以便讓其他派系保有足夠的 35 個席次，足夠參與國會資源的分配。有些議員就是在接受賄賂的情形下，改變他們的黨籍。

　　造成俄國選舉制度無法達成它制約政黨制度的效果，最主要的原因還是來自選舉制度本身。俄國選舉制度是採取單一選舉區兩票並立制（跟日本相同）。在俄國的兩院制中，下議院的國家杜瑪由 450 名議員所組成，

❺　Stephen White et al., *How Russia Votes* (Chatham, NJ: Chatham House, 1997), pp. 237-238.

上議院的聯邦院則由 178 名議員所組成。在兩票制之下，一半的國會議員是依比例代表制中的全國性政黨名單為基礎而選舉產生，另外一半則是依單一選舉區相對多數決選出。聯邦院原先是由 89 個聯邦地區的選民直接選舉產生，每個地區選出 2 名。其後直選廢除，改由地區首長任命。**關鍵在於杜瑪國會的兩票制只是一個表象，因為相關的配套規定，完全不利於政黨的鞏固。**整個選舉法規的設計是要使政黨成為支持總統權力的工具，而非選舉競爭的主角。如此各政黨就只能依賴國家資源的供應（如預算信貸，國家媒體的支持等等），而不急著建立堅強的草根性組織。

選舉法規中對政黨最不利的規定，在於它強調參與單一選舉區競選的候選人，不得在選票上提示他所認同的政黨。這種規定一來減少選民對政黨的認識，二來等於鼓勵非政黨的候選人獨立參選。由於俄國政黨組織脆弱，因此候選人只要自身的條件夠好，不需加入政黨，依舊可以當選（1999 年及 2003 年的選舉中，分別有 105 名及 67 名的獨立人士當選）。這種單一選舉區出現獨立參選的情形，確實是民主國家中所少見。其次，議員當選後可以自由參與新政黨或派系，更使國會中的政黨結構游移不定。

至於比例代表制，**原本應該是強化政黨結構的一種選舉制度，但是由於俄國的相關規定，同樣沒有達到它應有的效果。**在正面的規定方面，任何想要參加政黨比例代表制名單選舉的政黨，必須取得至少 20 萬選民的連署，其中不得有多於 7% 的選民，是來自同一地區。這種規定目的應該是要使政黨向下紮根。但是俄國以全國為一個選區的作法，卻使政黨可以利用行政部門所給的資源，如媒體宣傳，來作全國性的造勢，要遠比政黨的組織動員來得有效。至於選舉法中准許非政黨黨員，也可以列名政黨比例代表制的名單中，這種「漏洞」對政黨的強化也無實質的幫助，反而令人猜想其動機究竟為何？太多的彈性規定，使得兩票制的實施達不到它應有的效果。

第三節　政黨弱勢的政治影響

俄國的政黨缺少一般制度化的政治團體所必須具備的彈性，凝聚力及自主性，當然更沒有成長過程所必須經歷的時間持久性❻。政黨居於弱勢地位的原因，已如上述。綜合而言，統治菁英對政黨的態度，抱持著支配利用的想法，因此在有關對政黨規範的制度設計上，偏離一般民主國家的常規，或許是導致政黨積弱不振，國會選舉出現天文數字般的政黨數目，以及國會內部政黨結構分裂而浮動的主要原因。這種情形所產生的第一個影響，是使得俄國除了一個統治的強人外，陷於弱勢國家與弱勢社會的困局。因為沒有一個強勢的政黨來組織社會，國家也沒有堅強的政黨作支柱，當然更缺少政黨的組織，來聯繫國家與社會的樞紐。結果是政府家經常為社會少數的寡頭利益，而非為全民服務。

其次，由於俄國政黨的弱勢，特別是在莫斯科及聖彼得堡以外的地區，它們要在全國形成大眾輿論的力量也仍有待發展。結果是國家與各地區的社會間的連繫，顯得極其脆弱，造成許多權力快速地分散到各地區的領袖及政府。前面所提到的缺少整合性的聯邦制度，跟政黨沒有連繫中央與地方的功能有直接關係❼。

第三，政黨居於弱勢的地位，使得國會由缺少整合性的政黨，作為立法機關建立自主性的重要支柱。當各個支離破碎的政黨及議員們，都以取得國家行政資源為第一要務的時候，國會就形同統治者待宰的羔羊，予取予求，從國會的內規到選舉法規的制定，都是如此。

最後，選舉制度與政黨制度二者之間本來應具有的因果關係的繫帶，

❻ Samuel Huntington, *Political Order in Changing Societies* (New Haven: Yale University Press, 1968), pp. 10-11.

❼ Peter Ordeshook and O. Shevtsova, "Federalism and Constitutional Design," *Journal of Democracy* 8, No. 1 (1997), p. 39.

在俄國的例子中被切斷了。這也說明政治學要建立一個通則性的理論，其困難度有多高。因為在俄國比例代表制的選舉中，歷次參與選舉的政團總是在 40 個以上，但是卻總共只有 4 個政團持續跨越 5% 的門檻，而分配到議席。這種情形說明俄國的政黨缺少整合的事實，卻也道出了有過多選票變成廢票的事實，這並非比例代表制設計的原意。

　　至於單一選舉區的選舉中，政黨所提名的候選人，實際上得不到政黨的奧援，因此候選人當選後，常會加入其他政團。另方面則獨立人士參選與當選的比例之高，都是其他民主國所罕見。單一選舉區在俄國實施的結果，不但沒有達到限制每一個選區候選人數目的目的，反而造成政黨及非政黨候選人的增加，使具知名度和擁有財政奧援的候選人勝選。這種現象也跟其他民主國家大相逕庭。

【第三十六章】
俄羅斯的政黨制度

　　民主政治就是政黨政治。這項認知早在八十多年前，就已受到肯定。政黨政治的健全與否，考驗一個國家民主的成熟度及穩定度。當今世界還未曾有一個沒有政黨的民主國家。任何一個國家如果缺少有效的政黨，來促進大眾對政治過程的參與，則社會的不滿情緒就沒有團體來疏解，出現廣泛暴力的可能性就會增加。原因無他，政黨是民主社會的中介性團體，將民間社會與國家聯結起來，將人民的心聲傳遞給政府。政黨又是民主競爭的主角，負責將社會不同的利益匯聚起來，形成各種不同的公共政策方案，作為爭取選民選票的基本訴求。政黨又是組成政府的主要力量，因為在選舉中獲勝的政黨，就有組織政府的權力和責任，將它所訴求的公共政策付諸實施。因此民主政治是政黨政治，各政黨透過政治的過程，進行不同政策替代方案的辯論，付諸選民的抉擇。當選的政府官員必須為他們的政策成敗而負責。

　　拿上述的政黨角色及功能來對照今天的俄羅斯，可以發現俄國的政黨仍在發展前期；因為俄國的政黨制度是在戈巴契夫進行改革與開放之後，才開始出現。所以我們可以發現，俄國的政黨沒有社會基礎，有政黨領袖卻無政黨黨員；因此政黨沒有集結社會利益的功能，常提不出明確的政策方案。政黨的組織脆弱，因為它們有許多只是非正式的社會團體，是為了選舉而推出候選人參選，並登記為政治團體；因此俄國的政黨數目多，而又起伏不定。這些情形使得俄國無法出現一個強有力的政黨制度，以及一個擁有國會多數席位的政黨。即使有一個多數黨，以俄國今天民主發展所表現的政治文化來看，它成為執政黨的可能性也不大。因此政黨為它所訴求的公共政策而負責的制度，同樣還沒有出現。對俄國來說，政黨仍是發展中的政治機制。

第一節　俄羅斯政黨制度的發展

從 1985 年戈巴契夫上任以後，由於推動改革政策的結果，俄羅斯在政治上最重要的變化，是從一黨專制轉變成多黨制。政黨政治對俄羅斯來說，是相當陌生的概念。1905 年沙皇在日俄戰爭失敗之後，面對社會的紛擾不安，企圖學習西方國家的代議政治，而發表敕令成立第一個國家杜瑪 (State Duma)，並准許成立政黨。一共有 56 個政黨因此而成立，但是卻因為沙皇的重重限制，使當時帝國的民主化未能成事實，沙皇政權也因此無法渡過 1917 年的革命危機而崩潰。從 1920 年代初到 1990 年代，前蘇聯共產黨完全控制人民的政治及經濟生活。黨國 (party-state) 機制下所強調的民主集中制，黨的紀律，以及階級的觀念，絕對不容許自認為先鋒政黨 (vanguard party) 的共產黨以外的政黨出現。

戈巴契夫在 1980 年代中葉以後的改革，雖然降低了共產黨在政府中的角色，但是卻仍支持一黨制的觀念。一直到 1990 年 2 月，蘇共中央委員會才同意終止黨對政治權力 70 年的憲政壟斷。各種政治運動在相對自由的環境下，立刻勃然而興，並帶動了政治團體和雛型政黨 (proto-parties) 的出現。到 1990 年年底，俄羅斯至少有 457 個政治及政治化的團體。一開始這些政黨大都以廣泛而又激烈的政治主張為訴求，在光譜線上分別處於兩個極端：在極左的一端是自由，民主意識形態的團體，在極右的地帶則是保守的反改革社會主義及民族主義團體；在中間另有許多定位不很明顯的團體。

許多俄羅斯的政黨早在開放時期，就由非正式的團體發展出來；另有一些則是由共產黨分裂而成，有的主張強硬保守路線，有的則持自由主張。但是促成政黨發展的最大動力，卻是從 1989 年以後的歷次選舉中激發出來的，而且每一次選舉就會出現新一波的組織熱潮❶。但是政黨真正成為

---

❶　有關 1989 年及 1990 年選舉中競選活動之論述，可參見 Brendan Kiernan,

俄羅斯全國性選舉過程的正式參與者，卻是 1993 年 12 月的國家杜瑪選舉，當時共有 25 個政黨登記，13 個派系或政黨出現在選票上。1995 年的選舉則有 43 個政黨。政黨的擴散使政治生態一片混亂，一般的公民很難瞭解政黨的政治立場和主張。但是就因為政黨數目太多，反而使競爭的方向會往極翼地帶移動，因為唯有如此才會增加政黨的知名度，從而增加當選的機會。這也說明為何極翼政黨在 1993 年及 1995 年兩次選舉會獲得勝利的原因。

　　1993 年的國家杜瑪選舉，第一次採取兩票制。因為參選政黨數目太多，政黨比例代表制又有 5% 的門檻限制，因此很多觀察家擔心，如果每個政黨都只得到 5% 以下的選票，那麼比例代表制下的議席，將無法分配出去。選舉的結果是，只有 4 個政黨跨越門檻：共產黨、朱林諾夫斯基領導的自由民主黨、俄國的民主選擇 (Russia's Democratic Choice) 以及雅博洛克派 (Yabloko)。共產黨贏得的政黨票達 12.4%；朱林諾夫斯基的自民黨得到 22.9%。這兩黨是選舉的大贏家。後二者則屬於改革性政黨，分別取得 15.5% 及 7.9%，代表葉爾辛政府的挫敗。中間派的俄羅斯婦女派異軍突起，取得 8.1% 的選票。

　　1995 年第二屆杜瑪選舉，兩個右派極翼政黨——共產黨和自由民主黨——的力量仍然強大，只是自由民主黨的得票率下降，但共產黨無論在得票率及所獲得的席次上，仍然一枝獨秀，是國會最大政黨。葉爾辛仍維持他不參加政黨的立場，支持他的政黨只有俄羅斯是我家派，取得 10.3% 的政黨票，以及共 55 個國會議席。

　　1999 年共產黨所取得的政黨票達到最高峰，但是在國會的總席次雖仍高居首位，卻不增反減，有下滑趨勢。自由民主黨的得票率跌到個位數，總席次只為 1995 年的三分之一。左派政黨則開始出現整合的跡象。團結黨、全俄羅斯祖國派、聯盟權力派以及雅博洛克派，都突破政黨門檻，在

The End of Soviet Politics: Elections, Legislatures, and the Demise of the Communist Party (Boulder, CO: Westview Press, 1993).

議會中的總席次第一次超過右派勢力（歷次選舉的政黨起伏，請見表 36-1）。

表 36-1　俄羅斯國家杜瑪選舉結果，1993-1999

政黨名稱	比例代表制下的政黨得票率 (%)			政黨所獲席次		單一選區		總席次	
	1993	1995	1999	1995	1999	1995	1999	1995	1999
俄羅斯共產黨	12.4	22.7	24.3	99	67	58	56	157	123
團結			23.3		64		8		72
全俄羅斯祖國			13.3		37		30		67
右派力量聯合			8.5		24		5		29
自由民主黨	22.9	11.4	6.0	50	17	1	1	51	18
雅博洛克	7.9	7.0	5.9	31	16	14	4	45	20
共產黨—工人的俄國		4.6	2.2	0	0	1	0	1	0
俄羅斯婦女	8.1	4.7	2.0	0	0	3	0	3	0
俄羅斯是我家		10.3	1.2	45	0	10	9	55	9
俄羅斯民主選擇	15.5	3.9		0		9		9	
農民黨	8.0	3.8		0		20		20	
其他	20.9	28.8	10.0	0	0	31	10	31	10
獨立人士								78	101
反對一切	4.3	2.8	3.3						
總共	100.0	100.0	100.0	225	225	147	123	450	449

資料來源：Matthew Wyman, "Elections and Voters," in Stephen White et al., *Developments in Russian Politics* (Duham, NC.: Duke University Press, 2001), p. 68.

2003 年的國會選舉是普丁主政後的第一次選舉，其結果出現突破性的變化。極右翼的共產黨及自由民主黨力量大幅下滑，總共只得到 24.44% 的選票，以及 87 個席次。團結俄羅斯 (United Russia) 以 38.17% 及 221 個席次，成為第一大黨，再加上其他左派政黨的力量，使普丁總統在國會取得過半數力量的支持（見表 36-2）。

表 36-2　2003 年 12 月俄羅斯國家杜瑪選舉結果

政黨	比例代表制下的政黨得票率	政黨所分配到的席次	單一選區席次	總席次
團結俄羅斯 (United Russia)	38.17%	120	101	221
俄羅斯共產黨	12.81%	40	11	51
俄羅斯自由民主黨	11.63%	36	–	36
全祖國愛國聯盟	0.16%	29	8	37
雅博洛克	4.36%	–	4	4
右派力量聯合	4.04%	–	3	3
反對所有候選人 (Against All Candidates)	4.78%	–	–	–
其他	15.05%	–	98	98

資料來源：http:/www.ifes.org/eguide/reswltsum/russia part03.htm

第二節　普丁與俄羅斯政黨制度的轉型

　　從 1993 年以來俄羅斯前 3 次的國會選舉過程，我們可以得到三點發現。政黨數目雖多，但是卻起伏不定，力量因缺少整合而分散；共產黨的得票率及席次雖然每次都有成長，但是卻是以其他右派力量，特別是自由民主黨的票源作犧牲。其次，1991 年俄羅斯的經濟改革，造成社會的重大轉換。大型工業及集體農場的解體，使工人階級及農人經濟生活狀況持續惡化。社會力量的分佈大約是鉅富人士在 2%-3% 之間，生活情況改善或維持原先水準的大約在 13% 左右，75% 到 80% 之間的大眾則是改革下的輸家。這種社會結構給予俄國新共產黨（以及自由民主黨）擴大它們在群眾爭取票源的空間。共產黨在先天上就佔有組織嚴密以及紀律強的優點，它在 1991 年以後的形象是傳統馬克思主義和大俄羅斯民族主義的混合。

　　這些形象對於因為帝國的崩潰，和改革所造成生活品質下降的俄國人民來說，是代表未來的希望。1995 年國會選舉的結果，說明人民對共產黨

的懷思❷。但是 4 年之後，這種制度性支持的僵化，核心支持者的老化，以及最重要的，普丁的出現所代表的新希望，這些因素綜合起來，就使得共產黨的選舉聲勢及結果大大地降低。

第三，葉爾辛總統個人沒有認識到政黨的重要性，因此並沒有特別重視政黨或政黨聯合的組成，更談不上動用行政資源，來扶植親政府政黨的聯合。當然，在他主政期間改革成效沒有彰顯，增加極右翼政黨的訴求，而左翼支持改革的政黨，反而因此難以增加票源。

在 1995 年國會選舉前，葉爾辛的幕僚曾試圖將俄國的多黨政治轉換成兩黨制，分別由總理擔任右派政黨的黨魁，而左派政黨則由國會議長領導，成為支持政府權力的左右手，使其他不願意加入兩大黨的其他小黨，將會被排擠在權力圈外。在這種政黨制度下，俄羅斯將形成施密特 (Philippe C. Schmitter) 所界定的統合主義 (corporatism)：「將利益代表系統的成員，組織成一個數目有限，非競爭性⋯⋯的制度，由國家予以承認或核准（如非設立的話），並在這些成員個別的領域內，給予事先約定的立法壟斷，來作為控制他們對領導人的選擇，以及表達要求和支持的交換」❸。但是在新憲法未及實施，葉爾辛的政治性格上的爭議，以及經濟情勢未見好轉等因素下，這種構想的實現有其困難度。

普丁在 1999 年的國會選舉前接任總理，他較具沉穩的政治性格，以及熟練的政治手腕，使得這一次的選舉成為俄羅斯多黨制轉型的新階段。有別於葉爾辛一向超然於國會選舉政治的風格，普丁注意到在垂直的權力結構中，多黨制可以在馴服國會的過程中，扮演重要的工具性角色。因此他

---

❷ Peter Lentini ed., *Elections and Political Order in Russia: The Implications of the 1993 Elections to the Federal Assembly* (Budapest: Central European University Press, 1995).

❸ Philippe C. Schmitter, "Still the Century of Corporatism?" in F. Pike and T. Smith (eds.), *The New Corporatism* (Notre Dame: Notre Dame University Press, 1974), p. 93.

親自參與政治策略的設計和公開的競選活動，為他所一手促成的親克里姆林宮的選舉聯合「團結黨」(Unity) 助選。這個政治集合體成功地動用行政資源，以及大規模地控制傳播媒體，使它在比例代表制的選舉中取得了僅稍落後於共產黨的得票率。團結黨結合了 41 個區域性的組織，在規模及基層的組織上幾乎足堪與共產黨相匹敵。有了這個成功的選舉結果，普丁對政黨的運用更為得心應手。

有別於葉爾辛時代沒有秩序的民主，普丁所著重的是秩序。因此他需要一個新的「領導和指揮性政黨」，類似後蘇聯時代的共產黨。就如同一位退休將軍所說：「總統需要一個支持的力量，團結黨就是要成為這股力量。」在這種構思下，政黨的角色逐漸起了變化。在社會與在位者的互動體系中，在位者試著要使多黨制在社會甚至政府的事務中，扮演中介及代理人的角色。因此多黨制的功能，就如一般的政黨民主國家一樣，本來是要監督及控制國家機器，但是普丁卻企圖要將不同的政黨轉換成「影響力的代理人」，使政黨擔負起監督及控制社會的額外功能。換言之，**政黨開始接受來自政府的恩惠，成為權力掮客及腐化的機器。它們參與政治的動機開始被改變，被扭曲。結果多黨制就變成國家的工具。**

任何政黨只要具有國會的身份，就可以參與跟政府間的議價，並藉著對法案的表決而促進在位者或其他團體的利益。政黨幫助各種政商團體，使用國家的物質資源以及它的行政及電子通訊結構，來促進企業組織的發展。因此國會中的包括共產黨在內各個政黨，成為私有的政治企業，以追求它們自己的整體利益為首務。立法的活動則成為議員們滿足個人和政黨預算的一項穩定可靠的來源。這種情勢發展的結果是，原先自稱是主要的反對黨，如共產黨，也被迫調整姿態，成為一個冒牌的反對黨 (Pseudo Opposition)，因為許多政黨內的小團體都紛紛捲入不同的家族公司型的利益結構 (Clan-corporate structures) ❹。

---

❹ R. Sakwa, "The Development of the Russian Party System: Did the Elections Change Anything?" in P. Lentini ed., Ibid., p. 194.

第三節　俄羅斯政黨的特徵

　　俄國的政治權力傳統及法律上都集中在沙皇及總統周圍。克里姆林宮目前不只控制行政權、軍隊、警察、法院及全國媒體，還包括大公司、政客及高級文官在內的統治菁英。他們都是重要的政治行為者。由於一般人民普遍對政治疏離，不信賴任何國家權力機關和政黨，但是普丁總統上任以來所享有的高聲望，使他的政府具備正當性。因此在行政與立法的互動中，他本來就擁有許多主動性的優勢，而他善於利用他所掌控的政治資源，則使政黨角色逐漸因為各種威迫利誘的手段而轉型。但是俄國歷史上缺少政黨的傳統，民間社會的脆弱，以及民主發展的歷程短暫，卻是造成政黨組織先天上的缺陷，容易為國家權力所威嚇及吸收的重要因素。

　　跟西方民主國家相比之下，今天俄國的政黨有一些特異之處值得探討❺。第一，政黨通常由一位知名度很高的人出面號召而組成，並且普遍地以領導人的名字來稱呼某政黨。例如，朱林諾夫斯基所領導的自由民主黨，就常被稱之為朱林諾夫斯基的黨。這種強調個別領導者對政黨或政黨集團的組成的重要性，會使得政黨內部隨著效忠對象的改變而分裂，造成政黨制度進一步離散。

　　跟正在進行工業化的社會中，社會團體常沿著階級的界限所組成的情形不同；也跟民主發展成熟的國家，政黨通常強調的普遍性訴求有異，俄國的政黨制度主要是改革及選舉的產物，並沒有堅定的社會基礎或穩定的選民結構。因此政黨並非社會分裂的反映，而是許多政治、經濟及行政菁英所作的家族性組合，以爭取對克里姆林宮的影響力，在政權內部贏得特

---

❺　有關俄國的政黨制度及其發展的問題，可參看 Alexsandr Meerovich, "The Emergence of Russian Multiparty Politics," in *The Soviet System in Crisis: A Reader of Western and Soviet Views*, ed. Alexander Dallin and Gail Lapidus (Boulder, Colo.: Westview Press, 1991), pp. 161-173.

權及更多利益為目的。正如 R. Rose 所指出：

> 「政治菁英供應面的能力是杜瑪議席變化無常的主要原因。從這一次
> 到下一次選舉間，選票上的政黨數目會有很大轉變。1993 年的杜瑪選舉
> 共有 13 個政黨出現在比例代表制的選票上；1995 年有 43 個；1999 年
> 則降為 26 個❻。」

其次，政黨通常提不出有效的政策方案，來對不同社會團體的經濟和
政治利益作訴求。政黨的黨綱或許反映出一般大眾的情緒，卻缺乏西方政
黨的務實取向。因此俄國的政黨組織鬆散，沒有明確的基層及決策機構。

第三，政黨及選舉聯合的浮動性高，政治及社會菁英常藉選舉的到來，
進行新的組合；不是加入其他政黨，就是改換政黨名稱，以便爭取更多的
利益和更好的政治地位。但是卻使選民既不知道要投給誰或反對誰，也很
難要政黨或政治人物為他們的作為或不作為負責。

最後，反對黨所提出的政策常不夠明確，甚且在內容上大同小異。例
如共產黨，市場取向的右派力量聯合，或朱林諾夫斯基的自由民主黨。也
有許多政黨宣稱是代表中間政策，實際上卻無條件支持當權者。造成這種
情形的原因非常有趣。當前的統治菁英有 70% 是來自前蘇聯時代，政黨菁
英則有 57%，在政府中所佔比例更高達 74%。這種持續性及高同質性造成
菁英內部的利益，常會透過私下進行妥協。表面上彼此的政策優先次序極
為懸殊，實際上卻是統合團結高於一切。因此意識形態的衝突，只是外在
爭執的化粧品，供政治生活的觀察家來做點綴而已❼。

❻ R. Rose, "How Floating Parties Frustrate Democratic Accountability: A Supply-side View of Russia's Elections," *East European Constitutional Review*, Vol. 9, #5, Winter/Spring, 2000.

❼ Anatoly Kulik, "Political Parties in the Post-Soviet Space: A Unique Response to the Context or a Future of the Western Model?" http://www.Prof.msu.rR/PC/KuLik/Political Parties.

　　綜合而言，俄國的多黨制既然在社會中沒有其實質性的基礎作後盾，就只會在國家的權力結構中，居於邊緣的地位。惟其因為沒有社會的奧援，就只好依附政府的利益交換，間接表達對現狀的承諾和支持。對在位者來說，因為政黨實際上扮演著某種社會網的角色，避免菁英過度地濫用權力，並使大眾的不滿不會昇高到威脅政權的生存。因此這樣的多黨制反而會有助於社會及政治安定。

　　俄羅斯政黨發展的另一個無奈是，選民可以自由決定投給那一個政黨，但是卻不可能作一個真正能夠改變他們社會經濟情況的選擇。他們無法像西方國家那樣，選舉的結果可能改變執政的政黨以及政府的政策。但是俄國政黨制度的先天缺陷，普丁政權穩固後日益明顯的威權傾向，以及民間社會仍在成長階段等因素，卻使得選舉只是改變國會的政黨結構，無法達到改變政府的目的。因此即使在 2003 年的國會選舉中，有了一個團結俄國黨為首的聯合多數出現，但那卻只是行政部門確立它對立法部門優勢的工具，政府仍不須為其政策的成敗負責。聯合政黨的多數只為政黨的成員取得更多的好處，無助於政黨爭取執政的機會。這樣的政黨制度在政治過程中，只能居於配角的地位，甚至可以稱為傀儡政黨 (Puppet Parties)。

【第三十七章】
俄羅斯的統治機關

　　前蘇聯共產統治結束及解體之後，俄羅斯及其他前蘇聯的繼承國，同時面臨建立新的社會、政治以及經濟結構的現實。這些新的國家（連俄羅斯一共為 15 個）要同時進行三種轉型：建立新國家的國族認同 (national identity)，重新建立以法治為基礎的政治制度，以及為有效而又具生產力的市場經濟奠定基礎。這種同時進行社會—政治及經濟現代化的工程，是「第三波民主化」的一部份❶。從 1972 年到 2000 年，威權政體被推翻，並努力要建立民主體制的國家，從 44 個增加到 120 個。從南歐、拉丁美洲、東亞、非洲到東中歐及歐亞的前共產國家，都加入新的民主國家行列。但是大部份進行民主轉型的國家，其過程卻都是漫長而艱難。俄羅斯在民主化方面的努力尤其艱困。

　　跟大部份的後共產國家一樣，俄羅斯的情形極端複雜❷。在一般人民和菁英之間，跟民主有關的政治基本價值仍很脆弱；各種族之間的仇恨為政治轉型製造出特別的難題；更難的是，被視為民主條件之一的市場經濟，所需要的許多基礎要件根本不存在。跟所有的新興民主國家一樣，俄羅斯也面臨選舉制度及憲政制度的抉擇難題。跟許多東歐及其他新興的民主政體一樣，俄羅斯對總統制特別偏愛❸，但是卻同樣無法有效處理行政與立

---

❶　Samuel Huntington, *The Third Wave: Democratization in the Late Twentieth Century* (Norman: University of Oklahoma Press, 1991).

❷　Ibid.

❸　有關俄羅斯在民主化過程中所必須具備的條件，見 Harry Eckstein, "Russia and the Conditions of Democracy," in Harry Eckstein et al., eds., *Can Democracy Take Root in Post-Soviet Russia? Explorations in State-Society Relations* (Lanham, MD: Rowman and Littlefield, 1998), pp. 349-381.

法部門間關係的關鍵議題，因而常造成政治秩序的動盪。嚴格說來，俄國的政治制度還不是固定的結構，仍隨著變動的政治環境在發展中。

第一節　俄羅斯政治制度的選擇與衝突

在探討當前俄羅斯的政治過程及結構形成的背景之前，先簡單回顧前蘇聯時期的政治制度。在戈巴契夫進行改革之前，前蘇聯共產黨是唯一左右政治的優勢團體，由黨的高層決定政策方向和政策大綱。除外，黨還執行三項其他重要的政治功能：(1)監督國家機關；(2)意識形態的領導，以及(3)為國家機構以及媒體和文化界拔擢人才，擔任重要職位。在每一個階層，黨和國家機關並存，並且人事高度重疊。

黨的結構具高度階層性；先由工作或學習地方的黨員組成小組，然後選出高一層的黨代表，一直到黨代表大會，每5年集會一次，並選出高層的黨組織，包括中央委員會及政治局委員。政治局共14名委員，是黨最有權的機關和決策中心。中央委員會則由全國各地區及各個經濟和社會團體的黨領袖及代表所組成，最接近現實政治中的國會。黨的官僚系統以黨總書記為首。

跟共產黨對稱並存的是國家結構，但是實際上黨才是決策者，國家機關則負責執行。因此雖然國家的官僚系統要比黨結構大很多，但是卻受黨的指揮。國家依據1978年的憲法而成立象徵性的三權分立——立法、行政及司法，但是共產黨控制所有的權力。國家最高代表機關是最高蘇維埃，由黨提名單一候選人後，再由人民直接選舉產生❹。

在前蘇聯解體之前，俄羅斯共和國的政治制度就已經開始改變。1991年6月葉爾辛首先由俄國人民直接選舉為總統，在這之前依照俄羅斯共和國憲法的規定，已於1989年舉行人民代表大會 (Congress of People's

---

❹ G. Easter, "Preference for Presidentialism," *World Politics*, 1997 Vol. 49, No. 2.

Deputies) 的選舉後，再由代表會中選出人數較少而又全職的最高蘇維埃。前蘇聯解體之後，俄羅斯聯邦成為新的獨立國家，除了共產黨的地位不一樣以外，葉爾辛的總統職位、兩個立法機關以及憲法委員會，則仍舊由俄羅斯共和國時代延續下來。新國家舊體制的考驗開始出現，並且隨著經濟改革情勢的惡化，使行政與立法的衝突加劇，攸關憲政制度走向的基本價值及利益之爭，也跟著展開。

　　導致俄羅斯獨立之後發生政治衝突的最重要原因，是它缺少任何憲政主義的傳統。政治菁英固然沒有權力應受節制的觀念，特別是政治文化中更缺少民主政體中所具有的談判，妥協及包容的規範，而容易使多元主義下參與競爭的團體，形成兩極對立，使國家難以統治，政府也無法建立起為政策負成敗責任的態度❺。

　　其次，傳統的價值強調的是強大的國家權威，重視秩序甚於自由，也使政治菁英從戈巴契夫，葉爾辛以至普丁，都傾向於權力獨大的總統制。在這樣的價值觀下，所突顯出來的一項政治現實，是二十世紀以來，俄羅斯的最高行政部門，從未對獨立產生的全國性國會的政治權威及其所制定的法律，有過真正的尊重。1905 年俄國沙皇史上第一個也是唯一的由選舉產生的杜瑪（the Duma，國會），在 1907 年就因為國會反對沙皇可以單獨任命及解除總理和內閣的權力而被解散。1917 年 12 月經由民主程序產生的選民會議，也同樣在次年為列寧所解散。1989 年第三個民主立法機關──人民代表大會，也在 1991 年 11 月前蘇聯解體前，為葉爾辛所解散。

　　從 1991 年俄羅斯聯邦成立以後，有關政治制度衝突的焦點，環繞在兩個最重要及爭執最烈的議題上。第一，立法與行政部門間權力的平衡；以及第二，俄羅斯聯邦制度的性質。先就第一個議題來看，它直接關係到的不只是憲政制度究竟應該是總統制或議會內閣制而已，還牽涉到葉爾辛個人權力的大小。如果說戈巴契夫在 1988 年為前蘇聯建立總統制的動機，

❺　見 Jerry Hough and M. Fainsod, *How the Soviet Union is Governed?* (Cambridge, Mass.: Harvard University Press, 1979).

是要強化他自己的權力，來對付蘇共政治局及官僚系統對改革的抗拒，那麼葉爾辛同樣希望擴大他的權力，來處理千頭萬緒的經濟問題。對葉爾辛或普丁來說，沙皇及蘇共的權力都沒受任何限制，為什麼他們的權力就需受國會的節制❻？

　　但是俄羅斯聯邦成立之初所建立的政治制度卻很複雜，不是葉爾辛說了就算。它雖然有一個強大的總統職位，但卻至少是三權分立的體制。因此總統與國會（行政 vs. 立法）的關係，可說是俄國政治（如同其他民主國家）的核心議題。事實上，在它獨立後的前 2 年，俄國也的確是步步向議會民主之路前進，國會在立法過程中利用委員會的審查制度，來限制行政部門的政策，以及改變它所提出的法律。其結果是，葉爾辛總統（及他的政府）跟國會間的對抗益趨激烈。這個國會代表的是舊官僚的利益，反對將國有企業解體，以及快速的經濟改革所造成的社會不安；國會內也有強烈的民族主義者，對於前蘇聯帝國的崩潰以及在原領土境內所出現的獨立國家，難以接受。

　　除了經濟改革的速度和規模之外，雙方的衝突點在於國會堅持，不論是否達到所要的政治目標，行政部門必須要遵守適當的民主程序。但是在共產體制下的民主集中制，所強調的卻是政治目標，而非程序。因此在前蘇聯共產黨專制下成長的葉爾辛等政治菁英，自然傾向於突破民主決策過程中的程序限制，來貫徹他的經濟改革，並樹立他個人的政治權威。相對的，1990 年選出的國會則既反對他激烈的經濟改革，又希望使國會成為俄羅斯的權力中心。因此從 1991 年獨立之後，雙方的衝突日益昇高，最後終於發生 1993 年 10 月的「莫斯科之役」(Battle for Moscow)。

❻　Russell Bova, "Political Culture, Authority Patterns, and Architecture of the New Russian Democracy," in Harry Eckstein et al. eds., Ibid.

第二節　兩極衝突與 1993 年憲法

　　俄國行政與立法部門間的憲法危機，有其制度上的背景和政治衝突雙方的性格因素。俄羅斯的憲政制度是以前蘇聯時代的憲法為基礎，加以改革而建立的。因此一旦轉型為民主體制，由於缺乏民主政治文化中的妥協與調適的要素，必然會成為政治衝突的淵源。其次，葉爾辛與國會議員雖然立場不同，但卻都同時反映共產政治文化中不能包容及意識形態僵化的特性。這種文化特性慣於將所有的政治簡化為善與惡的衝突，將所有的問題歸諸於有組織的陰謀，潛伏在幕後的是惡毒的力量。因此對付此等極端主義和暴力，有其道德上的合理性。這種思維延伸下來的，就是「不跟我們一起就是反對我們」。共產文化下的敵對心態自然地反對理性，務實，以及包容的訴求❼。

　　葉爾辛在 1991 年 10 月要求國會，准許他用行政命令來貫徹他激烈的經濟改革，國會同意了。但是各項改革於 1992 年 1 月初生效後，立刻造成震撼性的結果：物價高漲，民生困難，社會動盪，及人民不安。國會中的保守派議員立刻出面反對這種「經濟大屠殺」式的改革方案。葉爾辛與國會的關係開始惡化，經濟改革的阻力也就越來越多。葉爾辛動用總統命令，來推動改革的次數也越頻繁。到 1992 年年底，葉爾辛威脅要不顧國會的憲法權力，並依其總統的權力舉行公民投票。國會立刻投票免除它在 1991 年年底所賦與總統的特別權力，包括發佈命令以及任命代理總理。葉爾辛在次年 3 月 20 日的電視演說中，宣佈緊急統治以打破憲政僵局，並準備針對他的憲法草案進行公民投票。但是在憲法法庭的否決及西方的壓力下，他被迫放棄。總統與國會雙方各有一套新憲法草案，分別選擇不

---

❼　Vladimir Bovkin, "The Emperor's New Clothes: Continuity of Soviet Political Culture in Contemporary Russia," *Problems of Post-Communism*, Vol. 43, No. 2, March–April, 1996.

同的憲政制度，政治對立的態勢已是一觸即發。

　　隨著憲政危機的持續，種族及其他團體紛紛加入葉爾辛及國會雙方陣營，社會形成兩極化。脆弱的中央政府分裂成兩半，各自向自治共和國及各省爭取支持，中央權威在人民心目中的可信度及政治制度的正當性持續下降，俄羅斯聯邦眼看幾乎要變成邦聯。最後雙方妥協，同意在 4 月 25 日舉行有拘束力的公民投票，針對是否贊成葉爾辛的政策，以及總統和國會是否應提前舉行，由人民公決。結果葉爾辛在四項公民投票中獲勝，因為人民除了支持他的政策外，還以 67% 贊成解散國會，舉行新的選舉。但是稍早憲法法庭的一項判決規定，必須要有合法註冊選民的過半數同意，才能使國會的解散合法化。這項判決暫時解救了國會！

　　僵局繼續到 9 月 21 日，葉爾辛命令解散國會，並停止現存憲法，定期舉行新國會選舉，以及對新憲法舉行公民投票。國會立即集會，投票對葉爾辛進行彈劾；接著在國會大廈趕建防禦工事，以防止軍事攻擊。俄國傘兵及精銳民兵在 10 月 4 日，以坦克砲轟國會大樓（通稱白宮），並斷水斷電。當天下午國會議長及其支持者投降。整個事件在 CNN 的實況轉播下血淋淋的呈現在世人眼前。葉爾辛在此後兩個月間，以鐵腕統治，禁止反對他的政黨從事活動，並免職憲法委員會委員以及反對他的省級政治領袖。12 月舉行新國會選舉的同時，選民在公民投票中同意新憲法，俄羅斯的政局進入新的階段❽。

第三節　俄羅斯雙首長制中的總統與總理

　　1993 年 12 月的俄羅斯新憲法，將權力的優勢往行政部門的方向移動。整個架構跟法國的總統─總理雙首長制有許多相似之處。第一，1962

❽　William M. Reisinger et al., "Political Values in Russia, Ukraine, and Lithuaina: Sources and Implications for Democracy," in *British Journal of Political Science*, Vol. 24, No. 2, pp. 183-224.

年戴高樂以跳過國會，經由公民投票的方式，達到被許多人稱為「非法的」修憲目的，使總統改為直選。葉爾辛以近乎同樣的手段，達到制定新憲的目的；第二，戴葉兩人所制定的憲法中，總統都同樣掌握大權，都被批評為威權憲法；第三，跟法國一樣，俄國憲法也會造成立法與行政部門間的衝突。但是二者也有其不同之處。第一，由於憲法的規定，政治文化，以及政黨的分離性等因素，俄國總統的權力還要比法國大；第二，由於國會缺少絕對多數議席的政黨或政黨聯合，因此俄國還不可能出現像法國那樣的分裂性政府，即總統與總理分別由不同政黨的領袖來擔任，使政體會因而在總統制與議會內閣之間游移。綜合而言，政黨政治的成熟度不同，影響兩國制度的運作極大。

　　俄國新憲法規定總統是國家元首，由人民直接選舉產生，任期 4 年，連任以 1 次為限。候選人必須取得過半數的選票，才取得當選資格。如果無候選人達到當選門檻，則在選後 15 日，由得票最高的前 2 名候選人，參與決選。憲法同時規定，如果有候選人主張以暴力推翻憲政秩序或俄國聯邦的完整，選舉委員會有權要求最高法院禁止該人參選。

　　總統的權力極大。他有廣泛的權力發佈命令及指示，並不需經過立法審查，而仍具備法律的效力。其次，他在特別情形下，有權解散國會（現稱聯邦議會，the Federal Assembly）。第三，總統有權舉行公民投票（以前是由國會所掌控）。第四，他有權向國會提出立法案，並公佈聯邦法律。這些都還只是憲法所賦的正式權力，總統大權的行使主要還是在位者，行使權力時有其無可置疑的彈性空間，完全要看總統個人權力意志的大小和技巧而定。

　　總統權力的另一個來源，來自他所組成的各種輔助機關及人事的進用。1996 年初，總統在莫斯科及各地方所轄的機構，其總人數高達 7 萬 5 千人之多；其中大部份是總統所直接控制的國營企業員工。另外一個總統權力中心是安全會議，由總統擔任主席，並依法律進行運作。國安會的功能主要是負責諮商，但是範圍極其廣泛而模糊，因此是總統擴權的一個重要

途徑。軍事領域是總統的另一項重要權力來源，除了任命高層軍事職位之外，還可宣佈全國或區域戒嚴，以及緊急狀態。在對付國內所發生的危機時，如車臣共和國的獨立事件，總統可以不必宣佈緊急狀態，逕自調派軍隊，採取軍事行動。

　　同法國一樣，俄國政府包括總理（最高行政首長），副總理，以及聯邦政府部長。總理由總統提名，經聯邦國會同意後任命，並向國會負責。如果國會連續3次否決總統所提人選，總統可以解散國會，重新舉行選舉，並任命過渡總理。雖然國會可以通過對內閣的不信任投票，但是在不信任投票通過後3個月，必須再舉行一次投票；這個時候總統可以要求重新舉行國會大選。因此如果國會決定要拒絕總統的提名人選，或通過對政府的不信任投票，就必須先思考可能的政治後果。

第四節　變化中的俄羅斯聯邦制度

　　前蘇聯的崩潰原因之一，是因為一些加盟共和國要求更大的自主，而最後獨立所促成。因此民族問題的處理，也是俄國恢復獨立後的一個緊要課題。事實上，有一些俄國所屬的前自治共和國及地區 (okrugs)，早就要求就其內部事務有更大的自主權[9]。車臣的獨立引發了血腥軍事衝突，但是仍未能完全平靜，就反映聯邦制度並非萬靈丹的事實。

　　1992 年的聯邦條約共由 20 個共和國中的 18 個共和國領袖和中央政府簽署，但是立刻引起各領土自治區的抗議，要求跟各共和國一樣具有平等的地位。1993 年依照新憲法的精神而簽訂的聯邦條約，乃賦與各領土自治區跟自治共和國平等的地位，但各共和國卻強烈反彈，認為它們應享有更多的自治及更高的地位。中央與各共和國間爭執的議題，包括區域政府

---

[9]　Lilia Shevtsova, "Parliament and the Political Crisis in Russia, 1991-1993," in Jeffrey W. Hahn, ed., *Democratization in Russia: The Development of Legislative Institutions* (Armonk, N.Y.: M. E. Sharpe, 1996).

對重要天然資源的控制，工廠建築及其所創造出來的稅收，應由地區及各都會區所保留；稅收的區分，社會福利計劃仍應由中央負責，中央對地方企業或工業改革的補助條款，以及地區平等化等。新憲法中規定，共有 89 個聯邦成員，在上議院的聯邦院中有代表權。1994 年，聯邦政府分別與一些較難纏的共和國簽訂個別條約，因地制宜給予不同的優惠和待遇。但又引發中央政策公平性的問題。

2000 年葉爾辛將總統職位轉給普丁之後，當時俄國的政局已經回穩，經濟也開始回昇反彈。更重要的是，普丁總統所展現的靈活領導技巧，以及強勢的作為，很快地在民間建立起崇高的聲望。**普丁因勢利導展開一些重要改革，包括對俄國的聯邦制度所進行的一些革命性的變革。他將俄國 89 個區域，整合成 7 個行政區，由總統分別任命一位區域首長。他經由立法授權總統，要求法院將一再違反聯邦法院或憲法的區域首長 (governors) 免職。他改變聯邦上議院的任命方式；原先由區域首長及各立法機關所擔任的當然議員職務，現在改由區域首長及各立法機關來任命代表。最後普丁監督稅制的改革，將區域所得的稅收予以縮減。**

在各項改革中，普丁最具革命性的變化，是將聯邦與各地方的稅收比例加以調整。在 1998 年，各地方政府（共和國及自治區）所得的稅入佔全國的 61%，但是到 2001 年卻只佔 48%。經由許多稅務上的改革，許多稅收都改由中央的稅源，並且稅率的調降，大部份是以各地方為犧牲品。這些稅制的改革在政治上能夠成功，主要得力於下列因素：第一，普丁政府在國會 2003 年的選舉中，獲得前所未有的絕對多數，並且特別以靈活的手腕，來照顧到較窮地區的利益。由於大部份地區從中央取得更多的補助款，稅制改由中央集權，並沒有影響到它們的利益；第二，快速的經濟成長，使得各地區在全國 GDP 中所分配到的百分比雖然下降，但是在實際的所得上卻有增加。2001 年各地區的預算歲入，在調整通貨膨脹後，仍要比 1998 年增加 15%。

【第三十八章】
俄羅斯立法及司法機關

俄羅斯是前蘇聯共產帝國崩潰後的繼承國家，包括前蘇聯時代的國家機器，資產，國際地位（如聯合國安全理事會常任理事國），以及國際義務。但是就國家機器而論，除了前蘇聯時代的大部份中央官僚系統，以及國營事業人員仍繼續在位外，行政及立法制度都分別重新以不同的型態出現，進行民主轉型。因此從制度上的表現來看，俄羅斯國家機器的浮動性大於穩定性，一切仍在調適和變化之中，尚未真正達到制度的鞏固期。上一章的行政雙首長制及聯邦制就是著例。

俄國的立法機關缺乏源遠的歷史傳統作基礎；它第一個經由選舉產生的國會，是在 1905 年俄國發生暴動後，沙皇為了穩定政局，而成立國家杜瑪 (Duma)。但是杜瑪國會的權力多方受到沙皇政府的限制，其代表民意及制衡的性質，象徵意義大於實質。共產革命成功後，前蘇聯成立人民代表大會及最高蘇維埃，作為民意及立法機關。但是一來它的選舉不具競爭性，二來其成員皆由共產黨提名，並保證當選，在立法表決及運作上同樣不具自主性。因此這兩個機關幾乎就是共產統治的橡皮圖章。俄羅斯在重新獲得獨立前，依照原俄羅斯共和國憲法的規定，而在 1990 年 3 月選出人民代表大會及最高蘇維埃為國會。這是二十世紀俄羅斯人民第一次以真正民主的方式，而選舉產生的國會，但是仍然被葉爾辛給強迫解散。這個事件道出了俄國缺少對立法機關尊重的傳統，也說明民主制衡制度建立過程之艱困。

第一節　俄羅斯立法機關之變遷

俄羅斯第一次民主選舉所產生的國會，是依據 1978 年制定的憲法來

行使權力。雖然到 1989 年以前遵循相同憲法而產生的國會，都只是扮演橡皮圖章的角色，在民主及改革的環境下所產生 1990 年國會，卻從一開始就展現它的權威，以及獨立於行政部門的角色；這跟西方國家的議會地位是一樣的。國會所行使的最高權力包括批准新憲法及修改憲法；對違反憲法的總統加以彈劾，並使之去職。在立法權方面，最高蘇維埃有時會不顧葉爾辛行使否決權的威脅，將法律案加以修改；許多由行政部門所提的改革計劃，也會在國會委員會受到批評，並在國會通過法律案前加以改變。

跟 1989 年以前的國會不同的是，1990 年的國會除了春秋兩個階段的休會期外，它是全年開會。因此它完全按照一般民主國家的立法程序，來審查法律案。任何法律案必須先經過最高蘇維埃委員會及小組委員會之審查，每一個院的辯論及表決，以及兩院聯席會議上的最後辯論與表決等程序，才正式成為法律。在立法過程中，委員會的聽證會，對相關部長的質詢及批評，以及內閣閣員的作證，這些立法規範，程序，及監督，都使得國會逐步建立起它的權威，以及獨立於行政部門以外的地位。

當然，這個國會的成員大部份來自共產黨官員及文官系統，保守意識較強，因此慢慢與行政部門形成兩極對抗，而有了 1993 年 9 月被葉爾辛強迫性地非法解散的事件。根據 1993 年新憲法而選出的聯邦國會 (Federal Assembly) 中的下議院杜瑪，因為任期從 1994 年 1 月起，只有兩年，所以被稱為「過渡國會」。新國會會不會成為一個代表各界不同意見的強有力的制度，在一開始就受到關注。因為有兩個因素限制國會的正常發展。第一，新憲法具非常明顯的行政優勢，使得新國會面對新的政治威權，必須在避免重蹈跟行政部門對抗之覆轍，與沒落成一個純談話性的機構，二者之間找出一個平衡點。相對於舊國會被解散前所建立起來的議會民主的趨勢，新國會確實面臨嚴重的考驗；第二，國會內的政黨及派系，缺乏嚴密的組織，也沒有群眾黨員，缺少社會的基礎以及廣泛受尊重的傳統，因此難以形成跟行政部門對峙的堅強力量❶。

❶　Lilia Shevtsova, "Parliament and the Political Crisis in Russia, 1991–1993,"

　　但是新國會在其權力和地位上，卻未必完全處於劣勢。新憲法規定聯邦議會對總統進行彈劾，必須由上議院的聯邦院 (Federal Council) 跟下議院的杜瑪兩院同意。但是除了總統解散國會的權力也相對地容易許多外，國會監督總統權力的大小，跟彈劾權的行使關係並不很大。這主要是基於兩方面的考量。第一，任何法律案皆需要國會的批准，政策才能生效。雖然總統可以發佈命令，卻不得牴觸聯邦法律或憲法，而且在大眾及官僚體系的心目中，法律畢竟更具有正當性。第二，政府必須要取得國會的信任，才能有效地推動政策。除了這兩點憲法規定保障了國會的地位外，葉爾辛在 1994 年 1 月新國會成立後，邀請國會、政府、各政黨以及民間代表，共同簽署公民協議 (Civic Accord)，希望藉此能夠維持政局的和諧跟穩定。有過動用軍隊對付舊國會的記錄，以及一手主導新憲法的制定，使他必須對新國會保持最低限度的尊重，才能維持社會大眾及文官體系對他的信賴。

　　總統要想制定跟國會立場相反的政策，事實上也面對一些制度上的阻礙，即使是在外交及國防領域上亦復如此，因為聯邦國會可以利用不信任投票，來迫使總統在更替政府與解散國會二者之間，作一個選擇。因此總統就必須審慎考量，解散國會並重新舉行選舉，是否會產生一個對他更有利，或更具敵意的國會。因此行政與立法部門的權力，雖然並不對稱，但是卻也並非如一般所想像那樣，完全對國會不利。

第二節　聯邦國會的組成及其權力

　　新國會稱為聯邦國會，採取兩院制。由 450 名議員組成的下議院，依 1905 年沙皇所組成的議會名稱，強調俄國的持續性，仍稱為國家杜瑪；由 178 名的各共和國及地區所組成的上議院，稱為聯邦院。依據新憲法所舉行 1993 年年底的第一次選舉，曾出現一些狀況。塔塔兒斯坦、車臣以及

in Jeffrey W. Hahn, ed., *Democratization in Russia: The Development of Legislative Institutions* (Armonk, N.Y.: M. E. Sharpe).

車里亞賓斯克 (Chelyabinsk Oblast) 等共和國抵制投票的結果，再加上其他的問題，使得聯邦院只選出 170 名議員。但是到 1994 年中，除了車臣仍繼續宣稱獨立外，其餘的議席也都補足。到 1995 年 12 月第 2 次國會選舉的時候，所有的聯邦成員都參與競爭，只是車臣因為軍事衝突仍在持續中，投票的公平性受到質疑。

聯邦國會被認定是永遠存在的功能性機構，除短暫休會期之外，一直持續開會；這跟前蘇聯時代的立法機關，每年只集會幾天，大有不同。兩院分別開會，並對外開放。兩院聯席會議時，會有總統或外國領袖發表重要演講。

國家杜瑪議員的立法職位是全職，因此不能同時兼任地方議會或擔任政府官員。除了憲法上的一項臨時條款，允許 1993 年 12 月所選出的議員，可以保持他們在政府中的工作外，1995 年的立法選舉中，至少有 19 位政府官員，被迫辭職。1994 到 1995 年的新國會雖然是轉型性質，但是 2 年間卻完成了 500 項的立法案，其中有許多是跟市場經濟的建立，關係至為密切的民生法案，如契約責任，租賃，保險，貸款及信用，及其他法律準則。立法過程中的委員會或議場辯論，都恢復進行。葉爾辛原先所否決的法案，也重新審查。

聯邦院是聯邦制度中的一個設計，跟美國參議院一樣，每一個聯邦單元由兩名議員代表，因此跟美國的小州一樣，人口少的領土單元跟人口多的地區及共和國相比，明顯地過度代表。但是 1993 年的憲法並沒有規定這兩名代表如何選出，因此 1995 年的法律才規定，每一個聯邦單元的行政首長和立法機關，分別自動取得席位。因為是由法律來規範，所以普丁繼任總統後，又改成由各單元的行政領袖及議會派代表參與聯邦院。因此聯邦院的議員跟國家杜瑪不同，並非全職。2002 年 7 月聯邦的邦領袖及區域首長不再出任聯邦院，改由邦領袖任命一名代表由區域立法機關同意後任命，第二名代表同時由區域立法機關選出。

聯邦院除了制衡下議院的行動之外，仍有它的重要權力。它主要負責

跟聯邦各單元有關的事務，並處理跟中央的關係，如內部疆界的調整，及總統宣佈戒嚴或國家緊急狀態都需經聯邦院同意。除外，它同意並免除司法總長的職務，並依總統提名，同意憲法法庭、最高法院以及最高仲裁法院法官的人選。它必須審查任何跟稅務、預算、金融政策、條約、海關及宣戰等相關立法❷。

但是在大多數的立法事務上，聯邦院的權力要比杜瑪為小。任何法案（包括聯邦院的提案）皆必須由杜瑪先行審核。如果聯邦院拒絕國家杜瑪所通過的法案，兩院可組成一個協調委員會，相互取得妥協。然後國家杜瑪再針對妥協案進行表決。設若國家杜瑪對協調會中上議院所提意見表示反對的話，則它可以三分之二的多數通過原法案後，送交總統簽字。由於聯邦院只是半職性質，因此它的委員會結構要比國家杜瑪更簡單。相對於比國家杜瑪的權力為少的事實，也使得它成為更具諮詢及審查，而非立法機關的性質。從成員上來看，聯邦院最初就包括許多由葉爾辛所任命的地方行政官員，因此通常會較支持總統，並反對國家杜瑪所同意的法案。也因為上議院可以討論下議院所通過的法案，國家杜瑪所通過的法案，有將近二分之一會受到上議院的反對，使得前者常必須作讓步，或者投票推翻上議院的反對。

國家杜瑪是一個積極而有活力的機關，反對葉爾辛及其政策的力量，要比支持者大。跟聯邦院不同的是，下議院是由政黨和派系組成。來自各個登記派系的代表，不分力量的大小，所組成的杜瑪委員會，是國會的指導性組織。它負責對立法議程及程序，作出重要決定，並在必要的時候，出面協調國會中紛歧擾攘的政治團體，以打破僵局。杜瑪設有 23 個常設委員會，各委員會的主席依議會中各派系所佔的議席比例來分配，有些如預算委員會，在制定國家經濟政策上，具相當的影響力。在分配性的議題如預算，以及規範性的政策如法律改革，行政部門常會跟杜瑪達成立法案的

---

❷ Eugene Huskey, *Presidential Power in Russia* (Armonk, N.Y.: M. E. Sharpe, 1999).

妥協，而非以總統行使命令權，來打破政策上的僵局。

　　總體而言，俄國雖然是一個聯邦制的國家，但是卻有一個不對稱的兩院制❸。這跟德國擁有一個權力很大的聯邦參議院，以及美國參議院除了紮實的立法權以外，還有許多眾議院所沒有的權力不一樣。

　　立法案可以由任何一院提出，就如同總統、政府、地方議會、最高法院、憲法法庭及最高仲裁法院等，皆有提案權一樣。一旦杜瑪議會以絕對多數通過法案，聯邦院就必須在 14 天內列入議程。憲法規定有關歲入及歲出的法案，「除非事先瞭解政府的立場」，否則不得審查。這項規定大大地限制了聯邦國會對國家財政的控制。但是在政府提出財政法案之後，立法機關仍可加以修正。這項權力形同是對政府荷包的立法控制權。總統如果對立法案加以否決，兩院議員可以分別以三分之二的多數來推翻否決。

第三節　行政與立法關係

　　俄羅斯的憲政架構仍然處於浮動狀態，政黨制度及民間利益團體也未臻成熟階段，因此談它的民主鞏固，仍為時太早。特別是在 2000 年 1 月以前，當葉爾辛仍擔任總統的時候，他個人的性格及健康問題，不只影響到政府的被動與消極的不作為，更缺乏對行政―立法關係的經營❹。雙首長制的設計本來就會因為總統與國會的關係，所造成的衝突和僵局，而極有可能帶來政局的不穩定。總理所領導的政府，要接受總統的領導，而同時又必須在國會掌握絕對多數，結果就常常因為缺少這種多數，而造成總統與國會的嚴重對抗❺。但俄羅斯的雙首長制最特別的，卻是國會杜瑪完

---

❸　Peter Ordeshook, "Russia's Party System: Is Russian Federalism Viable?" *Post-Soviet Affairs*, Vol.12, No. 3, July–September, pp. 195–217.

❹　Jonathan Steele, *Eternal Russia: Gorbachev, Yaltsin, and the Mirage of Democracy* (London: Faber, 1994).

❺　Matthew S. Shugart and John M. Carey, *President and Assemblies:*

全以正式的橡皮圖章來配合行政首長的意志，這種情形使普丁擔任總統期間，越來越具獨裁的性格。

1990 年到 1993 年之間的俄羅斯，就是反改革的議員居多數的局面。1993 年以後，俄國政局處於穩定期，其中一個重要因素，是因為國會缺少一個穩定的多數，無法迫使政府因為輸掉不信任投票而垮臺。未來如果政黨制度趨於成熟，有可能在國會選舉中出現一個絕對多數的政黨或聯合政黨，而總統又具備足夠的民主素養，願意任命多數黨的領袖出來擔任內閣閣員，那麼屆時俄國的總統，政黨，及國會的三角關係，就可能趨於制度化。在這種情形下，法國的那種混合型的議會／總統制，二者相互換軌的模式，就可以提供民主發展的基礎。

1993 年 12 月的國會選舉，堪稱是對改革及民主勢力，以及葉爾辛的一項挫敗，因為反改革的左派及右派力量掌控國家杜瑪的多數。1995 年的第二屆杜瑪選舉結果，更迫使葉爾辛將政府內部最後一批支持經濟改革的官員和顧問免職。新政府對國有企業恢復補貼，對罷工的煤礦工人，也給予重大的工資調整，對於陷於困境中的俄國國防工業，給予額外的財政支持❻。這些政策上的調整，改變了 1993 年以來的改革政策。其重要原因之一，就是著眼於兩次國會大選結果，所反映的國會內部的政黨和派系的生態，以及選民大眾對整個經濟情勢的不滿。國會的政治生態也表現在1998 年共產黨的支持者，成功地讓國會支持一項動議，成立一個委員會來調查葉爾辛所作的一連串可進行彈劾的控訴，並且在 1999 年又成功地將這些控訴在國會議場上提出。

1999 年第三屆杜瑪改選的結果，改變了國會的政治版圖。普丁繼任總

Constitutional Design and Electoral Dynamics (Cambridge, England: Cambridge University Press, 1992).

❻ Michael McFaul, *Russia Between Elections: What the December 1995 Results Really Mean* (Moscow: Carnegie Moscow Center, Carneige Endowment for International Peace, 1996).

理，並在 2000 年葉爾辛辭職後出任代總統，接著在贏得總統大選後，採取全面性的改革議程。這兩項變遷產生一個大別於往昔的杜瑪投票組合，從而使得立法與行政部門的關係，有了一個新的態勢。以前左右兩極的尖銳對立趨於緩和，克里姆林宮與杜瑪有了更合作性的關係。為了取得杜瑪對改革取向的立法議程的支持，普丁總統對國會不斷地採取談判的動作。因此以往動輒出現對抗的邊緣姿態已不復見。代之而起的是，杜瑪國會更多的時間是花在跟政府進行分配性議題如預算支出，課稅優惠，以及社會政策等條件的妥協與交換上。克里姆林宮雖然是這種關係的支配者，卻也仍需要在立法細節上作讓步，並分別在每一項法案上建立一個多數聯合。普丁就是利用這種府會之間的和諧，而完成全面性的市場取向立法計劃。

普丁立法議程的市場取向，跟他在政治領域上所展現的威權色彩成一個截然的對比。最明顯的是，他對新聞媒體的壓制與馴服，包括以公開性的動作，摧毀「媒體至上」(the Media-Most empire) 王國，凍結媒體對車臣戰爭的報導，以及成立政府支持的媒體人協會。還有對人權積極人士的騷擾，和以安全警察官員來擔任重要職務。他給人的印象是希望建立一個軟性獨裁政體，或一個將重要的社會利益，都組織起來的統合主義系統。

議會生態上最大的改變，是 2003 年的國會選舉後，經由普丁政府的努力，組成了 4 個政黨（及派系）的聯合，而促成了國會支持政府的絕對多數。這 4 個政黨是團結黨 (Unity)，人民代表 (People's Deputy)，俄羅斯所屬地區 (Russia's Regions)，以及俄羅斯是我家 (OVR)。看看 1999 年及 2003 年第三屆及第四屆杜瑪國會選舉後，所呈現的行政與立法的和諧關係，以及多數政黨聯合的形成，引發一個思考性的問題：如果杜瑪形成一個穩定的常態多數政黨的話，那麼未來憲政制度會不會往議會制政府方向發展？這個問題的答案，跟本節一開始所提的條件，有密切的相關性。

第四節　俄羅斯的憲法法庭

　　1991 年之後，所出現史無前例的政策形成結構，是俄羅斯憲法法庭。這個法庭成立的目的，是要在後共產的俄國將憲政主義及法治至上等原則，成為制度化的價值。它有權對任何在國會通過的法律，或政府官員所發佈的命令的合憲性加以審查，並宣佈無效。司法獨立及適當的法律程序的觀念，在最初被廣泛地接受。但是一到執行的關鍵時刻，卻發現是很難貫徹的目標。因此有 1993 年葉爾辛解除 13 名法官的事件發生。

　　1993 年新憲法仍賦與憲法法庭以前的各項權力，包括對聯邦及區域性的法律，是否違背憲法的仲裁權，以及解決不同政治制度彼此之間管轄權上的爭端。但是各界一直到 1995 年才達成設立 19 名法官的協議，這等於它有 1 年的時間沒有進行功能上的運作。憲法法庭是否能夠一改 1993 年前的困境，而有權威性的效力來解決行政及立法部門間的爭端，仍然備受矚目。最後的關鍵仍在於，法庭必須依賴它所作決定的正當性，或者更重要的是，行政部門接受它所作仲裁的意願，來保證它的判決會受到尊重。這個議題的結果，就得看法治的精神，會不會成為俄羅斯政治文化及制度的核心價值。

第七篇
中國政府與政治

中國人民大會堂

•• 地理及人文簡介

位置：東亞，鄰近東中國海，朝鮮半島，黃海，及南中國
　　　海，居北韓與越南之間

面積：9,596,960 平方公里

氣候：差異懸殊；南方熱帶氣候，北方寒冷

人口：1,338,612,968 人

人口結構：0-14 歲：25.01%；15-64 歲：67.66%；65 歲以上：7.11%

人口成長率：1.07%

平均壽命：71.62 歲；男：68 歲，女：71 歲

正式國名：中華人民共和國

首都：北京

年國民平均所得：6,600 美元

貨幣：人民幣（元）

【第三十九章】
中國政治中的非制度性因素

1989 年 4 月一群大學生聚集在北京天安門廣場上，抗議黨政機構內部幾近泛濫的腐化行徑，並要求在政治上享有更多的民主。這些學生是鄧小平主導中國的經濟改革以來 10 年間，親身見證到經濟繁榮及文化自由的一群。他們要求將這種改革的過程，擴大到政府及政治的領域。在學生的要求遭到中國領導階層嚴厲的指責，認為他們是陰謀要推翻中國共產黨的統治地位的時候，學生憤怒的情緒昇高，導致示威的規模擴大，北京所有各行各業的人士，包括老師、作家、工廠工人、公家上班的幹部及企業家，都投入支持廣場學生的抗議行列。除了最頂峰時天安門廣場曾達到 100 萬人以外，其他各大城市也都發生同樣的抗議示威。

這場引發世界矚目的大規模抗議活動，到最後是由中國領袖鄧小平於 6 月 4 日下令出動軍隊坦克車鎮壓，而告結束。但是六四天安門事件成千上百的學生，卻因此而犧牲了生命，許多參與這場民主運動的學生領袖，除了被捕之外，大部份流亡海外。這場抗議示威雖然以悲劇收場，實際上卻反映中國 100 多年來知識份子追求改革及民主心聲的延續。另一方面，中國領袖對這場民主運動的殘酷處理方式，也同樣受到中國歷史上傳統穩定價值觀的影響。因此中國歷史的遺緒及文明，對於中國如何統治中國，在意識或潛意識內都有重大的影響。

第一節　中國的歷史傳統

中國是當今世界上人口最多的國家，也是持續最久的文明古國，因此現代中國也就繼承其文化及政治傳統。中國文化的根可以追溯到 4,000 多年前，但是在政治上最早的帝國卻是在西元前 221 年當秦始皇併吞六國，

建立秦朝而結束了中國的封建制度。從那時起，中國在政治上所走的道路，就跟歐洲及日本大為不同。中國在秦以後的各個朝代，大都維持一個強力而又統一的中央政府。隨著歷史的發展，中國歷代的疆界不斷地擴張，而且只要中央有一個穩定的朝廷，帝國就不會出現地方割據自主的局面。一旦朝代中衰，則地方群雄並起，就會出現權威危機和混亂的秩序。中國就是在這種統一和分裂中出現週期性的循環；追求和諧的政治秩序及建立完整的政治權威，乃成為普遍的政治價值。

　　早在歐洲於十七世紀出現強勢的帝王民族國家之前，中國所建立的中央政府組織，就已經相當成熟而有效力❶。政府的頂端是一個集權的皇帝以及一小群大臣和幕僚，再下面則是由高級官員所組成的官僚結構。這些官員經由每隔數年舉行一次的科舉考試，用非常嚴格而又慎重遴選的方式拔擢出來，然後派官任職。這種開科舉才的方式雖然並沒有建立起法治的觀念，但是卻相當符合理性的官僚結構的要求。考試的範圍以孔子的儒家思想為主，因此一般學子常長期苦讀追求功名。這種儒家傳統所強調的是，培養正確行為的君子，忠君思想以及追求和諧的理念。這樣的取才制度對中國傳統的政治秩序，產生兩大影響。第一，促成社會階層的流動性。科舉考試的成員主要當然來自地方鄉紳子弟，但是一般寒門照樣有機會經由此管道，晉陞政治菁英之列。第二，除了忠君及和諧思想有利於君主統治之外，一般士大夫為求金榜題名，會全力投入科舉考試的準備，是朝廷籠絡知識份子的一種手段。

　　孔子儒家思想就是在這種科舉制度下，根深蒂固地成為中國社會結構和政治制度的核心價值。二者結合起來，就解釋了為什麼只靠一小群人所組成的官僚體系，竟然就能維持中國社會的穩定。它也同時說明為什麼朝代儘管有興衰更替，但卻沒有破壞基本的社會秩序。這種科舉取才制度到

---

❶　有關中國歷史上政治制度的論述，可參見 John Fairbank, *The United States and China*, 4th ed. (Cambridge, Mass.: Harvard University Press), Chapter 5.

清朝末年才正式廢除，但是教育的重要性已深入中國社會。無論是傳統的士大夫或是新時代的知識份子，都一直是中國社會的支柱，改革的力量以及現代化的推動者。清朝如此，國民政府及共產黨政府都不例外。

中國傳統是以農立國，廣大的農民遍佈無數的農村基層及偏僻地區，是社會結構的基礎，也是歷代帝國力量及命脈之所在。雖然灌溉系統及多重農作物耕種，使中國農民擁有世界最先進的農業技術，但是農村社會的潛在問題卻一直存在。第一，大部份的農民都是佃農，靠著向地主租來的土地，所生產出來的糧食維生。佃農們除了必須向地主繳地租，還要向政府納田賦稅金，因此常生活在飢餓邊緣上。一旦旱災或洪水泛濫，就可能形成饑荒。朝廷所加諸農民的稅賦如果加重，更可能出現民不聊生的情況。因此農民生活的穩定與否，常是朝代興衰的重要指標，歷代農民造反不斷，常跟農村社會不安定有關。

第二，地主與佃農制度的存在雖然維繫數千年之久，卻是中國農村結構中的一個穩定而又垂直的網絡系統。地主是農村的鄉紳，也是朝廷在基層權力的延伸，維持農村秩序於不墜的關鍵因素。但是在清朝中葉以後，西方文化開始進入中國社會，這種地主與佃農關係中所存在的先天不平等的現象，慢慢受到批判。佃農辛苦經年不得溫飽，地主卻不需耕作，就可坐擁鉅額的地租，實質上是一種不合理的剝削。太平天國所主張的社區共有土地以及平等權等觀念，跟二十世紀共產黨的集體農場及公社食堂，事實上有其對稱之處。農村結構的不平等為以後中國的社會及政治革命，提供了可以善加利用的空間，也為激烈意識形態的引入奠定基礎。

十八世紀中葉以後，中國人口成倍數成長，人們除了努力開拓新的可耕農地外，受飢餓難以維生的情形更加嚴重❷。因此各種叛亂不斷出現。為了平定亂事，滿清政府的軍事支出不斷增加，造成國庫空虛、財政困難。當十九世紀中葉太平天國之亂興起之時，政府已經不再有足夠的財政力量

---

❷　Ho Ping-ti, *Studies on the Population of China* (Cambridge, MA: Harvard University, 1959).

和軍隊來平定，不得不將重任轉移到各省及地方。因此太平天國之亂對清朝的影響極大，第一，農民因為不堪苛重稅負，紛紛加入叛亂；第二，中央權威式微，地方開始擁兵自主，最後成為地方軍閥，形同歷史上藩鎮割據的再版；第三，面對太平天國所引進的一些反傳統的觀念和作為，清朝漢人如曾國藩等士大夫，起而為捍衛中國的文化認同而戰，是為中國文化民族主義興起的先聲。但是另方面，激烈的政治改革主張也因為太平天國之亂而受到重視。

第二節　民族主義的興起

當清朝政府面臨人口的爆炸，經濟的僵滯，以及政治腐敗的加遽，和政府及地主對農民的剝削，而加速社會不安的時候，中國跟外面世界的接觸增加的結果，所造成的衝突及一連串不平等條約的簽訂，更使滿清王朝受到歷史上前所未有的挑戰。中國在歷史上一向自居世界道德、文化及政治的中心，視所有非中國人為化外之民，深信中國可以在不改變它基本生活的情況下，面對任何外界的挑戰。這種自我中心的思惟，使它因為自滿而忽略了西方世界科技與物質文明的進步和發展。特別是在清朝雍正皇帝下令禁止與西方的接觸後，更使中國在西方工業革命這個最關鍵的時期，完全處於自我孤立，犧牲了發展現代化的近 200 年黃金時期。這種自我封閉的作為，在二十世紀 60 年代毛澤東發動文化大革命期間，也同樣出現過。當時中共將它的駐外大使全部撤回，只留下駐埃及大使一人。清朝與中共的作法同樣都以中國自堪自足為前提，認為人的意志力超過一切為後盾，但是所付出的代價卻都相當可觀。10 年文革使中國的現代化全面停頓，經濟發展也完全中斷。

從 1842 年鴉片戰爭失敗之後，中國在一連串的不平等條約中，被迫割地讓權，使得外來力量如排山倒海而來。中國傳統文化的優勢因為西方文明的入侵，而開始受到質疑甚至排斥。因此傳統士大夫及鄉紳階級正式

以衛道者身份出現，希望能夠捍衛中國文化的基本價值。近代中國民族主義的興起，應該是先由文化層面開始，而且範圍侷限在部份的菁英層。

但是隨著 5 口通商口岸的範圍擴大，西方國家以機器作大規模生產的商品如排山倒海般的入侵，中國傳統手工業產品受到嚴重的打擊。一般城市中的小商人及家庭工業產品，因為無法面對外國的競爭，而受到嚴重的經濟損害，自然引發了一股排外的風潮。中國民族主義乃由文化層面擴及於經濟的範疇，主要以維護中國的經濟利益為訴求。但是經濟民族主義的火焰仍只限於一般城市中受外國之害的小商人為主。

隨著西方帝國主義入侵中國的趨勢越來越嚴重，不只傷害到中國文化的自尊，侵犯到廣泛的經濟商業利益，甚至危及中國主權的完整性。最明顯的例證是，控制國家對外貿易的大部份，並為中國政府一部份的海關總署，竟是由西方人操縱。雖然中國從未真正被外國統治，但是當列強紛紛兵臨城下，要求各種特權的時候，它確如孫中山先生所說的，是一個連殖民地都不如的次殖民地。為了解救日益惡化的國家處境，清朝政府曾在 1860 年左右發起自強運動，希望將中國文化與西方科技整合在一起，為朝廷注入一股新血，以求在軍事、科技及觀念上有所突破。但是這項為湖廣總督張之洞所定位的「中學為體，西學為用」的運動，基本上是為一群保守派所掌控，因此並沒有發揮很大的效果。差不多同一個時間（1868 年）在日本所進行的明治維新，追求全面西化的結果，在 27 年後見到了石破天驚的效果。

1895 年中日發生甲午戰爭，中國在黃海海戰中全軍覆沒，被迫簽訂馬關條約。但是割地賠款的苛刻條件，為以康有為為首的士大夫所強烈反對。孫中山先生的革命運動也由此展開。中國境內兩股民族勢力針對如何挽救中國的危機，出現保守與激烈變革的兩種不同的主張。當主張推翻滿清的孫中山先生，所領導的國民革命獲得成功，建立中華民國的時候，近代中國的民族主義正式出現。但是它仍舊是以知識份子為限的一種菁英運動。

1919 年所爆發的五四運動，以「內除國賊，外除強權」為口號，反對

北洋政府將德國原來在山東的權益，轉讓給日本。這個運動由大學生所發起，立刻引起各地商人、工人及知識份子的支持；除了要求政治行動外，並激烈批評傳統的儒家思想。五四運動將人民的愛國熱情跟要求作變革的呼聲集合在一起，堪稱是群眾性民族主義的起源。這雖對於以後國民革命的北伐大有助益，但是它同時也促使一批知識份子走向要求激烈改革的主張，因此有了 1921 年中國共產黨的成立。中共成立之後，孫中山先生接受前蘇聯顧問的建議，一手促成國民黨與共產黨的合作。但是兩個政黨在改革的主張上，卻出現溫和漸進與共產革命的激烈路線之爭。隨著孫中山先生的逝世，聯合陣線開始出現裂痕，最後導致蔣介石在 1927 年的清黨，第一次國共合作結束。

中國共產黨的革命最後之所以能夠成功，在於它將社會革命中的土地改革，跟政治上的民族主義成功地結合在一起，而組成一個包括農民、工人、小資產階級及知識份子等四大階級的聯合陣線。從 1927 年開始，這個聯合陣線使共產黨透過土地改革及民族主義的訴求，既贏得鄉村廣大農民的支持，又得到許多在抗日戰爭中抱著滿腹愛國情懷的青年學生的響應。但是中共最後贏得政權的關鍵，卻是它在延安時期，由於日軍對華北的佔領，以及對農村堅壁清野的戰術，引發華北農民的憤怒，造成農民民族主義 (Peasant nationalism) 的興起❸，使中共得以得到農民的支持，並在華北建立許多的游擊區，控制廣大的人口，成為抗戰結束後，擊敗國民黨政府的主要力量。

第三節　中國的意識形態和政治文化

中國從秦朝開始，就有許多哲學及宗教思想學派。但是漢武帝罷黜百

---

❸ Chalmers Johnson, *Peasant Nationalism and the Rise of Chinese Communism, 1927-1949* (Berkeley, Calif.: University of California Press, 1968).

家，獨尊孔子以後，儒家思想就一直成為帝王制度下正式的意識形態。如前所示，朝廷官員是經過開科舉士，依照考生對孔子相關思想認識的程度和表現而任用。一般官員及士大夫終其一生崇奉儒家思想，並將其信念和價值觀內化成個人的修養及行為規範的一部份。這種信念和價值觀強調政府的主要角色，是維持社會秩序及和諧。但是政府是否能成功地扮演此等角色，其關鍵卻在其道德表現及行為，是否為一般人民所滿意。政治權威的正當性就在於遵守這種道德學說，也唯有如此，皇帝所建立的制度，才會跟儒家思想的天命結合在一起。換言之，儒家思想這個意識形態強調，皇帝並不只靠血統來治國，還要因為他有美德，而得到上天的授權，才有統治的正當性。

因此儒家思想就成為政治統治合理化的一個整合性力量，將朝廷、社會及人民結合成一體。儒家思想確定國家的目的，規範菁英的價值，並使社會各種不同的利益取得協調。只要儒家的道德規範廣被接受，它就會使社會跟官方領域凝聚成一塊，對正義的帝王權威效忠。但是這種意識形態的整合性功能，在清朝末年卻因為對改革的內涵及途徑出現紛歧，而失去它在歷代的政治角色。原本是朝廷上下共同信仰的儒家思想，這時卻成為新知識界抨擊的焦點。隨著儒家的一體性出現解體的現象，清朝的專制統治也趨於結束，而儒家在社會上的地位，也不再是整合的象徵。

馬列主義及毛澤東思想是中共最具影響力的意識形態。但是隨著歷史的轉折，這套意識形態卻曾經過許多激烈的變遷。在中共建立政權之前，這套意識形態是革命的行動綱領，賴以凝聚黨員的戰鬥力，團結一切可以動員的對象，因此它代表一個整合的迷思 (an integrating myth)，為革命成功奠定基礎。意識形態是治國的理念，反映出建國之後的國家目的，以建立一個完整的社會主義社會為目標，並要持續跟封建主義的遺毒，以及資本主義的復辟或誘惑，進行不斷的鬥爭。就是在這個階段，中共的政治菁英對意識形態的角色，開始出現歧異。毛澤東認為即使在取得政權之後，階級鬥爭仍然是建立社會主義制度不可或缺的手段❹，但是他在官僚體系

的對手劉少奇及鄧小平，卻認為應以中國的現代化為優先。意識形態對毛澤東來說，更是政策制定的指導方針。在這個現實的層次上，毛跟劉鄧兩人的對立更為尖銳，最後演變成為兩條路線之爭。

在 1949 年以後，毛澤東認為在奪取國家權力之後，最重要的任務是要努力維持共產黨精神的淨化，並且在邁向共產主義的道路中，必須經由群眾運動及階級鬥爭，來對抗那些革命的敵人。第二項任務實際上是完成第一項目標的重要手段。毛思想中所具有的浪漫情懷的革命觀，使他不只堅持階級鬥爭及群眾動員，更堅信意志的力量，可以幫助中國克服一切困難，成功地將中國建設成為一個沒有階級的社會。就是因為有這些理想主義的思維，因此他將社會及意識形態的目標，例如降低不平等及促進共產主義的價值，置於經濟發展之前。

問題是：毛澤東思想中的這些核心觀念，大部份是起源於延安時期及抗日期間的經驗。例如以意志力克服長征期間的種種遭遇，以及延安時期困苦的山區環境；還有以群眾動員的方式，來激發民族主義情緒，作為奠定聯合陣線的基礎。這些思維所轉化成的行動力量，或許真的是中共最後贏得內戰的重要原因，而且也使全黨菁英團結在這個思想的旗幟下。但是建國之後，要將相同的意識形態，放在不同的時空環境之下，並且以國家的經濟發展為妥協，就不可避免會跟有過「白」區經驗的劉少奇，以及留法背景的鄧小平等務實派領袖發生衝突。影響所及，原本扮演整合性角色的意識形態，乃轉而成解體性的因素 (disintegrating factor)。

意識形態的衝突所引發的路線之爭和權力的對決，是中華人民共和國成立以後，對中國大陸的發展傷害最大的一環。跟傳統的中國儒家思想所扮演的角色一樣，中共的意識形態也曾具有一個非常穩定的政治文化，深具道德性的色彩，以及集權性的傾向。不論是傳統或是中共的意識形態，

---

❹　Stuart Schram, ed., *Mao's Road to Power: Revolutionary Writings, 1912–1949*, Vol. 1: The Pre-Marxist Period, 1912–1920 (Armonk, NY: M. E. Sharpe, 1992), p. xvii.

最後都向新的現實妥協。儒家思想在五四運動中為科學與民主所取代，毛澤東思想中階級鬥爭等激烈狂熱主義，則在後毛時代為政治及意識形態要求的全面開放所代替。1978 年中國開放之初，人民衣著全部都是深藍色的列寧裝，而被國際稱為 10 億藍蟻，但是近 20 年以後，卻是服裝秀、模特兒及選美比賽等資本主義大秀的天堂。

【第四十章】
中國的政治變遷與發展

　　抗日戰爭結束後，國共內戰隨即爆發。中共以不到 4 年的時間贏得這場內戰，成立了中華人民共和國。這是滿清政府中衰之後，第一個能夠有效控制整個中國的政權。但是不同於以往中國歷史上的朝代更替，中共所建立的是一個革命性的政權，有一個完整的意識形態作基礎，要有系統地將中國的封建社會制度，作一個全面性的轉換，要將資產階級加以整肅，並讓窮人翻身，以建立以中共為代表的無產階級專政的社會主義國家為目標。

　　中共建立政權初期，讓久經戰亂的中國人民有了新的期盼，希望穩定與秩序能夠給他們帶來安定的生活。因此中共擁有當初前蘇聯建立之初，所沒有的廣泛的支持和付託，人民希望中共會是中國的救星。這種政治正當性 (legitimacy) 是中共進行建設和激烈改革的動力。除外，中共強有力的黨組織，很快地深入中國社會及農村各基層，將其權力落實在社會每個角落。這種權力深入 (penetration) 的過程，首先是經由土地改革，然後透過城市及農村的經濟控制而完成。有了黨的組織作後盾，國家機器就可以很快地抽取 (extraction) 社會的稅收，作為經濟建設的財源❶。

　　堅強的黨組織是中共政權所賴以維繫生存和發展的命脈。透過黨的機器而動員了人民，來支持或參與 (participation) 各種政治或經濟運動。黨同時是指揮人民解放軍的機制。1950 年代中葉以後，中共歷次的政治變遷

---

❶　中共在 1950 年代初期所能抽取的稅收，達全國收入的 30%，相對於國民政府時代所能徵到的稅收只有全國收入的 4%。見 Nicholas Lardy, "Economic Recovery and the First Five-Year Plan," in Roderick MacFarquhar and John F. Fairbank, eds., *The Cambridge History of China*, Vol. 14: The People's Republic, Part I: The Emergence of Revolutionary China, 1949–1945, pp. 144–184.

都跟毛澤東透過黨組織所進行的群眾動員和參與有關。當動員政治泛濫成災，帶給社會秩序的惡化和人民生計上困難的時候，不是黨組織力量的運作，就是人民解放軍出面收拾殘局，而讓政府順利地渡過危機。

第一節　菁英共識與極化政治的出現

中共取得政權之初，由於它所提社會改革計劃以及所建立的愛國形象，因此在民間擁有高度的支持和聲望。但是基於政權穩固的需求，它在政治上先後發動三反及五反，以徹底清除國民黨的殘餘勢力，包括地主、反動的資本家以及前黨政要員。在經濟上則接受毛澤東「新民主政治」的觀念，強調在建立社會主義的社會之前，容許社會主義及資本主義並存。另外，為了持續聯合陣線的成就，中共容許非共產黨的其他民主黨派，從事政治參與的工作。同時在許多政策上，中共也將中國社會作一個翻天覆地的改變❷。例如透過土地改革運動，將貧富間的財產重新分配，以提高農村的階級平等和生產力。在城市裡則雷厲風行掃蕩鴉片販賣及色情。此外，制定法律保障及提高婦女地位和權益。透過這些措施的貫徹，中國快速地鞏固了政權。

從 1953 年開始實施第一個五年經濟建設計劃，仿效前蘇聯經濟發展的經驗，全力推動工業建設。中共首先終止新民主政治的作為，進行工業國有化政策以及農業集體化。在政治上則進一步強化共產黨的權力壟斷。雖然工業年成長率高達 18%❸，但是這套前蘇聯模式的發展策略，卻開始

❷　Viviene Shue, "Powers of State, Paradoxes of Dominion: China 1949-1979," in *Perspectives of Modern China: Four Decades Anniversary*, ed., Kenneth Lieberthal et al. (Armonk, N.Y.: M. E. Sharpe, 1991), p. 208.

❸　Carl Riskin, *China's Political Economy: The Quest for Development Since 1949* (Oxford: Oxford University Press, 1987), p. 57.

出現一些毛澤東所不能接受的後果，並使得中共的發展路線在毛個人主導下，步步邁向激烈化的方向，使政權成立之初所形成的共識政治 (consensus politics)，漸為兩極政治所取代。

前蘇聯模式強調中央計劃經濟，因此它所出現的第一個後果，當然是官僚體系越來越趨龐大，官僚成員往往掌握資源的分配，享受好的待遇，使整個社會官僚化的趨勢，造成另一批「新階級」；其次，經濟發展的結果，使農村的資源被大量投入工業的生產，重蹈前蘇聯以重工業犧牲民生必需品的覆轍，增加社會經濟的不平等，形成毛所言的「鄉村與城市間的矛盾」；第三，降低人民及黨員對革命的熱情，直接關係到毛思想中的核心價值：如何透過不斷的鬥爭，來保持革命的活力，並讓它世代傳遞下去，成為永恆的價值。

1956 年中共舉行第八屆黨代表大會，將黨章中所提到的毛澤東思想拿掉，毛本人也從日常事務的處理中，慢慢退卻下來，交由劉少奇及鄧小平掌管更多的責任。這是建政以後中共少有的集體領導制度。但是同一個時間，由於中共的專權統治，所造成黨員濫權及腐化的情形越趨嚴重，民間怨聲不斷。因此毛不顧其他領袖的反對，在 1957 年初發起「百花齊放，百家爭鳴」運動，要求全國知識份子及文化界人士，本「建言有功，言者無罪」的態度，對黨提出批評。毛個人原本相信黨擁有相當廣泛的支持，才放膽發起這項知識界的動員。但是出乎意料的是，各界對黨的責難與批評卻如排山倒海而來。毛在窘迫之餘，於 1957 年發動反右派運動，以參加建言的那批人，包括黨員、資產階級、知識份子及文化界人士，甚至專家及工程師、學生為對象。在要求每個單位必須交出 5% 的右派黨員的門檻要求下，至少有 50 萬人被貼上右派份子的標籤。從此這些人在社會上難以翻身。

大鳴大放及反右派運動對中共及黨組織都傷害至鉅，第一，兩個運動的主要對象都是針對黨組織內的知識份子及科技專家，而這些人正是現代化所迫切需要的人才；而以貼標籤為鬥爭的手段，更開中共政治惡例的先

端。第二，黨的形象因為大鳴大放而受到打擊，降低它在人民心目中原有崇高地位。第三，兩項運動的主要訴求之一是反對官僚化，但是黨的官僚組織卻正是劉、鄧兩人的重要力量所在。最後，運動本身反映出毛本人跟史大林有性格上的相似之處。毛史兩人都以快速過渡到共產主義為基調，因此對推動農業集體化的政策不遺餘力；第二，毛史二人都積極地想建立個人的聲望，以穩固個人崇拜的地位；第三，史大林在位期間不重視黨組織，而以個人意志進行決策；毛本人則不惜打擊黨的組織，來消滅黨內官僚化的傾向，並利用個人魅力累積其個人資產，建立一個跟史大林時期不相上下的黨國極權政體。

1956 年年底前蘇聯第二十屆黨大會上，史大林死後的新領導人赫魯雪夫在大會上發表祕密演說，嚴厲抨擊史大林路線，指責他建立個人崇拜，進行恐怖統治。在隨後而來的去史大林化的運動中，前蘇聯新領導人放棄過去的恐怖政策，重建黨的威信和決策的地位，並恢復民主集中制及全力推動經濟發展，希望能夠提高人民生活水準。這些新的政策作為，幾乎每一項都觸到毛的禁忌，認為前蘇聯的新路線已經背離馬列主義的精神，走向資本主義的修正主義。因此毛開始否定前蘇聯在共產主義運動中的領導地位，下定決心要採取一條明顯不同於前蘇聯的發展模式，以更激烈的作法提前讓中國完全過渡到共產主義❹。中共步步向菁英衝突的兩極政治前進。

第二節　大躍進的災難與菁英衝突

有關發展路線的辯論在第八屆黨大會後就一直沒有中斷過，但是在反右派運動後，黨內菁英開始擔心被貼上反黨的標籤，因此反對的聲音以及來自官僚體系的制約性力量，自然就消聲無蹤。另方面，史大林被鞭屍後，

---

❹　Carl Riskin, *China's Political Economy: The Quest for Development Since 1949* (Stanford: Stanford University Press, 1993).

毛澤東批判前蘇聯修正主義，自認中共為世界共產運動的領導者，決心要加速過渡到共產主義社會。基本上這些主張都跟民族主義的傲氣有關，黨內更無反對力量存在的空間。因此在政治氣氛傾向激烈路線的情況下，大躍進就成為以毛為首的激烈派，以劉為首的官僚派（主張中央主導經濟建設計劃），以及以鄧為首的市場派（主張重視市場機制）三派聯合的共識，將龐大的人力資源，投入一個極盡浪費，而最後證明是一場大災難的計劃中。大躍進災難之後的政治轉折，等於是日後文化大革命風暴的前奏。

　　大躍進所標榜的是讓中國不再模仿前蘇聯模式的發展策略，強調要採取跟中共革命傳統一致的政策，要避免五年經濟建設計劃的一些弊病，並以毛個人所設定的發展優先次序為努力的目標。這些目標包括以自力更生的方式、全力發展中國經濟、平衡城鄉差距、縮短貧富差距以達到平權的境界。但是達成這些目標所仰賴的，卻是毛澤東思想中所常強調的四項原則。第一是全方位發展，讓中國在每一個環節都能平衡發展，不會有任何一個部門落後。工業發展仍居優先，但是農業生產及郊區的發展也要迎頭趕上。其次是群眾動員，強調要利用中國充沛的人力，來彌補投資資金的不足。因此要激發人民勤勉工作的動機，並經由更大的組織來進行人力的動員，使一切尚未善加利用的人文資源，都能被動用。

　　第三項原則是政治掛帥，重視政治團結及熱情，並將決策權由中央國家部會轉移到各地方的黨委員會，以配合群眾的動員及協調，並決定發展及生產的優先次序。因此是由政治幹部（黨工人員）而非官僚或文官，來指揮一切過程。最後是強調分權的原則，就是放鬆中央的控制，以鼓勵各地方單位更加主動積極任事。分權原則同時反映對群眾路線及民粹的重視。

　　大躍進所追求的目標看起來極具世俗而平凡，實際上卻充滿矛盾。第一，大躍進強調的是，動員人民潛在的工作激因，以及各地方的主動性。但是在實際的作法上，卻是透過國家這個壟斷暴力潛能的組織❺，剝奪農

---

❺　Douglas North and Robert Thomas, *Institutions, Institutional Change and Economic Performance* (Cambridge: Cambridge University Press,

民的土地所有權，以及農民在集體經濟下勤勉工作的激因。毛在這一點上的嚴重疏忽是，中國農民傳統上重視私有財產制，不像前蘇聯遠在沙皇時代就由國家控制土地，耕作的農民絕大部份是屬於農奴。第二，農民可以在國家或黨的威權體制下被動員，但是卻不能保障被動員民眾的工作效率一定好，或是集體經濟體制下的產品一定有效。第三，無論是延安經驗的傳承，或是群眾熱情的激發，乃至平衡發展的主軸，都太過抽象，無法具體證明其真正的可行性，或確定真正成功與發展的指標為何。因此大躍進從一開始，就陷入一個陳義過高、可談可看而並不可行的困境。

大躍進造成的嚴重災難跟 1958 年到 1959 年的旱災有部份關係，但是許多人為的因素，卻才是造成人類歷史上少見的饑荒的罪魁。幹部執行失當，好大喜功，浮報生產數字，造成地方沒有糧存供應；地方強調自給自足，使彼此之間缺少協調及互通有無的商業往來，造成許多計劃的重複和浪費；人民公社及生產大隊下的集體經濟，無法激發農民合作的誘因，反而造成消極抵制，以及公社食堂的吃光運動；大煉鋼運動除了所生產出來的產品，幾乎全部因品質低劣而被丟棄外，更造成農耕時期人力上的浪費。這些缺失的代價就是中國罕見的饑荒，以及 3,000 萬人民因饑荒而喪生。

第三節　文化大革命的風暴

大躍進是 1949 年以後中共政治的轉捩點，因為這場災難首先在盧山會議中，有當時國防部長彭德懷上萬言書發難，他指陳農民的困境，嚴重影響到軍隊的士氣，並指責冒進主義的危險性。會議上中共領導階層雖然仍以團結為重，支持毛的領導，但是彭德懷及中共參謀總長黃克誠卻被整肅。中共高層間的裂痕至此已隱隱欲現。毛澤東將國家主席讓給劉少奇出任，鄧小平則擔任黨的總書記，至此決策體系分成第一線及第二線，毛退

1981).

居幕後，由劉鄧二人執掌日常事務的運作，大躍進也被迫在政治失敗與政策退卻之間作了選擇。

　　1960 年起的政策調整包括兩個截然不同的內容。一是維繫人民公社的制度框架，但是作了大幅度的調整，如縮小人民公社的規模，並確立以生產隊為基礎的所有制，解散公共食堂，改善工分制及生產隊的內部管理。二是承認農民家庭在集體經濟中的地位（如准許自留地，自留畜和家庭副業），開放城鄉自由市場，允許包產到戶甚至分田單幹。這次的政策退卻產生三大影響，第一，農村生產逐漸恢復；第二，家庭副業合法地位的取得，以及公社制度的緊縮，強化了農民對集體公有制的談判籌碼，迫使國家在日後進一步改革集體公有制；第三，毛大權旁落，對政策調整及所產生的後果益發不滿，伏下了文化大革命的種子。

　　政策調整的結果導致農村生產增加，家庭副業的合法化則逐漸形成農村中富農及貧農地位之別，以及造成農村幹部的腐化益趨嚴重。第一個經濟計劃執行中間，毛本人所不願見到的一些現象，又重新出現。劉鄧與毛之間的基本歧見仍在於經濟發展重要還是階級平等重要，革命熱忱之維持和持續的階級鬥爭與國家制度化的機制和穩定的價值孰重，還有對幹部的管理應透過黨的組織，還是群眾運動的批判。

　　當毛確定他無法挽回經濟改革的方向及其後果，並認為劉鄧的改革路線已經偏離社會主義建設的時候，他在 1966 年發動了文化大革命，要引導中國回到他所設定的正途。因此文革的目的有三，第一，培養革命的接班人，使年輕一代能夠永遠具有革命的熱情，並執著於不斷的革命價值；第二，透過青年紅衛兵的動員，摧毀劉鄧所掌控的黨機器，重建奉獻無產階級的黨組織；第三，將政策從「資本主義路線」，恢復到他所認為正確的社會主義道路上❻。利用他的影響力及其魅力，毛成功地組成效忠的軍方領

---

❻　文革的參與者與被犧牲者曾出版好幾部身受迫害的實況，記載恐怖記實，中文本包括嚴家其的《文革十年》，鄭念著名的《上海生與死》，都曾是暢銷書。英文著作則有 Gao Yuan, *Born Red: A Chronicle of the Cultural Revolution*

袖，激烈的理論家，以及學生的聯合陣線，來挑戰任何他們認為背叛毛澤東思想的「走資派」。毛澤東動用的利器，仍是他所偏好的群眾運動及烏托邦的理想主義，但是所採取的手段卻是更多的暴力，目標則是對黨和國家進行政治淨化，而非加速經濟發展。

文革的第一個時期 (1966-1969) 有 2,000 萬的高中及大學生所組成的紅衛兵，加入「造反有理，革命無罪」的行列，將全國捲入無政府狀態。紅衛兵們到處串連流動，破壞歷史古蹟，殺害他們認定的「階級敵人」，凌辱無數的知識份子，及鬥爭劉鄧等一批所謂的走資派及其家人。在這段期間，有些紅衛兵固然沉迷於毛思想中的理想主義，而參與鬥爭行列，但是有些則是在享受到權力的滋味後，掀起派系之間的鬥爭，因此全國到處出現武鬥，一片混亂。

第二個階段 (1969-1971) 是毛有鑑於紅衛兵運動失控，社會秩序有崩潰之危，因此下令人民解放軍出動，停止紅衛兵的暴亂。大部份的年輕反叛者，因此被下放到偏遠地區或鄉村，向勞工及農民學習，接受再教育。因此這個時期是軍人把持政治時期，大部份地區黨組織重建後的革命委員會，是由當地軍人主導而組成的。

第三個階段從 1972 年到 1976 年，此時文鬥武鬥均告一段落，毛奪回黨組織的願望得到成功。但是支持階級鬥爭及永久革命的毛派黨領導人與主張轉移到經濟發展及現代化的溫和派之間的爭執，逐漸又浮上檯面。這期間鄧小平曾在 1973 年復出，但是在 1976 年初又再度被鬥下臺。

第四節　後毛時代的改革與衝突

文革快結束前，毛已垂垂老矣，因此除了政策路線之爭外，繼承權也是兩派爭執的焦點。當毛於 1976 年 9 月逝世後，一批年邁的將領與溫和

(Stanford: Stanford University Press, 1987); Liang Heng et al., *Son of the Revolution* (New York: Vintage, 1984).

派領袖所組成的聯合，在一個月內發動政變，逮捕以毛遺孀江青為首的四人幫，並對其餘黨員進行清算。長達 10 年的文革終告結束。發動政變的那批領袖們，在發現到中共黨國命運因為文革的動亂，而正面臨嚴重的權威及正當性危機後，於 1977 年決定請鄧小平再度復出，希望以他的人脈和經驗，來幫助中國的重建工作。

鄧小平快速鞏固他的權力地位以後，決心全力推動改革。但是他首先作好思想工作，提出「實踐是檢驗真理的唯一標準」，並發動全國各界進行討論。這項討論目的在讓黨員認識不能事先就認定非走社會主義的路線不可，而必須經過檢驗看可不可行。接著中共在 1978 年第十一屆中央委員會第三次大會上發表公告，宣佈大規模的階級鬥爭已經結束，今後黨的工作是推動經濟現代化。然後許多在文革中被清算的資深黨員都宣告復職。這些基礎工作作好以後，鄧就開始他的改革工程。

鄧的改革分三方面，第一，是先從 1978 年起推動農村經濟改革，然後在 1983 年進行城市經濟改革，以成本反映物價，國營企業自負盈虧。第二，進行黨的體制改革，停止黨員職務終身制，以提高黨政要員的教育水準。第三，對外採取開放政策，增加跟世界各國的接觸。這些層面的改革根本改變了原本國家對社會的全盤控制，社會的自主性因而增加，意識形態的角色也漸趨式微，不再是制定政策的指導方針。

但是改革與開放也帶來一些政治上的後果，知識份子要求自由與民主的呼聲此起彼落。因此在 1980 年代初期先後發生社會主義精神汙染及資產階級自由化運動。最後在 1989 年發生六四天安門鎮壓及屠殺學生民主運動人士的事件，使改革的路線似乎又要受到質疑。

【第四十一章】
鄧小平的經濟改革

10 年文革結束後，中國無論是在政治、經濟、社會以及精神上都陷入一片疲乏衰敗狀態。政治上黨政機構受到紅衛兵及革命群眾的摧殘及破壞，急待重整或復原；經濟上毛澤東所強加的激烈路線，使農村及工業生產急遽衰退；社會及精神上，歷經長期激烈的群眾運動，人民已經不堪紛擾，急盼恢復寧靜的正常生活；社會秩序及倫理更是急待重建。就是在這些背景下，四人幫的被捕及鄧小平的復出被視為終止革命政治，邁向正常政治的必要作為。

另方面，鄧小平的復出與改革則是對民心思治，以及對中國浪費了的 20 年時間的一種反應。從毛發動大躍進以後的 20 年間，日本成為世界經濟強權，緊跟著是南韓、臺灣、新加坡以及香港循著日本的模式，也發展成為「亞洲四小龍」。毛澤東狂熱的群眾運動及階級鬥爭，使中國和外面世界的差距快速拉大。鄧小平所標榜的改革路線自然很快得到支持。

在發動各項改革時，中國有許多條件是前蘇聯所沒有的。第一，毛澤東主宰的激烈路線為時僅 10 多年，對黨的傷害有其限度，不像史大林在位長達 30 年，幾乎將一些黨的菁英殘殺殆盡。中共許多務實的資深黨員卻能在文革之後復出，快速使黨政秩序很快穩定下來，也有助於改革的推動。第二，許多高級官員在文革中被鬥的實際經驗，使他們親身體會到個人獨裁和意識形態的狂熱，所帶來的傷害和苦痛。第三，1956 年第八屆黨代表大會所奠下的基調，就是 1978 年第十一屆中央委員會所定下的改革藍圖，二者皆強調放棄階級鬥爭，強調經濟發展。

就是在這些背景下，從 1978 年起，中國在鄧小平主導下，開始進行一場影響深遠的經濟改革。為了便於瞭解改革的內容，我們先從毛澤東激烈模式的內容談起。

第一節 毛澤東的集體經濟：內容與影響

傳統的社會中一向存在著「天高皇帝遠」的說法，說明中國歷代朝廷國家權力深入性不及於基層的事實，也反映出傳統的國家一直沒有能夠扮演經濟發展推手角色的部份原因。中共建政後，憑藉它強力的黨組織，使國家權力有效深入各個鄉村基層，並決心要以其所崇奉的意識形態作基礎，將中國帶到現代化的境界。在中共的黨國機制下，新的國家不只超越傳統的國家，對社會進行全面控制，而且干預到廣大農村農民家庭的生活，甚至控制農業產品的生產，交易和分配。因此對社會而言，從 50 年代以後，中共所控制的國家機器，不再是「天高皇帝遠」的道德國家，而是無所不在的控制和影響。國家不只要改造整個舊社會，還要從根本上侵入農民的土地所有權，逐步實施集體經濟，作為達成共產平權性社會的手段，並完成中國的現代化目標。

中共實施集體經濟制度可分成三個階段，在第一個階段是從政策上限制農民個體戶的所有權，規定每家每戶的糧食和棉花生產指標，對農民產權的使用，收益和轉讓給予某種限制，管制和干預。這些政策造成農民所有權的「殘缺」，等於是農民仍然擁有土地所有權，但是由國家和農民共同享有土地的產權，可說是消滅農民所有權的第一步。

第二個階段是國家著手消滅農民殘缺的所有權。首先是將農民組成生產互助組，讓農民從事集體的生產活動；然後組織初級生產合作社，將農民的主要財產如土地和家畜予以合併，接著就是成立高級生產合作社，消滅農民在生產活動上的分紅。這個階段的財產公有化已經逐步成形。

第三個階段是大躍進期間組成的人民公社，進一步推行公有化制度。人民公社的範圍更大，組織更複雜，而且還帶有全民所有制的成份❶，將在不斷發展中繼續增長的全民公有制，逐漸代替集體所有制。在全民公有

---

❶ 杜潤生，《中國農村經濟改革》（北京：中國社會科學出版社，1985）。

制下，不但所有的生產工具及資源屬於全體現存人口，而且還屬於未來誕生的所有人口。也就是說，在人民公社的制度下，國家不只消滅了傳統農民的家庭私有權，同時更消滅了一般意義上的私有權，因此傳統的市場交易固然成為多餘，而且跟第二階段人民還擁有退社權的情形不一樣，一旦被編入人民公社，人民就不准退出公社。

中共所進行的農業集體經濟制度，除了希望達到社會平權的境界外，還希望強化國家對經濟資源的集中動員和利用，以加快推動工業化，特別是優先發展重工業，以為革命後新政權合法性的重要基礎❷。這種制度下，國家有效地拆除了農村社會幾千年來的所有權藩籬，行政權力全面侵入鄉村。高度集中動員農民的體制也得以確立。特別是革命後，中國農村的農民土地所有權，是經由中共所發動的群眾政治運動，進行對地主產權的剝奪後，再按照家庭人口分配土地而取得的，並非經由土地交易而獲得的。既然是由政治運動和國家而創造了土地的所有權，國家當然也可以透過政治運動及國家意志的改變，來廢除農民的土地所有權。

農業集體化制度的另一面是，人民的經濟及政治生活全部為國家所控制和規範，形同國家統合主義下的極權社會。前蘇聯和毛澤東本人都相信，在國家嚴密控制下的農村集體經濟，往昔的農村市場交易費用可以完全省略，會有助於國家資本的累積。但是毛本人及其幹部所沒有想到的是，國家所必須投入的組織及控制的費用卻可能因此而相對增加，甚至要遠比收益總額增加得更快。中共在農村的國家控制支出費用增加，先後出現兩個顯著的高峰期。第一個是在 1957 至 1961 年間，而以 1960 年為尖峰期；第二個則是在 1972 至 1981 年期間，而以 1980 年為高峰期。兩個高峰期剛好都是中共正在進行農村經濟政策大調整。特別是在第一個高峰期間，正是 1958 年大躍進全面展開的那一年，農業生產總量比 1957 年下降約5%，1959 年則又比前一年降 15.9%，1960 年則下降約 22%，1961 年降幅更達51%。這些數字所代表的意義是，農村人口糧遠低於生存的需求，

❷　宋國青，《經濟增長和經濟結構》(北京：中國百科出版社，1982)。

因而造成約 3,000 萬人因饑荒而死亡❸。

　　這種因為經濟制度而影響到農業生產的衰退，印證了 North 的論點：
「國家的存在是經濟增長的關鍵，但是國家也是人為經濟衰退的根源」❹。
在集體經濟制度下，國家控制整個社會資源，使得社會沒有發展基礎結構
的能力，因而造成國家與社會的失衡，和發展潛能的喪失。另方面，這種
完全由國家來界定產權變革的方向，而無需經由與社會協商對話的環境裡，
不只消滅了社會的自主性，而且摧毀社會的積極性，使經濟無法成長。結
果就造成上述所指出的，農業生產量跟原先進行集體化運動時所預期會出
現的生產量截然不同的結果。第三，農業生產中集體組織對其成員勞動的
激勵不足❺，也造成積極性偏低所引起的效率損失。

第二節　1978 年以後的農村經濟改革

　　農業生產的大歉收，迫使中共於 1960 年在政策上作了第一次調整，
調整的方向主要有兩方面。其一是將人民公社的規模縮小，確立以生產隊
為基礎的所有制，並改善生產隊內部的管理，約束黨幹部的紀律，以及解
散公社食堂。第二，准許農戶經營土地生產，實施包產到戶，開放城鄉自
由市場。這兩項調整一方面在農民的自主性與國家保留人民公社框架之間
取得調和，後者則為防止農村重演饑荒的安全機制。雖然隨著文革的爆發，
政策上的退卻也宣告結束，但是卻使農民增強了對國家集體談判的地位，
為其後改革集體公有制奠定基礎。

　　四人幫被整肅後，中共暫時擺脫路線之爭所引發的菁英衝突，但是農

❸　Justin Lin, "Collectivization and China's Agricultural Crisis in 1959-1961,"
　　Journal of Political Economy, Vol. 98, No. 6, 1990.

❹　Douglas North and Robert Thomas, *Structure and Change in Economic
　　History* (W. W. Norton & Company Inc., 1981), p. 20.

❺　杜潤生，《中國農村經濟改革》，頁 116。

村經濟結構所造成的生產衰退和農民貧困，卻依然嚴重。1974 至 1977 年間農業總生產率一路下降。因此隨著客觀環境的變化，鄧小平所稱的「二次革命」於是開始推動❻。第一，由於長期的經濟錯誤，毛澤東對國家權威的濫用，以及權力繼承危機，使得國家對社會的絕對權威嚴重地被削弱；第二，越戰之後，美國對外戰略趨保守，並積極爭取中共來制衡前蘇聯，中共對外戰爭的威脅減輕，使鄧小平可以放心採取改革及對外開放的政策；第三，有過第一次政策退卻的經驗，農民自主性提高，敢於在生計受到威脅的時候，自行尋找解決問題之道。

　　1978 年以後中共所進行的農村經濟改革，事實上是由農民自行實施，而後再由中共中央接受既成的改革事實。由於這種改革是由下而上開始的，因此很快就普及到許多農村地區。原先在第一次政策調整時所出現的包產到戶，是由農戶按照生產隊所規定的產量，承包進行合約生產，每年年底超過承包產量的部份，由集體予以分成獎勵。但是 1977 年安徽省一個極度貧困的縣，因為面臨嚴重的旱災，農民除了延續包產到戶的制度外，並進一步推動新的包幹到戶的生產模式。這種模式是由農戶承包集體所有的土地，條件則是由農戶依照土地常年的產量，向國家上繳及對集體生產隊作提留。套用農村最流行的觀念，就是「交夠國家的，留夠集體的，剩下都是自己的」的一種新制度安排，將全部可支配的土地資源，首先投入家庭生產，然後由農戶保證至少在不損害國家和集體既得利益的前提下，增產歸自己所有。

　　這種制度基本上讓土地所有權跟產權（使用權）分開，是農民窮則思變，以及落後貧窮地區不得不進行制度創新而出現的。它的好處是，使農民可以在最基本的私產制度下，通過市場的調節，來安排自己的資源，如此就可以保障農民積極和主動投入生產激因，同時提高農民對自有資源的

❻　Deng XiaoPing, "Reform Is China's Second Revolution," March 28, 1985, in *Selected Works of Deng XiaoPing (1982-1992)* (Beijing: Foreign Language Press, 1994), pp. 119-120.

利用效率。將公有資源承讓給農民的私產制度，成為二十世紀 80 年代，中國農村經濟政策的基本走向，農村的生產單位實際上又回到傳統的農戶，所不同的是農戶必須同時向國家及生產隊負責。根據中國國家統計局 1993 年所公佈的數字，中國農村總資產中的 77.29% 為集體所有的土地和企業資產，22.71% 為農戶私產；但是全部集體資產中的 95% 以上，已經長期承包給農戶和個人經營，仍由集體經營的部份不足 4%。因此由農戶和個人長期承包經營的社區集體產戶，已構成目前中國農業生產活動最主要的制度形式。

隨著國家對經濟制度採取較為彈性的態度，以及農村因地制宜的各種創造性安排，承包產權有可能進一步演化。但是由於農戶責任制的實施已經大幅促進農業的發展，農作物產量提高三分之一。除了解決困擾 30 年的糧食危機外，農村改革不只改變農村生活，並且對中國產生廣泛的影響。第一，由於稻米雜糧產量增加，其他副產品的耕種，以及農村副業的恢復，造成農民收入的提高，使農民更有能力購買更多的物資，因此有助於工業的成長，特別是農民普遍加蓋新屋刺激建材業的蓬勃。第二，農業效率大幅提昇的結果，使農村釋出大量的勞動力，使這些人得以加入鄉鎮企業，其所得進一步增加農戶的收入。

第三，人民公社於 1980 年代初期宣佈解體後，所釋出的農業勞工，很快地因為到各地從事物質的買賣，造成新流動管道的增加。影響所及，不只農民擺脫傳統幾近孤立的農村環境，增廣見聞，而且帶動新商業知識的出現。最後，農村改革的成功以及公社的破滅，改變農村的國家與社會的關係，並提供改革成功的例證，從而帶動人民要求在其他經濟部門進行改革的呼聲。

第三節　中國的工業改革

鄧小平在 1978 年提出的「開放與改革」的政策，農村經濟制度中的

產權變革只是其中的一環。解決農村的生產問題固然是中國現代化的重要
課題之一，但是整個現代化目標的達成，卻有賴於城市工業部門的改革和
效率的提昇，特別是國有企業的改革及私有化，以及內部私有部門的發展。
國有企業是共產體制下集體經濟的重要特徵，但是其生產效率及品質之低
劣，卻是每一個社會主義國家共同的包袱。這一點主要看東德為西德所接
收後，德國聯邦及邦政府為德東地區的重建，所支付的昂貴代價，就可知
一斑。中國國營企業的改革及私有化，一方面是鄧小平城市經濟改革的主
軸，與農村體制改革一樣有其急迫性，另方面則是產權多樣化下的重要政
策目標。但是國企改革從 1984 年全面推動以後，卻一直沒有滿意的進展。
在他們所進行的 4 個城市國企改革的研究中，Huang 及 Duncan 的結論認
為：「在經過 16 年的改革後，國有部門的財政表現極度不好；一些舊有的
問題如軟預算（作者註：指國營企業如有虧損，企業本身不必負責任，仍
由國家補貼）以及經濟效率不彰，仍然存在。一些新的問題如國家資產的
大量流失則不斷出現」❼。

　　從前蘇聯國企的改革過程來看中共的國企改革，可以發現二者有許多
相似之點。在改革的成效上，兩國都同樣失敗。兩國都試圖要改進國營工
業的內在及外在環境，要更加重視企業的利潤，並引進經營合約以便能改
善管理的表現。但是效果都非常有限。兩國也都面對相同的問題和困難，
例如兩國的企業改革都導致工資沒有節制的上漲，由於計劃和市場價格間
的差異，使得國營經理及官僚都能從中獲利，因而造成大規模的腐化。還
有因為改革減少了部門官僚的權力，造成保守派及官僚對改革的抗拒。這
些問題有許多是因為 1989 年天安門廣場上的學生示威而曝光。

　　但是兩國在國企改革上的失敗，所造成的結果卻並不相同。俄羅斯聯
邦共和國成立後，由於社會主義制度改革的失敗，以及同時造成的腐化和

---

❼　Deng Ping Huang and Ron Duncan, "How Successful Were China's State
　　Sector Reforms?" *Journal of Comparative Economics* 24 (February
　　1997).

官僚干預，認為既然片段及階段性的改革，並沒有解決前蘇聯的經濟危機，那麼只有訴諸於激烈的震撼性療法的手段❽。相對之下，中共所採取的除了只對經濟，而沒有及於政治，作漸進片面的改革外，中共國企的改革只是範圍更大的工業變遷中的一部份而已。當中共的國企改革開始受到挫折的時候，它在吸引外國投資上的改革，卻正開花結果，而且鄉鎮企業也正起飛。這兩種前蘇聯改革時期所沒有的條件，正是中共在改革與開放過程中，國家機器的權力與基礎沒有減弱反而增強的重要原因。

中共從 1979 年公佈第一個中外合資法之後，外國資金就開始湧入，1980 年並在廣東省的珠海、汕頭、深圳以及福建省的廈門等四地建立經濟特區，供外國作直接投資 (Foreign Direct Investment, FDI)。四個經濟特區在早期無論是地理上，組織上或法律上，都跟內部的經濟分開，但是吸收外國直接投資，卻是鄧小平改革與開放政策中的主軸。它的目的是經由外資的引進，來克服資金的短缺，並引進外國現代科技及設備，以及管理技術，來補充社會主義下的國有經濟。中共最初只是將 FDI 當作一項被動的工具，由國家直接控制及指揮，但是隨著國家政策的鬆綁以及法令的自由化，以及地方官員和外國投資人之間的互動結果，FDI 逐漸成為中共最成功的改革政策之一。

1980 年代中葉以後，中共總理趙紫陽將開放政策的範圍擴大，制定沿海發展策略，將外人投資範圍擴大到浙江，江蘇及山東等東南沿海省份。到 1995 年外國投資企業佔中國工業總產量的 19.5%，到 1996 年外資出口佔中國出口總量的 40.7%。隨著 FDI 越來越成為中共經濟的重要一部份，它的影響也日趨明顯。第一，地方官員在授權核准外國投資計劃時，取得更大的自主權，中央與地方關係的原有型態開始改變；第二，由於國企在 1990 年代有一半處於虧損，而且其中大部份還負債，因此負責改革的官員為了避免國有部門破產，財政危機以及大規模失業，在 1997 年年底第十

❽　Anders Aslund, *Gorbachev's Struggle for Economic Reform* (London: Pinter Publishers, 1991).

五屆黨代表大會期間，提出國企的改革政策，在「捉大放小」的原則下，准許中小型國企改變所有權，同時進行大規模的私有化❾。因此使外商所購得的國企，慢慢變成私有化過程的重要部份。

第三，中共開放外資的結果增加人民就業的機會，也減少國企對改革的抗拒，並降低國企所面臨的壓力。但是從中長期來看，外國投資部門等於在中國大陸的社會主義經濟下，建立資本主義的實驗室。這種私有經濟的成功會使經理人員及黨內改革者增加他們對改革的支持；甚且隨著地方官員自主力量進一步抬頭，國家控制改革過程的能力會隨之降低。屆時中共如何面對遠離社會主義的指控，以及將公共所有制作適當的定位，都是深具思考性的議題。

---

❾ Jean-Francois Huchet, "The Fifteenth Congress and the Reform of Ownership: A Decisive Stage for Chinese State Enterprises," *China Perspectives* 14 (November–December 1997), p, 17.

【第四十二章】
改革過程中的菁英衝突

　　就如同其他共產國家一樣，意識形態是中共制定政策的指針，任何偏離馬列主義及毛澤東思想的作為，都會被視為修正主義或走資本主義路線的異端。但是要以一套固定的思想框架，來適應變動不居的社會現實，必然會面臨窒礙難行的困境。因此從 1949 年以來，中共內部幾乎是不定期地會出現務實派（或改革派）與保守派（或教條派）之間的路線之爭。這種路線之爭發展到最後，就是權力上的零合鬥爭。大躍進中的彭德懷以及文革中的劉少奇和鄧小平的被整肅都是著例。路線之爭就像魔咒一樣，每隔幾年就會出現一次。當務實的經濟發展，使社會結構開始出現貧富差距，官僚化的現象逐漸浮現的時候，保守派的焦慮就會昇高，原先的政策路線最後就會被毛澤東的激烈主義所取代，然後整個社會的經濟生產也就屈服在平權主義的無上價值下，造成人民生活的困苦。中國大陸所喪失的寶貴20 年就是這個寫照。

　　鄧小平在 1978 年起所推動的改革與開放政策，一開始也正如 1956 年第八屆黨代表大會一樣，是在共識政治的基礎上啟動的。但是進入 1980 年代以後，隨著改革與開放過程中出現了贏家與輸家，以及國家與社會間的關係出現變化，中共高層所面臨的，就不是單純的經濟發展而已，而是關乎應該建立什麼樣的社會，以及平權與富裕的價值執重等關乎政治及意識形態中的制度問題。以鄧小平為首的改革派就是一邊在「摸著石頭過河」中尋找改革的方向，而另一邊則是在意識形態的戰線上，需要克服一波又一波來自保守派的挑戰中進行改革。

第一節　農村經濟改革的影響

　　1970 年代農村因為人民公社下的集體經濟制度，造成農民生產動機的低落，農業生產量大幅滑落。面對農村嚴重的糧食危機，許多省份的農民創造了農戶責任制的承包契約。這項農村經濟由下而上的創新制度，很快地獲得中共的贊同，正式成為農村經濟改革的主軸。但是農民擔心中共的政策會再發生變化，因此一再要求延長契約的年限。這項契約從 1980 年代逐步延長為 15 年，到 1995 年更延長為 30 年。農民希望藉此讓耕作的農戶，可以有更充份的時間來規劃他們的生產和投資。一旦農村勞工不再受公社制度的限制，農業生產量立刻大幅增加。

　　但是對農村面貌影響最大的卻是鄉鎮企業的興起。早在 50 年代毛澤東為了促進農村工業化，就出現了生產合作社的工副業經濟；人民公社時代這種工副業繼續存在，但是卻經常被批評為集體資本主義，形容它突破國家的計劃控制，而由公社來組織農民，從事農事以外的經濟活動。1980 年中共進行稅制改革，准許地方保留部份課徵的稅收，以增加地方的稅入。這項稅制後來又擴大到工業部門，希望刺激地方增加新稅源的動機。因此鄉鎮企業就逐漸興起。如果說農戶責任制下的家庭經濟是一種個體的突破，那麼這種鄉鎮企業的普及，就是一種對中共統制經濟的集體突破，代表中共改革最成功的成就之一，並且是其他社會主義國家所沒有的制度，稱得上是異軍突起的一種制度創新。

　　鄉鎮企業的發展當然跟國家稅收上的鼓勵有關，但是卻跟地方政府的扶植及領導的能力關係至為密切，而形成一種由地方政府跟農民所組成的「地方統合主義」(local corporatism)❶，也就是由大家集體創造地方利潤，其剩餘利益則由地方及農民分享。因此鄉鎮企業是由地方政府提供各種生

---

❶　吳玉山，〈探入中國大陸政經改革策略之研究：一個比較的途徑〉，《中國大陸研究》，第 46 卷第 3 期，2003 年 5-6 月，頁 21。

產條件，甚至取得銀行貸款，為其開拓市場，擴大營業範圍。事實上形同一種私有化或隱藏性的產權變革❷。

隨著農村改革的成功以及工業生產的增加，中共於 1984 年公佈一項重要的改革計劃：「經濟結構改革決定」。這項決定使中國大陸的市場力量大量增加，也使改革進入一個新紀元。鄉鎮企業原本就依賴市場來銷售它們的產品，當市場需求改變，其產品的內容跟著發生變化。因此從此鄉鎮企業出現快速的成長。在 1978 年總共約有 2,700 萬的勞力，生產總值佔大陸總工業生產量的 9%，到 1994 年鄉鎮企業僱用約 1 億 2 千萬的農工，工業產值佔全國的 50% 以上，產品佔大陸出口的 20%❸。農村中的許多農戶所得的收入，大部份是跟鄉鎮企業所僱用的非農業行業有關。

農村經濟改革成功的結果，產生了一些重要的政治結果。首先是農民的經濟生活擺脫對國家的依賴，收入和教育都隨之而提高，農民從農業市場及外界的接觸中，不再如往昔般侷促於封閉的農村環境。因此當他們對外界認識增加的時候，他們就不再是傳統農業社會中的順民，對政府的政策以及鄉村幹部的行為，常會有批判及抗議性的動作，諸如農民及農工集體組成協調性的抗議隊伍，到上級政府進行請願或抗議。這種「上訪」的動作對於國家及幹部的權威，當然會產生規範性的制約作用。

第二，由於鄉鎮企業的合法化以及其快速成長，使得許多農村社區擁有自己控制的經濟事業，以及固定收入的財源，因此它無須事事仰賴國家的支持或輔助，也就不再有絕對服從國家控制的必要性，這正如同農戶有了自有的家庭經營的土地以後，增加了對集體談判的地位一樣。農村所出現的這兩樣「新生事務」，都使國家所管理的事務範圍縮小。影響所及，保守派菁英對於國家經濟改革的範圍，開始出現批評的聲音，埋下了 1980 年代以後菁英衝突的因子。

第三，在鄉鎮企業進入了市場的活動領域，以及其他包括外資及個人

❷　吳玉山，前揭書，頁 22。

❸　朱光華，《政府職能和體制改革》（天津：天津人民出版社，1995），頁 336。

企業參與市場大餅的爭奪之後，國營企業的壟斷地位及其所獲得的利潤，都隨之降低。這些壓力所造成的結果之一，是迫使國營企業開始進行改革，更重視效率及市場取向。但是另一方面，鄉鎮企業的蓬勃發展不只促進大陸的經濟成長，紓緩農村人口就業的壓力，而且使國有企業的改革得到喘息和生存的空間。原因無它，鄉鎮企業的大筆營收儲蓄，為國有銀行所吸收，既強化銀行的體質，降低體質不良銀行破產的危機，又可將這批資金移轉到城市和工業部門，用來支持缺乏競爭力的國營企業❹。

第二節　改革中的政治經濟爭論

　　社會主義國家經濟改革的過程所牽涉的面向極其複雜，因此困難度也很高。傳統的社會主義講求價格補貼，而且因為國家控制一切生產工具和生產資源，因此談不上市場競爭和私人所有權的問題；還有宏觀經濟體系如銀行及金融機構只為國營企業服務，因為呆帳太多，體質普遍不佳。一旦國家開始推動經濟改革，所有上述所提到的機制，都必須提到改革的議程上。例如物價要反映成本及市場供需問題，市場機能要能充份開放競爭，才能促進經濟效率。所有權必須多樣化，銀行體制必須進行改革，才能有效配合經濟發展的資金需求。

　　在西方資本主義的國家中，上述每一個議題彼此的相關性本來就很大，每一個領域的變化，常會導致另一個議題的不良後果。社會主義國家從無到有的各種改革，所需面對的挑戰和壓力，比西方國家有過之而無不及。除了改革本身的困難外，改革還需要有優先次序的考量，以及因為意識形態的因素所必然要面對的抉擇，例如改革的程度要有多大，速度要多快，要容許多大的社會及政治自由，黨的地位如何定位，以及中央集權的程度要有多大等等。就是基於此等改革的面向，考慮的要素，以及所可能產生的後果，因此在鄧小平進行改革的過程中，中共內部的菁英衝突並沒有因

❹　吳玉山，前揭書，頁22。

毛的過世而終止。所不同的是，菁英衝突不再像文革前動輒訴諸於群眾運動，也沒有激烈的鬥爭。

最初出現的爭論集中在社會主義市場經濟及開放外資及對外貿易的議題上。以鄧小平為首的改革派強調透過農村長期改革以及建立市場機制，來刺激農村生產和增進競爭和效率的重要性；鄧同時重視讓經濟與國際社會接軌，進行對外開放的重要性。但是以中共元老經濟專家陳雲為首的保守派，卻主張「計劃經濟為主，市場經濟為輔」的發展策略。在 1956 年他就首先提出擴充市場機能，作為熱絡經濟的手段，但是在 1980 年代，他對市場角色的看法仍然未變，所強調卻是「鳥籠經濟」，意思是說中央計劃經濟是「鳥籠」，鳥是代表市場經濟，但是它不能超越社會主義經濟的範圍，以免使中國偏離社會主義。

陳雲在 1950 年代是中共著名的改革派（或稱右派），但是在 1980 年代以後，他在政治光譜線上的位置卻是保守派（或稱左派）。這種情形反映出一個事實：鄧小平與陳雲都是標準的共產黨員，都強調黨的專政地位不可改變（戈巴契夫在改革時也有同樣的堅持）。不同的是，鄧認為經濟改革是維持中共一黨專政的關鍵，黨的政治地位不會因為改革而受影響；但是陳雲著眼的卻是經濟改革如果衝得太快，可能會改變中國社會主義國家的本質，並威脅到黨的專政地位。

陳雲與鄧小平之間最重要的爭議焦點，是在讓中國在政治、經濟及外交上對外開放的議題上。過去二十多年以來，中國經濟的國際化及外交上的積極參與國際事務，與毛澤東時代的半孤立政策及自力更生的主張，成一強烈的對比。對鄧來說，將中國對外開放並在政治上跟世界接觸，是改革中最重要的一環。因為沒有國際市場，外國的科技和資金，以及管理技巧，就無法帶動市場化的機制或快速的經濟成長。這也正是日本以及亞洲四小龍所採取的以出口帶動成長的模式，目的是要以低廉的國內勞力，來生產國際上所需求的商品，然後利用所賺取的利潤，來支助經濟的現代化。但是陳雲（以及其他黨內保守派）所關切的是，這種策略所必然造成的貧

富差距之拉大，以及西方文化入侵所造成對社會主義精神的汙染，還有對西方國家依賴程度的增加。事實的呈現也的確驗證了這些關切。

在 1978 年中國對外貿易只有 260 億美元，到 2000 年時已達到4,740億美元，佔全國 GNP 約 20%，中共已成為世界經濟中的主要貿易國。到 2002 年中國大陸已經成為世界最大的製造業中心，除了出口紡織業、輕工業產品，以及農產品外，許多世界各地的產品是先運到中國大陸加工後，再轉運出口。中國大陸進口以機器、科技及工業物質為主，對外輸出以美國為主要市場。因為中共享有每年 600 億美元以上的貿易順差，所以近年來美國一直要求中共調整人民幣與美金間的匯率，但是關係到大陸的出口利益，中共一直沒有回應，這項議題已經成為雙方關係爭執的焦點之一。另外有關智慧財產權如電腦軟體，錄影帶等等的盜版問題，也是造成雙方週期性出現緊張關係的原因之一。

香港及臺灣對大陸所作的投資，是中國大陸對外開放的關鍵。在中共對外開放前後，香港的工資已經昂貴到必須尋找出路，來維持它的經濟成長。大陸的開放正好讓香港的管理長才、財政資源以及市場專業，得到最好的互補。香港的製造業利用地利及語言之便，在廣東的深圳特區建立合資企業，以當地豐沛的人力資源從事製造業，向國際市場銷售。到 1980 年代末期，香港企業在廣東所僱用的員工，已遠超過在香港的人數❺。

臺灣在 1980 年代中葉同樣面臨工資高昂，土地成本高漲的難題。當臺灣開放外匯管制的時候，當地的企業家也紛紛利用語言上的優勢（包括閩南語及國語）向福建省進行投資。當台灣為大量的資金外流而備受困擾的時候，大陸所吸收到的臺灣資金，歷年來卻高達 700 億美元以上的總額。

臺灣、香港及中國東南沿海地區的投資和貿易往來，所形成的經濟三角，對三地的經濟繁榮和產業結構都產生重大的影響，因此華人大經濟圈的概念常常被提出。

---

❺　Ezra Vogel, *One Step Ahead in China: Guandong Under Reform* (Cambridge, MA.: Harvard University Press, 1991).

第三節　菁英衝突的昇高 (1984-1989)

　　鄧的改革確實給中國大陸及其人民帶來龐大的經濟利益，但是卻也產生許多社會不滿的情緒和日增的政治紛擾。犯罪、吸毒以及其他在毛澤東時代未曾出現的社會問題，算是改革後的「新生事務」。經濟改革使得中共基本的社會福利結構起了根本的變化，造成許多農民和勞工的流離失所。經濟成長所造成的貧富差距拉大，以及郊區與城市之不平衡發展，和內陸與沿海省份落後與繁榮之別等等，凡此都觸及到保守派及毛澤東思想中基本的價值問題，也自然涉及中國大陸究竟要建立什麼樣的制度，還有整個改革到底要走多遠的根本爭議。最後的一切問題還是回歸到馬列主義及毛思想是不是還要在政策形成過程中，扮演指導性的角色？

　　這些理念層次上的爭議一直只是暗潮洶湧，只要沒有重大的事件發生，保守派就找不到著力點來向改革當權派開刀。1986 年初大陸發生通貨膨脹，還有一般文化及知識界人士針對改革以來日趨嚴重的黨政官僚貪汙腐化的問題，紛紛提出批判。保守派人士認為這是改革所造成的後果，知識界的批評浪潮，則無異是對黨專政的挑戰。面對保守派的質疑，中共總書記胡耀邦不只嚴加拒絕，並且主張進行新一波的「百花齊放」運動。改革派人士甚至主張經濟體制改革要想得到成功，就必須同時進行政治體制改革。在這種政治氣氛下，1986 年 12 月 19 個城市爆發了學生和平示威運動，物理學家方勵之夫婦公開被批判，並受到美國駐北京大使館的保護。這就是 80 年代中葉中國所發生的資產階級自由化運動。

　　1987 年 1 月中共免除胡耀邦總書記的職務，並全面展開反資產階級自由化運動，意圖清除改革以後，因為開放所帶來的自由及民主思潮，而引發的精神汙染。但是鄧所一手培植的接班人胡耀邦被鬥下臺的事件，卻顯示 1970 年代末期為了進行改革與開放所組成的政治聯合，開始出現裂痕。胡下臺後，鄧又任命趙紫陽接任總書記為他的繼承人。李鵬這位保守

派的中堅，則繼趙為總理，保守力量開始上揚。趙所面臨的問題跟胡在任時一樣，仍然是物價高漲和食物缺乏，以及強化黨對社會的控制問題。這些也正是保守派所緊抓住不放的趙紫陽的要害。只要再有一個事件發生，就可引爆另一波保守派鬥爭的火花。

這個鬥爭的火花真的在 1989 年的六四天安門事件中爆發。先是是年初學生及知識份子又紛紛起來示威批判，要求黨進行改革，並釋放異議人士。胡耀邦意外地在 4 月 15 日逝世，使知識界對這位自由主義的政治領袖的懷思，突然間轉變為具體的集會遊行示威。他們公開批評腐化官僚，爭取民主以及承認學生自主性組織，但是並沒有挑戰中共黨的領導地位。4 月 26 日《人民日報》評論員文章公開指責示威人群製造動亂，是一小撮反革命煽動家所領導的陰謀。學生及北京市民憤怒之餘，使示威規模更大，並進行罷課，事件有擴大趨勢。

趙紫陽在評論員文章出現之時，正在北韓訪問。當他回到北京後，於 5 月 4 日發表一篇重要演講，宣佈學生是基於愛國情緒。學生情緒雖然緩和下來，但是卻鼓勵其他團體包括教師、學者、記者、工人等加入示威，其他城市也出現抗議行動。當學生佔領天安門廣場的行動持續下去的時候，學生領袖的態度更趨強硬而激烈。中華人民共和國面臨 1949 年以來最嚴重的政治危機。

5 月中旬當鄧決定強力驅散廣場上學生時，趙拒絕對此背書，並在半夜親訪廣場上學生。中共隨即下令北京戒嚴，5 月底示威人群已經減少。6 月 3 日夜晚中共解放軍第 38 軍進入北京，並在天安門廣場四周槍殺民眾無數。天安門民主運動以悲劇收場，留下的是幾個懸而未決的問題：民運領袖爭取民主的策略，是否失之偏頗，而使爭取民主的力量一夕之間化為烏有❻？天安門事件之後，中共是否會繼續改革？中國大陸的民主前途如何？趙紫陽因六四而下臺，中共何時會像文革那樣為天安門事件平反？

---

❻　Merle Goldman, *Sowing the Seeds of Democracy in China* (Cambridge, MA.: Harvard University Press, 1994).

　　這些問題有的可能永遠找不到答案，但是有關中共會否繼續改革的問題，在六四之後有 2 年多的時間，確實是中共高層領導人士避談而又不敢談的敏感話題。1992 年 2 月鄧小平出訪廣東，並沿著長江流域一路作南巡講話，重申經濟改革的成效以及持續進行改革的必要性。這個講話使中共的開放改革的政策獲得確認，社會主義市場經濟正式成為政策的主軸，大陸在經濟上進入快速成長的年代，政治及社會上則是相對穩定的時代。江澤民獲得拔擢為總書記，中共又重建集體領導體制下的共識政治。

【第四十三章】
中國的政治經濟與發展

　　馬克思認為經濟及社會結構是下層建築，形同國家機關的基礎，當下層結構發生變化的時候，上層建築中的法律及政治結構會跟著發生改變。這種論點幾乎在每一個國家都會受到重視。因為經濟及社會環境的變遷，確實是促成政治制度改變的動力。但是諷刺的是，共產主義的國家中，這種說法卻未必完全在現實上會得到肯定。因為在社會主義國家中，國家是經濟行為的支配者，有雙重的經濟功能，一方面國家是社會經濟的管理者，另方面國家又是一切所有權的主體，掌控一切生產工具和資源。國家既然掌控社會所有的經濟，那麼經濟和社會結構的變化與否，以及變化的快慢及程度，也當然由上層建築來決定。換言之，國家，而不是社會，才是變遷的主體。只有當國家所主宰的經濟與社會失掉平衡，在根本上威脅到黨國體制的穩定性的時候，國家才會推動社經體制的變遷。

　　中共在 1970 年代末期以後，從集體經濟邁向社會主義市場經濟，正說明毛澤東浪漫色彩的政治經濟制度，既非計劃又非市場經濟❶，難以在現實的環境中發展下去。因為一種制度要能存在，必須使受制度約束的行為主體從中獲利，否則人民不會選擇和維護這項制度。因此鄧小平所進行的經濟體制變革的結果，還是回到馬克思理論的原點：國家雖然是制度變遷的動力，但是社會經濟多元化的結果，就會影響到國家與社會的關係，從根本上影響到政府角色職責的變化，使原有龐大的社會主義國家架構，也因此必須作相對的變革。經濟與社會的現代化確實帶來政治變遷的壓力。

---

❶　毛的經濟發展模式，見 Carl Riskin, "Neither Plan nor Market: Mao's Political Economy," in *New Perspectives on the Cultural Revolution*, ed. William Joseph et al., Harvard Contemporary China Series: 8 (Cambridge, Mass.: Council on East Asian Studies, Harvard University, 1991), pp. 133–152.

1989年六四天安門的民主運動活生生印證了這一點!

第一節　國家與社會關係之變化

　　中共在建政之初，雖然有過三反五反的鬥爭，以排除一切反共勢力，但是在經濟上，除了在農村進行土地改革，將農地重分配給農民之外，對資本家及農村的私有財產還是予以尊重。從1953年實施第一個五年經濟建設計劃起，為了建設中國的社會主義，並促進經濟成長，以快速的工業發展為目標，才遵循前蘇聯的發展模式。這個模式的內涵就是統制經濟，由國家控制所有的經濟資源，並由國家統一作經濟計劃，取代市場力量，作為經濟活動的主要決定因素。

　　這套經濟制度基本上左右了1953年到1959年之間的國家與社會的關係，再加上黨組織對社會無所不在的控制，事實上就是1930年代德義國家統合主義的再版。這個發展模式後來為毛澤東更為激進的發展策略所替代，具體反映在大躍進及文革時代的作為上。二者間的不同在於，前者是以官僚為主的政體，實行中央決策及規劃，黨政機構全面控制社會，較接近民間社會 (civil society) 的統治型態；後者則因群眾組織破壞黨組織，並衝擊到國家機關的正常決策機制，造成社會的脫序，是一個缺乏統合權威的群眾政體 (mass polity)。二者制度化的程度不同，所強調的群眾動員之重要性也南轅北轍，但是民眾成為政治體制下的順民 (subjects)，其結果卻是一樣的❷。

　　當文革動亂結束，中共的經濟制度全面向社會主義市場經濟轉換的時候，毛激烈而又浪漫的革命理念，也為鄧更為務實的「建設有中國特色的社會主義」的觀念所替代。國家機關的權威地位逐漸恢復，文革時代的群

---

❷　有關官僚政體與群眾政體的意義及其間的差異，見 Harry Harding, *Organizing China: The Problem of Bureaucracy, 1949–1976* (Stanford, Calif.: Stanford University Press, 1981).

眾激情不復再見。領導階層所強調的是政治的正常 (political normalcy) 與
穩定，因此文明社會所出現的官僚性政體，成為主宰國家決策過程的機制。
但是跟 50 年代初到文革時代為止不同的是，鄧尋求以降低意識形態的角
色，作為促進經濟成長及強化黨權威的處方。影響所及，社會步步走向去政
治化的方向，國家不再是階級鬥爭的產物和工具，而是促進經濟發展的動
力。因此國家縮小它對社會控制的範圍，允許個人有相當的自主性，發展私
領域的成長空間。這種國家角色的退卻及意識形態的式微，隨著經濟改革
下私有財產權的增加，對外開放所引進的民主和人權的觀念，和受到好萊
塢電影及臺灣、香港影響的大眾文化，很自然地改變了國家與社會的關係。

　　經濟改革之後所發生的重大改變之一，是私有經濟的成長。由於國家
准許人民經營自己的企業，因此上自律師，電腦工程師，下自理髮師和私
人餐廳，都成為個體戶的一員。到二十世紀結束前，共計有約 6,000 萬人
的個體戶。另外僱用員工在 8 名以上的私營企業，在二十一世紀初已成長
到 2,000 萬人。如果再加上受僱於外資企業的員工，則在私人企業工作的
人民，就達到將近 1 億人口的規模。這個數字還未加上近年來已經私有化
的鄉鎮企業員工。因此總合來說，非國家所能直接控制的社會空間，社會
力量和經濟制度，也就是一般所稱的民間社會 (civil society)，其範圍越來
越大。這種情形與改革開放前，黨和國家機器通過單一公有制的經濟制度，
經由人民公社、街道委員會以及單位制所形成的嚴密社會控制網絡，而將
所有社會成員全部納入政治生活領域的情形，實在不可同日而語。

　　這種民間社會的形成，雖然並不意味著跟國家處於對抗的地位，但是
卻使社會成員與國家間的關係逐漸鬆散，政府、單位、街道以及黨的基層
組織，所控制的範圍及能力都為之縮小及減低。這種現象一方面會增加社
會不穩定的因素，並減弱了社會的動員能力，但是另方面則使社會的彈性
增加，使社會自然形成一道防火牆，具備最起碼抵禦經濟及政治動盪的能
力。民間社會的出現也減輕了國家在管理及財政上的負擔，長期以往中國
傳統上講求關係，經營人脈的文化，將會為一個敢於自主地表示各自利益

和意見的社會階層所代替，社會成員也會更勇於使用法律，而非個人的身份來保護自己。

民間社會的形成既然跟國有部門的萎縮以及私有化和鄉鎮企業的隱藏性私有化有關，因而使中共的產業主力逐漸轉移到非國有部門❸，則中共從 1949 年以來所建立的單位制，自然就逐漸發生變化。有別於農村所特有的生產隊及人民公社，單位制是城市的人民跟國家互動的主要機制。透過單位制的形成，人民跟所服務的機關形成一種上下的依賴關係，在經濟資源上由所屬機關提供生活的必需品，如住房、工資、福利及子女教育的供應，在政治上則受到黨幹部的指揮及監督。因此單位制被稱為是一種扈從主義 (clientelism)❹，透過人民對所屬機關經濟生活上的依賴，完成了國家對社會的滲透和控制，也減少社會自主性集體行動的可能❺。

但是隨著民間私有部門的急速成長，以及國有部門的萎縮，再加上國營企業改革成效不彰，國家為支付各單位員工在經濟生活上的需求，已漸感到財政上不勝負擔。因此經濟制度持續改革的結果，城市裡單位制所提供的各項經濟及社會福利，實際上就好比人民公社時代，農民吃大鍋飯一樣地不合經濟效率，早晚必須加以改變。1990 年代也正是西方工業國家普遍進行社會福利改革的時候，中共進行單位制下的各種改革，一方面跟世界潮流接軌，另方面則是大陸內部經濟體制改革邁向市場經濟的必然走向。

對單位制下各項福利的改革，首先是 1998 年中共國務院宣佈取消住房分配的制度，改以現金補貼員工來購買住宅。這一項措施既切斷員工住房與單位的關係，又可刺激房屋建築市場的熱絡，會有助於私有部門的經濟成長。除住房的改革外，其他單位所提供的福利事項，如醫療保險、養

---

❸　Yu-Shan Wu, "Away from Socialism: The Asian Way," *The Pacific Review*, Vol. 9, No. 3 (September 1996), pp. 410-425.

❹　陳志柔，〈中國大陸的不平等結構與制度變遷〉，《中國大陸研究》，第 42 卷第 10 期，民國 88 年 10 月，頁 11。

❺　陳志柔，前揭文，頁 11。

老金以及失業救濟等，目前也急速縮減❻。因此很明顯地可以看出，城市經濟改革的步調已經直接影響到單位制原有的面貌。

第二節　經濟改革與社會變遷

市場經濟改革使國家對經濟的支配能力衰退，非國有部門的個體戶、私有企業及三資企業（即外資、國有資金及大陸私人資金）和鄉鎮企業，成為大陸最有活力的產業部門。這種新經濟力量的興起意味著傳統社會結構的改變，社會多元化的趨勢，以及國家對社會控制力量的降低。但是市場經濟所帶動的活力，卻也象徵社會中的弱勢力量，進一步的被邊緣化，使開發中國家在進行現代化過程中，所常出現的相對剝奪感，也在中國大陸發生。社會脫序的現象在毛澤東時代，幾乎是絕無僅有。現在卻直接影響到改革後的社會秩序與穩定。經濟現代化所必須支付的代價，社會主義國家同樣不能倖免！

經濟改革的過程中所出現的新社會團體，以企業家的角色最受矚目。他們有的是半官方企業集團的行政主管，有的是城市及鄉村小型工廠的企業主，還有獲利甚高的高級科技公司的年輕創業者。這些人務實、彈性而又具高效率，反對政府貪汙腐化的行徑，是六四天安門廣場民運的幕後財政支持者。

改革同時也給農村和城市帶來重大的影響。農民的生活固然有顯著的改善，而且鄉鎮企業的興起，也使部份的農村勞動力轉往工業部門。但是改革的結果卻使大量的鄉村人口向都市湧入。在毛澤東時代由於嚴密的戶口及配給制度，使得鄉下的農民無法移往城市。中國大陸因此免除了第三世界國家所常出現的城市違章建築及嚴重貧困的景象。1980 年代為了紓緩農村過剩勞力的問題，而解除農民流動的限制後，為數在 5,000 萬以上的農民，大批地向城市進軍，以尋找更好的經濟機會。這些農民並沒有政

---

❻　陳志柔，前揭文，頁 11。

府許可，有的可能只是作短暫的居留，但是這群流民（或稱盲流）卻給城市的住屋及社會基礎設施帶來沉重的壓力，對社會景觀及秩序的維持自然會頻添困擾。

在集體經濟時代，人民的就業及生活一切都由國家照顧，社會福利安全網就解決了一個人從「出生到死亡」的一切問題。因此每個人等於都保有一個鐵飯碗。但是市場經濟啟動之後，許多農村和都市的鐵飯碗及社會福利都跟著消失，失業因為公社制度解體，國企虧本或工廠破產，而日趨嚴重❼。經濟發達的國家中所常有的社會邊緣人如乞丐、游民，就成為見怪不怪的現象。

中國大陸黨政幹部因為經濟改革而出現新一批經濟寡頭，這種情形跟俄羅斯獨立初期如出一轍。這些黨政幹部有的利用集體經濟解體或國企改歸私營的機會，一躍而成為企業家，有的則利用職權牟取暴利。這種腐化行徑的泛濫，成為大陸人民視為最嚴重的關懷議題之首，更是鄧小平心目中視為「亡黨亡國」危機的大事。這些幹部一躍成鉅富或企業主之後，一副「大老爺」的樣子，目中無人。因此他們是人民憎恨的對象，也是社會不滿累積的重要原因。此外黨政要員的子女利用家族地位和特權獲取個人及經濟利益，也是腐化的一部份。

社會結構變遷的另一現象，是貧富距離的拉大，也是中共內部保守派所持續關注的問題。在毛主政時代，避免貧富差距，農村與城市的平衡，以及沿海與內陸發展上的落差，是他心目中十大矛盾的範圍，也是他平權主義的主要訴求。市場經濟改革後，不只毛時代的理想主義消失，甚至其理念被視為是影響經濟生產激因的禍首。因此貧富不等的現象出現在城市中的新富和失業的工人之間，東南沿海省份和內陸地區，以及城鄉之間。隨著中國加入世界貿易組織，以及知識經濟的興起，這些差距只會擴大而不會趨緩❽。

---

❼　Dorothy J. Solinger, *China's Transition from Socialism: Statist Legacies and Market Reforms, 1980-1990* (Armonk, N.Y.: M.E. Sharpe, 1993).

第三節　經濟改革與政治變遷

　　鄧小平的市場經濟改革政策同時也對中共內部的政治產生重大影響。首先是國家的職能角色起了重大變化。從 1950 年代起，為了強化國家對社會的政治控制，也為了統制經濟政策的實行，中國就一直以黨政二元組織平行存在於各個層次的行政組織內。另方面為了執行社會主義國家的福利制度，官僚體系的規模及成員都要比西方國家大很多。這種情形出現在前蘇聯及東歐前共黨國家內，當各個前共黨國家進行民主轉型時，這些黨政機構龐大，冗員充斥而又效率不彰的官僚體系，都成為難以甩掉的包袱。中共在經濟改革之後，面對的是幾乎相同的困難：如何將傳統社會主義的國家角色和職能作一個適當的轉換？

　　社會主義中的國家角色主要是政治掛帥，一切的經濟、文教以及科技體制都要附屬於並符合政治體制的需要。當中共確定階級鬥爭以及社會主義改造運動等政治任務完成，改以經濟改革為國家重要職責的時候，國家無所不包的角色職能就出現轉型。國家不再是經濟生產資源和生產工具的掌控者，也不是經濟生產的管理者。因此農村的承包責任制等經濟制度開始出現，城市裡則出現國企改革、私有企業、三資企業及鄉鎮企業等制度上的變化。換言之，為了避免因為介入的事務太多，組織太過於龐大，而造成國家失靈，因此中共的國家職能在開放與改革後，開始作逐步的退卻。雖然它未必能真正改變到越小的政府越好的境界，但是至少中共已採取了西方新自由主義的理念，緊縮國家職能，並以刺激經濟發展，以及為避免經濟蕭條或景氣過熱的困擾，而由中央對財政金融工具如貨幣供應、利率及匯率，作宏觀性的調整和控制為其主要的角色。

　　一旦廣泛的國家角色職能作了改變，所因而出現的大政府的觀念和組

---

❽　Gordon White, *Riding Tiger: The Politics of Economic Reform in Post-Mao China* (Stanford, Calif.: Stanford University Press, 1993).

織，順理成章就會跟著作改革。中共從 1950 年代開始，一直不斷地透過機構改革，想要達成延安時代精兵簡政的境界。但是歷次改革下來總仍脫離不了精簡－膨脹－再精簡的循環，因此使國家機構的部門數量，常維持在西方國家的 3 到 5 倍的規模。例如在改革前一年，中共國務院所屬的政治機構達 79 個，1981 年達到創紀錄的 100 個。大部份機構越分越細，機構越設越多，成了一個普遍的規律。

　　1980 年代末期，中共在「政府機構改革的關鍵是轉變國家職能」這點上達成了共識，終於在 1988 年由國務院進行機構改革，將部會由 72 個調整為 65 個，1998 年中共再將國務院全面精簡縮編為 29 個，並且預期將省市政府的裁員幅度確定在 40% 到 60% 之間。據估計，從國務院人事的整編到省市政府的裁員，總共約有 700 萬以上的公務人員會離開工作崗位（即大陸所說的下崗）。國家職能的調整所影響的另一個面向，是國有企業的員工也受到影響。國企改革成效不彰，造成員工被裁，或者是轉由私營或外資企業收購，更造成大批失業的情形出現。總計 1997 年和 1998 年全國下崗的職工人數達 2,400 萬人，佔全國城鎮的國營和集體企業職工的 17%。因此市場經濟改革的結果，使得人民的就業必須以私有部門為主，集體經濟時代的單位制度已漸趨消失。

　　經濟改革所造成的第三項政治變遷，出現在中央與地方關係的調整上。經濟決策分權化是改革能夠成功的一項重要因素，但也因此大大地增加省級及地方政府的經濟自主性。例如為了吸引臺商的投資，許多地方政府無不傾全力提供各樣基礎設施，以及相關的配合方案，以爭取投資案能夠成功，一以增進地方繁榮，二則有助於地方財政稅源的收入。這種相互競爭的手法，有許多是沒有得到中共中央的同意，次數一多自然就引發中央是否仍能有效控制東南沿海的省份的關切，特別是廣東省要比其他省份更為繁榮，並且在經濟上比其他地區更獨立於中央的權威，因此也更引發北京的關切。

　　經濟決策的分權化使地方政府更能在財政上獨立自主，並且強化地方

官員想要保留更多的資源和權力的激因❾。這種情形所導致的直接影響是，中央政府稅收的能力受到侵犯，無法課到足夠的稅收來支付跟開放，教育以及基層設施如道路、鐵路及港口等建設上的支出。在過去 15 年中，中央歲入佔 GNP 的比例，從 35% 降到 20% 以下。當北京面對歲入減少，而又不願意削減支出，以免使經濟成長以及對工人的補貼受到影響時，政府的財政赤字如果持續增加，就有可能引發城市的通貨膨脹。大陸學者王紹光、胡鞍崗更認為政府這種吸取稅源能力減少的現象，並非好的現象，而且還會助長區域間不平衡發展的趨勢❿。因此經濟改革的結果使省級官員成為最明顯的受惠者，增加他們跟中央討價還價的籌碼。

　　當然省級及地方官員的自主性及討價還價的籌碼增加，仍然是相對而非絕對的。因為一來這種優勢或彈性是有條件的，並無憲法上的依據，只要中央領導階層維持團結，中央集權的模式仍會維持不變⓫。其次，省級官員權位或經濟自主權再高，調動人事的權力仍是掌控在中央手裡⓬。如果省級官員姿態太高，他被調離原職位的可能性就會增加。

---

❾　Christine Wong, "Central-Local Relations in an Era of Fiscal Decline: The Paradox of Fiscal Decentralization in Post-Mao China," *The China Quarterly*, No. 128 (December 1991), pp. 691–715.

❿　Shao-guang Wang and Angang Hu, *The Political Economy of Uneven Development: The Case of China* (Armonk, N.Y.: M. E. Sharpe, 1999).

⓫　Kenneth G. Lieberthal, "Politics and Economy in China," in *China's Economic Future: Challenges to U.S. Policy*, ed. Joint Economic Committee, Congress of the United States (Armonk, N.Y.: M. E. Sharpe, 1997), pp. 11–12.

⓬　Ying-feng Tao, "The Evolution of Central-Provincial Relations in Post-Mao China, 1978–98: An Event History Analysis of Provincial Leader Turnever," *Issues & Studies*, July–August 2001, pp. 90–121.

【第四十四章】
中共的國家統治機構

　　從前面幾章的討論中，我們可以發現在過去 50 多年的時間中，中國共產黨一直是統治中國大陸唯一的專制獨裁政黨(或者套用大陸的政治術語：是在中國行使無產階級專政的政黨)，它的目標是在中國建立社會主義的國家，最後才過渡到一個真正平權性及沒有階級的共產主義社會。在毛澤東過世之前，雖然他曾經在統治初期強調黨是「國家權力最高機關」，控制人民代表大會及所有其他政治機關，在文革時期動用紅衛兵奪取黨的權力時，也仍然不曾質疑共產黨統治中國的崇高地位。依照列寧建黨的原則與精神，應該是採民主集中制，但是從統治的方式和所講求的手段來看，毛領導的風格卻是群眾路線和個人魅力，經常將黨排除在決策過程之外。因此毛比較接近史大林路線，更像是一個古典的馬克思主義者（因為馬克思並不認為無產階級有組織政黨的必要）。

　　相形之下，在劉少奇短暫位居第一線期間 (1961-1965)，他的白區經驗和個人信念，都使他成為一個標準的列寧主義者，強調黨嚴密組織及堅強黨紀的重要性，信服列寧的民主集中制的信條。1979 年以後，中共更是完全堅持「黨的領導是不可違背的原則」。鄧小平認為黨的領導雖然並非完全沒有錯誤（暗指毛時代），但是卻絕對不能減弱黨的領導地位❶。

　　因此從鄧小平過世，胡錦濤繼江澤民成為中國國家主席和中共黨總書記後，統治黨國的最高領袖雖然不同，但是堅持「一黨專政」，支持「四項基本原則」——堅持社會主義道路，堅持人民民主專政，堅持共產黨的領導，以及堅持馬列主義、毛澤東思想——的立場，卻未有任何改變。中共

---

❶ Deng Xiao Ping, "Uphold the Four Cardinal Principles," March 30, 1979, in *Selected Works of Deng Xiao Ping (1977-1982)* (Beijing: Foreign Language Press, 1984), p. 178.

領導階層仍然認為他們所篤信的意識形態，是普遍性的真理，最能反映國家的最佳利益和社會的立場。因此要瞭解中國的國家統治機關，必須首先認識中共的黨組織及其決策地位，然後再探討國家最高行政機關——國務院，人民代表大會（立法機關），軍隊及司法機關。其中人民代表大會的地位及權限將留在下一章討論。

第一節　中國共產黨的組織

中共從它是一個祕密組織開始，到國共內戰而至於取得政權，一直都是一個階層性的革命政黨。毛澤東從 1930 年代初就一直是黨的最高領袖——黨主席。1982 年所制定的新黨章中，為了與毛時代作個區分，也為了避免再有一個如毛那樣掌控所有的大權者出現，因此取消黨主席一職，改由總書記擔任黨的最高職位。但是在中共的威權體制下，職跟權卻可能是分開的。鄧小平的正式最高職位是黨的副主席（1982 年前），國務院副總理，以及黨軍事委員會主席。換言之，他從未擔任過黨或國家的最高職位，但是他卻是一手主導改革與開放的最高領袖，更是天安門事件中下令解放軍鎮壓的主要決策者。鄧在黨內資深的經歷——包括長征和建國——以及跟其他軍政領袖間的豐厚淵源，使他在毛及周恩來過世之後，成為第一代革命領袖中的第二位最高領導人。

但是像鄧這一類的魅力型領袖消失之後，卻可能正是中共黨內組織結構邁向制度化的契機，因此黨內正式的權力結構，在黨國機制內的例常性運作中，就可能變得更重要。根據中共的黨章，全國黨大會及中央委員會是黨的「最高領導機關」。全黨黨大會的代表由全國各階層的黨組織所選舉產生，人數約在 4,000 到 5,000 人之間，每 5 年或在緊急時候集會一次。黨大會最主要的任務是批准高層領袖所已經作的決定，並選出中央委員會委員。因此它並非一個常態性的實權機構，而且人數太多也使它無法有真正的權力。

　　中央委員會是全國性的黨金字塔權力結構中的第二層機關，是來自全國各地的黨領袖所組成，共有約 300 名的正式及候補委員，每年集會一次，會期約一星期。委員名單由黨中央領袖事先掌控，因此委員會的結構多少可以反映黨的政策方向（1992 年以後路線之爭漸淡），黨內派系生態以及黨內菁英的政治行情。由於經濟改革的政策持續不變，因此各省及地方領袖，還有具專業取向的科技官僚，越來越在中央委員會中佔有相當的比重。由於人數仍然太多，再加上不常開會，因此它的權力受到相當限制。只有在中央委員會議以及偶爾舉行的非正式中央工作會議時，會讓其他重要黨內幹部出席。這一類的會議常可以看到重要的演講及文件，反映出黨政策的重大改變，例如 1978 年第十一屆黨大會第三次中委會會議，所作的有關開放與改革的決議。毛在文革初期更常利用此類會議，對黨內「走資派」進行鬥爭。

　　政治局委員是由中央委員會選出的更上一層權力機構，由約 11 到 20 人所組成。然後再由政治局委員中選出事先已經規劃好的政治局五到九名常委。這兩個機構是中共黨國權力架構中的最高決策單位，特別是政治局常委更是中共權力的核心，集體領導的象徵。政治局批准政治局常委所作的決定，並且在比較不重要的議題上，每一個政治局委員必須要針對特定的議題領域作研究，在向全體委員作報告後，再作成決議。

　　書記處約有 6 名成員，負責政治局及常任委員會每日事務的處理，並協調複雜而又遍佈各地的黨結構。因此它是黨在中央的一個重要組織。書記處在組織及人事事務上有相當大的權威，但是卻非政治或決策權力的中心。

　　政治局及常務委員會依照黨章負責處理中央委員會沒有開會期間的事務，但是並不需要向中委會或其他機構提出說明或回覆。這兩個機構的工作充滿了神祕氣氛，開會的時間及內容很少公開，並且大部份的工作都是在天安門附近的中南海內處理，最具權勢的高級領袖也都住於此。從這個機構成員的組合，大概就可以知曉黨內派系的權力平衡情況，以及政策走

向。例如 1992 年的政治局以及常委會的委員，絕大多數都是鄧小平的支持者及其副手，就可看出經濟改革的方向不變。

總書記是中共政治中最有權力的職位，擔任政治局及政治局常委會的主席，並且在全國黨大會及中央委員會會議上發表重要演說。因此總書記等於是主要的行政決策領袖。但是在鄧小平時代，總書記的影響力仍不及鄧及其黨內領袖，例如鄧曾在 80 年代親自撤換胡耀邦及趙紫陽總書記，因為他認為這兩人在政治上都太過傾向自由化或民主化。江澤民及胡錦濤兩位先後任的總書記，也都是鄧親自指定的。

中央紀律委員會負責黨紀及有關黨內貪瀆案件的調查。中央顧問委員會成立於 1982 年，由黨內一群資深並已具備退休條件的元老所組成，是中央委員會的諮詢機構。但是當鄧小平發現它逐漸形成反對經濟改革的大本營的時候，他就透過全國黨大會於 1993 年將它廢除，使他的對手少掉一個立足點。

中共黨高層的業務分工共有 6 個重要系統：黨務、組織及人事、宣傳及教育、政治及法律事務、財政及經濟，以及軍事。每一個系統都將高層到基層的黨官僚組織結合起來，成為一個全國性的運作網絡，使任何政策執行都很快地得到貫徹。換言之，在單位制還沒有式微之前，幾乎每一個人都屬於一個單位，而每一個單位也都被涵蓋在這些不同的系統中❷。

第二節　中共軍事委員會

中央軍事委員會在中共黨中央的組織中獨樹一幟，特具重要性，直接向政治局作報告。毛澤東一直到他過世為止，一直擔任軍委會主席的位置；後來華國鋒擔任了一段短期間，由鄧小平繼任，到 1989 年才安排由江澤民繼任。即使在江澤民的國家主席總書記任期屆滿而離職，由胡錦濤繼任，

---

❷ Kenneth Lieberthal, *Governing China: From Revolution through Reform* (New York: Norton, 1995), pp. 194–208

但是江仍繼續擔任黨及國家軍委會主席，可見這一職位仍有其傳統的重要性，它是黨指揮槍的重要管道。

　　從中共發展的歷史過程來看，黨和軍的命運是一體的，許多高層領導人幾乎都同時擔任黨和軍隊的職位，鄧小平曾經在內戰中擔任野戰軍的政委就是一例。每當黨的生存處於危機關頭，常常是解放軍維繫著黨的命脈。因此毛澤東最常受注意的一句話：「槍桿子出政權」，就是反映出軍權對中共的重要性。但是就因為軍權太重要了，所以毛又強調「黨指揮槍的原則永不能改變」。在歷史或最近一段時期，解放軍的影響力可能有過膨脹的時候，但是到最後黨指揮槍的原則還是維持了下來。從西方國家一直是由文人指揮軍事系統的規範來看，中共一直遵循軍附屬於黨的傳統，還是值得重視。所不同的是，軍隊是黨維持專政地位的工具。

　　Lucian Pye 早在 60 年代就指出，第三世界國家的軍隊有其嚴密的階層性指揮系統，有最現代化的科技裝備，和具備專業能力的中上層將領。這些組織上的特徵使得軍隊在國家的政治及社會情勢，處於動盪不安的時候，仍能維持它的凝聚力量，並成為穩定社會的有效制度。拿 Pye 的這些看法來印證中共 1949 年以後的軍隊角色，堪稱相當貼切。

　　大躍進時期當時的國防部長彭德懷，因為農村饑荒可能影響到解放軍的士氣，而在盧山會議中上了萬言書，指責黨犯了「盲動躁進主義」，結果被解職，是中共取得政權後，黨軍衝突的首次。文化大革命初期，國防部長林彪是毛澤東最積極的思想及政治上的支持者，他發動人民解放軍全體學習毛澤東思想，並印發紅色《毛語錄》分配到全國各地，因此被稱為毛「最忠實親密的戰友」。當紅衛兵四處流動進行武鬥，黨政機構或被摧毀或受到衝擊，社會秩序一片亂象的時候，是毛澤東下令人民解放軍出面停止紅衛兵運動，並恢復社會及政治秩序。此後解放軍就在黨政組織一片癱瘓的情況下，填補政治真空，成為恢復黨組織重建的主要力量。文革期間是軍方勢力膨脹的巔峰期，但是文革過後，軍方力量逐漸恢復正常。

　　1989 年六四天安門事件，解放軍又扮演突出的政治角色。鄧小平命令

解放軍動用武力殘酷驅散天安門廣場上學生的時候，曾有部份高級將領反對介入，但是最後還是接受命令❸。傳統上人民對於解放軍的紀律以及不腐化的形象，一向有高度的尊重，但是六四鎮壓的事件卻對解放軍傷害極大。六四之後解放軍所分配到的國防預算大幅提高，是否是黨所給的酬報，不得而知。

　　1990 年代臺海兩岸對立的情勢曾經數次昇高，解放軍將領通常是站在強硬的態度立場上，主張以武力對付臺灣。在中共高層權力安排尚未鞏固的時候，為了取得軍方的支持，常常必須對軍方的意見作妥協。例如1995 年李登輝前總統訪問母校美國康奈爾大學，激怒了中共。中共解放軍在臺灣海峽進行導彈試射，引發臺海危機。當時江澤民的權力尚未鞏固，需要各方勢力的支持，是否軍方鷹派的立場影響到對臺灣海峽情勢的處理，不得而知。但是幾年後臺灣發表特殊國與國關係時，中共的反應相對地比較克制，卻是事實。無論如何，以人民解放軍傳統上與黨政關係之密切程度來看，它對國防及國家安全政策上的保守立場，都會在不同時期受到程度不同的重視。

　　中共的警察系統對於它進行從極權時代到目前的威權統治的社會控制，關係極為重要。國家安全部成立於 1990 年代，主要負責防範內部的顛覆，並蒐集國內外情報。公共安全部則負責維持法律與秩序，調查犯罪，並對被認為可能對國家構成威脅的中國人及外國人進行偵探。另外有 60萬左右的武裝警察（武警）負責保護官員及政府大樓，並在必要時鎮壓暴亂。這些不同的安全組織遍佈全大陸，但都由在北京的中央單位所指揮。在沒有經過正式的起訴程序，各個公安部門有權對可疑的犯罪者予以無限期拘押，並且可以在法院系統之外，對當事人作行政處分，施加罰款或軟禁，甚至給予最高三年的改造或監禁。

---

❸　Ellis Joffe, "The Chinese Army: Coping with the Consequences of Transition," in *China Briefing, 1992*, ed., William A. Joseph (Boulder, Colo.: Westview Press, 1993), p. 97.

對於觸犯嚴重罪行的人，包括政治異議人士，公安部有一個規模很大的勞動改造營，遍佈遍遠地區，內部環境及待遇均極為惡劣。其中最為人知的是北京附近的秦城監獄。這些監獄中的犯人共達上百萬，中間有許多的政治犯。近年來因為有人指控中共利用這些監獄裡面的奴工，從事外銷產品的生產，而引起國際人士對中共人權的批評。人權因此成為影響中美兩國關係的敏感議題。

第三節　國家機關

中國的國家機關大體上分成三類，即行政立法及司法。其中立法機關是人民代表大會，將在下一章予以討論。行政機關最高職位是國家主席，相等於其他國家的國家元首（如總統或國王），任期五年，得連任一次。這個職位禮儀性質居多，並沒有很大實權，但是它通常是由具聲望的資深元老出任，或者是晉陞個人權位的一個跳板。1993 年江澤民在先擔任黨總書記後，又被選為中國國家主席，並且兼任黨及國家的中央軍事委員會主席，因此可算是大權在握，但是這個「大權」並非因國家主席的名器而來，必須是黨政職位集於一身才會有實際的權力。胡錦濤於 2003 年就任中國國家主席，同樣身兼黨總書記的職務，因此自有他重要的政治權力。

國務院是國家最高行政決策機關，至少在國家憲法上的地位是如此，相當於其他國家的內閣。總理在技術上而言是由國家主席提名，經人代會同意而任命，但是所提的人選從未被拒絕。總理是國務院院務會議（相當於西方國家的內閣會議）主席，負責政府實際事務的處理，對於官僚體系和決策事項有相當大的權力。總理並不向國家主席或人代會負責，並且一直都是黨內政治局排名第二或第三的常委。總理之下設有 4 名副總理，分別負責工業、農業、財政金融及外交政策等四項政策之協調與監督。

國務院是國家最高行政機關（憲法第 85 條），由總理，副總理及政府各部會，祕書長，以及主計長和國務委員所組成。傳統的國務院組織甚為

龐大，約為西方國家的三到四倍，以符合社會主義計劃經濟及集體經濟制度下，負責管理經濟和社會福利的需要。隨著鄧小平進行經濟改革的結果，社會私有部門日漸發達及擴張，國家經濟的規範功能則日益萎縮，國家原先無所不管的政治及經濟職能也逐漸改變，主要以維護國家安全，法律與秩序和利用財政金融工具如貨幣、外匯及利率，對國家經濟作宏觀調控為範圍，以避免經濟景氣過熱造成通貨膨脹，或因經濟蕭條而造成失業率提高。因此在 1998 年進行大規模的行政機構改革，將國務院部會整編為 29 個單位，以配合市場經濟改革的需求。

就因為計劃經濟下有著極為龐大的國家及黨機關，因此官僚體系的成員相當可觀。全部的黨政幹部約在 3,000 萬人左右，其中有 500 萬人是在政府機構任職。這些人是終身職，沒有退休制度。還有因為毛澤東時代一直強調以意識形態及出身背景為吸收及拔擢昇遷的標準，因此幹部水準無法配合市場經濟改革的需要。從 1980 年代起實施退休制度以及公務人員法，幹部的水準開始提高，教育程度較好，而且多數具備專業性。因此經濟改革的結果使技術取向的文官體系已經成為中國政策過程中的一個主要部份。這也反映出中共開始邁向制度化的趨勢。

因為是模仿前蘇聯模式的關係，因此中國的黨和國家組織階層是平行存在的。黨在各階層的組織透過兩個機制來控制國家各階層的單位。第一，由黨控制一份名單，作為黨任命擔任重要官僚及工業管理職位的依據❹。第二，在國家各階層的官僚體系中，都設有黨組織。例如在某一個部裡面，部長通常也擔任黨部書記。不論官員的正式職務為何，通常都是由黨組織決定該部門的政策，並負責政策的執行。這種黨政雙元組織並行的結果，雖然有時會造成衝突，但這卻正是中國得以強化其中央集權和黨專制這兩項統治及決策面向的重要因素。

---

❹ John Burns, *The Chinese Commimist Nomenktura System: A Documentary Study of Party Control of Leadership Selection* (Armonk, N.Y. : M. E. Sharpe, 1989).

　　從 1980 年代以後，因為計劃經濟的角色降低，中國的政府行政已日趨分權化，越來越多的權力，特別是經濟事務，多已轉移到省和地方官員。因此黨對行政事務所作的政治干預也逐漸減少。但是中國的官僚體系仍然是由上到下的一條鞭系統，受到中國共產黨權力的監督，以黨領政的本質並未改變。

　　文革期間大陸的司法制度整個被摧毀。改革以後司法制度重建，不只訓練出許多法官和律師，還送學生到國外接受法學訓練。另外，全國都設有法律顧問辦事處，幫助一般人民和機關面對法院的相關事務。許多法律規範都已建立，包括新的刑法及民法，使法律制度更完備。

　　中國有四級的人民法院系統，最高人民法院下來是高等法院，中等法院以及設在不同行政區域的基層人民法院。最高人民法院除監督下層法院和國家法律的適用外，很少接受案件，也不行使司法審核權。雖然國家憲法規定司法和檢察獨立，但是法院及其他法律機關仍受黨的控制，司法人員的任命要受到黨的核可，法律的執行也要符合黨的利益。

【第四十五章】
代議立法機關與人民參與

　　代議立法機關是民主政治中最重要的組成部份,透過立法機關的選舉,社會上的多元力量可以進行競爭, 人民也可以有正常參與政治的管道。立法機關組成後, 在內閣制的國家可以決定那一個政治勢力掌控行政權, 在總統制的國家則由立法機關執行對行政部門的監督。換言之, 立法機關既滿足了民主政治的兩大要素——競爭與參與, 也達成了監督的功能。立法機關自主性的高低, 是權衡民主發展的重要指標。

　　中共的政治菁英受到馬克思主義的影響, 認為國家是階級壓迫者的工具, 資產階級總是藉著對國家機器的控制來對無產階級進行剝削。因此資本主義國家的選舉也常是資產階級壟斷的一種政治過程, 勞動階級即使享有許多政治自由, 也沒有能力參與選舉競爭。相形之下, 中共的社會主義民主, 則是以中國共產黨所進行的「無產階級專政」為基礎, 照顧到全國及人民的利益, 因此才是真正的民主❶。在這樣的民主觀念下, 中國的社會主義民主是以中國共產黨不容受任何挑戰的政治領導為基礎, 所以並沒有(也不需要)西方民主下的政治競爭和多元參與。

　　但是代表與參與仍然是中共社會主義民主下的重要部份。各階層的立法機關, 選舉以及工會和學生團體, 都是人民參與, 影響公共政策以及選擇政府官員的重要管道。跟西方國家不同的是, 這些大眾參與的機制都嚴密地由黨所控制。因此參與必須是由黨所指導、所支持, 否則就被視為顛覆, 唯其如此, 所以參與的過程自然也就少掉競爭的要件。這些觀念的認識會有助於我們對中共人民代表大會的認識。

---

❶ Andrew J. Nathan, *Chinese Democracy* (Berkeley: University of California Press, 1985), p. 124.

第一節　人民代表大會的權力與地位

依照 1982 年憲法的規定，人民代表大會是國家最高權力機關，有權制定及修改國家法律，批准及監督國家預算，宣佈及終止戰爭。它同時被賦與選舉及罷免權，選出及罷免國家主席及副主席，中央軍事委員會主席，最高法院院長及司法總長，批准國務院總理及國務委員人選。因此從憲法的精神來看，人民代表大會是政府中最主要的機關，對行政及司法部門有監督權。單從憲法的文字來看，它並非如美國三權分立下只是三權中的一權而已，比較之下，反而更接近議會制政府下權力高於行政決策機關（即內閣）的國會。但是這些討論都只是學理上的討論而已，實際上人代會的權力只是空殼子，因為它在內部權力運作上的每一個環節，都受到中共黨的嚴密監督。

人民代表大會是一個階層性的機關，從中央到鄉鎮都有設立。縣以下的人代會是由大陸人民直接選舉產生，任期 2 年。1964 到 1978 年間，縣及縣以下的人代會選舉中斷，因為縣以上包括省級及中央的人代會是分別由縣人代會及省人代會間接選舉產生，各級人代會也因此無法運作。1979 年中共再度恢復縣及縣級以下人代會的選舉，各級人代會，包括全國性的人代會，也正式恢復運作。

但是各級人代會的候選人名單，必須依選舉法的規定，經過醞釀、討論及協商後始確定，俾讓各級黨組織可以實際掌控選舉的主導權。如此即使在出現 2 名以上的候選人（即差額選舉），黨也仍能確定所有的當選人都是黨所同意的人選。特別是縣級以上的人代會，因為是間接選舉，更容易受到控制。

全國人代會是一院制，但是它模仿前蘇聯的制度，採取「一院兩級」的國會制，就是由人代會的代表中選舉產生人代會常委會，處理人代會休會期間的一切事務。人代會的代表任期 5 年，每年集會約 2 個星期。各級

人代會的代表都是當地（或省）的黨政高級官員，因此他們並非全職的立法人員。中共認為如此可以讓代表們平時多跟基層接觸，並避免職業政客在中國出現。但是如此一來，省級及全國人代會開會期間，等於是以省及自治區級的黨政負責人為會議的主幹，因為各級人代會開會期間，各省（縣）的代表都坐在同一區，並組成幾個小組，各小組的領導人也就是省及自治區的地方黨政領導，非常方便對人代會代表的控制❷。

　　1983 年以後中共全國人代會歷屆代表的成員結構中，出現三點特色。第一，知識份子的比例逐漸提高，顯示專業的科技人員及受良好教育的人，隨著改革而越來越受重視；第二，婦女代表比例亦呈穩定成長現象，顯示婦女的參政權比以前更受到重視；第三，黨幹部兼任人代會代表的比例亦每屆增加，說明人代會的結構趨於多元化的同時，黨更重視對人代會的整合與領導❸。值得注意的反而是民主黨派及無黨派人士的代表比例，在 1964 年以後出現大幅滑落的現象。

　　全國人代會每年開會時間甚短，因此休會期間，由人大常委會（有別於黨的政治局常委會）代行職權，但是人大常委會也才每 2 個月開會一次。因此儘管它形同中國的立法機關，卻因開會期間很短，與民主國家國會幾乎整年開會相比，人大常委會的實質立法及監督功能，仍然相當有限。但是它的象徵性地位卻很高，這可以從人代會委員長通常由政治局常委出任看出，李鵬是目前的委員長，他的前任則是喬石。全國人代會開會期間，中共媒體會大幅報導，以凸顯出它的政治重要性。事實上這也是來自全國黨政菁英集會的一次盛會（全國黨大會是另一次）。它開會期間的主要功能是聆聽並批准政府各部的報告，包括由總理所作的政府工作報告，財政部長的預算報告，以及國家發展及計劃委員會所提的社會及經濟發展報告。

　　全國人代會一如其他國家一樣，設有各種永久及臨時委員會，包括教

---

❷　趙建民、張淳翔，〈中共全國人大黨政關係與中國大陸民主化的前景〉，《中國大陸研究》，第 43 卷第 2 期（民國 89 年 2 月），頁 8。

❸　有關歷屆全國人大代表的成員比例，請參見趙建民，前揭文，頁 8-9。

育、外交事務、少數民族及華僑關係。委員會只是磋商的一個論壇，並且讓領導人聽取專家對政策問題的意見，因此委員會並沒有能力影響立法程序和監督政府相關機構。這一點跟民主國家的國會委員會地位，不可同日而語。

綜合而言，有許多因素使全國人代會難以成為一個有效的立法機關，人數太多，至少在 3,000 人左右；不常開會而且開會期間太短，內部運作的程序非常不明確。但是最主要的原因卻在於中共黨組織的監控與操縱。除了代表候選人名單的控制外，人代會內部重要的領導職位，包括人代會常委會共約 300 名的常委，都是由黨所掌握名單中挑選出來。其次，重要的人代會領袖同時也是高級黨領袖，通常是由黨的高層黨部，在祕密會議中決定由誰來出任某一職位後，再經過人代會內部正式的提名和選舉程序後定案。

其次黨組的設置也深入全國人大常委會的組織中，黨組扮演上級派出單位的角色，形同黨中央的代理人一樣，行使指揮監督的權力。在實際運作上，人代會的委員長擔任黨組書記一職，第一副委員長則擔任黨組副書記，另外，黨的政治局和書記處亦設有專人來負責人大的工作。例如在中共第十四屆黨大會擔任政治局常委的喬石，同時兼任第八屆全國人大委員長，他便是黨中央負責直接監管全國人大工作的領導人。李鵬接任第九屆全國人大委員長，而又是政治局常委，因此他對人大領導的角色也跟喬石一樣。

第二節　人民代表大會的改革

中國各級人代會是憲法上各級政府最高權力機關，但是在現實的政治過程中，不只相對於行政機關的權力處於劣勢，在黨支配性角色的壟斷下，人代會更處於陪襯的地位。因此一般人將人代會定位為「橡皮圖章」。從比較政治的角度來看，在政黨政治發達而又競爭激烈的兩黨制或溫和多黨制

國家，如果採取議會內閣制的憲政體制的話，則贏得國會選舉負責組織內閣的政黨，為了維持政府的穩定，貫徹政黨的政策方針，通常會透過政黨在國會黨部中黨紀的執行，使黨籍的國會議員會全力支持內閣對國會所提的法案。在英國、德國及法國等民主國家中，國會的議程甚至法案審查的優先次序，都是由內閣所決定。因此政黨黨紀貫徹的結果，所形成的行政與立法兩權集中於內閣的現象，同樣會造成國會地位被弱化的情形。因此國會成為橡皮圖章的情形，在世界各國並非絕無僅有。

但是中國人代會之所以被矮化為橡皮圖章，其原因卻跟西方國家不同。首先西方國家是先有立法優勢的傳統，然後才因為政黨政治的興起（如英國），或憲政體制的改革（如法國），而出現行政領導立法的現象。但是中國卻一開始就把人代會定位在社會主義民主象徵性的角色上。第二，西方民主國家的民主政治與政黨間的多元競爭離不開，中國卻在無產階級專政的觀念下，強調黨對人代會指導或支配的角色。第三，西方國家的國會議員是依照選區的劃分，由各選區的人民按不同的選舉制度，直接選舉產生的，因此政黨及國會議員背負著選民監督的壓力。中國則因為是間接選舉產生，又不是全職，因此黨和人代會代表都不必承受選民的監督，或者說根本沒有選區 (constituency) 與選民 (constituents) 的觀念。

從經濟改革的經驗中可以發現到中共所控制的國家機器，是制度改革的動力，而這股動力則主要要看社會經濟結構變化的情形而定。因此人代會的制度要想進行改革，或許可以回顧到 1978 年以後，大陸進行經濟制度改革的背景。當時中國農村在人民公社集體經濟體制下，農業生產量已經逐漸跌入谷底，幾乎與 1980 年代前蘇聯經濟所面臨的困境如出一轍。由於農村的嚴重貧困，而迫使安徽等省的農民進行包產到戶及包幹到戶的農戶責任制。這些社會下層的制度創新，正是後來上層被迫進行政策調整並進行改革的動力。

因此中國人代會的制度改革，跟 1979 年以後經濟改革所產生的影響就必須連在一起來考慮。學者研究指出，大陸進行經濟改革的結果，黨所

掌控的政治和經濟資源逐漸萎縮，社會上獨立於黨及國家控制之外的力量則越來越大，因此中共對日益複雜的國家事務，進行全面控制和干預，就越會受到邊際遞減率的影響，在許多方面將不再是政治資源，反而會成為負擔。因此中共早晚必須有選擇性地被迫減少對國家政策事務的控制和干預，它在立法和司法機構中的支配作用便會不可避免地被淡化，因為在那裡它受到的社會壓力最大。因此，在現有的憲法框架內，橡皮圖章式的立法機構——人民代表大會制度的決策功能將可能不斷加強，並成為各種主要社會利益群體進行協調和妥協的重要機制和途徑❹。

　　經濟改革所造成社會結構上的變化，確實使中共黨的政治控制力不可避免地逐漸減弱，也使得全國人代會的自主性跟著提昇。大陸學者研究指出，人大制度二十年來的發展與改革經驗，在四方面取得了進展：一，人大立法功能的加強，使人大早已不再是橡皮圖章和表決機器；二，人大的選舉制度有所改革和完善，擴大了直接選舉的範圍，實行了選民或代表可聯名推薦候選人的制度，以及實行了差額選舉；三，對國家的政權體制進行了改革，如擴大人大常委會的功能，在縣級以上設立了常委會；四，人大內部工作機制不斷創新，設立了專門委員會，並在立法制度，監督制度，議事制度，代表和組織制度方面有所改善❺。

　　這些人代會改革的成效，具體反映在全國人代會的提案，議案及建議案件數增加，顯示人大代表的自主權已提升，勇於對各項重大議案發表看法。其次對於重要法案的反對票數增加以及反對意見出現，例如 1993 年 8 月中共第八屆人大對「國務院機構改革方案」進行表決時，在當時出席代表約 2,900 名當中，出現的反對票達 210 票，棄權票更高達 291 票❻，

---

❹　徐斯儉，〈中國大陸政治改革的爭議：一個文獻的回顧〉，《中國大陸研究》，第 47 卷第 1 期，民國 93 年 1-3 月，頁 18。

❺　蔡定劍、王晨光編，《人民代表大會二十年發展與改革》，（北京：中國檢察出版社，2001 年），頁 1-2。引用於徐斯儉，上揭文，頁 18。

❻　〈中共八屆「人大」出現的反對票問題〉，《中共研究》（臺北），第 27 卷第 4

這充分說明中共已無法完全掌控全國人大代表的投票意向。第三，對人事任免案反對票的增加。中共自 1980 年代實施差額選舉以後，除了有許多中共黨組織所規劃的人選在選舉中落選外，中共對於全國人大在有關高層人事任免案的表決上，其控制力也已經減弱了許多。例如 1993 年第八屆人代會對中共國務院總理李鵬的任命案進行表決時，反對票高達 210 張，棄權票則為 120 張。這種情形相對於 1988 年李鵬第一次被任命時，只有 18 張反對票的情形，道出了經濟改革及社會變遷與人代會自主性增加二者間的因果關係，當然也看出六四天安門鎮壓的事件，對李鵬所造成的傷害，可能永遠揮之不去。

因此隨著經濟發展取代意識形態成為中共領導階層的高階優先性，全國人代會已經成為中國政治制度中一個更重要及更具活力的一部份。許多人代會的代表之所以當選，是因為他們有專長和能力對大陸的現代化作出貢獻，而不只是因為政治忠貞。因此他們自然表現得更具信心，勇於表達他們對特定議題的意見。但是不論人代會的自主意識如何提高，除非中共的確有民主改革的意願，否則只要黨的控制不鬆手，離人代會成為大陸民主論壇仍會有一段距離。問題是如果中共一意要控制到底，它能夠抵擋得住社經變化的壓力嗎？

第三節　市場經濟改革與中國的民主化

現代化對於一般人而言，是正面的價值大於負面的效應，因為最起碼它可以養活人民的生活，不必靠天的施捨來吃飯。但是現代化對位居高位者卻是一種價值判斷，憑著個人的理性與認知，決定對現代化目標與方向的取捨。從中共建政以來，此等爭論即不斷地出現。毛澤東是現代化的反對者，因為他主張階級鬥爭，反對社會階層化，並認為防止資產階級復辟是消滅社會貧富趨於兩極化的唯一辦法，毛的作法及作為正是中共不斷引

期，民國 82 年 4 月，頁 7。

起兩條路線鬥爭的由來。毛死後，鄧小平所實施的改革開放政策，始正式啟動了大陸現代化運動。

　　大陸三十年來改革開放的成果歷歷在目，完全顯示了現代化的效應，這正是毛生前所反對的一面，而今經濟發展蒸蒸日上，各方面的建設突飛猛進，外匯存底超過 20 兆美元，名列世界第一。與此同時，大陸經濟體系的結構也發生了質的變化，國營與私營企業並存，推行市場經濟，是所謂的「有中國特色的資本主義」。當年毛所反對的各項經濟發展，如今一一出現在中國大陸。但是大陸的社會結構也發生了質變，改革開放政策的結果，造成了財富的嚴重失衡，形成了社會貧富兩極化的結果，城鄉差距、環保以及東部和西部地域發展不平等的現象紛紛出現。更重要的是，經濟發展的結果，人民的生活水準提高，教育程度的進步及社會環境的變遷，人類的精神文明和政治價值也起了變化。中國大陸經歷了近三十年的動亂，人民好不容易得到了平和的環境，他們希望追求人的尊嚴，享受到人的基本人權和自由。因此，大陸的年輕一代，從 1970 年代末期開始，他們發起民主牆運動，要求民主和經濟改革。1989 年另外一群異議人士發起民主示威，要求進行民主改革，並反對貪汙及遏止通貨膨脹。但是，中共認為他們是反對無產階級專政，下令鎮壓，並將同情學生及支持民主的總理趙紫陽免職，中國第一次有組織的民主運動宣告失敗。

　　中國大陸四十年的經濟發展是中共高幹及百姓所樂見的，但是中共領袖們卻反對自由及民主，說明他們所要的現代化是一種有利於他們統治地位的現代化。問題是大陸的發展是漸進的，當經濟的發展跟外界的環境進一步的整合，中共是否能堅持一個一黨專政的統治地位，讓中國成為一個經濟開放，但是政治卻仍僵化而又威權的市場列寧主義 (Marxism-Leninism) 的體制，已是中外人士所矚目的焦點。

　　經濟開放而政治威權的這種雙重制度 (hybird system) 給予許多人一種直接反應（或許中共高層也會作此想法），是只要經濟持續繁榮，大多數人民就會轉移他們對政治的興趣。這種想法之所以會吸引人，是因為經濟

發展會取代馬列主義及毛澤東思想，成為中共維持政治正當性的工具。當然中共持續維持政治鎮壓的動作，也是 1989 年六四民運之後大陸政治相對承平的重要原因。但是政治僵化不進行改革所造成的後果，則正如大陸學者所指出的，以列寧的社會主義模式為基礎的「國家辛迪加」已經為多種所有制所代替，因此，下層經濟基礎及社會結構，與無產階級專政的上層政治體制就顯得格格不入❼，中共政權的理論基礎已經名不符實。

　　另外，無論是經濟繁榮所帶來的政治正當性，或者靠政治鎮壓來維持政治秩序的承平，其效果都只是短暫的。當社會結構隨著經濟持續發展而日趨多元化，形成獨立於黨國控制之外的民間社會越趨擴大的時候，國家對社會民主需求所強加的鎮壓成本，也必然會增加，而且未必有效。在東歐的波蘭及捷克斯拉夫民間社會的成長，對 1980 年代中共產主義的崩潰扮演了很重要的角色，就是顯著的例子。以中國大陸過去十年來，知識分子對民主理念的深入瞭解，與彼此協調呼應的情形，再加上下崗及工業工人對現狀的不滿加深，任何重大的政治危機，都有可能又觸發爭取民主的浪潮。

　　美國學者 Gallagher 在研究中指出，中國從改革開放以後，經濟雖然獲得快速成長，但是（特別從 1989 年以後）卻少有政治自由化的跡象。這主要是因為中共開放的政策所重視的是大規模外國直接投資的引進，導致各地區及個別國有企業競相爭取外國資金的流入，以及勞工爭取工作的機會。這些競爭的壓力造成社會分割 (fragmentation) 程度的增加，也減少社會對改革的抗拒，但卻延擱了對政治變遷的要求。他認為其中一個關鍵是，中共只重視外資企業的引進，卻不注意民間私有企業的培植，反而一直受到非正式官僚體系的歧視。在資金及融資的取得都有困難的情況下，擴充成區域性或跨國性的企業就不可能。但是強大的私有企業卻是正式抗拒國家壟斷的主要基礎，也是民主化的先鋒力量，他認為這是短期內中國無法民主化的原因。

❼　吳敬璉，《轉軌中國》（成都：四川人民出版社，2002 年），頁 326-327。

　　但是最近的研究指出，中國本土的企業雖然在效率表現上不如臺、港、澳及外資企業，但若從效率間的差距來看，中國資本企業的效率值確實快速提升，會隨時間增長快速拉近與臺、港、澳及外資企業間的差距❽。由此可見，中共不只重視外資與臺、港、澳資金的引進，即使中資的發展亦極快速。強大的私有企業與國有私業的存在，對民主社會的擴大都是正面的助力。

　　1992 年 2 月，鄧小平發表南巡講話，強調改革與開放的基調不變，中共政局乃得以安定。從 1992 年起，中國媒體的自由化、私有企業、法律制度及非政府組織……變成了越趨強大的民間社會的一部分。相對地，中共的黨國體制變得相對弱勢，中國共產黨對社會的控制也顯得式微，而內部的多元聲音則告增加。配合近 25% 的大陸中產階級，大陸的民間社會可說是沛然而興❾。

　　大陸的民間社會大幅擴充後，社會的活力跟著奔放出來，各色各樣的上訪、遊行示威、抗議等紛紛出現，中共對這些活動抱著容忍的態度。這種情形有點類似 1980 年末期臺灣所出現的社會抗議運動，在這些運動之後，臺灣的各項改革才進一步落實。同樣的情形也出現在戈巴契夫時代的蘇聯 (1985-1990)，都在容許社會運動之後，才出現大規模的動員。臺灣與蘇聯有一點雷同：大規模的社會運動被容忍在先，而後進行轉型。中共的大規模運動發生在 1989 年，但是為人民解放軍所鎮壓，由社會的力量所引導 (society-led) 的時間尚未成熟，但是在二十一世紀就可能發生。

　　最有效的民主轉型是社會的力量發動在先，政府呼應在後，社會秩序不太可能失序，政權的穩定性也不會破壞，是最好的政治轉換。但是中共

---

❽　〈中國大陸本土企業、臺資企業與外資企業生產效率之比較研究〉，《中國大陸研究》，第 52 卷第 4 期，民國 98 年 12 月，頁 13。

❾　Bruce Gilley, "Taiwan's Democratic Transition: A Model for China?" in Bruce Gilley and Larry Diamond (eds), *Political Change in China: Comparisons with Taiwan* (Boulder: Lgnae Riennor, 2008), pp. 220-221.

目前的領導人無人有這個膽識來呼應社會的期盼，或許在未來的下一代有可能，這將是李普賽 (Samuel Lipset) 理論的實現：經濟發展為民主的成就而鋪路，和一般民主理論學者所言的由上而下的模式 (top-down)。

美國國會建築

第八篇
美國政府與政治

•• 地理及人文簡介

位置：北美洲，東依大西洋，西鄰太平洋，位居加拿大與
墨西哥之間

面積：9,514,218 平方公里

氣候：東部冬季嚴寒，夏天溫暖，南部夏天酷熱，冬天溫
暖，西部夏天溫暖，冬季涼爽

人口：309,162,581 人

人口結構：0-14 歲：21.6%；15-64 歲：65.7%；65 歲以上：12.7%

平均壽命：77 歲；男：74 歲，女：79 歲

正式國名：美利堅合眾國

首都：華盛頓特別區

年國民平均所得：37,939 美元

貨幣：美元

【第四十六章】
美國憲政制度之設計

前面所討論過的國家中，英國、德國及日本是議會內閣制國家，其中英國是憲政制度漸進發展的範例，德國則是以制度設計成功為基礎，而奠定它二次戰後民主發展的基礎。法國及俄國是號稱雙首長制的國家，但是以制度實行的經驗來看，一個是偏向總統制的時間居多，俄國則因為仍在民主的成形期，因此在制度的精神以及實際的運作上，威權總統制的色彩相當濃厚。兩種憲政制度中最值得注意的一環，是行政立法的關係。議會內閣制因為政黨政治的因素，通常（至少在兩黨制或溫和多黨制的國家）會造成行政權與立法權匯聚在內閣的現象，使國會的地位相對地式微。雙首長制則因為法國第五共和創建之始，就是要以提高行政權威為主軸，因此國會的權限受到壓抑，是很自然的現象。在這裡本書將討論另一種憲政制度——總統制。

美國的總統制是人類政治生活歷史中的一大嘗試，也是政治制度設計成功的首例。在美國總統制之下，無論是行政與立法的關係，政黨的組織與地位，乃至中央（聯邦）與地方（各州）之間的關係，跟前面所討論過的各個國家及憲政制度，都有顯著的差異。因此要探討美國總統制的真正面貌，就必須從影響整個憲政制度設計的背景因素著手，然後再討論制度設計的內涵，再探討此等設計在政治上所造成的結果。

第一節　美國的歷史與人民

今天的國際社會共有 188 個國家，其中至少有 70% 以上是二次大戰以後才取得獨立的所謂新興國家。這些國家在建國 (state-building) 之初，除了面臨建立國家機器為統治機關的問題之外，還要處理因為多元族群的

組合所產生的國家認同的挑戰。此等問題之複雜及困難，常常是影響這些新興國家政治秩序不彰，經濟發展難以順利進行的主要原因。回顧美國立國之初的情形，可以發現它所面臨的難題，竟然跟今天這些新興國家有許多相似之處。

李普塞 (S. Lipset) 將美國稱為世界上第一個新興國家 (the first new nation)，原因在於當它在 1783 年正式從英國取得獨立地位的時候，它所必須著手處理的問題，就是如何建立一個穩定的政治體系❶。美國在制度設計方面的成功有目共睹。它在 1787 年制定了現存的世界最古老憲法，在 1790 年代發展出現代第一個政黨，以及現在的民主黨被普遍認為是世界最舊而仍在活躍的政黨。美國並且發展出世界最早的現代民主政體。

但是儘管在政治制度的發展上，有其傲人的成功之處，美國仍然受到新國家所必須克服的國家認同的考驗。早在獨立戰爭獲勝之前，十三州就已經存在，各擁有各州的自主權，各州的人民所認同的是他們所屬的州。因此當美利堅合眾國成立的時候，如何讓各州的人民在認同自己的州民身份的同時，建立起對新國家的效忠意識以及共同的國家利益的觀念，是全國性新政府（即聯邦政府）所持續面對的問題。人民認同州政府遠過於對全國性政府的認同，這跟第三世界國家的認同族群遠甚於對新成立國家的認同，其問題的本質及嚴重性是一樣的。

美國內戰 (1861-1865) 是歷史發展的分水嶺❷；在內戰發生之前，一項普遍爭論的問題是：美國究竟是一個由許多獨立的州所組成的權宜性聯合，各州隨時可以有選擇脫離全國性政府的權力，或者是單一的主權國家，其人民將權力分割並由全國性政府及各州政府擁有。這個問題一直到 1865 年內戰結束，才得到解決，確立了美國是一個不可分割的國家的原則。

---

❶ Seymour M. Lipset, *The First New Nation: The United States in Historical and Comparative Perspective* (New York: Basic Books, 1963).

❷ 有關內戰發生的原因，經過及影響，可參見 James M. McPherson, *Battle Cry of Freedom: The Civil War Era* (New York: Oxford University Press, 1988).

　　這項原則一旦獲得各州及人民的肯定，對聯邦政府的職能及角色產生很大的影響。從獨立期間到 1870 年代為止，聯邦政府在許多決策單位上的規模一直很小而又分權化。更由於美國人傳統上相信政府的權力，會威脅到他們的自由，因此特別強調在道德上及現實上限制政府官員行使權力的必要性。所以建國之後的近 100 年間，聯邦政府除了在內戰時期有過重要的經濟政策和動員軍力以保障全國統一之外，基本上只是履行傳統的功能：維持秩序，分配經濟資源，以及規範一些社會及商業事務❸。從 1880 年代以後政府的職能才正式進入轉型期，開始由聯邦經由州際貿易法來規範工業事務，使聯邦政府的權力正式獲得擴張。

　　今天美國所控制的領土為 9,514,218 平方公里，是世界上第四大國，僅次於俄國、加拿大及中國。美國東部靠大西洋，西部靠太平洋，北邊與加拿大相鄰，南邊與墨西哥相隔。在傳統上這種地理位置使美國得以在承平環境下，從事政治及經濟發展，並在外交上採取孤立政策。一直到二十世紀當美國國力已經壯大後，才捲入第一次及第二次世界大戰。今天由於洲際彈導飛彈等軍事科技之進步，已經沒有那一個國家能夠因地理位置而自我孤立。2001 年 9 月 11 日中東恐怖組織領袖賓拉登 (O. Bin Laden) 發動對美國資本主義象徵的世界貿易中心的攻擊，是為美國立國以來本土首次遭遇外來大規模攻擊（1812 年英軍曾攻入首都華盛頓，不算在內）。

　　美國在過去近 240 年間的人口成長相當可觀，第一次於 1790 年舉行普查時的總人口為 3,929,000，在 210 年的時間中增加了約 615%。有超過 5,000 萬人是從世界其他地區移民到美國，有人稱為是「西方歷史中最大的人口移動」❹。因此對美國最重要的一點認識，是比之於任何歷史上

---

❸　Ballard C. Cambell, *The Growth of American Government, Governance from Cleveland Era to the Present* (Bloomington, Indiana: Indiana University Press, 1995), pp. 2–3.

❹　H. G. Nicholas, *The Nature of American Politics*, 2nd ed. (New York: Oxford University Press, 1986), p. 4.

其他國家，它是一個由移民所組成的國家 (a nation of immigrants)。除了總人口中的 2.6% 是北美土生人口外，其餘皆是來自世界各地先民的後裔。

　　歷史上的移民潮主要分兩個波段。第一波段從 1840 至 1860 年間，主要從西歐及北歐斯堪地那維亞每年以平均現存人口每 1,000 人的 8.9 人的比率移進來。第二波段為 1870-1920 年間，從東歐的移民以每年平均 7.2 人的比率進來。從 1970 年代末期起，從亞洲及拉丁美洲的移民已經增加到 7.2 人，也就是每年有超過 180 萬的合法移民進入美國。因此從一開始美國就比歷史上的任何其他國家收納更多的移民，並因此使它的人口無論是在種族或文化上，都顯得最為多元。

第二節　美國憲政制度的架構

　　要瞭解美國憲政制度的架構，首先要掌握北美 13 州人民爭取獨立的背景。13 州人民大都來自英國及愛爾蘭的清教徒。他們為了逃避在英國本土所受的宗教迫害，來到這塊被視為淨土的新世界 (the New World)。但是隨著英國在這裡建立起殖民地政府的結果，他們又再度受到專制政府橫徵暴斂的迫害。就是為了擺脫這種苛政，才有了 1776 年獨立宣言的簽署和獨立戰爭 (1776-1781) 的爆發。當 13 州人民贏得獨立戰爭的時候，他們所面對的另一項艱鉅的政治工程，就是如何為這個新國家建立國家機關。但是受到了他們過去政治生活中苛政經驗的教訓，使他們對於一個強有力的政府，有著極大的不信賴。因此他們依據 1781 年所通過的邦聯條款，而成立的邦聯政府，幾乎可說是一個徒具政府之名，而毫無政府所應有的權力。因此被稱為只是一個友誼聯盟 (a League of Friendship)。

　　在邦聯政府只有一個邦聯國會，是 13 州統合的象徵，但是因為它是由各州州議會所選出的代表所組成，一切皆須得到各州州議會的決議行事。因此邦聯國會既無權徵稅，也無法規範州際貿易，更不能發行貨幣，財政上完全依賴各州。經過 6 年的時間，邦聯體制弊病叢生，難以進行有效的

統治。例如各州關稅壁壘森嚴，使 13 州缺少一個統一的經濟制度，影響各州的經濟發展和對外的競爭力；再有 13 州缺少一支共同的軍隊，來維持內部秩序及國防安全；又因沒有一個有力的政府，來填補英國殖民政府所留下的權力真空，因此各州社會秩序江河日下。正如華盛頓所言：「連結州與州的只是一條沙土製的繩索，極為脆弱不堪。只要這個邦聯存在一天，不只 13 州內部的秩序、人民的權利和自由得不到保障，13 州的國防安全也……早晚會受到威脅。」就是這個背景下，當年推動獨立戰爭的一批政治領袖，乃在各州經營商業人士的推動下，於 1787 年 5 月到 9 月，在費城 (Philadelphia) 制憲廳 (Constitution Hall) 集會進行修訂邦聯條款。

這項修訂邦聯條款的會議，後來因為麥迪遜 (James Madison) 個人的影響，認為歷史的經驗指出邦聯制度的不可行，以及麻薩諸塞州發生退伍軍人發動斯亥叛變 (Shay's Rebellion)，所造成的陰影，而變成聯邦制憲會議。因此費城會議最後所出現的，是一部全新的成文憲法，為一個大有別於邦聯型態的全國性政府奠下基礎。

制憲會議的代表們在設計一個有別於脆弱不堪的邦聯的新政治體制時，所面臨的最大挑戰在於：如何建立一個強有力的政府，使其既能維持並穩定社會秩序，但又不至於威脅到人民的自由。因此整個制憲會議中有關憲政制度的設計，一直是環繞在這個中心議題上：如何在強有力的政府與人民自由權的保障二者之間取得一個平衡點。在憲政主義派的漢密爾頓 (A. Hamilton) 及麥迪遜的主導下，制憲代表們以分而治之 (divide and rule) 的方式，完成了新的憲政制度的設計，並通過了規範美國政治菁英及人民生活已達 200 多年的聯邦憲法。這部憲法雖然在 1992 年為止，一共修改了 27 次，但是 1789 年憲法制定時所存在的基本要素和精神，卻仍然完整。

這部憲法在通過之時只有 7 個條文，但是經由文字的具體規範，以及相關的習慣和作為，卻凸顯出三大特徵。第一，是在聯邦制度 (federalism) 下所強調的中央與地方的分權 (division of powers)，其次，聯邦（中央）政府依據權力的性質，區分為行政、立法及司法三個部門，是為三權分立

(separation of powers) 的制度。第三，則為司法審查制 (judicial review)，負責法律爭端或疑義的仲裁。

　　聯邦制度的設計的主要原因，是因為代表們固然相信新國家需要有一個更強的全國性政府，但是卻又擔心它權力太大會造成專制；而且小州的代表們也堅持，如果他們原享有的權力，不能獲得保留的話，那麼他們將拒絕加入任何全國性的政府。在這個議題上，麥迪遜的影響力最大。他認為在一個普遍性的政府中，對人權的最大威脅是多數暴政。通常當一個派系掌控整個政府時，它會利用權力來促進一己之私的利益，而犧牲所有其他人的利益。因此他相信在全國性政府與州政府之間進行垂直分權，再加上水平面上的三權分立，是避免多數暴力最好的方法❺。就是由於他的立論，所以制憲者不只採取聯邦分權 (division of power)，而且在全國性的參議院中，給予各大小州平等的代表權。事實上這種保護少數的設計，貫穿整部憲法，成為美國憲法的一大特色，但是它所造成的政治結果，卻也影響深遠。

　　因此聯邦制度設計的目的，在於避免單一制國家下，中央政府權力太大的弊病，並讓各州得以保有它們在獨立之前所擁有的一部份權力。依照聯邦憲法的規定，中央政府的權力採取列舉的方式，包括國防及外交。但是憲法所沒有列舉的，以及第 14 條、第 15 條修憲條文中所沒有明文禁止的，如司法、教育及交通建設，則歸各州所有。這種權力的劃分就是一般所稱的雙元聯邦主義 (dual federalism)。也就是因為這種規定，使得美國的政治權力及職責分別屬於 50 個州及 1 個聯邦政府。200 多年來，雖然由於客觀環境的變遷如社會福利制度的實施，重大公共工程的建設，以及聯邦法院的司法解釋，而使聯邦權力大幅擴張，但是聯邦制度的精神大致仍維持完整。

---

❺　Alexander Hamilton, James Madison, and John Jay, *The Federalist Papers*, ed. by Clinton Rossiter (New York: The New American Library, 1961).

　　制憲會議對政府權力所施加的限制，同時著眼於聯邦政府水平層面的分工。立法權是聯邦憲法中的第一權，除掌握聯邦政府的立法事務外，參議院另有人事同意權及條約批准權。因此立法部門分成兩院，第一院的眾議院 (House of Representatives)，議員代表各州人民，由各州選民直接選舉產生；各州眾議員的數目依各州人口多寡而決定。第二院代表各州，每州的代表地位完全平等，各選出 2 名代表，由各州州議會選舉產生（在第 13 條修憲案中改由各州選民直接選出），是為參議院 (Senate)。

　　第二權是行政權，由總統所領導的內閣負責行使。總統的權力在憲法上的規定相當有限。因為有關權力的行使如向國會提出相關法案、任命官員、簽訂條約……等，均需兩院完成立法程序，或由參議院同意及批准才生效。因此總統權力的大小一直是美國立國以來爭辯不休的問題。但是拋開權力大小的爭議不談，總統是美國憲政體制下唯一以全國為選區選舉產生的職位，每當美國發生重大危機時，總統就立刻成為全國團結的動力和統一口徑的象徵。2001 年「九一一恐怖攻擊事件」發生後，小布希總統的表現深獲肯定，在權力的行使上也因此大幅擴張。

　　從總統權力大小的爭議及行使權力時所受到的相關限制，就可以看到三權分立機制下的另一面，就是制衡 (checks and balances)。基於 13 州人民對政府權力的不信賴，因此憲法規定任何一個部門在行使權力時，都必須受到另外兩個部門的限制。例如針對美國國會行使的立法權，總統可以對個別法案行使否決權，聯邦法院則在「不告不理」的原則下，可以對國會所通過的法律宣佈為違憲。相對於總統及國會所受到的牽制，聯邦法院系統也必須受到其他兩個部門的限制，例如聯邦法院的預算，由行政部門編列，立法機關通過；聯邦法院及最高法院法官由總統提名，卻由聯邦參議院履行同意權。事實上，回顧美國聯邦制度的確立，及三權分立架構下制衡機能之得以貫徹，得力於聯邦各級司法機構之司法審核及司法解釋權的行使者頗多。

　　聯邦憲法所建構的憲政制度，雖然因為人民對政府權威之不信任，而

將政治權力分割成四分五裂 (fragmentation of power)，因此在行使權力的過程中難免會發生爭議，但是有司法部門扮演爭端或疑義的仲裁者，卻使美國人的政治生活，得以在競爭與摩擦難免的生態下，仍得以維持一個動態的平衡。西元 2000 年的總統大選中，出現佛羅里達州選票計算問題，而引發該州選舉人票誰屬的爭議，使總統當選人遲遲無法決定，最後是由於聯邦最高法院被迫捲入，並作快速仲裁，始順利地化解一場政治危機。由此可見司法部門在美國憲政體制下地位的重要性。

第三節　美國憲政制度的影響

美國憲法的制定很清楚地表達制憲代表對人性不信任及對政府不信賴的理念。就如同麥迪遜所言，「如果人真的是天使的話，就不需要有政府了。」制憲代表也認為，如果讓人民自己管理自己，那麼人性的貪婪和自私就會表露無遺，終至於形成只會追求私利而不顧公益的各種利益團體。因此政府的作用在於平衡這些隱藏在人性之下的衝突本能，並節制人類貪婪的私慾。另方面，因為受到殖民地政府時期橫徵暴斂的慘痛教訓，以及洛克自由主義理念的影響，制憲代表們相信政府權力應該是一種相對的關係，每一個部門權力的行使，都應該受到另外兩個部門的牽制。這使得分權與制衡的精神貫穿整部美國憲法，自由民主 (liberal democracy) 的理念所強調政府的權力有限，並應該受到牽制以保障人民的自由，則成為美國政治的基本規範。

依據自由民主的理念而成立的美國聯邦政府，其權力在垂直面及水平面上被重重分割，這樣的制度設計結果使每個權力結構內部都形成許多少數 (minorities)，而難以形成一個如英國議會那般的一個統治多數 (ruling majority)。換言之，制度設計的目的則在於防止政府作壞事，而不在於成立一個有效率的政府。但是這種權力層層分割的情形，卻導致一些意想不到的後果。

　　第一，由於聯邦政府與 50 個州間的地方分權，以及聯邦政府三權分立的架構，使得美國形成許多少數的權力團體，用以防止麥迪遜所說的「多數暴力」。其結果不只使美國在組織上要比英、德來得鬆散，並且使任何居於少數的團體，都可以在政策議題上作漫長的困獸之鬥。任何一個政策議題要想獲得貫徹，都必須經由許多少數團體的聯合，才能組成一個持久性的多數，以保證該政策的實現。這種多數聯合的建立 (majority coalition building) 每次的成員都不一樣，卻因此保障了少數的權益，並且使美國社會不至於有那一個團體會永遠具有壟斷性的多數，也不會永遠居於少數，這正是多元主義的精神所在。多元主義下的美國政府運作可能非常緩慢，但是卻能為美國民眾所包容、所接受。其結果是，任何改革或創新的作為必須是漸進，而不可能出現跳躍式的改革。

　　第二，三權分立的制度設計使得行政與立法處於對立及制衡的地位，而聯邦制下地方分權的結果，則使政黨的重心集中在州黨部手裡。因此中央的行政權及立法權固然有可能分別由不同的政黨所掌控，而形成分裂政府 (divided government) 的局面，使總統與國會之間纏鬥不休。但是即使兩權由同一個政黨所控制，形成一致性政府 (unified government)，也未必會使總統更有能力去推動一個完整而一致的政策❻。

　　第三，有鑑於以上兩點，因此美國總統雖高居政府領袖及行政首長，但是他的政策是否能夠落實，其權力職掌能否擴張，卻端賴他是否能夠取得國會的支持而定。換言之，總統是否具有足夠的說服能力及溝通的長才，是他在總統任內權力大小的關鍵❼。

---

❻　David Mayhew, *Divided We Govern: Party Control, Lawmaking, and Investigating, 1946-1990* (New Haven: Yale University Press, 1991); Charles O. Jones, *The Presidency in a Separated System* (Washington D.C.: Brookings Institution, 1994).

❼　Richard E. Neustadt, *Presidential Power and the Modern Presidents: The Politics of Leadership from Roosevelt to Reagan* (New York: The Free Press, 1990).

【第四十七章】
美國的政治文化與政治經濟

　　政治文化是指「政治態度、價值、感情、資訊以及技巧的一種特殊分佈」，它足以「影響公民及領袖在政治體系中的行為」❶。因此瞭解美國的政治文化，不只可以說明美國憲法之所以能夠成長的背景，美國人民的基本政治信念，而且可以掌握美國政治生活的本質，以及政黨競爭的型態。古典自由主義是美國政治文化的中堅，它強調個人的尊嚴以及有理性的能力去控制自己的命運。自由主義主要是淵源於一批反對中古封建時代遺毒的啟蒙時代 (Enlightment) 思想家，包括洛克主張上帝賦與人類生命、自由及財產權等與生俱有的權利，因此政府的權力有限，以不能剝奪此等權利為前提；盧梭主張社會契約論，而非君權神授；以及亞當斯密 (Adam Smith) 強調資本主義下的市場經濟等。

第一節　自由主義傳統的內涵

　　就因為美國人共同享有以自由主義傳統為基本內涵的政治文化，因此有限的政府，保護個人財產的法治，以及市場經濟等原則都正式地成為所有具有最低理性的成年人共有的認知。從美國政治文化的淵源以及其成長的過程，它的幾項特質值得我們重視。第一，它是整合性的，意謂美國人對於政治生活所應遵循的基本原則（即共有的認知），存在著穩定而廣泛的共識；第二，對國家及制度有著堅強的認同、忠貞意識及高度的傲氣，因此政治暴力的層次低，而且面對衝突時，總能以文明方式處理；第三，社會團體彼此之間存在著高度的信賴感。以上各項政治文化的價值和信念，

---

❶　Gabriel Almond and G. Bingham Powell Jr., *Comparative Politics: A Theoretical Framework* (New York: Harper Collins, 1993), p. 55.

都深切地反映出美國自由主義的傳統。

　　自由主義的主要內涵是，強調人類之所以要建立政府，是為了要促進生命、自由及財產的安全，因此一切以人民為本，政府的權力必須有其限制。這種對權力的懷疑表現在三權分立的機制和制衡制度的設計上，也反映在美國人民對政府的信賴的比率，遠不如英國、德國及法國人民。但是卻有比較高比率的美國人相信政府官員會跟人民保持接觸，而且會在意人民的想法，政黨也會對輿論表現出關注的意願❷。因此綜合而言，美國人並沒有比其他國家的人民更具疏離感。另外，其他研究顯示，更多的美國人以他們的國家為傲 (83%)，並且願意為美國而戰 (71%)。這種比例比英國、西班牙、義大利、法國及德國的人民都來得高❸。

　　這種對政府的信賴不如西歐人民，但卻深以身為美國人為傲，甚至願意為美國而犧牲的情形，反映出在美國歷史上，有許多人民抱持著兩種在邏輯上並不協調的理念。一種理念是所謂的「美國人傳統」(Americanist Tradition)，強調美國人「是上帝、歷史及自然所選擇的子民……具有高超的道德及知識的特徵」，因此美國是一個很棒的國家❹。但是另方面，美國人卻認為政府並不等於國家，政府就如前總統雷根所說的，「是問題的根源，而不是來解決（問題）(government is the problem, not the solution)」。因為他們認為擔任職位，領導政黨，以及負責事情的職業政客，都是圖利自己之輩；他們在意的是爭取選票及競選連任，而不是作出勇敢而具前瞻性政策，來解決國家問題。因此這種對政府的不信賴，實際上也反映出人

---

❷　Russel J. Dalton, *Citizen Politics in Western Democracies* (Chatham, N.J.: Chatham House Publishers, 1988), Table 11.1, p. 232.

❸　James Q. Wilson, *American Government*, 4th edition (Lexington, MA: D. C. Heath, 1989), Table 4.3, p. 81.

❹　Roger Smith, "Beyond Tocqueville, Myrdal, and Hartz: The Multiple Tradition in America," *American Political Science Review*, 87 (1993): 549–566.

民對政治領導階層的質疑與不滿。

　　自由主義的另一個內涵是將政治視為一場運動競賽。這種觀念足以影響美國人的政治行為。因為政治既然如同運動，則勝敗就非生死之爭，而無足輕重。輸了下次再來，將來仍有機會獲得勝利。因此失敗者總是會坦然認輸，政權的轉換自然順利。第二，旁觀者總是多於參與者，多數人民只是經由投票，而作最低程度的政治參與。大約只有 5% 的美國人經常性地參與政治。多數民眾對政治關懷而不狂熱，反映出美國政治的中庸務實，而又不強調教條的特質，也說明美國政治之所以穩定的理由。

　　美國政治文化上的第三個內涵是順應潮流的趨勢。一般而言，美國人非常在意別人對他們的看法，順應潮流是取得他人好感的一個方法。他們通常要看別人怎麼想，接受別人的標準，並在實質及感情上附和別人。也由於呼應別人的想法，所以美國人常傾向維持現狀，這使得美國人缺少強烈改變政黨或其他制度的激因。

第二節　政治文化對美國政治的影響

　　由於這種政治文化的影響，美國選民因此表現出常態分佈的溫和性格。常態曲線是指多數人的價值分佈，都接近中間地帶，向兩極端移動的比例則相對減少。換言之，大多數美國選民在意識形態上都接近中間地帶，很少人會傾向極端的保守或自由（見圖 47-1）。依照這個模式，一個政黨或候選人必須獲得中間地帶這群選民的支持，特別是在 +1 和 -1 之間，才有可能取得多數支持。

　　由於民主及共和兩黨都是中間性政黨，多數的總統選舉結果通常要看那一個候選人能夠維持溫和的形象而決定。因此常有人會批評兩黨候選人間的差別不大的說法，其原因在此。在一個選民分佈於兩個極端的社會中，各政黨自然會代表選民的不同態度。但是在美國，卻是兩黨都競相爭取戰略的中間地帶。在正常的環境下，民主黨必然會設法爭取中間偏左的選民

群的支持，共和黨則從右邊向中間爭取兩黨的重疊地帶（見圖 47-2）。

在這種政治態度的分佈態勢下，任何一黨的候選人一旦被認為是立場太極端（激烈）的話，幾乎不可避免地要受到嚴重挫敗的命運。1964 年共和黨的高華德 (Barry Goldwater) 在總統大選中，喪失了許多溫和派共和黨員、獨立派人士以及保守派民主黨人的支持，就是因為他的立場被認為太過極端。1972 年麥高文重蹈高華德的覆轍，被認為是極端左派，同樣在大選中失掉了傳統溫和保守的民主黨人，特別是少數民族及勞工的支持。圖 47-3 及圖 47-4 都說明高華德及麥高文偏離中間溫和地帶，因而慘遭重挫的理由。2004 年的總統大選由小布希總統面對民主黨提名的凱利 (John Kerry) 的挑戰。共和黨的策略是讓選民深信凱利只不過「是東部的另一個自由派」而已，這種選戰策略從 1972 年以來歷次都發揮了效果。結果 2004 年的選舉小布希再度當選。

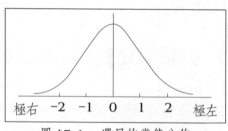

圖 47-1　選民的常態分佈

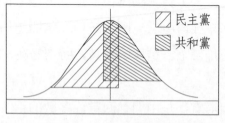

圖 47-2　選民的常態分佈

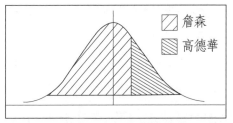

圖 47-3　候選人支持的常態分佈，1972

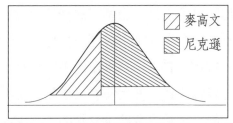

圖 47-4　候選人支持的常態分佈，1972

資料來源：Robert Blank, Political Parties, *An Introduction* (Englewood Cliffs, N.J.: Prentice Hell, Inc. 1980) p. 74.

　　意識形態是一套綜合性及強烈執著的信念，作為政府應該如何作成決策，以及此等決策所應有的內涵及綱領。雖然在政治文化的研究中，美國人對意識形態抱著非常淡薄的態度，不願被貼上標籤，喜歡稱自己是「溫和派」，但是在美國政治中仍有兩個主要的意識形態。

　　1.當代保守主義深信自由市場資本主義，有限制的政府，以及個人自立，而不要依賴政府。當代保守主義大部份跟前面所提及的古典自由主義相似。但是跟古典保守主義不同的是，它對人性抱著悲觀的看法，主張強勢法律與秩序的重要性，以及支持強化傳統制度如家庭與教會的努力。

　　2.當代自由主義強調一個強大的政府，以提供經濟安全及民權的保障，但是它也主張在社會行為方面免於政府的干預。當代自由主義在崇奉個人尊嚴上，跟古典自由主義相同。但是它並不認為政府是一個應該受到限制的負面力量，而主張政府應該積極行動以終止歧視，降低貧窮，為所有人提供醫療，提供教育，並保護環境。它支持自由市場，但主張政府應該採

取行動以舒解資本主義所帶來的痛苦。當代自由主義者也強調，只有政府採取行動，以限制所得的極端不平等，才能保障個人尊嚴和機會的真正平等。

　　美國雖然被認為是資本主義經濟理念和制度的重鎮，並且強烈反對社會主義或共產主義，但是美國在制度上和作為上，卻從未真正達到自由放任學派的經濟學大師如亞當斯密，海耶克 (Friedrich Von Hayek) 以及傅利曼 (Milton Friedman) 所主張的真正自由企業的境界。這些經濟學家力主政府對經濟事務作最低限度的干涉，包括對成功的企業在管理、利潤及所付的工資上，政府不要作干預，以及政府對失敗的企業不要給予補助或紓困。事實上，美國政府一直在以各種形式來幫助美國企業，就如同農業部一直在進行研究，以促進雜糧產量，並對農產品價格作補貼。這就如同二次大戰結束以後，美國不斷地透過國會要求各國開放市場，提供美國產品進入是一樣。下面的討論將會有助於對這一問題真相的認識。

第三節　美國的政治經濟與發展

　　要評估美國是否真正作到有限制政府以及自由放任的境界，有兩個領域最為具體可循。一個是美國聯邦政府在歷史各階段的經濟政策與經濟表現的關係，另一個則是二次大戰結束後，美國對外貿易政策的改變。

一、美國的經濟政策

　　美國從開國到南北戰爭這段期間，是一個經濟尚未開發的國家。一方面由於獨立初期，一切制度均在草創階段，因此以內部安定及國家安全為重，解決內部爭議如奴隸制度為優先；另方面則聯邦政府的地位仍深受州權派人士的挑戰，因此很難看出國家對經濟發展扮演任何突出的角色。南北戰爭是美國政治制度演變的分水嶺，不只破除了爭議性的黑奴制度，莊園制度 (Planation) 開始消失，而且使州權派徹底被擊敗，聯邦政府的地位至此獲得底定，美國人民的國家認同也獲得確立。在經濟上，內戰後的美

國開始受到歐洲工業革命的影響，快速吸收新的生產技術。因此從南北戰爭到第一次大戰期間，是美國現代化進展的一段時期（回顧一下德國及日本也是一樣）。但是同時也反映現代化的後遺症，如資本家的剝削與壟斷，勞工生活的慘狀，社會的不公平情況之滋長，都是明顯的症候群。

　　但是在這段快速工業化時期，美國聯邦政府的經濟政策除了對外國實施關稅保護之外，對內幾乎是由亞當斯密的自由放任主義所左右❺。因此不只談不上對私人資本的規範，對資本主義所造成的種種弊端，也沒有任何因應的對策。即使有 1887 年的州際貿易法及 1890 年的舒曼反托拉斯法 (Shermann Antitrust Act) 的通過，也都在特殊利益的運作下，無法被有效執行❻。這種聯邦政府漠不關注的情況，到 1912 年威爾遜當選總統後，獨占及剝削的自由放任主義思想才逐漸式微❼。聯邦政府也成立了聯邦交易委員會，專司調查違法的商業行為。政府介入經濟的政治基礎初步獲得奠定。

　　1920 年代是世界經濟動盪不安的時代，而以 1929 至 1933 年間的經濟大蕭條 (The Great Depression) 為最高點。因此凱因斯 (John M. Keynes) 的影響力應運而生，正式取代了古典學派的自由放任，而成為經濟思想的主流。凱因斯主張自由放任的經濟政策已經不足以應付經濟危機，認為政府應當進行經濟行為上的干預，從事公共投資，以便達到充份就業的目的和消費能力的提高，如此失業問題才能獲得解決。羅斯福總統就任

❺　Richard F. Bensel, *The Political Economy of American Industrialization, 1877-1900* (New York: Cambridge University Press, 2001).

❻　有關州際貿易法制定時的政黨政治，參見 Scott C. James, "A Party System Perspective on the Interstate Commerce Act of 1887: The Democracy, Electoral College Competition, and the Politics of Coalition Maintenance," *Studies in American Political Development* 6 (Spring): 163-205.

❼　有關威爾遜總統改革的背景，見 Elizabeth Sanders, *Roots of Reform; Farmers, Workers, and the American State, 1877-1917* (Chicago: University of Chicago Press, 1999).

後所採取的經濟政策，幾乎與凱因斯學派的主張如出一轍。這包括對失業者進行救助，並大量擴充國家基本建設，提供人民工作機會；提出綜合性的恢復經濟繁榮計劃，以及改革經濟體制，正式實施社會安全福利制度及失業救濟。這些「新政」(New Deal) 下的政策作為，再加上二次大戰的爆發，使美國聯邦政府的職能及規模，開始進入一個高峰期。

「新政」以後有近 50 年的時間，是自由主義氣勢最盛的時代。1960年代詹森總統推動大社會 (the Great Society) 計劃，更是大政府主義的全盛時期，社會福利制度全面實施，美國國力達於鼎盛。但是由於美國捲入越戰規模日趨擴大，福利支出與戰費開銷雙重增加的結果，聯邦政府預算開始出現鉅額數字。因此貨幣供給學派在 60 年代之後，逐漸取代了凱因斯學派。傅利曼等學者主張透過貨幣供給的調節，可以使經濟社會很快地按照政策的指標，免除通貨膨脹的困擾；整個社會亦可以由貨幣的注入與吸走，而免於景氣循環的包袱。因此貨幣供應量、匯率與利率等政策工具開始受到重視。影響所及，古典放任學派所強調的小型政府，私經濟部門的良性競爭，自由貿易等主張又重新成為政策的主流。

雷根在位 8 年，是貨幣供給學派的忠實執行者。他改革了社會福利，大幅減稅，並大幅擴張國防經費，以達到公共投資的效果。這些政策雖然創造 80 年代景氣的榮景，但卻給繼任的老布希總統帶來龐大的財政赤字。老布希就因為政府赤字高居不下，而經濟衰退期又拉長，無力進行大規模公共投資的結果，在 1992 年的總統大選中失利。

綜合以上的論述，美國聯邦政府對經濟政策的作為，並未如一般所想像的是全然的自由放任，而是因應不同的經濟環境，以及不同的執政者所採取的意識形態，來作適當的因應。從南北戰爭前後的自由放任主義，到1930 年代的凱因斯大有為政府，是經濟政策因應時代背景不同而作的重大轉折，但是 80 年代以後貨幣學派的興起，卻也是自由主義大政府難以再回頭的明證。這段期間我們所看到的是，聯邦貨幣儲備基金會 (Federal Reserve Board) 在老帥葛林斯潘 (Alan Greenspan) 主持之下，一直不斷地

使用貨幣工具，作為控制利率及刺激或冷卻經濟的手段。他在經濟及財政政策上的作為，深獲各方肯定，因而歷經雷根、老布希、柯林頓及小布希等四位總統，重用程度歷久不衰。

二、美國的貿易政策

美國近代貿易政策的演變，是聯邦政府並非無為而治的另一明證。從一次大戰結束到 1930 年代初期，美國在外交上採取孤立主義，在對外貿易政策上採取高度保護主義。但是即使如此，美國仍未忘記以貿易為手段來牽制日本 1930 年初期開始的軍事擴張主義。但是由於貿易保護政策所引發他國的連鎖性報復行動，造成全球性經濟大蕭條的慘痛教訓，因此美國在政策上開始趨向自由貿易的主張。此等政策一直到二次戰後，始終沒有改定。甚至為了消除貿易障礙，希望藉著貿易來帶動各國經濟的成長，所以在美國的倡議下，各國於 1947 年在日內瓦成立了關稅貿易總協定 (GATT)，以掃除包括關稅在內的各種貿易障礙。這個時期的美國等於是自由貿易的最大支柱❽。

1960 年代以後，客觀情勢的演變使得美國自由貿易的政策，出現調整的跡象。先是歐洲經濟共同體的成立，使西歐 6 個工業國家成立了關稅聯盟，由各會員國逐步消除彼此間的關稅壁壘，以促進貨物、資本與勞務的自由流通。歐洲共同市場的成立，使得美國感應到一股新的壓力，自需在貿易政策上有所調整。其次，在 1960 年代末期，美國許多產業如紡織、汽車及鋼鐵業等的競爭能力逐漸減弱，在國際貿易上已不再具有以前優勢。1971 年甚至首次出現貿易赤字。這些因素使得美國在對外貿易政策上，出現重大轉變，由過去強調自由貿易變成重視公平貿易，認為各國所樹立的不公平的貿易障礙，是導致美國產業競爭力衰退的主要原因。這就是美國

❽　Robert E. Baldwin, "The Political Economy of Postwar U.S. Trade Policy," *The Bulletin*, 1976: 4, New York University Graduate School of Business, 1976.

的新保護主義，在保護工具上不再使用以往的高關稅壁壘，而改以非關稅
之貿易障礙作為保護的工具。

這種新保護主義反映在制度上的，就是美國貿易代表署 (United
States Trade Representatives) 之成立，除作為國會與總統間的溝通橋樑，
並直接向總統建議關稅減讓及貿易談判之項目外，並跨越國務院原有的權
限，直接代表美國與各國進行貿易談判 ❾。因此在新保護主義之下，對外
貿易政策已不再只是總統的權限而已，由於國會加強對貿易談判監督的結
果，使得整個貿易政策必須更注意到國內各階層與團體之利益。這種貿易
政策必須是在給予美國產業一個公平競爭環境的前提下，進行非關稅貿易
障礙之排除，以建立一個公平的國際貿易關係。

為了排除外國對美國產業進出口之不合理限制或關稅壁壘，國會授權
總統可以對相關國家採取提高關稅或進口設限等報復行動。這就是著名的
301 號條款。美國貿易代表署每年會公佈一份報復名單及觀察國名單，作
為報復或警告的依據。1980 年代以後，美國經濟不景氣，產業競爭力更加
減退，使得國內的保護主義呼聲更高 ❿。為了順應國內經濟情勢之需求，
乃將 301 號條款加以修訂，而形成超級 301 號條款。新的條款主要目的是
擴大對不公平之貿易行為之認定，任何國家凡有長期不符合國際認同之勞
工權益，以出口為目標之政策，以及政府對企業界反競爭之經濟行為加以
容忍等三項情形，都可列入美國的報復名單中。等到 1990 年代 GATT 轉
型為世界貿易組織，美國利用它超強的國力作後盾，積極擴張它在國際貿
易的佔有率，並為美國跨國企業公司利益之後盾。各國稍微不慎就可能列
入 301 號條款的名單中，使得各國與美國的貿易摩擦更為頻繁。

❾　Andreas Fürst, "The Interaction Mechanism Between Congress and the
President in Making U.S. Foreign Trade Policy," in Carl-Ludwing Holtfrerich
ed., *Economic and Strategic Issues in U.S. Foreign Policy* (New York:
Walter de Gruyter, 1989).

❿　M. Whitman, "The Decline in American Economy," *Foreign Policy* 20:
138-160, 1985.

【第四十八章】
美國的利益團體

美國的傳統政治文化中，對國家與社會的關係抱著極其戒慎的態度，對政府的權威更是極端不信賴。因此在政治制度的設計上，特別著眼於權力的分割，強調政治權力的相互制衡。這種憲政體制除了防止政府權力的專擅外，也使民間社會的自主性相對增加，政治權力所未能控制到的社會領域因此而擴大。在自由主義薰陶下的政治環境，培養美國人民互相信賴的性格，以及加入社會團體的意願，當然更造就了利益團體廣闊的活動空間。但是談到美國的利益團體，有三點必須先在這裡強調。

第一，美國制憲先賢麥迪遜在他提到多數暴政的威脅的時候，特別強調在權力分割的政治體制下，所存在的許多派系，不只會防止多數的形成與壟斷，而且有助於人民權利及自由的保障。因此利益團體的存在從立國之初，就有其制度上的立足點和理論上的正當性❶。其次，因為憲政制度上的三權分立及聯邦分權的設計，使美國在處理跟利益團體關係的時候，無法建立類似西歐及北歐新統合主義的模式。理由是行政機關的作為或承諾並不能夠保證立法機關，甚或司法機關，也會作出同樣的決策。因此從比較觀點來看，美國在光譜線甚至比英國還要是非統合主義的國家(non-corporatism state)。第三，唯其因為權力分割，所以美國利益團體雖然非常活躍，但是它的影響力常常被過度渲染。因為在一個多元主義的社會中，不只影響力難以獨佔壟斷，而且任何一種利益團體的訴求，經常會

---

❶ 名政治學者 Robert Dahl 對利益團體亦有極正面的評價，見其 *A Preface to Democratic Theory* (Chicago: University of Chicago Press, 1956), *Pluralist Democracy in the United States, Conflict and Consent* (Chicago: Rand McNally, 1967)。以及 Theodore Lowi, *The End of Liberalism*, 2nd ed. (New York: W. W. Norton, 1979).

有另一個反對團體對抗。

第一節　美國利益團體與政治環境

利益團體在美國的活動早在獨立之前就已經開始。十九世紀政黨的分裂與整合過程中，宗教團體的角色更是近乎舉足輕重❷。1896 年的總統選舉中，一位克利夫蘭 (Cleveland) 市的企業家捐了一筆 10 萬美元的鉅款，給共和黨的麥金萊 (W. McKinley) 作競選經費，並親自出面募款及組織助選活動。這是利益團體參與選舉的分水嶺。此後利益團體與民主及共和兩黨間的接觸持續增加。隨著工業的發展及經濟的成長，美國利益團體的數目和影響力跟著膨脹，它們跟兩大黨的接觸也日趨嚴密。新組成的勞工團體開始跟民主黨結盟，小型及大型企業則成為共和黨的核心基礎。當外來的移民成為民主黨黨機器重要成員的時候，一些本土性的團體如三 K 黨，則開始在共和黨內部活躍。到 1930 年代民主黨建立起新政聯合 (New Deal Coalition)，結合勞工、天主教徒、猶太人、少數民族及南方人，成為選票的主要票源，並因此壟斷美國政治近 50 年。共和黨則在大型及小型企業和中產階級間獲得穩定的支持。

這些團體既然在兩大黨內形成政治聯合，自然在黨總統候選人的提名過程中，以及黨綱的草擬上，發揮相當大的影響力。例如美國全國勞工聯盟 (AFL-CIO) 與民主黨的關係雖不若英國工黨與工會般的密切，但是在 1980 年以前（工會力量式微前），任何民主黨總統候選人如果得不到它的支持，幾乎不可能當選。但是 1960 年代美國利益團體的生態突然發生變化，除了原先的經濟性職業利益團體之外，許多非經濟性的利益團體紛紛出現，並強烈表達它們對政策議題的立場。根據統計，從 1960 年代起，

---

❷　Daniel W. Howe, "Religion and Politics in the Anlebellum North," in Mark A. Noll, ed., *Religion and American Politics* (New York: Oxford University Press, 1980).

許多民權團體以及四分之三以上的公民團體，社會福利團體及窮人團體紛紛興起❸。這其間還有反戰團體及婦運團體跟民主黨結合，成為黨內的新生力量。例如 2004 年民主黨總統候選人凱利 (John K. Kerry) 就是 1970年代因反戰而崛起的政治領袖。

造成這些非經濟性利益團體大量崛起的原因，跟 1970 年代美國政治生態的變化有關。1970 年代初，民主黨內部一批少壯派議員，起而推動國會改革，一方面推動常設委員會主席不再依資深制任命，改由黨團選舉；另方面則建立小組委員會 (subcommittee)，實施常設委員會分權化，使資淺議員得到歷練並培養專業化的能力。對利益團體而言，這項改革最大的意義在於，常設委員會主席不再如以往那樣，有控制委員會會議及議程的能力，並因此而無法阻止立法案的審查，利益團體影響法案的空間乃因此而大增。

今天大家所談到的利益團體，可以分成兩種形態，每一種形態都各有其影響政府的特別技巧。一種是傳統上所常看到的壓力團體，以遊說為主；另一種則是政治行動委員會 (Political Action Committees, PACs) 及競選捐獻。PACs 跟政黨在兩方面有明顯的不同：(1)跟政黨不同的是，PACs 既不提名，也不將候選人貼上 PACs 的標籤；它們只是支持或反對黨所提名的候選人；以及(2)它們只對政府官員所制定的政策表示關注，而不管這些官員的政黨標籤為何。因此它們通常會支持對 PACs 的政策偏好，表示同情的兩大黨候選人。

這類團體在歷史上就一直存在，但是造成 PACs 的活動及數目突然大量增加，則是跟 1974 年聯邦選舉競選法規 (Federal Election Campaign Act) 的修訂，有明顯的關係。選舉競選法規的修訂中，針對個人所捐獻給候選人或政黨的數目加以設限，避免個人對候選人有太大的影響力。但是比對組織所能作的捐獻，仍要高出很多。但是最重要的修訂卻在於，企業

---

❸　Kay L. Schlozman et al., *Organized Interests and American Democracy* (New York: Harper and Row, 1996), p. 75.

團體或工會雖然不能對選舉活動直接捐獻金錢，它們卻可以成立 PACs，來對候選人作政治捐獻。這一項有關選舉捐獻規定上的改變，使許多大公司及意識形態團體，都紛紛對選舉活動進行金錢捐獻。因此從 1970 年代開始，利益團體積極地參與選舉競爭的每一個階段及層面。

依照 1974 年競選捐獻法案的規定，組織 PACs 的利益團體可以對每一個候選人作最高一萬美金的捐獻。這使得大公司或工會得到最大的好處，因為在這項規定之下，連它們組成 PACs 後所需要的維持費用，都可以由它們來支付。但是候選人卻也因為這項規定，而彼此競相爭取 PACs 的捐獻，導致 1974 年到 1986 年間，角逐眾議院及參議院議席的費用增加了 500%，而同一期間的消費者物價指數卻只增加 200% 以上❹。

1979 年國會通過對聯邦選舉競選法的修正案，准許個人或利益團體對政黨作無限制的禮物捐助。這種捐獻就是所謂的「軟錢」(soft money)。政黨可以利用這些「軟錢」，來支付薪水及辦公設備，選民動員，幫助地方或州層次的候選人，並為政黨作廣告。1996 年最高法院准許利益團體在所支持的議題上，支付一切所需的支出，但是不得公開表示要選出或擊敗某一個特定的候選人。因此在這個解釋下，利益團體可以無限制地在電視的廣告上批評國會某位現任議員，只要避免使用「投給」或「選舉」誰的字眼或詞句就可❺。因此透過這些法規的修正和法院的解釋，組成利益團體的動力及其所能展現的影響力，乃因此水漲船高。美國真正成為一個利益團體的國家。

第二節　美國利益團體的性質

上一節所談到的是，美國利益團體的成長與政治環境變遷的關係。但

❹　G. K. Wilson, *Interest Groups* (Cambridge, Mass.: Basil Blackwell, 1990), p. 47.

❺　Ibid., p. 74.

是單靠法令的修改及法院的解釋，還不足以說明利益團體在美國無所不在的原因。這點必須從政治制度的層面來探討其理由。

　　政治制度上的第一個因素，主要指法律主權在正式的憲法中所作的分配，也就是單一國家與聯邦國家之分，以及議會內閣制與三權分立制之別。這一點是指社會中合法的決策權威，究竟是由一個全國性的中央政府所掌控，或是由一個中央（聯邦）政府與不同的組成單元（州或省）政府間所共同分享。還有中央政府的權威（以及聯邦體制下州或省）究竟是賦與國會，然後由國會決定行政決策誰屬（而形成行政及立法兩權合一），或是在三權分立的體制下，行政部門與立法機關分別選舉產生，並禁止官員兼任國會議員。探討這種憲政體制的原因，在於利益團體尋求影響力的管道，以及所採取影響政策的策略及技巧，都會因不同的制度而有別。

　　一般而言，單一國家對利益團體接觸的管道，以及施加影響的重點，都會有所限制。但是在聯邦制度下，則有多方面的接觸管道，以及施加影響力的機會。這種機會可以展現在全國性，也可以在州及地方的層次上。議會內閣制對接觸的管道以及施加影響力的機會上，所受到的限制較大，但是三權分立的制度下，則因為權力的擴散而使得某些團體有可能掌握立法機關的委員會及政府機構。當然，並非單一國家及高度集權的政治體制，就必然會產生脆弱的個別利益團體及團體體系；同樣地，也不是說聯邦分權化的制度，就必然會造成堅強的團體及團體體系。利益團體接觸管道的多或少與其實際力量的大小，並非靠單一因素所決定，而是受到多面向的因素所影響。

　　從以上的分析中，我們可以發現，在聯邦體制下，利益團體必須在全國性、州及地方層次上進行活動，才能成功地影響政策。例如全國來福槍協會是個最強有力的團體，但是要想成功地達到影響槍枝管制方面的立法，它必須同時在三個層次的政府中，都能找到支持它的朋友。另方面，三權分立的結果則使利益團體必須試圖在總統與國會內部找到接觸的管道。這可是一個高難度的工作，因為不只行政與立法部門可能分別由不同政黨所

控制，而且眾議院是一個都市與次都市區域佔優勢的立法機構，多數黨通常會通過它所要的法案。但是參議院卻是以郊區為主要的代表力量，其內部規則常會保護任何參議員或少數黨的議員，無限期地讓法案的表決拖延下去。

其次，美國政黨組織鬆散，黨紀不彰，意識形態脆弱，以及階級意識淡薄，這些因素都是使利益團體容易與政黨接觸，並易於向政客們作廣泛訴求的條件。例如美國的企業界就發現民主黨要比英國工黨對企業界更友好，雙方就比較有接觸的管道。因此美國的利益團體並不輕易受到普通的因素，如強大的政府結構、強大的政黨或堅強的意識形態及階級意識所限制。這些因素在其他國家都可以對利益團體的活動構成阻力，但是在美國卻沒有這些障礙，使它們可以更輕易地爭取到沒有特殊忠貞對象的選民的支持。

利益團體這麼普遍的結果，很容易給大家一種刻板印象，認為美國的利益團體無孔不入，對公共政策的影響也必然其大無比，而造成特殊利益的泛濫，以及影響政策的品質。利益團體的活動所造成對政策或人事任命的影響，卡特及雷根兩位總統都曾經公開埋怨及指摘，但是它們的影響力常常過份地被誇大或渲染，卻是一些經驗性研究所指出的事實❻。事實上美國利益團體接觸的管道，確實如上所述，要比其他民主國家廣泛得多，其發達的程度及時間之早，也遠過於其他西方國家。但是美國利益團體的活動所獲致的成效，也受到一些主客觀條件上的限制。

首先，美國利益團體成員的密度（指一個團體從潛在成員中吸收到的會員比例），遠不及其他民主國家，是它活動的成效受到限制的第一個原因。

---

❻　如 Raymond Bauer et al., *American Business and Public Policy, The Politics of Foreign Trade* (New York: Atherton Press, 1963), 以及 Graham Wilson, *Special Interests and Policymaking, Agricultural Politics and Policies in Britain and the United States* (New York: John Wiley and Sons, 1977).

在某些國家，工會從勞工人口中所吸收到的成員，幾乎到達 90%（如瑞典），但是美國工會卻只能吸收到 18%❼。在美國權力分割的政治結構下，利益團體並不能保證一定能夠對政策的形成，產生一定的影響力，因此正如 Olson 所指出，個人在理性因素的考量下，就不會（也不必）加入利益團體，去獲取不必加入團體就可獲取的好處❽。譬如農夫不用加入全國農業聯盟 (the National Farmers' Union)，照樣可以獲得農作物的價格補貼。

其次，美國利益團體的分裂度 (fragmentation) 通常要比其他國家高，其所達成的統合程度以及所能動員的力量，自然也相對減弱。例如美國全勞聯 (AFL-CIO) 固然是全國統一的勞工組織，但是一來它並非像單一制國家中的最高組織那樣，有一條鞭的指揮性權力，真正的權力是在各州的工會，或甚至是專業性工會，如美國汽車工會或美國碼頭工會 (American Teamster) 手裡。二來正如任何一類的利益團體一樣，某一個利益團體一定有其相對性的利益團體來抗衡，全勞聯的活動也要受到企業界團體的競爭。在聯邦制度之下，美國利益團體的分裂程度，確實要比英國或北歐國家來得高。企業團體及農業團體都呈現不同程度的組織對立。

第三，除了 PACs 之外，其他職業性利益團體常常受困於內部組織不健全，經費不足的困境。更重要的是，欠缺專業人才來跟文官體系作技術性的對話，以及在政策執行面上提供專業性的幫助，使得利益團體活動的效果大打折扣。

第三節　利益團體的遊說及其他策略

利益團體的目的在於影響政府的公共政策，而它所採取的最普遍的方式，一個是透過政治行動委員會的選舉活動，使現任的公職人員（通常指

❼ G. K. Wilson, *Interest Groups*, p. 19.

❽ Mancur Olson, *The Logic of Collective Action: Public Goods and the Theory of Groups* (New York: Schocken Books, 1968).

國會議員）或候選人，會對它們的立場表示同情，或感謝它們的支持，而會在未來表決時支持它們所關切的議題。另外一個則是對國會議員進行遊說。遊說活動之所以集中在國會，主要原因在於任何政策是否能夠實施或貫徹，其關鍵在於國會是否能通過法案，再送交總統簽字。因此 PACs 的競選捐獻固然以參眾議員為對象，利益團體所派在華盛頓的遊說人員，也同樣會集中力量，對國會議員進行政治說服。

對於許多國會議員來說，這種遊說工作關係到他們與利益團體的互動，也可能影響到他們的政治前途。例如他們可能出身某一個選區，剛好某一個利益團體在全國人口中的比例雖然不多，但是在該選區卻是舉足輕重。中西部的農業州份以及東北部城市中的黑人人口或勞工都是突出的例子。在此等情形下，利益團體的要求往往是國會議員所最注意的事。但是利益團體的遊說也並非無往不利。因為第一，壓力或恐嚇並不見得生效，因為有一個團體出來對國會議員施壓，很可能會出現另一個團體出來表示支持；第二，美國人民往往會同時屬於好幾個社團的成員，或者根本沒有加入他們職業所屬的團體。類此情形都可能影響到利益團體遊說的效果；第三，遊說者本身軟性說服的技巧以及他與國會議員及其幕僚間的關係，還有他的專業知識程度，可能更是決定遊說成敗的關鍵。

利益團體與國會之間的互動固然重要，卻不能忽略它跟行政部門間的接觸。過去半個世紀以來，政府的業務及規模不斷擴充的結果，使得許多責任不可避免地要授權給行政部門。例如國會立法後許多重要的細節，就必須交給行政機關來決定。文官人員對法律的詮釋，乃至對這些執行細節的決定，很可能就會影響到法律的實質內涵，從而使利益團體的利益受到傷害。因此利益團體與文官人員間的互動，主要在於技術性訊息的交換，俾能有助於文官人員執行政策的能力和效果。

在這種情形下，美國的文官體系常必須同時注意到總統、國會及法院三方面利益的平衡。總統是文官之首，其重要性不言可喻，國會委員會則一方面可能跟利益團體存在著某種默契，另方面則有監督文官的權力，甚

至有權削減預算或否決相關立法。因此行政機關中的文官領袖，其首要責任就是滿足利益團體的要求。如此就可以討好相關的國會委員會，委員會的委員們就可以令代表他們選民的利益團體皆大歡喜。這種文官體系、利益團體與國會委員會三者間的緊密合作，只有偶爾在沒有爭議的情形下才會出現，就是一般所稱的鐵三角。

前面提到過，政治行動委員會大幅成長以後，有更多的非經濟性的利益團體，如雨後春筍般地出現。這包括婦女、環保、人權、意識形態及右派宗教團體道德多數 (Moral Majority) 等等。有別於傳統的利益團體，只想要影響選舉的結果，來達成它們的政策目標，這些新興團體積極參與政黨的事務，將許多原本不會參與選舉的人士，推入候選人的行列。這種新的參與政黨的方式，使政黨的菁英注入了許多新的生命，例如民主黨增加了許多黑人，共和黨增加了不少基督教保守人士，婦女則在兩黨中漸居要角❾。這種現象的出現，從正面來說，增加了政黨的包容力量，減少職業政客壟斷政治權力的機會。但是從負面來說，它增加兩黨內部政策辯論的機會，這固然是好事，但卻因此而昇高意識形態的強度，使兩黨的差異性急遽昇高，增加美國政治的兩極化。至於說這批政治生手出面挑戰黨內職業政客及溫和派人士，在取得提名或勝選之後，根本（因為太激烈）無法當選，或不懂如何治理，則其缺失更不必贅言。

利益團體常採取的另一個途徑，是為了政治目的而訴諸於法。這種從立國之初就存在的傳統，是美國政治文化的一部份。它在過去 50 年間呈 50 倍的成長量。也就是說，任何在選舉中及遊說時表現不佳的利益團體，通常會向法院提出訴訟，以企盼減少它們在其他領域上的損失。例如民權團體會經由聯邦法院的訴訟，對南方的學校體制、州政府及地方政府和州議會尋求正義及補償。環保團體則透過法院，阻止任何有害環境的公路、

---

❾ Mark J. Rozell, *Interest Groups in American Campaigns, The New Balance of Electioneering* (Washington D.C.: Congressional Quarterly Press, 1999) p. 149.

水壩及其他公共建設。

以上所提到的各種利益團體的策略中，除了遊說之外，其餘各項影響的途徑（或策略），跟美國政黨制度有著密切的相關性。這將是下一章討論的主題。

【第四十九章】
美國的政黨：式微與再興

在談到美國的政黨時，首先大家都會想到美國是一個道地的兩黨制國家，因為國會參眾兩院議員，幾乎不曾有過第三黨，總統職位也一直由兩黨輪流當選。其次，很多人會有刻板印象，認為美國是一個聯邦制的國家，因此政黨組織鬆散，而且是以州及郡的黨組織為重心，因此國會議員黨紀難以貫徹。另外，兩黨都是異質性政黨，不重視意識形態，因此像一把大傘一樣，具有很大的包容力，能夠吸引各種不同背景的人士，產生對兩個政黨的認同 (Party Identification) 及支持。最後，政治學上政黨式微 (the decline of parties) 的觀念，會被拿來說明美國從 1970 年代以來，政黨走向沒落的趨勢。

政黨生存於社會之中，也免不了要受政治力的規範及影響，因此當社會及經濟環境變遷的時候，政黨的性質、政黨與選民間的關係以及政黨在政治過程中的角色，也會作相對的調整與改變。瞭解這個社會及經濟性的因素，所可能帶動的影響，就不難想像上述對美國政黨的各種看法，事實上都有值得修正或甚至與現實不再符合之處。譬如從 1980 年以來，在總統大選中出現第三黨，幾乎成為一個常態現象。民主及共和兩黨不再是異質性政黨，而是同質性大幅昇高，彼此在政策上涇渭分明，競爭激烈，並且內部團結的團體。經過 1970 年代聯邦選舉法規的修定，以及此後共和黨在先，民主黨在後的內部改革後，政黨組織及影響力都已顯著提昇。

第一節　幹部型政黨的原貌

杜法傑 (M. Duverger) 在他有關政黨組織的經典著作中將政黨分成群眾性及幹部型政黨。群眾性政黨有大批的正式黨員，經由積極徵募而來，

但須依規定繳付黨費。此類政黨有正式的階層性官僚組織系統，形成一個由上到下的控制網，以專業性的職業黨工為主體，負責處理黨內一般業務及選舉事宜，領導階層講求中央集權。這一類政黨以意識形態作為凝聚黨員的基礎，因此黨紀容易貫徹。西歐及北歐國家的政黨大部份屬於這一類型。

　　美國的民主及共和兩黨屬於杜法傑所定義的幹部型政黨。這一類政黨沒有正式的黨員，不必付黨費，也不必參加開會。黨的組織非常鬆散，平時黨務工作由少數專業黨工或業餘政客負責地方黨部，因此並沒有階層性的黨官僚組織系統，各黨部之間也沒有上下隸屬關係。所以美國原來的幹部型政黨的第一個特徵是因為沒有正式黨員，所以它實際上是由一群對政治有興趣的人士及社會經濟菁英所組成的非專業性政治團體。其內部組織鬆散，並且缺少專業取向的領導。但是這種政黨卻並非一個封閉體系，而是歡迎各階層的人士加入政黨的活動。因此美國政黨的領導階層要比群眾性政黨更具包容性及開放性。

　　原型的美國幹部型政黨，其第二個特徵是它的黨員屬於心理層面的認同，而非真正加入政黨活動的黨員。因此美國政黨的黨員，可以從參與程度的高低及認同程度的強弱，分出 6 種不同的黨員（見圖 49-1）。

　　在這個圓圈中的最外圍是一般支持者，人數最多但是參與程度最小，心理上對政黨認同的程度亦最弱。第五圈指正式認同黨的選民，這類選民傳統上在選舉時總是投票支持黨的候選人。第四圈則是在初選會上參與黨內投票的選民，以選出黨提名的候選人。以美國初選會投票率通常都在20% 以下，這些選民肯參與投票，可見他們認同黨的程度，較前兩種選民要強。第三圈的黨員是正式的黨員，他們正式申請黨員證，接受黨的理念，並不定期地對黨作政治捐獻。第二圈是黨工人員，他們會持續地參與黨的一切活動，代表黨未來的領導者。圓圈的核心是一小群領袖，包括區的委員會委員，郡及州黨部的領袖。他們在意識形態上要比其他層次的黨員更堅強，負責提名各種選舉的候選人❶。

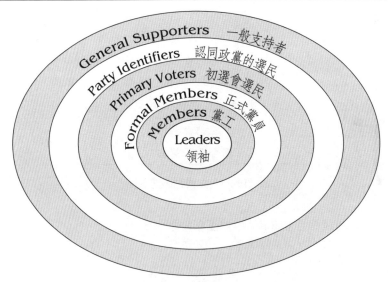

圖 49-1　美國政黨黨員的 6 個層面

　　美國政黨的第三個特徵是，受到聯邦制的影響而採取地方分權，同時因為三權分立，所以白宮有總統的黨部，國會兩黨又分別有國會黨部，而且不論是中央與地方，或是行政與立法部門，各個黨部彼此不相隸屬。因此就垂直面的政黨組織來看，美國有兩黨的全國委員會，50 個州內因為州法律對兩黨的規範不同，等於是有 100 個州黨部，再下去是數目更多的郡黨部以及最基層的國會選區黨部（見圖 49-2 及圖 49-3）

　　美國政黨的第四個特徵，是非意識形態取向的溫和政黨。為了要動員選民的支持，以爭取選舉的勝利，因此兩大黨都爭取站穩中間溫和地帶，不追求極端或改變現狀的政策。因此美國的政黨都不單靠某一個地區、階級或單一宗教的支持。事實上美國是少數不依宗教及階級而成立政黨的國家。因此藉著它們的包容力量，美國的兩大黨都是異質性的政黨。但是就

---

❶　密西根大學的選舉研究在 1952 年對選民的政黨認同，作了一項研究，依選民對兩黨認同程度的強弱，分成 7 個量表，擺在一個光譜線上。其排列如下：強烈的民主黨人→薄弱的民主黨人→傾向民主黨的人→純獨立人士→傾向共和黨的人→薄弱的共和黨人→強烈的共和黨人。

圖 49-2　美國的政黨組織

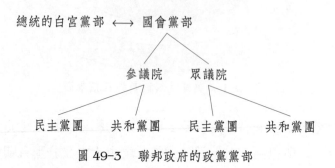

圖 49-3　聯邦政府的政黨黨部

因為兩黨都非意識形態的中間溫和政黨，因此常被批評兩黨沒有重大差異，或是如華萊士 (George Wallace) ❷ 所言「兩黨間的差異不值一毛錢」。同時在 1950 年曾被美國政治學會批評，是既不能提供選民完整的選擇，又無法為在位者組織或協調出明確的公共政策 ❸。

第二節　美國政黨的式微

政黨在美國發展要比歐洲國家早。十九世紀中葉當西歐國家如英國正

---

❷ 華萊士曾經歷任阿拉巴馬州的州長及 1968 年美國獨立黨的總統候選人，是一名民粹型的種族主義者。

❸ American Political Science Association, Committee on Political Parties, "Toward a More Responsible Two-Party System," *American Political Science Review* 44, September, 1950.

邁向現代化政黨的時候，美國的政黨組織已經能夠在總統選舉中動員 70%
到 80% 的選民，即使期中選舉的投票率也通常會超越 60% 的門檻❹。十九
世紀堪稱是美國政黨的黃金時期，政黨領袖的影響力無遠弗屆。一批又一
批來自歐洲的移民，構成民主黨機器的重要基礎，因此黨霸 (boss and
rings) 幾乎操縱一切政治資源，包括候選人的提名及政府職位的分配。二
十世紀初政黨領袖的影響力開始降低，但是政黨對選民的影響及動員仍然
清晰可見。1930 年代羅斯福新政大聯合 (grand coalition) 所建立的選民
政黨認同及政治重新組合 (political realignment)，除了影響到選民的投票
行為，政治重新組合所產生的新型態的政黨忠貞，以及因為這種忠貞所產
生的選民分配與組合，使選民的投票行為維持了一個相對穩定的時期，也
使民主黨在國會維持長達近 50 年的優勢。

　　但是從 1960 年代開始，越來越多的人注意到政黨在選舉時的影響力
開始下降。因此有許多學者除了公開指出這種現象之外，更著書說明政黨
沒落的真相。例如新聞記者 David Broder 在 1971 年以「政黨終了」為題
出書，名政治學者 Polsby 對於 1970 年代政黨的改革結果，抱持否定的態
度，Crotty 更乾脆以美國政黨的式微為書名，來指陳這個事實❺。這些作
者的指證當然都有其客觀的事實為依據。這些事實的呈現則以美國選民對
政黨認同的程度下滑，新政聯合逐漸解體，以及選民分裂投票（指在同一
選區中選民將選票分別投給不同政黨的候選人，如總統候選人及參眾議員
候選人，並不投給同一政黨的候選人），首先受到注意。

　　選民對政黨的認同及忠貞大部份是基於他們對政黨過去及現在的表

---

❹ Paul Kleppner, *Who Voted? The Dynamics of Electoral Turnout,
1870-1980* (New York: Praeger, 1982), pp. 18-19.

❺ David Broder, *The Party's Over*, (New York: Harper & Row, 1971); Nelson
Polsby, *Consequences of Party Reform* (New York : Oxford University
Press, 1983); and William Crotty, *American Political Parties in Decline*
(Boston: Little Brown, 1984).

現，所作評估的結果。換言之，菁英的態度及政府的表現是影響選民對政黨態度的主因。從新政聯合初期到 1952 年為止，選民對政黨的認同一直相當穩定。即使在 1952 年到 1964 年期間，還是有 75% 的選民認為他們是民主黨人或是共和黨人，並且這些認同者有過半數的人認為他們強烈地傾向其中的一個政黨。但是在 1964 年到 1972 年這段美國政治及社會最為動盪的時期，美國選民對政黨的印象明顯地不佳，因此選民對兩大黨的認同降為 64%，獨立人士則從 23% 增加為 36%。影響所及，政黨不只不再扮演以往選民動員的角色，而且由於黨機器衰退的結果，以往被視為動員主要對象的中下階層選民（貧窮及受教育較低），出席投票的情形更差。總統選舉年的投票率在 55% 以下，期中選舉則從未超過 40%❻。

　　造成選民政黨認同式微及政黨地位衰退的第二個原因，是政黨提名公職候選人的方式改變，也就是政黨初選會的興起。在 1968 年以前，美國各級公職人員候選人的提名，自總統到基層，一向是由州、郡級黨部的少數領袖所把持，因此提名過程極其封閉，不透明，而又不民主。例如兩黨總統候選人經常是一直等到每 4 年一次的全國代表大會 (National Convention)，才由各州的黨領袖，在煙霧彌漫的小會議室中決定後，再交給大會來決定，因此常有黑馬 (black horse) 的候選人出現。1968 年民主黨全國代表大會中，面對年輕、婦女及少數民族代表們的強烈抗議後，決定組織改革委員會，針對政黨候選人提名制度，研擬新的方案。這個方案從 1972 年開始實施，就是今天在大部份的州（38 個州）所舉行的總統初選會。除總統候選人由各州初選會結果產生外，各級公職候選人也都經由初選會產生。

　　在這裡簡單說明總統初選會的意義及影響。在初選會制度普遍實施之前，各州參加全國代表大會（全代會）的代表，一向都是由各州黨領袖所指定，因此代表們所要支持的總統候選人，也一直依黨領袖的指示而投票。

❻　Martin P. Wattenberg, *The Decline of American Political Parties, 1952-1980* (Cambridge: Harvard University Press, 1984), pp. 23-24.

總統初選會的制度普遍化之後，各州參加全代會的代表需由有意爭取黨總統候選人寶座的政客們，參與每一州的初選會，由註冊登記為該黨的選民們投票。然後再按各個候選人在該州所得選民選票的百分比，來分配該州的代表票。從第一個舉行初選會的新罕布夏州 (New Hampshire) 開始，最初是群雄並起，但是隨著各州初選會的陸續舉行，名列前茅的候選人所累積的代表票持續增加，其餘的候選人則因財力不繼而陸續退出初選會。因此通常在 3 月或 4 月初，能夠在 7 月及 8 月舉行全國代表大會中穩獲半數以上代表支持的候選人，就已經知曉。因此全代會不再像以往是提名總統候選人的機關，而變為只是對初選會作形式肯定的機構。**當然全代會還具有凝聚全黨意志的作用。**

　　第三，初選會制度普及後，**黨對候選人提名的控制力幾乎消失。參加初選會的候選人在黨內的資歷與淵源變得不重要，任何人只要個人條件不錯，有足夠的財力，就可以參加黨內任何公職候選人的初選會。**獲得提名後，經由競選公關公司的經營，以及電視媒體的競選廣告，就有可能在 11 月的大選中獲勝。因此以往政黨取向的競選活動，現在已變成以候選人為中心的選舉。這種以候選人為中心的選舉，因為 1970 年代政治行動委員獲准成立，並對候選人進行選舉捐獻後，更加明顯，候選人與政黨的繫帶也因而更加脆弱。政黨領袖的影響力也幾乎完全消失。候選人幾乎很少靠政黨組織而當選。

　　在政黨式微之後，出現幾點明顯的現象。首先是第三黨候選人幾乎變成常態。1980 年的安德生 (John Anderson)，1992 年及 1996 年的斐洛 (Ross Perot)，2000 年的奈德 (Ralph Nader)，以及 2004 年的奈德。其次，選民在同一張選票上，表現出強烈的分裂投票的傾向，因此使政黨控制不同政府部門的分裂制政府，變得更頻繁地出現。從 1972 年以後，行政部門真正擁有參眾兩院控制權的，只有卡特總統 (1977-1981)，雷根總統 (1984-1986)，柯林頓總統 (1996-2000)，以及小布希總統（2002-2005，1 月）。第三，則是南部各州出現政治重組，共和黨取代民主黨成為主流政黨。

第三節　美國政黨的再興

　　1970 年代是美國人民政黨認同及政黨力量下滑的年代。1972 年尼克森與麥高文 (George McGovern) 的總統競選中，大批原本是民主黨籍的選民，投票支持尼克森，造成民主黨的慘敗。1974 年尼克森因水門醜聞案而辭職，以及美國在越戰的挫敗，使美國人民認同兩大黨的比率降到最低點，自認為是獨立選民的比率則爬上新高。同一段期間政黨初選會的舉行，以及政治行動委員會的成立，還有它所作的政治捐獻，都使政黨的影響力跌到一個新的低潮。但是進入 1980 年代，美國政治進入一個轉型期。最重要的變化是民主黨在選民認同上的優勢降低；其次則是認同兩大黨的選民，又重新回昇，獨立選民則降至新低。選民的政黨認同對總統選舉的重要性，也恢復到 1950 年代的水準。1990 年代及 2000 年更是 1950 年代以來，政黨間隔最為明顯的一段時期。拋開第三黨候選人所得的票數不談，柯林頓及高爾 (Al Gore) 這組在 1992 年及 1996 年兩次總統大選中獲得的票數，所反映出來的政黨認同與所得票數間的關係，是 50 年來的新高（見圖 49-4）

　　在選民的政黨認同重新昇高的這段期間，另一個特徵是選民、政黨及兩黨政治菁英的意識形態也同樣趨於兩極化。在傳統的兩黨政治中，民主黨是由北部工業州的自由派及南方的自由派所組合而成，共和黨則是東北部工業州的自由派及中西部保守派的聯合。就是由於這種組合，再加上南方民主黨人與共和黨所組成的保守聯合，控制了國會，阻止了自由派的立法，因此兩黨的菁英及其選民都無法形成真正意識形態兩極化的陣營（見圖 49-5）。

　　但是從 1960 年代以來，在民主黨主導之下，國會通過了民權法案及其他自由派立法。傳統的民主黨南方保守派白人，則開始投票選出保守的共和黨國會議員。新近獲得選舉權的南方黑人則投票支持民主黨候選人，這些出身南方的自由派民主黨議員，在投票立場上自然與北方的民主黨人合

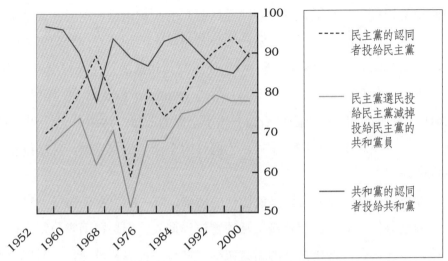

圖 49-4　總統選舉中依政黨界限而投票的比率，1952-20002

資料來源: John Green et. al., *Responsible Partisanship? The Evolution of American Political Parties Since 1950* (Lawrence, Kansas: University of Kansas, 2002), p. 169.

圖 49-5　傳統的共和黨與民主黨內部的組合及投票時的聯合陣線

流，使得民主黨內部因而更具凝聚力。國會中的共和黨議員也同樣更具同質性和凝聚力。影響所及，不只政黨及政治菁英在議題上，因為意識形態的差距拉大，而益趨對立，兩黨在國會中的法案上也開始沿著政黨界限而投票。政黨及菁英的對立尖銳化的結果，選民在議題立場上也自然趨於兩極對立。往昔常見的國會政黨間的妥協，越來越難見到。

　　促使政黨再興的另一個因素，是兩黨所進行的內部改革。在傳統幹部

型政黨的架構下，全國性（指全國委員會）的政黨組織一向與各州黨部彼此不相隸屬，也缺少共同的政黨政策及策略。水門醜聞案使共和黨連續於1974年及1976年的選舉中受挫，也使認同共和黨的選民大幅減低。面對這些損失，共和黨全國委員會主席布洛克 (William Brock) 於1977年到1981年任職期間，在財政及組織上作了全盤的改革。1980年當民主黨在總統大選及參議院的選舉中重挫，也同樣將全國性的黨組織，往制度化的方向改革。

在以往，全國委員會只是象徵性的機構，唯一的重要任務是主辦4年一次的全國代表大會，選舉產生黨的總統候選人。但是在兩黨分別進行改革後，現在都有一個永久性的組織架構，擁有一批專業幕僚，針對反對黨的特性、新聞媒體、民意測驗以及募款等事務，作專精研究❼。另外在國會內部成立兩黨參議院及眾議院競選委員會，參議院及眾議院的兩黨政策委員會，分別負責競選的統籌事宜，以及政策的協調工作。由於兩黨的全國委員會在選舉時與國會競選委員會緊密合作，使得選舉變成以黨為主的**全國性 (nationalization) 工作**。

政黨改革的結果，全國委員會變成一個以服務候選人為取向的機構。兩黨的國會議員則表現出高團結度，在投票時更能表現出對黨的忠誠與支持。在1970年代，國會議員站在黨的立場投票的比率是60%，到二十世紀末期，平均的忠誠度則是85%❽。

改革後的政黨表現最突出的一環，是在競選基金籌募上的能力大為增加，使得政黨的財務狀況大為改善。得力於這筆募捐得來的硬錢 (hard money)❾，全國委員會得以在以候選人為中心的政治環境下，對候選人作

---

❼　Paul S. Hermson, *Party Campaigning in the 1980s* (Cambridge: Harvard University, 1988).

❽　有關政黨團結度的資料及長期趨勢，參見 *Congressional Quarterly Weekly*, 57 (December 11, 1999), p. 2993.

❾　政黨所募集的款項稱為硬錢，是因為它在支出這筆錢時，受到法律上的許多限

有限的現金支援，以及其他協調性的支持，從而強化了黨與候選人彼此間的關係。黨的地位不只沒有降低，反而獲提昇。

制，政治行動委員會對候選人的捐獻，則沒有此等限制。見 Jeffrey E. Cohen et al., *American Political Parties, Decline or Resurgence* (Washington D.C.: Congressional Quarterly Press, 2001), p. 141.

【第五十章】
美國的立法機關

　　美國前總統威爾遜 (W. Wilson) 在他所著的《國會制政府》(Congressional Government) 一書中，對美國憲政制度的運作有下列的一段描述。他認為：

> 「（美國政府）的真正型態是單純的國會至上……國會是聯邦制度中的支配性，……不可抗拒的力量……總統只是一個小心被評估而又公正的文官體系的首席官員而已……因此他的職責所需要的是訓練，而非建設性的才能❶。」

　　威爾遜的《國會制政府》的論點清楚地點出了美國憲法是一部立法優勢的憲法，是三權中的第一權。更重要的是，它強調了美國從立國以來，一直是國會支配行政的事實。在強勢國會的支配下，總統的權力一直是處於弱勢的地位。但是 1907 年威爾遜卻在親眼見到美國政治生活上的重大改變之後，改變他原本國會至上的觀點，轉而注意到新世紀總統領導的前景。威爾遜在二十世紀初視野改變的過程，讓我們注意到美國的政治體系及制度，所經歷的不尋常動盪及變遷，已經改變了國會優勢的地位，使美國憲法運作的面貌產生了質變。

　　就在行政、立法兩部門間的權限互有消長，美國憲法的精神隨著環境的更移而不斷注入新的內涵的時候，參議院及眾議院這兩個構成美國國會的立法機關，在過去 100 年間無論是在行政與立法關係的互動，或是內部權力的分散與集中的趨勢上，還有黨的地位，也都同樣起了很大的變化。

---

❶ Woodrow Wilson, *Congressional Government: A Study in American Politics* (New York: Meridian Books, 1956) p. 170.

第一節　國會的選舉制度

一、選舉權登記的改革

在談到國會參眾兩院議員產生的方式之前，必須先討論選舉權障礙的排除及其影響。1964 年 2 月所通過的憲法第 24 條修正案中，禁止各州以對選民徵收人頭稅 (poll tax) 以及其他名目的稅收，作為取得聯邦選舉投票權的先決條件，因此排除了對黑人取得選舉權的一大障礙。接著 1971 年第 26 條修正案將公民選舉權的年齡降低為 18 歲。但是南方各州所規定的識字測驗 (literacy tests)，蓄意以投票所設立的地點，來增加黑人投票的難度 (strategic placing of polling places)，登記為選民的時間 (timing of registration) 等等障礙，仍然使黑人選民難以積極參與選舉的過程。

1965 年國會通過選舉權法案 (The Voting Rights Act of 1965)，將識字測驗予以廢除，並且在以前使用識字測驗的州份，以及註冊選民少於一半的州份，授權聯邦註冊官員，取代州裡的官員，負責選民註冊的工作。這些選務方面的改革所產生的效果相當驚人。1968 年南方各州登記的黑人選民平均增加了 30%，在某些州份甚至增加了 10 倍到 30 倍之多❷。整體投票率方面，特別是南方各州，也因此提高了許多。1970 年的選舉權法案針對聯邦選舉的投票權，增加了最多只能要求 30 天的居留條件。

這些選舉權登記的改革，在政治上產生相當大的影響。由於黑人選民的大幅增加及支持，東北部工業州的城市選區在 1960 年代中葉之後，開始出現大批抱持自由主義主張的新世代國會議員，並向長期把持國會權力核心的資深南方保守派議員進行挑戰，最後促成 1970 年代初期的國會改革。另方面，南方各州的白人選民將選票轉投保守的共和黨人的結果，逐

---

❷　L. Sandy Maisel, *Parties and Elections in America: The Electoral Process*, 3rd edition (Lanham, Md.: Rowman and Littlefield, 1999), pp. 94-96.

漸結束了民主黨自內戰以來長期一黨獨大的局面，奠定了南方各州兩黨政治的基礎。相對地，南方黑人選民則將選票投給抱持溫和自由主義的民主黨候選人，使長期以來南方保守民主黨人與西北部保守黨人間的政治聯合，宣告結束。美國兩黨原本異質性政黨的色彩，乃因此轉型為兩黨彼此在意識形態上相對峙的同質性政黨。

二、國會的選舉制度

美國是一個聯邦制國家，基於政治現實及妥協的結果，採取了兩院制。依照制憲者最初的設計，聯邦參議院由每州州議會所選出的 2 名參議員所組成，代表各州的利益。眾議院議員則代表各州選民，由人民直接選舉產生。但是 1913 年第 17 條憲法修正案通過後，參議員也改由各州選民直接選舉，每州不論人口多寡，仍然產生 2 名參議員，任期 6 年，但是每 2 年改選三分之一。相對地，美國自 1911 年以後，眾議員的總額固定為 435 名，任期每 2 年全部改選一次，分別依單一選舉區相對多數決方式產生。各州所應選出的眾議員數目，則依據聯邦政府每 10 年所作的人口普查結果，重新分配。

根據西元 2000 年重新分配的結果，加州選出 53 名眾議員，高居第一位，遙遙領先第二位紐約州的 29 名。因此由各州眾議員數目的增減中，不只反映美國人口移動的趨勢，而且也可看出美國政治重心的轉移。從 1970 年代以後，東北部因為受到都市老舊、犯罪率增加，以及冬天氣候酷寒等因素的影響，人口開始向南方陽光帶 (Sun Belt) 各州及西部各州移動。這種人口移動的結果，使東北部各州的政治影響力逐漸轉移，轉向南方各州。總計東北部各州所流失的人口，使它所喪失了最少 20 個眾議員的席次，全部由南方各州所接收，連帶南方各州所掌握的居總統選舉勝負關鍵的選舉人票 (electoral votes)，也因此增加。從 1968 年的總統大選起到 2000 年為止，民主黨籍的總統只有卡特及柯林頓 2 個南方人，其餘均屬於共和黨籍。南方票源之重要性，由此可見！

　　參議員因為是以州為選舉區，並且每次輪到該州參議員 1 名任期屆滿，舉行改選時，仍然是單一選舉，因此有助於兩黨制的維持。就因為是全州性的選舉，因此參議員選舉並沒有選舉區劃分上的困擾。但是眾議員的選舉，就有所不同。它雖然採取單一選舉區，因此也有助於兩黨制的維持，但是選舉區的劃分卻不只關係到選民選票價值的公平性問題，而且會影響到政黨實力的強弱。因此它有兩個重要問題需要注意。

　　第一，如何決定選舉區的人口數目。每個選舉區的人口數目本來應該大略相當，但是由於選舉區劃分時的政治考量，就會出現各選舉區間人口數目大小懸殊的奇怪現象。例如 1962 年德州有一個選區的人口達 100 萬，另一個選舉區卻不到 20 萬人。換言之，這個大選區的候選人需要以小選區候選人 5 倍的票數，才能當選，也就是說，小選區的每一張票值等於大選區的 5 張票。第二個問題是選區形狀的劃分，所造成黨派勢力的消長。這是不規則（或不按照常規）的選區劃分法 (Gerrymandering) 所造成。

　　一直到二次大戰結束前，選舉區的劃分一直是美國政治上的爭議性議題。但是從 1960 年代以後，歷來每次各州的州議會要重劃選區前，總是會舉行聽證會，務必使選區重劃的爭議性降低到最低限度。但是 2003 年德州共和黨控制的州議會所主導的選區規劃，仍然引發民主黨強烈的不滿，造成民主黨州議員集體出走的事件。可見這個問題仍未完全解決。

第二節　國會權限與爭議

　　美國是總統制的國家，憲法明文強調並規定三權分立的原則，行政、立法及司法各有憲法上的權限及獨立的地位。因此它不像英國等議會內閣制的國家那樣，以首相為首的內閣透過黨紀的貫徹，可以指揮執政黨的議員，支持內閣所提的法案，造成行政權與立法權集中在內閣的現象。在美國行政權與立法權是對立的，強調的是分權，是制衡，是監督，以防止行政權的腐化。這種對立的精神表現在制度的設計上，總統雖然是行政首長，

但是卻沒有首相般的權限來解散國會，國會也不能動用不信任投票，來迫使總統去職。這種制度的設計在立法優勢的時代，總統的政策主動權幾乎完全掌握在國會手裡，但是當行政優勢的時代來臨的時候，總統與國會間的權限爭議就會頻頻發生。

在民主國家中，立法與代表的功能是國會角色的兩面。透過代表性功能的發揮，使民意得以獲得表達；經由立法的行使則使國會對行政機關的監督更強而有力。這種監督通常包括政策及執行兩個層面。任何政策必須先有立法才有正當性的基礎，行政部門才有執行的依據。因此美國的立法權很自然地包括對行政部門所要求的政策，進行立法及撥款，對政府的歲入通過課稅，並且對各州州際間以及國際貿易有規範的權力。當立法部門在分立制度的精神下，而對行政部門的政策作為，產生監督及制衡作用的時候，兩個部門間的衝突就會出現。換言之，三權分立的制度是衝突的根源。

造成行政與立法部門的權限，發生爭議的另一個原因，是憲法有關三權的內容，出現模糊的詮釋空間，既具有分權的意涵，卻又有「混」權的規定❸。例如憲法中賦與聯邦行政部門以「必要暨適當」的權力條款 (necessary and proper clause)，卻由法律來規範。又如國會參眾兩院議決通過的法律案，必須送交總統簽署公佈，始能生效；但是總統卻可以對他所認為無法接受的法案，退回國會覆議，而構成總統的否決權。覆議時如有參眾兩院分別以三分之二的多數，維持原決議，則總統的否決被推翻，該法案成為法律。總統任命之閣員、聯邦法院法官、高級軍事將領、駐外大使皆需由參議院履行同意權。又如眾議院有權對總統提出彈劾案，但參議院才有權審判，審判時又由最高法院首席大法官擔任主席。

特別具有爭議性的是，行政部門與外國所締結的條約，需經參議院以

---

❸　湯德宗,〈美國國會與權力分立理論──我國採行總統制可行性的初步考察〉,鄭哲民主編,《美國國會之制度與運作》(臺北市：中央研究院美國研究所,民國81年),頁12。

三分之二的多數批准始能生效，以及總統必須經過國會同意，始能對外國宣戰。這兩項規定基本上都牽涉到對外關係的處理，也自然跟那一個部門掌控主導權的爭議有關。歷史上林肯總統面對內戰的爆發，動用緊急命令，固然並非是對外關係的一環，但是他強勢的作為卻也引發國會的不滿。威爾遜一手推動國際聯盟條約，最後卻為參議院所否決，使美國在一次大戰後被迫採取孤立主義，這是參議院影響美國外交政策的具體事例。宣戰權掌控在國會的結果，也同樣引發那一個部門擁有戰爭權的紛爭。總統因為是三軍統帥，有調動軍隊的權力，因此常以軍事行動造成戰爭事實，來規避國會宣戰權的行使，宣稱這類軍事行動只是警察行動。

　　二次大戰結束之後，兩個部門間的權限紛爭，因為白宮和國會兩院（或其中一院）分別由不同政黨所掌控，而更趨激烈。這一般所稱的分裂制政府，在戰後幾乎變成常態。杜魯門的最後 2 年 (1951-1953)，艾森豪及柯林頓兩位總統的 8 年任期中，除其間 2 年外，以及尼克森、福特、雷根及老布希等 4 位共和黨總統，都面對分裂制政府的局面。造成這種局面經常出現的原因，跟選民政黨認同的式微，選民分裂投票的增加，以及兩黨在全國性的競爭上非常接近等因素有關。但是民意測驗卻也顯示，選民希望由不同政黨分別控制行政及司法部門，好讓兩個部門能夠彼此監督對方❹。

　　這種分裂制政府常被認為是造成政策僵局及立法數目低落的主要原因。但是類似說法有待進一步釐清。在政黨兩極化及意識形態紛歧尚未出現之前，行政及立法部門間的合作以及立法的生產力所受的影響甚少。在尼克森及福特總統在位期間，以及雷根第一年中，都是由政黨分別控制兩個部門，但是立法生產力卻是出乎尋常的高。事實上，研究顯示一致性 (unitary) 或分裂制政府跟重要立法是否能通過或受高度關注的國會調查行政疏失，能否進行，並沒有明顯關係❺。

❹　Roger H. Davidson, "Congressional Parties, Leaders, and Committees: 1900, 2000, and Beyond," in Jeffrey E. Cohen, *American Political Parties*, p. 205.

　　從 1980 年代中葉政黨兩極化及意識形態的紛歧出現之後，兩黨內部凝聚力提高，政策上的南轅北轍程度卻也跟著增強。這種情形雖然有助於負責任政黨的出現，使政黨必須為政黨政策的成敗負責，但是卻意味著兩黨的包容性及妥協性，都比以前降低。最後的結果反而是政策變遷的能力，要遠比兩黨都還處在中間溫和政黨的時代差很多，兩黨打破政策僵局的能力也相對下降。影響所及，行政與立法對立的強度及頻率增加，表現在柯林頓總統 (1993-2001) 在位期間，共和黨控制的國會曾經否決白宮所提的預算案，造成行政部門停擺的僵局。此外，共和黨國會曾企圖以彈劾的方式迫使柯林頓去職。小布希從 2001 年上任以後，同樣是左派自由主義者憎恨有加，並指名謾罵的對象。這種喜怒兩極化的現象，都為過去所少見。

第三節　國會改革與政黨角色

　　美國國會雖然是代表憲法中的第一權，但是從立國之初到十九世紀中葉為止，卻少有人將議員的職位當作個人的生涯目標，因此沒有職業政客這個名稱。內戰結束之後，聯邦政府大幅擴張，在聯邦政府單位服務更具吸引力，所獲得的酬報也越好。以國會為生涯目標的職業政客，以及視國會職位為一種榮譽的豪門巨富，都紛紛想到華盛頓求發展。長期服務國會的職業政客人數增加的結果，他們要求在制度上的回報就更為積極。採用資深制作為建立國會內部領導核心的準則，成為大家所接受的規範，資深議員也順理成章地取得委員會主席的職位及分發委員會的特權。1910 年眾議院議長肯農 (Joseph Cannon) 因為獨斷地指派非資深議員，擔任委員會主席，而遭遇到強烈反抗後，資深制的原則從此不再受到反抗。

　　肯農議長的權力在反抗事件發生後，受到相當的削減；最重要的是，他不再兼任程序委員會主席，也不再有任命程序委員會委員的權力。常設

---

❺　David R. Mayhew, *Divided We Govern: Party Control, Lawmaking, and Investigating, 1946-1990* (New Haven: Yale University Press, 1991).

委員會主席及委員會從此變成國會及重要政策的行為者❻。議長權力被削弱以及委員會變成確定議題及制定政策的機構，使眾議院的權力由議長集權，變成分權化的局面。參議員的情形則稍有不同。一來很多參議員本來就是派系或區域領袖，二來有許多是才氣洋溢之士，再加上長期在眾議院培養出專業能力的傑出眾議員，轉任參議員之後，其能力備受肯定。因此參議院分權的程度本來就要比眾議院高。

　　肯農議長權力受到挑戰後的另一個影響，是政黨黨團的地位變得重要了，擔負起指派委員會委員及有時候制定政策的責任。經由政黨的組織，挑選出政黨的領袖，指定委員會的成員，安排議場上的辯論，以及指示議員如何投票。到 1970 年代以後，政黨經過改革之後，國會內部的政黨組織更為嚴密。兩院內兩黨都分別設有政策委員會，競選委員會，研究委員會，完整的黨鞭制度，以及無數的工作小組。兩黨的領袖分別僱用約 400 名的幕僚助手，各個委員會也同樣僱用相當多的人員作事務及策略上的研究工作❼。除外，各種以政黨為基礎的團體，無形中也強化了政黨與議員間的關係。

　　因此國會議員的競選雖然已經變成以候選人為中心，但是候選人卻常必須依賴政黨全國化後，所組成的政黨委員會以及所屬的利益團體。這些委員會包括兩黨所分別成立的參議院競選委員會及眾議院競選委員會。這些委員會都積極參與國會選舉的每個階段，包括在各選區尋找傑出的候選人，說服某些議員不要退休，幫助候選人在初選會過關，以及競選過程的種種支援，必要時甚至要求某些新進議員退選。

　　政黨地位提高以及它與議員間的聯繫趨於制度化之後，議員們的政黨背景變成預測其投票行為最重要的指標，政黨投票幾乎跟 100 年前一樣的

---

❻　David W. Brady, "After the Big Bang House Battles Focused on Committee Issues," *Public Affairs Report* 32 (March 1991), p. 8.

❼　Norman J. Ornstein et al., *Vital Statistics on Congress, 1999-2000* (Washington, D.C.: AEI Press, 2000), p. 129.

高。以彈劾柯林頓總統一案為例，在參眾兩院將近 2,000 次的票決中，高達 92% 是依政黨界限而投票。這種比率跟以黨紀著稱的英國相比，都不遑多讓。如果再回顧到 1970 年代當有人叫出「（美國）政黨已經完了」的時候，再看看今天政黨地位的風光，令人禁不住要問：政治是否跟球賽一樣變化莫測！

除了政黨地位的重生之外，國會內部的權力安排也在 1970 年代起了很大的變化，轉向從肯農議長以來進一步的分權化。前面提到過，自肯農議長的權力受到挑戰之後，眾議院的權力開始分散到各個常設委員會主席手裡。他們掌控法案的審查及流程，並決定政策的內容。但是在資深制度下，這些主席絕大部份來自民主黨一黨獨大的南方和中西部的農業州，因而形成保守派聯合控制壟斷的局面。1973 年在東北部一批民主黨自由派新生代議員的挑戰下，國會內部進行一系列的改革。首先是常設委員會主席的人選，不再採取當然的資深制，內部決策的形成也必須由黨團討論決定。這些改變被新進議員稱為「權利法案」，象徵國會更進一步邁向分權化及民主化。

常設委員會改革的另一個結果，是分權化的加速以及委員會主席大受限制。依照 1975 年眾議院的新規定，大多數的常設委員會必須至少設立 4 個小組委員會 (subcommittee)，議員們可以按其意願參與小組委員會，以逐步培養其專長。小組主席則享有固定經費、幕僚及人事權，並且有權提出議案，及在院會中促成法案之通過。這又反映議會專業化之趨勢。

政黨地位提高之後，再加上共和黨的金瑞契 (Newt Gingrich) 當選議長 (1995-1998) 後的強勢領導，國會內部權力集中的趨勢又告復活。但是在金瑞契辭職之後，一切又再回常態，重新恢復政黨與委員會間的平衡，議長也更具調和的姿態。整體而言，二十一世紀的國會將會更重視領導，智慧及立法專業，以面對新世代環境。

【第五十一章】
美國總統

　　上一章曾經提到過威爾遜，在他的《國會制政府》中，將美國總統定位為「文官之首」，因此並不需要雄才大略的人出來擔任。但是他的這項觀點在以後卻逐漸有了修正。他在 1900 年作了一項觀察，認為「行政權新的領導趨勢不只可能持續，並且對（美國）整個統治方式，將會有長遠的影響。它可能使行政部門的部長們對國會的行動，產生新的影響。……（到最後）它可能使本書的觀點完全不合時宜」❶。1907 年威爾遜更將總統視為「美國唯一的發言人，他一旦獲得全國的崇拜和信心，將沒有其他單一的力量能夠跟他對抗」，「總統在法律及良知上可以隨意而為，成為隨心所欲的巨人」❷。

　　如果說威爾遜對美國憲法中立法優勢地位的分析，反映了美國自立國之初到十九世紀末為止國會壟斷的事實的話，那麼他後來對總統權力崛起所作的觀察，則是在說明二十世紀以後行政權擴張的必然趨勢，是制度變遷的另一個例證。

　　總統職權的擴張確實是二十世紀以後，美國憲政制度上的最大變化。但是每位總統的性格，手腕與際遇，卻也是影響總統權力大小的重要關鍵。換言之，儘管時代的變遷使得總統變成如威爾遜所說的「全國唯一的發言人」，但是三權分立的制度下，國會對總統權力的制衡機制仍然存在，因此總統個人的領導是否能夠克服國會對其權力的牽制，就是影響個人權力大小的一大要素。除外，儘管政黨全國化之後，政黨的凝結力提高，但是白宮由總統所領導的政黨，是否能指揮或領導國會黨部，也是影響權力大小的關鍵。

---

❶　Woodrow Wilson, *Congressional Government*, p. 23.

❷　Ibid., pp. 56-61.

第一節　美國總統產生的方式

上一章談到民主、共和兩黨的總統候選人從 1972 年及 1978 年起先後都必須經由初選會的方式選舉產生。但是總統候選人資格的確認卻必須等到兩黨分別在 7 月（在野黨先舉行）及 8 月的全國大會上，才正式完成提名的程序。由於候選人等於提前揭曉，以及政黨越趨兩極化之後，兩黨競爭更加激烈，因此傳統上兩黨分別舉行全國之代表大會之後，會有一段暑休期間，讓兩位候選人有時間養精蓄銳，策劃競選策略，一直要到 9 月第一個星期一（勞動節），整個競選活動才正式全面展開。但是現在卻在全部初選會結束之後，選戰就提前上場，政治煙硝味處處可聞。初選會等於把政治熱季給拉長。總統選舉的投票日（其他公職人員的選舉也在同一天）定在 11 月第一個星期一之後的星期二舉行。因此每一屆日期不一樣。

美國憲法第 2 條明文規定：「美國總統由選舉人學院選舉，總統選舉人則由公民直選產生。」這項規定在第 12 條憲法修正案有了小小的修改，要求各州得以它所決定的方式，選出它跟它國會代表團人士相等的選舉人 (electors)。因此選舉總統是選舉人唯一的職責。制憲者的原來意思是要讓總統選舉人依據自由意志，選舉總統，根本沒有提到政黨的角色。但是透過憲法的解釋，最高法院不只保障個人選擇政黨以及共同促進政治信念及理想的權利，並且避免讓政黨過份受到各州規範的權利。因此當兩黨在各州所分別提名的總統選舉人當選之後，這些總統選舉人是否一定要支持黨所提名的總統候選人的爭論，也就必須由法院來解釋。

1948 年總統大選結束後，南方阿拉巴馬州的民主黨總統選舉人，拒絕支持杜魯門，轉而支持州權派的候選人賽蒙德 (Strong Thurmond)。最高法院在判決中支持該州民主黨取消這些沒有承諾支持黨所提名總統候選人的選舉人資格❸。有趣的是，在不同意的意見書中，William O. Douglas 及

❸　L. Sandy Maisel and John F. Bibby, "Election Laws, Court Rulings, Party

Robert H. Jackson 兩名大法官提出他們對這項判決的意見，認為這樣會大大地強化全國性政黨的行動，結果將增加全國性政黨的影響力。雖然在 2000 年只有勉強達到過半數的州法（26 州）明文規定，總統選舉人必須支持黨的總統候選人，但是真正違背黨規定的卻幾乎聞所未聞。

　　由於各州不論人口多寡都有 2 名參議員，以及數目不等的眾議員（從最少的 1 名到最多的加州 53 名），因此每州在選舉人學院中的力量並不一致（加州共有 55 張選舉人票，哥倫比亞特區和南及北達科達州各有 3 張）。在公民於 11 月完成投票後，各州的選舉人將選舉人票在 12 月分別寄到首都華盛頓特別區，對總統選舉結果作最後的確認，總統當選人正式產生。次年 1 月 20 日新任總統在最高法院首席大法官，新舊政府官員及兩院國會議員的觀禮下，宣誓就任美國總統。

　　兩黨的總統初選會通常是按照比例代表制的原則，來分配各個候選人所應得的代表名額（加州共和黨採取贏者通取是最明顯的例外）。由在該州的選民所投的選票 (popular vote) 中取得最高票的總統候選人，囊括該州所有選舉人票 (electoral votes)。在這種規定下（緬因州 Maine 及內布拉斯加州 Nebraska 兩州例外），產生兩種政治結果。第一，總統當選人因為取得過半數的總統選舉人票（538 除以 2 為 269，過半數為 270）而當選，但是他所得的全國選民的選票，卻可能比落選人為少，而成為一般所稱的少數總統 (minority president)。這種情形在歷史上共發生 5 次（包括選舉結果爭議最久的 2000 年大選，小布希當選，但是所得的選民選票卻比民主黨的高爾 Al Gore 為少）。

　　第二，在這樣的規定下，人口較少的州在選舉人學院中就如同在參議院會出現過度代表的現象，當然這並不意味著各個總統候選人，會在這些小州花太多時間從事競選活動。相反地，大部份的競選活動是集中在 8 大州，這包括加利福尼亞、紐約、伊里諾、密西根、俄亥俄、賓夕法尼亞、

Rules and Practices, Step Toward and Away from a Stronger Party Role," in John C. Green et al., *Responsible Partisanship*, pp. 65-66.

佛羅里達及德克薩斯州。這些都會區及郊區集中的州份共有 218 張選舉人票，幾乎掌握一半的當選機會，地位特別重要。

但是從 1968 年南方十州的選票逐漸轉向共和黨後，南方區域性集團 (regional bloc) 的趨勢，使共和黨在總統大選中常居於有利的地位。除外，從 2000 年起，由於兩黨候選人勢均力敵，選情非常激烈，因此競選的重點轉移到雙方實力相差無幾的幾個關鍵州份 (swing states)。換言之，候選人自認有把握穩勝的州份，根本沒有機會獲勝的州，或傳統上投給另一個候選人的州，他也不會去花太多時間。在雙方僵持不下的選舉中，競選團隊的組織嚴密與否，以及競選策略得當與否，常是勝敗的關鍵。

第二節　美國總統職位的性質與演變

今天美國總統一職普遍被認為是全國政治領導中心，是全國最高行政職位，總統又是國家元首，也是政府領袖，這種情形跟議會內閣制國家分由兩個人擔任兩種職位不同。他又是唯一以全國為選區所選出的政治領袖，一舉一動皆是全國傳播媒體及人民矚目的焦點。因此總統權大位尊被認為是理所當然、順理成章的事。但是這種看法可能有流於表象之弊。因為美國總統的權力並不必然會很大，也不當然是一個政治侏儒。要瞭解美國總統權力為什麼會有大小之別，首先必須從憲法制度的規範面，來釐清總統職位的性質，再探討政黨的角色與總統職位的關係，然後再分析總統性格與國內外環境的影響因素。唯有如此才能通曉總統權力的精髓。

從憲政制度的規範面來看，美國政治文化傳統上對於強大的行政權就相當不信任。因此總統所代表的行政權是三權中的第二權，不只權力非常有限，而且處處受限制。如同在 46 章及前一章（國會）中所指出，制憲代表們所最在意的是，如何對行政權的運用施加制度上的限制，因此憲法上所給予總統的權力本就非常有限，卻又對行政權的運用施加不勝枚舉的限制（請參閱第 46 及 50 兩章）。相對於立法權限的洋洋灑灑，行政權確實

有若古代中國的小媳婦。難怪威爾遜會在 1885 年認為美國是一個立法權凌駕行政權的國會制政府。

　　除了憲政架構對總統權力所施加的限制外，還有非制度性的限制。最明顯的莫過於美國的政黨組織，受到聯邦分權與三權分立制度的影響，形成高度分割與分權的狀態，因此沒有那一名政治領袖能夠完全控制政黨，政黨也因此無法像議會內閣制那樣，成為行政部門穩定政局及貫徹政府政策的支柱。也就是說，美國的政府既無法也不能完全為總統所指揮，而形成一個政黨政府，更不可能扮演如英國那樣，具備統一和集權的功能，來克服政府中三個部門間權力的分立所造成的缺陷。為什麼不能呢？因為制憲者刻意在水平面及垂直面上分權的結果，政黨也自然跟著被分隔及被聯邦分權化。因此就如同在政治上沒有一個中央集權、力量強大的統治機構，同樣也就不會有一個單一而統一的政黨結構。

　　或許有人會問：政黨全國化以後，總統還是不能指揮另一個部門（國會）的政黨嗎？答案是：政黨凝聚力增加了，但這並不表示總統就可以頤指氣使地指揮國會黨部。我們可以想一下一個總統如果連任 2 年的話，他所面對的將是眾議院全面改選四次，因此有 4 個不同的眾議院；有四次參議院的議員要改選三分之一，使得參議院有四次的持續和變遷，這意味著沒有任何參議員跟同一個總統一齊競選 2 次，有一些甚至從未跟現任總統一齊競選。其結果完全跟制度設計之初一樣：分權、獨立及相互依賴。沒有一個政黨結構會跟另一個完全相似，不論是兩黨之間，或三個選出的制度（白宮、眾議院、參議院）以及全國性組織之間。因此總統幾乎從未真正指揮過政黨，他或他的顧問很少被邀請參與華盛頓的政黨黨團會議。

　　第三，美國是一個民間社會最為發達的國家，因此利益團體對國會委員會的政策遊說活動非常地積極，造成總統所要實施的政策不是被否決，就是嚴重縮水。美國無法出現負責任的政黨政府，導致行政及立法部門常相互推諉政策失敗的責任，其原因在此。除外，傳播媒體特別是重要的報紙如《紐約時報》、《華盛頓郵報》、《華爾街日報》，週刊如《時代》(*Time*)

以及三大電視網等的建言、報導及批評,其影響力常非一般人所能想像。

　　從以上的分析來看,總統的權力幾乎處處受限,有若部份人所稱的「侏儒式的巨人」,中看不中用。但是制度畢竟是人所設計的,負責推動制度運作同樣也是人。制度可以規範人的行為,人的意志與環境因素的變遷卻照樣可以突破制度的藩籬,而促成制度的變化。因此我們要深入瞭解美國總統的權力,就不能像傳統的制度論那樣,以成文法條作為分析的主要對象,才不會掉進法律主義的陷阱(研究其他國家行政首長的權力,何嘗不是如此)。換言之,我們必須遵循新制度論的精神,將分析的層面擴展到足以影響人們行為的相關要素。只有如此才可以使解釋總統權力的廣度增加,但是制度本身的定義及界線則相對模糊。

　　瞭解非制度性因素的重要性之後,我們就可以繼續對美國總統權力受限之外的另一面加以分析,也就是總統權力以何種方式擴張的問題。促成總統權力擴張的第一個要素,是憲法中每個條文所用的文字都非常簡潔而又具一般性。因此總統必須以具體行動,才能使這些條文變得具有可運作性。這一類的憲法文字並不少,如「適當的法律程序」,「必須而適當的」……等等,都提供總統突破制度性規範的缺口,來擴張他的權力。也就是這個因素,所以總統權力的大小往往必須要看每一位總統對權力的企圖心而定。這又跟總統的性格有關。一個消極的總統,如二十世紀 20 年代的哈定,會傾向「總統的權力以憲法明文規定者為限」。但是一個積極、進取而具強烈企圖心的總統,卻會認為「凡是憲法所沒有明文禁止的,他都可以做」。因此凡是後一類的總統,通常都會認為,伴隨總統職位而來的是模稜兩可的憲法上的隱含權 (implied powers)。

　　第二類的總統通常會認為,這種權力的行使不只不會被憲法所禁止,而且必須由總統來行使,才能使憲法的精神得以貫徹。這一類總統通常會善用職位上的優勢,以及他的個人特質,來突破制度上對總統權力的限制。研究總統的著名學者鈕斯達特 (Richand Neustadt) 在他 1960 年的經典著作《總統的權力》(Presidential Power: The Politcs of Leadership) 一書中,

就強調在三權分立的制度下，美國總統的權力受到諸多因素的限制，因此
總統行使權力的過程中，是否能夠得心應手，擴大總統的權力，其關鍵在
於他是否能夠運用說服的力量 (the power to persuade)，來取得那些牽制他
權力的政治行為者的支持，如國會議員、意見領袖及利益團體，從而建立
一個贏的政治聯合 ❹，因此一個強有力的總統通常會是一隻獅子與狐狸的
綜合體，懂得蘿蔔與大棒 (carrot and stick) 交相使用的技巧。二次大戰後的
詹森總統 (1962-1969) 是政治權謀及權力藝術的佼佼者，將總統權力的極
大化發揮得淋漓盡致。卡特 (1977-1981) 則是坐困白宮「圍城」，鞠躬盡
瘁卻又無法貫徹個人意志的著例。可見總統權力之大小，跟總統的性格關
係頗大 ❺。

　　美國國內社會經濟及國家安全，國際環境出現重大危機時，總統的權
力就會大幅擴張；此時國會通常都會配合總統的作為，全面在立法議程上
加速相關法案的審核，以支持總統權力及政策上的作為。林肯面對內戰而
動用緊急權力，將總統的職位帶到一個更為擴張的新的境界。他對總統權
力的行使，以及他以國家元首之尊，保護聯邦的完整及統一的決心，被認
為是美國總統制演變的分水嶺。其後的老羅斯福以及威爾遜也都是公認的
強勢總統，但是這些只能是常態性的國會獨大之下的例外而已。

　　小羅斯福 (1933-1945) 在經濟大恐慌時期出任總統，其後又面臨希特
勒的侵略行動。內外環境的壓力使得行政部門必須在經濟、社會及外交上
作緊急應變，行政權因此得以迅速擴張。他如社會福利制度的建立使聯邦
預算快速增加，科技發展的結果則使立法益趨專門性，非國會議員所能精

---

❹　Richard Neustadt, *Presidential Power: The Politics of Leadership* (New York: Wiley, 1960).

❺　現代總統學者 Charles Jones 就呼應 Neustadt 的看法，認為總統所達成的目標很少是出自他的命令，而是透過討價還價及說服而來。見其 "Presidential Leadership in a Government of Parties, An Unrealized Perspective," in John C. Green et al., *Responsible Government*, p. 148.

通。此等行政權擴張的過程，都使得總統地位水漲船高，職責益加繁重。
2001 年美國發生「九一一恐怖行動」，小布希面對美國本土再次受到攻擊
的嚴重事件，採取一連串緊急行動，包括動用緊急預算、緊急財政救援受
到恐怖行動波及的州份，增加國防預算，針對可疑份子進行緊急逮捕，以
及通過愛國法 (the Patriotic Act) 適度限制人權……等等。這些作為都將總
統的權力推向另一個歷史高峰，國會慣有的立法監督則暫時退居一旁。

　　以上論述首先在說明美國總統所受到的制度性及非制度性的限制，其
次則從非制度性的層面，來分析總統權力之所以會有大小的理由，以及總
統權力擴張所需要的非制度性條件的配合。因此在這裡所要強調的是，今
天總統職位之尊崇及權力之大，可說是隨著美國政治體系不斷變遷與成長
的結果，而連帶使總統所扮演的各種角色，也跟著作累積性的增加。每一
次美國面臨一項國內或國際上的危機，總統的權力就跟著擴張一次。每一
位「偉大」的總統離開職位以後，總統職位的重要性就跟著提昇，總統的
權力也跟著膨脹一次。就如同名政治學者道爾 (Robert Dahl) 所言：

　　　「面對一些新的需要，某位總統會（在白宮內）多蓋一個房間……剛
　　開始只是一幢平凡的住屋，終乃變成一幢華屋；每一位總統可能用不到
　　每一個房間，但是在需要的時候，卻隨時可用。」

　　這段話最足以說明美國總統權力成長的過程。瞭解以上的論點及觀念
之後，對於美國總統在憲法上的正式權力，就不必太過拘泥於憲法上的各
項規定。因為這些規定畢竟是屬於靜態的制度面，而總統權力的行使卻是
運用之妙存乎一心，是一種許多動態因素的組合。

第三節　總統在憲法上的權力

　　下面我們將從 6 個面向來討論總統在憲法上的權力，但是我們卻必須
了解這些只是正式的權力而已，事實上總統如果極具政治技巧的話，那麼

他所擁有的非正式權力 (Informal Powers) 更具實質的重要性。

1.咨文權：在每屆國會開幕時，總統會親臨國會向參眾兩院聯席會議發表國情咨文演說，說明當前美國在經濟、社會及國防各方面的一般狀況，同時指出未來一年政府的施政重點。

2.預算權：總統每一年向國會提出預算書。預算書是一個政治性成份很高的文件。從預算書中可以很明顯地看出政府的施政理念，從而瞭解在保守或自由主義的理念下，政府政策的方向及優先次序。

3.否決權：總統對於國會所通過的法案，在送達白宮 10 天內必須簽字公佈，正式成為法律。總統如不能接受該法案，則必須在 10 天內（星期天不計算在內），將該法案連同否決該法案的理由送回國會。這就是否決權的行使。被總統否決的法案，如果經過兩院以三分之二的多數維持原決議，則總統必須接受該法案並公佈成為法律。這是否決咨文 (Veto message) 明白表示總統否決的意向。另一種則為口袋否決 (Pocket veto)，是指法案送達白宮，總統不能在 10 天之內簽署該法案，而國會也在這期間休會，則該法案就自然不成為法律。此種否決只能在一年的某一段時間內行之——剛好在國會第二個會期休會為止之前。否決權是一項極重要的權力，國會很少有足夠票數推翻此等否決。

4.立法權：依照制憲者的設計，是強調立法優勢，所有立法案應由立法機關主動提出。但是行政權擴張的結果，主動立法的權力已逐漸轉移到總統的行政部門。杭廷頓 (S. Huntington) 研究指出，從十九世紀末到 1909 年，由國會提出的重大法案達 55%，1933 年到 1940 年間，國會主動提出的重大法案只有 9%。立法主動權轉移到總統的行政部門後，國會議員們只能利用審查法案時，從中間加進某些條款，以便給某位議員的選區帶來一些有實質好處的公共建設如公路、水壩及郵局，這就是所謂的肉桶立法 (Pork barrel legislation)，形容每位議員都想要放幾塊豬肉（指選區內的公共建設）到桶子內（指某一個法案），這一類的肉桶立法因為各個議員都各有所求，所以通常都可以得到其他議員的支持而獲得通過。

5.外交權：憲法第 2 條規定，總統有接見、任命大使，得到參院三分之二的同意而與外國簽訂條約的權力，以接見大使或訪問某一國的方式，表示承認某一國的意願。這些都是總統行使外交權的範疇。但是外交權與戰爭權一樣都是參議院與總統之間爭執的焦點。國會認為外交權應由行政和立法機關分享，但是總統顯然享有很大的優勢，例如為了避開參議院三分之二通過的規定，總統可以用行政協定的方式與外國簽約。當然遇到重要的條約，如美蘇的戰略武器管制協定，因為關係重大，所以卡特還是提交參議院批准並受到否決。

6.三軍總司令下的戰爭權：基於三軍總司令的身份，總統可以發動軍事行動造成戰爭的事實，使國會通過決議支持其行動，甚或宣戰。例如南北戰爭爆發時，林肯總統利用國會休會期間，立即號召美國人民組織國民軍平亂，並封鎖南方各港，停止頒發出庭狀……等等。後來國會才追認林肯的措施為合法。除外，美國歷史上捲入國外的戰爭，多達 120 次以上，但是宣戰的卻只有 5 次。二次大戰以後，美國更常以警察行動為名，參與平定共產黨的侵略與叛亂。

但是總統戰爭權限不斷擴張的結果，不只造成美國在越南的挫敗，使 5 萬 8 千名子弟兵死亡，15 萬 5 千人受傷，並且直接侵犯到國會的宣戰權。越戰的教訓，龐大的軍事負擔所造成的通貨膨脹及社會問題，再加上反戰情緒高漲，國會乃在 1973 年通過「戰爭權力法案」(War Powers Act)，以達到限制總統對外用兵的目的。

「戰爭權力法案」規定，除非經過國會宣戰，法案特別授權，或是任何對美國領土和軍隊攻擊的緊急情況，否則總統不得隨意對外用兵。除此之外，總統在對外用兵或增兵之前，在盡可能的情況下，應事先諮詢國會，並在用兵後 48 小時內，必須向國會提出書面報告，解釋原因。國會若不同意總統之用兵，總統需在 60 天內撤兵，必要時得延長 30 天。最後，法案亦規定國會可以透過共同決議 (concurrent resolution)，要求總統在 60 天撤兵，且此項決議總統不得否決。

第四節　總統的幕僚顧問機構

　　總統權力的行使除了個性足以影響到他的政治技巧外，他還得靠幕僚來替他收集資料，分析問題，執行政策。因此幕僚不僅能形成總統的形象和風格，更可能因為幕僚的濫權或蓄意包圍、孤立總統，而影響到總統的成敗。總統的幕僚單位大致分成兩個部份：白宮辦公室 (White House Office)，以及坐落在白宮外的總統行政辦公室 (The Executive Office of the President)。通常最親近而且每天都要見面的助理都在白宮辦公室，其中包括幕僚長、特別助理、內政、經濟、外交政策顧問、法律及政治顧問、國會關係聯絡員及新聞祕書。總統的白宮幕僚常是媒體指責爭論的焦點，也是重大醜聞發生的關鍵。他們幾乎每天都可以見到總統，足以影響總統對事情的看法，因此是權力核心的圈內人。但是從艾森豪總統起到雷根任滿為止，幾乎每位總統的親信幕僚都或多或少捲入政治紛爭或醜聞，而給在任總統造成相當大的損失。最突出的當然是尼克森總統的白宮幕僚長海德曼 (Bob Haldeman) 以及他的內政顧問艾立克曼 (John Zethlichman) 的攬權，完全矇蔽了尼克森，終於爆發了水門醜聞，迫使尼克森成為美國史上唯一辭職的總統。

　　總統行政辦公室則包括幾個重要的幕僚機關：

　　1.管理預算局 (Office of Management and Budget)：最初成立於1921 年，稱為預算局，後於 1970 年始由尼克森總統擴大編制為現在的規模。其任務主要是先由局長出面與內閣各閣員協商溝通，負責將總統的施政理念和政策優先次序，納入各部會的預算案中執行，以避免政策上的矛盾及增進行政效率。該局共有 600 名文官，有許多是具有高度專業技能及實質經驗的長才。在過去它是超黨派之上的機構，但是 80 年代以後的局長卻常是推動總統政策而非只是分析政策的主要人物。雷根總統的管理預算局長史塔克曼 (David Stockman) 就是負責削減預算，執行雷根政策的高

手。

2.國家安全會議: 由重要部會首長包括國務卿、國防部長、財政部長、副總統及總統所指定參加之親信閣員所組成。是為總統在有關外交及國防政策上的諮詢及顧問機關，每週開會一次。國家安全首席顧問負責會議之議程，並於每日清早定時向總統作有關國內外重要事件之簡報，形同總統的耳目。自尼克森總統以來，首席顧問在外交政策上的影響力，遠凌駕於國務卿之上，例如季辛吉之於羅斯福，卡特總統的布理辛斯基之於范斯都是例子。但是從雷根總統以後，國務卿的地位又開始恢復昔日的影響力。

3.經濟顧問委員會: 為幫助總統做經濟決策的顧問機關，其首席則負責向總統就經濟事務方面作簡報。

第五節　總統職位之繼承

美國歷史上小羅斯福是唯一連任 2 次以上的總統，從 1951 年第 22 條憲法修正案通過後，沒有人再有同樣的機會。但是總統傳承的問題卻一直是美國及舉世所關注的問題。只要看一下幾個數字，就可以瞭解為什麼這個問題如此受重視。在美國 40 位總統中，有 8 位總統死於任內，其中有 4 位包括林肯、加爾費德、麥金萊及甘迺迪，是遭受暗殺身亡。至少有 6 位總統被暗殺而沒有成功。總統的職位繁重且危險，乃為大家所周知，副總統繼掌重任的機會自亦相對增加。但是副總統卻又是眾人皆想要卻又埋怨最多的職位。例如加納 (John Carner) 放棄了眾議長之職，而就任小羅斯福的副總統，但是他卻形容該職位連棒球投手所吐的一口唾液都不如。詹森總統是放棄他參議院多數黨領袖的職位，而擔任甘迺迪的副總統。不管如何，副總統繼任總統之缺，從 1841 年泰勒 (John Tyler) 繼任哈里遜的總統職位以來，早已不再有爭論。大家所關心的卻是副總統人選是否勝任的問題，杜魯門繼任總統及布希的副座奎爾都曾屢次受到質疑。

儘管副總統在總統發生意外時的繼承不成問題，但是仍有兩項問題尚

待澄清：如果總統生重病而一息尚存時，怎麼辦？如果副總統繼任，那麼誰來擔任副總統？歷史上總統生重病的情形不乏其例！加菲爾在 1881 年被刺後，拖了一個夏季才過世，威爾遜中風後有 7 個月不能視事，艾森豪有三次嚴重的心臟病發作，雷根在第一任上也被槍擊過。第二個問題則因為有 8 位副總統繼任總統而出現。因為如果新任總統死在任上，就沒有經選舉的人可以繼承他。

　　1967 年的憲法第 25 條修正案針對這兩項問題加以處理。有關總統不能處理政務時，憲法上准許在總統宣佈解除他自己的職務和權力，或多數的閣員宣佈總統「不克勝任」時，讓副總統成為代理總統。如果總統對內閣的決議有意見，則由國會以三分之二的多數裁決。有關第二個問題，憲法修正案規定副總統在繼任總統後，提名一位新的副總統，經兩院多數決後通過，1973 年副總統安格紐 (Spiro Agnew) 下臺後，尼克森提名福特繼任，水門事件迫使尼克森辭職後，福特繼任總統，福特提名洛克菲勒為副總統。這是美國歷史上首次出現正副總統都沒經過選舉而產生的例子。

【第五十二章】
聯邦司法制度與司法審查

　　美國的司法制度，分為聯邦司法系統及各州的法院系統。聯邦法院的司法管轄權主要在處理憲法第三條所列舉的案件，未列舉者，其管轄權屬於各州。聯邦法院之管轄權依其性質，可分成：第一，法律領域內的案件，包括由聯邦憲法、聯邦法律所訂之條約範圍內所發生的訴訟，以及在海事法範圍內所發生之爭端。第二，依當事人之身份而產生之爭訟案件，包括(1)以大使及其他外國機構之人員為當事人之案件；(2)聯邦政府為當事人之爭端；(3)各州際間之爭端；(4)某州為原告與他州公民為被告之爭端；(5)不同各州公民間的爭端；(6)州公民主張在他州所有地產之爭端；(7)其他。

　　聯邦司法系統分成三級，其中聯邦最高法院為憲法唯一明文規定之法院，其他聯邦各級法院則係由國會立法所成立。聯邦最高法院有初審管轄權與上訴管轄權兩種。但是它所受理的初審管轄權的案件極少，因此絕大多數均為上訴案件。聯邦最高法院自 1896 年以後法官固定為 9 人，其中 1 人為首席大法官，負責主持會議及院務，指定法官撰寫判決書。首席大法官個人的政治哲學及領導能力，不只對法院的聲望有重大影響，甚至可以領導群倫，作出對社會變遷影響深遠的司法判決。例如華倫 (Earl Warren, 1953-1969) 便是一位傑出的首席大法官，當然爭議性也很大。

　　最高法院法官由總統提名，經參議院三分之二的絕對多數同意後任命之。憲法規定法官為終身職。由於最高法院的判決（即一般所謂的司法審查），常影響政策的走向，社會變遷，甚至政治選舉之勝負，由此從小羅斯福總統以來，只要總統碰巧遇到有大法官出缺，總是會儘量提名在政治哲學跟他相近的人士出任。例如尼克森及雷根兩位共和黨總統在位時，均得到 4 位大法官任命的權力，使得最高法院法官結構到二十一世紀初，仍維持保守派勢力略佔優勢的局面，間接影響到 2000 年總統選舉發生爭議時

的判決結果。

上訴法院為地方法院或其他初審法院之上級法院，目前共有 13 個。每一個上訴法院法官人數由 3 到 24 人不等，採三人制合議庭。法官由總統提名，也必須經參議院同意後始任命。本來參議院很少拒絕總統所提上訴法院法官的人選，但是從 1980 年代政黨兩極化之後，兩黨對立程度昇高，連法官提名人選都成為政黨競爭的舞臺。參議院中反對黨議員經常利用總統所提法官人選之政治哲學及過去的判決記錄，作為挑戰其勝任資格的理由，並利用各種技巧，如冗長發言 (filibuster)，來拖延表決的時間 ❶。2004 年一位被小布希提名的墨西哥裔法官，便因為不堪長期拖延的困擾，主動要求撤消提名。

地方法院為聯邦司法系統中最低的一級法院，50 個州及哥倫比亞特區、關島、波多黎各及維爾京群島，均設有數目不等的地方法院。

聯邦法院系統中的各級法院除了審判相關案件外，它另外一個功能是世界各國之首創，堪稱是美國憲政制度之一大特色。因為世界上沒有那一個國家的法院像美國這樣，在公共政策的制定上扮演如此大的角色。透過司法審核權，聯邦法院可以認為國會所通過的法律，以及行政部門所採取的措施（如行政命令或行政裁量），與憲法牴觸，而將之宣告無效。從 1789 年聯邦憲法生效起到二十世紀末，已經有 100 件以上的法律，被最高法院宣佈為違憲。回顧一下，在英國，因為是國會至高無上，法院不能將它所通過的法律取消。雖然到目前為止，世界上共有約 60 個國家擁有類似司法審核的制度，但是只有澳洲，加拿大，德國，日本和印度……有獨立的司法傳統。美國首創的司法審核制，影響世界至鉅。

---

❶ 見 Charles M. Cameron, "Studying the Polarized Presidency," in *Presidential Studies Quarterly* 32, No. 4 (December 2002), pp. 647-661.

第一節　聯邦最高法院的發展 (1800-1969)

　　制憲先賢在憲法上對最高法院的司法審核權雖然語焉不詳，但是肯定其權力的必要性，應該是無庸置疑的。但是司法審核權會擴張到如此程度，卻可能超出他們所預期。漢密爾頓在《聯邦論》一書中指出，司法機關是對政治權力最不具危險性的機關，因為它不像總統是三軍總司令，掌握著「社區的劍」(Sword of the Community)，也不像國會負責撥款，控制荷包，並決定以什麼樣的法律來治國。司法機關既無法影響劍或荷包，也不能「採取積極的決議」，因此「它是三部門中最弱的一環」。在漢密爾頓的心目中，憲法只是要讓法院有權力決定法律是否違背憲法，而非擴大法院的權力來限制立法機關的權限。但是制憲以來的演變，顯然超過漢密爾頓的想法。聯邦法院——特別是最高法院——在經歷了 3 個歷史階段中的政治、經濟及意識形態等力量的影響後，已經傾向以積極和影響的態度，來扮演它的角色。從 1787 年到 1865 年這段期間，有三大議題必須面對，即族國的建立、聯邦政府的合法性及黑奴；從 1865 到 1937 年，政府與經濟的關係是最重要的議題；從 1938 年到目前，法院所面對的重要議題牽涉到個人自由、社會平等及二者間的潛在性衝突。在第一階段中，法院確定了聯邦政府的優越地位；第二階段則對政府的權力加以重要的限制；第三階段則擴大個人自由的範圍，限制了經濟自由的幅度。

一、第一階段——國家至上

　　從 1789 年到內戰為止，最高法院所面對的問題是制憲大老所未刻解決的老問題：國家與州的關係。最高法院在首席大法官馬歇爾主持之下，強調國家的法律在一切情況下，都是至高無上，而最高法院則有權決定憲法的意義，各州法律不得牴觸聯邦法律及憲法。更重要的是，馬歇爾認為，聯邦政府制度的維護和權力的保障，必須有人有足夠的勇氣樹立一個先例，

才能逐漸獲得社會大眾的肯定，而不會有人去冒犯。在著名的 2 個案子的判決中——1803 年的 Marbury vs. Madson 及 1819 年的 McCulloch vs. Maryland——馬歇爾親自寫的判決書，正式確定了司法審核的制度，肯定最高法院可以宣告國會法律違憲，授給聯邦政府的權力，乃來自人民，因此應該從寬解釋，任何法律只要是為達到憲法目的所「必須而又適當的」，都是可以被接受的，並且聯邦法律高於州法❷。

　　這項判決對聯邦制度的發展和影響有重大貢獻，因為第一，它肯定憲法高於國會所通過的法律；第二，它強調法院的功能在於解釋憲法的疑義；第三，任何法律與憲法相牴觸——包括聯邦國會及州議會所訂的——最高法院皆可宣佈該法律無效。就此等判決在政治上所發生的影響而言，則其意義更為重大。因為不只經由司法審核權的確立，而解除了美國立國以來，因為 13 州的自主權而存在的國家認同的危機，而且由於確定了聯邦權高於州權的原則，避免 50 個主權單元的出現，而奠定了聯邦制度的規模，強化了國家的地位，增加國民對聯邦政府的歸屬感，有助於美國民族主義的發展。最後，判決中所強調的「必須而又適當的」原則，無異承認聯邦有隱含的權力 (implied powers)，對聯邦國會權力的膨脹，有著極其明顯的影響❸。

二、第二階段——政府與經濟的關係

　　聯邦政府的優越性雖然因為馬歇爾的判例及內戰的結果而告確立，但是聯邦及州政府權限的範圍卻仍有待確定。因此從內戰結束到新政初期，

---

❷　有關 Marbury v.s. Madison 一案之內容及最高法院之裁決，見 Robert Clinton, *Marbury vs. Madison and Judicial Review* (Lawrence: University Press of Kansas, 1989). 及鄒念祖，〈司法〉載於何思因主編，《美國》（臺北市：國際關係研究中心，民國 81 年），頁 97-99。

❸　David P. Currie, *The Constitution in the Supreme Court: The First Hundred Years, 1789-1888* (Chicago: University of Chicago Press, 1986).

法院所面臨的最重要問題就是，在何等環境下，經濟應該由州或聯邦來規範。最高法院在保護私人財產上，採取堅強的立場，避免讓私人及公司財產受到州不合理行動的干擾。法院強調任何州「除非經過適當的法律程序，不得剝奪任何人的生命、自由或財產」。在這項原則下，最高法院所採取的判例是限制政府權力過分伸張到工商企業的領域，強化個人主義、自由競爭及個人才能的充份發揮，主張政府干涉越少越好，以促進資本主義的發展。這種主張表現在羅斯福新政初期，最高法院將許多關係到新政實施的重要法律判決違憲。羅斯福總統受到挫折後，曾準備改革最高法院，要求有任職 30 年以上的法官時，總統可以任命另一法官加入，但是總人數不得超過 15 人。這個提案受到整個社會的激烈反對後，羅斯福總統還是取消了此項計劃。但是此後最高法院開始轉向自由主義，支持聯邦政府的新政立法。

三、第三階段——政府與政治自由

1936 年以後，最高法院不再對州或聯邦規範經濟的權力，施加任何嚴厲的限制，而交給立法機關來處理此一類事務。從 1937 到 1974 年，最高法院沒有推翻任何規範企業的聯邦法律，但是卻有 36 項國會立法因為違反個人的政治自由而被宣佈違憲；這些法律包括限制言論自由，拒發護照給共產黨員，准許政府取消個人的公民資格，扣留私人郵件，或者限制享受政府的福利等等。

華倫 (Earl Warren) 於 1953 年擔任首席大法官之後，最高法院進入最積極的時期。在他在位 16 年期間，華倫以最開明的態度進行社會改革，使根深蒂固的種族歧視逐漸被破除。例如在選區的劃分上，黑人 50 萬人被劃成一個選區，而白人卻 5 到 10 萬人就形成一個選區，是為明顯的同票不同值，因此被最高法院宣佈為違憲。其他如種族隔離制度，也一樣視為違憲。華倫是艾森豪總統所任命，二人理當皆屬保守派，但是華倫就任後所引起的震撼，不只引發「彈劾華倫」的運動，連艾森豪在他的回憶錄中，

都認為華倫的任命案是他擔任總統以後所犯的最大錯誤！事實上，華倫主持最高法院期間的確是最風暴最具爭論的一段期間。但是從正面而言，他所作的一系列判決促成了美國社會快速的社會變遷，改變了美國人對黑人歧視視為理所當然的態度，也促成了政治上自由派的興起，中下階層及少數民族在政治上的權益獲得了保障，確立了一人一票，等票同值的原則。特別是 1964 年國會通過了民權法案，象徵著少數民族在政治地位上的突破，帶動了自由派走入政壇。

華倫於 1969 年辭職，一些自由派法官開始退休，尼克森總統任命柏格為首席大法官及一些較具溫和保守主義的法官，最高法院進入一個較不受爭論的平靜期。

第二節　聯邦最高法院的鞏固期 (1969-2004)

華倫對最高法院的領導以積極主動見稱，鼓勵他的同僚在決定案件之前，相互討論切磋。這種風格再加上他是自由主義的堅強支持者，使得華倫法院所作的判決，大都具有社會發展所應有的願景為基礎，以達到美國憲法所欲達成的境界為目標。華倫法院主要是依據兩項廣泛的原則來作司法審核：民族主義及平權主義。前者強調以全面性的方式來解決它所認為是全國性的問題，必要時動用聯邦權力。後者則強調法律之前不分種族，被告及原告，所有人民一律平等。就是根據這種原則，使得美國得以在 1950 年代到 1960 年代之間，「得以用本質上屬於和平的手段，達成最深遠及最廣泛的革命」❹。但是華倫法院的判決也引發許多反彈，包括對被告權利的過度保障，以及對少數民族的保障。

因此當華倫於 1969 年退休，而由柏格 (Warren E. Burger) 接任的時候，美國有許多人預期柏格所主持的法院，會將前一時期的最高法院所作

---

❹ Alexander M. Bickel, *Politics and the Warren Court* (New York: Harper & Row, 1965).

的一系列判決，特別是在刑罰公平的領域方面，作一次總清算，以糾正過去偏左的路線。但是大家所預期的「柏格法院」的反革命，並沒有出現，反而只是確認華倫法院時期大部份的判決，形同華倫時代的延續❺。這種情形一方面跟柏格個人的領導風格，不若華倫那樣積極和強勢，使得內部意見常常陷於紛歧有關，另方面則可能因為自由主義的力量仍然佔優勢，因此許多重要判決都是以 5 比 4 決定。

「柏格法院」較為重要的一個判決，是貝基所提的訴訟案 (Bakke case)。貝基向加州大學戴維斯 (Davis) 校區醫學院申請入學。但是因為校方所訂的保障少數民族入學方案，使他的成績雖然比黑人學生好，反而沒有得到入學機會。當貝基提出抗告時，整個案子乃進入法律程序。

最高法院所作的判決，是先肯定平等機會立法 (affirmative action) 的精神，以保障少數民族不受歧視。但是法院的多數意見書卻認為，給予少數民族特別優惠待遇，並非是讓學生人口多元化的唯一手段。除非有蓄意歧視的證據，或立法、行政上的事實，否則以種族為決定僱用或如貝基案為入學考量的唯一要件，是不合理的。因此由於貝基案的裁決，使得種族優惠的計劃不再繼續❻。但是大學的錄取標準所引發的少數民族優惠的爭論，卻一直持續下來。

「柏格法院」的第二項重要判決跟憲法第 1 條修正案的維護有關。它強調「觀念的自由交流」(free trade in ideas) 是自由社會的首要條件。即使商業性廣告 (commercial speech) 也都是屬於第 1 條修憲案保護的範圍。政治性廣告同樣不得施加限制。最高法院最著名的案子是 1971 年五角大廈機密文件的案子中，所出現的《紐約時報》對美國的訴訟 (New York Times Co. vs. United States)。當《紐約時報》執意要連載國防部所掌握的

❺　Vincent Blasi, ed., *The Burger Court: The Counter-Revolution That Wasn't* (New York: Yale University Press, 1986).

❻　Bernard Schwartz, *A History of the Supreme Court* (New York: Oxford University Press, 1993), pp. 352–353.

越戰機密文件時，國防部一狀告到法院，要求禁止刊載，以維護國防安全。法院在這個案子中的判決，是美國維護新聞自由最具戲劇性的範例。判決中反對以司法手段，來限制新聞媒體公佈可能會損害公平審判權利的資料。在最具爆炸性及爭議性的 Roe vs. Wade 一案中，最高法院肯定婦女終止懷孕的權利。它所持的理由是根據第 4 條憲法修正案，禁止對人民作不合理的搜查和沒收，以保護人民的隱私權。因此對人民隱私權的保障，不只是人民在憲法權利上的延伸，而且是對自由權的新闡述。但是這項判決的爭議卻持續至今。

柏格法院基本上被視為中間派法院。當柏格在 1986 年辭職，而由雷恩奎斯特 (William H. Rehnquist) 接任的時候，最高法院才正式進入保守派時期。雷恩奎斯特本人早就被稱為「右派先生」(Mr. Right)，到 1990 年代初期法院中已經穩固地存在著保守派多數。因此他所主持的法院所作的判決，明確地偏右。這些判決包括除非有明顯歧視的證據，否則主要的承包商不需要將副契約中的 30%，交給少數民族承包商；僱主不需要提出清楚而明確的證據，來證明不僱用某人，是基於歧視的目的；拒絕宣佈死刑為違憲；政府無償取得財產是違憲的行為。法院同時在 2000 年總統選舉的爭議中，快速地作出裁決，化解了一場嚴重的憲政危機。2001 年「九一一」恐怖攻擊事件發生之後，小布希政府基於國家安全的需要，立法增加了一些對人權的限制，包括對疑似蓋達組織的嫌疑份子之逮捕。最高法院作出判決，宣佈政府某些措施為違憲，避免對人權進一步的傷害。

第三節　司法審核──建國時期到重建時期

美國最高法院已經存在兩百多年，在這段期間它決定了數以千計的判決，影響美國政治、經濟、社會至鉅。這些判決有好幾百件甚至關係到民主的中心意涵，而事實上法院在基本上對民主的程序作了一番修正及限制，法院因此扮演解決爭端、仲裁衝突的角色。另方面它則保護人民在憲法的

權利，因此，法院的判決等於是對政府各部門的行動加以監督和規範的權力，當政府此等行動與憲法或任何更高的法律發生衝突時，該行動就會被宣布無效，即使政府的行動或法律合乎民主的程序，也會遇到同樣的結果。

法院通常會被要求對民主實際所牽涉到的中心議題作出裁決，例如是否每州都必須遵守一人一票的原則？年輕人或被宣判的犯人可否投票？不按規則 (gerrymanolering) 來劃分選區下的人民會有投票權嗎？更常發生的情形是，它對人民所選出的國會議員，一旦被認為侵犯人民權利時，就會被認為牴觸了民主的原則，換言之，法院宣告政府的決定是違憲時，它可以採取「積極的司法」(activist judiciary) 的立場，而對政府的決定認為某些法律是違憲的，這時法院就會干預到民主的程序。

美國司法的發展與成長始於建國時期的憲法制定及《權利法案》(the Bill of Right)，歷經南北戰爭後的共和黨重建期，以及 1937 年以後的新政府時期❼。

在十九世紀大部分的時期內，最高法院除了馬歇爾大法官首度對 Marberry vs. Madison 所作的判決外，並沒有對國會所通過的法律及所行使的政治權力，有過任何微詞。總的來說，法院對總統及國會的政治決策表現得相當節制。同樣的，除了最初對法院有過反彈之外，國會一樣對法院的角色表示尊重。

法院對國會所作的最重要判決之一，表現在 1803 年的 Marbury 的案子上。在法院所作的裁決上，它被要求對憲法的關鍵條文作一解釋時，國會被賦予制定「執行前述法律所必要而適當的」權責及憲法所給予的權力。這項解釋的重要性在於「必要而適當的條款」給了國會很大的彈性，使人民選出的國會議員得以在統一的國家──一個真正的美國──之下，行使它的權威。

接著來的是 1819 年的 Mc Culloch vs. Maryland 這個由馬歇爾法院

---

❼ Bruce Achermasn, *We The People I, Foundations* (Cambridge, Massacheusetts: Harvard University Press, 1991), p. 40.

所判決的最偉大的判例，它最大的影響在於對憲法架構及對美國民主的運作。這個案子的特別之處在於它牽涉到國會是否有權來建立美國銀行 (Bank of the United States)，以用來提供貸款給聯邦政府及幫助課稅。國會是否有權建立一個國家銀行，在建國初期曾引起很大的爭議，漢密爾頓擔任總統時就曾力主第一銀行 (the First Bank) 的成立。門羅 (James Monroe) 就任後，積極推動此事。馬歇爾在此案判決書中指出，聯邦政府的權力在它行動的領域中享有最高性，他注意到憲法並沒有明白宣示政府有權力設立銀行，但是國會的權力不應該作狹義的解釋。憲法是一種特殊的文件，應該在人類事務的危機中作出適應，因此他「在考慮這項問題時，我們必須不要忘記，我們是在解釋一個憲法」。馬歇爾因此認為應該將此等權力授與人民，以民主的方式選出國會。他強調如果國會被否決此項權力的話，那麼將不可能有一個全國性的政府。

在他早期的判決中，Mc Culloch vs. Maryland 授給剛建立不久的政府有能力建立一個真正的族國 (nation)，而非只是許多州的集合而已。更有過之的是，這項判決明顯地說明美國民主制度之下，可以在最大的範圍內便宜行事。

馬歇爾法院之後，許多其他案子仍繼續依循 Mc Culloch 的判決，尊重政府的體制。其中最重要的兩個案子發生在南北戰爭及重建時期對憲法的修正之後發生，這些修正案都對各州的權限施加重要的新限制。但是兩個案子也都引發新的議題，法院在兩個案子的判決中都顯示它對州議會立法的尊重。

三項重建時期的修憲案包括第 13 條、第 14 條及第 15 條，幾乎都跟種族的議題有關，強調各州不得「未經過適當的法律」，剝奪人民的生命、自由及財產，並且各州政府必須提供所有人民「平等的法律保護」。在 Slaughter House 及 Munn vs. Illinois 中所要決定的，正是適當的法律有沒有授與最高法院，來把經由人民選出的州議會所制定的經濟規範立法判決無效？

　　Slaughter Hous 案子起因於十九世紀現代冷藏設備還未發明,而大量的家畜,如牛、羊和雞等的宰殺和切塊,造成大量的噪音及惡臭,也構成對鄰居健康的威脅。因此,在人口稠密的地區,特別是在炎熱而又缺少衛生的城市,如新奧爾良市蓋一座屠宰場,當然引起反對,因此 1869 年路易斯安那州制定一條法律,禁止在新奧爾良市內宰殺和切塊家畜。

　　但是該州卻立法准許一家公司壟斷屠宰生意,引起一群白人屠宰商向最高法院控訴他們違反了新的 14 條修正案。最高法院的判決認為,第 14 條修正案並沒有任何意圖去摧毀美國政府的一般特徵,這包括用司法力量來保障以民主機制,來對所選出的立法機關加以限制。因此,這條修正案只是用來保護先前被奴隸的非裔美國人。法院認為這個條文明顯地應用於這個種族,以及在緊急狀況時才有必要,因此,各州傳統上使用民主機制來制定經濟規範的權力,就如此被維護了下來❽。

　　在 1870 年代所發生的 Slaughter House 及 Munn vs. Illinois 亦一樣遵循此一原則來判決,因此聯邦最高法院到十九世紀結束前,法院都支持由州議會所制定的規範。

　　從 1869 年到 1992 年這個由共和黨佔據優勢的時期,被認為是最高法院在解釋憲法上毫無價值的一個時期❾。這個被稱為一無所成的司法上的黑暗時期,佔了美國整個法律歷史的三分之一長。首先是 1857 年的首席大法官 Roger Tasney 所帶領的最高法院判決,認為從非洲來的美國奴隸,不可能成為憲法上的公民,因此,奴隸「不可能取得市民的權利和特權」。在 Dred Scott vs. Sandford 的案子裡,它聲稱:

　　相反地,(來自非洲的後裔)在那個時期被認為是低人一等的階級,他

---

❽　Kermil L. Hall and Kevin T. McGuire, *The Judicial Branch* (Junnuylands" Oxford University Press, 2005), pp. 38-37.

❾　Bruce Achermasn, *We The People I, Foundations* (Cambridge, Massacheusetts: Harvard University Press, 1991), p. 62-63.

們被優秀的民族所屈服，並且不論被解放與否，仍然受到他們的威權所統治，並且在權力或政府可能選擇讓他們得到的情形下，也沒有權利或特權。

從道德的角度來看，Dred Scott 是最高法院史上最黑暗的污點。因為法院竟然可以將被解放的黑人永久被排除於美國公民權之外達 130 年之久，這是對美國憲法的可怕諷刺❿。

1905 年法院在 Lochner vs. New York 的判決中指出，紐約州的一項法律禁止僱員在「……麵包或蛋糕店……工作超過 60 個小時，或在任何一天超過 10 個小時。」中心問題在於這項法律是否在沒有經過「適當的法律程序」，而剝奪了雇主及員工的自由。為了回答這個問題，法院就必須回答契約自由是否屬於「憲法自由」的一部分。法院認為「簽訂契約的一般權利……是屬於第 14 條所保護的個人自由的一部分。」但是它認為契約自由並非絕對。政府可以在它認為是屬於「警察權」的情況下，侵犯那項自由，「警察權」容許政府制定《勞動法》及《健康法》。

法院認為法律規範的最多工作時間並不能用來替《健康法》辯護，因為他不能顯示餅乾工作者的健康會因為長時間的工作而受到傷害。如果某類工作證明它特別的危險性，那麼政府會限制其工作時間以保障（工人的）健康，但是法院並不認為糕餅的工作會產生任何危險⓫。

Lochner 的案子是非常重要的，因為有數十年它對許多重要市場上保護工人的立法構成一項障礙，使工人的處境無法改善。一直到小羅斯福政府時代，強大的經濟和政治壓力，才迫使法院從 Lochner 的積極主義中退怯，而將規範經濟事務讓還給國會及各州州議會。在羅斯福接任總統（1933年）時，美國正面臨經濟大恐慌，他採取新政 (New Deal) 措施，有許多政府政策是以保護工人的最低工資立法、最高工作時間立法等。但是經常是

---

❿　Ibid, p.65.

⓫　Kermit L. Hall et Kevin T. McGuire, *The Judicial Branch*, pp. 46-47.

最高法院擋住羅斯福的政策，將他強力支持的法案宣布違憲。

因此項衝突而產生一項憲法危機，面對法院的頑固，羅斯福提議「一項法院改革計畫」(Court-Packing Plan)。按照這項方案，總統將於每位大法官在位超過七十歲時，任命一名額外的大法官。這項法案在 1937 年法院通過婦女最低工資的合憲性時，等於接受新政的合憲性。接著四名大法官在法院的任期屆滿時辭職，羅斯福得以任命新政的支持者，司法改革計畫宣告終止。

第四節　羅斯福的新政自由派時期

羅斯福在擺脫了司法的限制之後，全力推動新政立法，其中最重要的有增加聯邦政府支出、實施社會福利，也就是實施凱因斯主義。從此政府支出年年增加，但是總統的權力也呈現代化的面貌。從聯邦政府成立開始，最初受到國會及州權的重重限制，一直到南北戰爭之後，林肯總統遭受暗殺、詹森 (Andrew Johnson) 總統幾乎遭到彈劾，而麥金利 (William Mckinly) 又受到暗殺。一連串的事件使得國會始終居於美國政治的主導地位。進入二十世紀，老羅斯福 (T. Roosvell) 時期進入一個轉振點，由於他具有崇高的聲望，但國會始終不願意接受他的領導。接著是威爾遜 (Woodraw Wilson)，他是美國少數受政治學教育，而且是政府學博士的總統。但是他深受理想主義的影響，一頭栽入凡爾賽和約中的國際聯盟。為了取得參議院的批准，他搭乘火車旅遊全國，作旋風式的呼籲，到最後卻身心俱疲。這段期間國會負起責任，連續通過五個憲法修正案❷。1920 年代的三位總統也乏善可陳。1933 年羅斯福繼任後，在政策上採用自由主義政策，國家預算年年增加，一直到 1963 年詹森繼任，實施大社會 (the Great Society) 計畫，美國開始步入政府赤字時代。

這種赤字情形在 1981 年共和黨總統雷根領導保守派，全力化解社會

---

❷　Ibid, pp. 84–85.

福利的浪費和開銷。雷根的保守派革命，算是對羅斯福新政遺緒的一種反革命。

　　在美國憲法的發展過程史上，第 14 條修正案一直佔有重要的角色。它在 1868 年通過並宣布「所有出生或歸化在美國的人民，並且要受司法的管轄，都是美國及所在各州的人民。」由於這項規定，在南北戰爭結束後，使得在這塊土地上的人民重新塑造更高的法律程序，「能夠明白顯示國家的意志獨立於並且高於各州的意志。」❸新的修正案廢除了奴隸，保證美國國民的特權或免責權，保證平等保護，以及適當的法律程序，保障因種族歧視下的投票權❹。

　　其次，它使得先前所由法院判決的 Dred Scott vs. Sankford 一案，實質上失掉其意義。這個案子的黑暗面使法院無形中留下了無數的傷痕，代表的是最高法院所留下的白人污點，第 14 條修正案反映的正是美國全民的意識。

　　第三，Brown vs. Board of Education 被認為是最高法院在二十一世紀最重要的判決。在南北戰爭之後，憲法已經修正──經由第 14 條修正案──禁止奴隸並不否決任何人享有「法律的平等保護」。但是在它 1896 年的 Plessy vs. Ferguson 一案中，法院宣稱種族隔離並不違憲，「分離但是平等」是完全許可的。因此，在十九世紀末期，法院對於種族隔離相當包容，准許各州及各地方政府便宜行事，種族隔離因此在許多南方各州成為一種生活方式❺。

　　種族隔離的爭議一直要到 1950 年代才獲得解決，首席大法官華倫 (Earl Warren) 首先強調，公立學校在 1896 年 Plessy 的案子下決定時，仍然在起步階段。既或在下一代，學校基本上仍然是廣大的經濟領域中的一種選擇，因此法院可以讓公立學校成為一個有限的例外，而非一般的憲法

---

❸　Ibid, p. 81.

❹　Ibid, p. 82.

❺　Kermit L. Hall et Kevin T. McGuire, *The Judicial Branch*, p. 48.

原則 ❻。他強調數十年來公立學校已經發展成為一個完整的制度，它成為現代國家一般福利下的強迫性象徵。他指出：

> 今天，教育或許是州及地方政府最重要的功能。強迫性的學校教育法令，以及龐大的教育支出，都證明我們認識到教育對民主社會的重要性，……它是良好的礎石。今天它是喚醒孩子對文化價值的主要工具，讓他為以後職業教育作準備，以及幫助他為日後的環境做好準備。在今天如果他被拒絕教育的機會，那將會令人懷疑這名孩子會在生活中有成功的機會。這個機會是各州所提供，這項權利必須（讓他們）在平等的條件下享有 ❼。

當然不會有黑人小孩完全被拒絕入學，但是真正的問題在於歧視。法院最後同意認為隔離絕不可能平等，「要將相同年齡和條件的學童，僅因為他們的種族而使之分離，會使他們在社區中的地位產生自卑感，這將影響他們的身心，可能永遠無法擺脫。」此項結論在有關隔離對黑人小孩所造成的影響，引用社會科學的依據，此案的判決堪稱是美國社會變遷過程中的里程碑。

但法院的判決卻引發南方各州的反對，有些地方甚至關閉公立學校，而讓白人學童到私立學校註冊。一般而言，華倫的判決被認為是相當明確而合理的，但是他引用學術論文來佐證他的論點，卻引發一些爭論，因此，現在這個論點不再被認為有其權威性 ❽。

美國司法獨立的獨立性從這個判決案中顯示出來，艾森豪 (Dwight D. Eisenhower) 雖然不贊成這個判例，但是 1957 年 9 月阿肯色州的州長動用州內的國民兵阻止黑人小孩進入小岩城中央中學，艾森豪總統立刻將國民兵置於聯邦統率之下，阻止暴亂及保護黑人學生。他甚至在 9 月 25 日

---

❻　Bruce Achermasn, *We The People I, Foundations*, p. 148.

❼　Ibid, p. 149.

❽　Kermit L. Hall et Kevin T. McGuire, *The Judicial Branch*, p. 49.

派遣最精銳的一〇一空降師保護 9 名黑人學生進入阿肯色州立大學就讀，以達到種族整合的目標。此後十幾年的時間中，聯邦法院一再地堅定判決隔離措施是違憲的，而聯邦軍隊也一再地被使用，以作為法院判決的後盾。這些作法終於使南方各州人士承認再抗拒也是枉然，南方的黑人選民開始增加，到 1990 年代南方的雙重教育制度成為過去。

廢除種族隔離制度是第 14 條修正案的重要目標之一，但是值堪玩味的是，制度的破除是做為自由派民主黨的綱領，但是行動完成卻是在共和黨政府之下完成的，這證明了美國的兩掌政治在國家大是大非的問題上是不分彼此的。

除了就上述所言的貢獻之外，由於第 14 條修正案所促成民族主義的發展，使美國國力得到具體的成長，特別在南北戰爭結束之後，工業界如鋼鐵業的生產量一日千里，另外美國金融業的發展已躍西方國家一席之地。但是由於十九世紀中葉及二十世紀初期政治的糾纏，使美國一直未能有一個完整的體制來領導這個國家。經歷了七十幾年的發展，美國的民族主義成熟了，總統的角色在人及客觀因素影響下，趨於現代化，終於塑造出一個偉大的羅斯福總統，使他能動用一切可用的資源，開啟真正總統制的年代。

羅斯福一旦鞏固了他的地位，立即展開社會權利革命，最主要的是在重建時代所未去除對黑人的歧視、對婦女所存在的不公平待遇，以及對貧窮人的排擠。對非洲裔的歧視主要在於南方各州重建之後又恢復原來白人至上的傳統，以及最高法院對黑人所作的不合理裁決。例如剝奪黑人的投票權、白人恐怖團體，特別是 3K 黨 (Ku Klux Klan) 使用暴力使黑人擔驚受怕，甚或被殺，租屋或購屋都被區隔等。當全國有色人種促進團體 (the National Association for the Advancement of Colored People, NAACP) 成功地在 1909 年組成，它不斷遭受司法上的攻擊，意圖使它無法運作。

1930 年代以後，南方的黑人開始向北方各州移居，他們的投票權不再受到限制，因此黑人的政治影響力開始擴大，甚至促成 1936 年民主黨總

統選舉的勝利。黑人變成四大階級的核心，構成民主黨的新政大聯合 (the Grand Coalition)——黑人、勞工階級、天主教徒及猶太人，成為民主黨在各項選舉中獲勝的中流砥柱。1940 年代當美國加入二次大戰之際，民主黨領導人更加強調美國保護人權和民主的立場。羅斯福及杜魯門 (Harry Truman) 兩位總統開始對黑人提供象徵性及實際的政治支持，羅斯福並聯合 NAACP 擴大對黑人民權的保護，黑人也增加他們在經濟、組織及政治上的資源，成為日後民權運動的動力。

　　1950 年 NAACP 的法律部門向最高法院提出要求判決 Brown vs. Board of Education 違憲，由艾森豪總統所任命的首席大法官在 1954 年認定它違憲，震驚了全國。1963 年金恩博士發表了「我有一個夢」(I Have A Dream)，掀起全國民權運動的高潮。同年秋天，金恩博士被暗殺，全美掀起大規模的種族暴動，引發對黑人的怒火。詹森總統經由美國國會通過 1964 年的民權法案 (Cival Rights Act of 1964)，這是重建時代以來最為重要的民權立法。此項法案禁止基於種族、膚色、宗教及國籍，而在交通工具、旅社、餐廳、酒吧及娛樂設施，以及任何形式的僱用，有任何歧視的行為。接著 1965 年又通過投票權法 (the Voting Rights Act of 1965)，最高法院面對兩項法案的挑戰，都當機立斷地擴大國會的權威，來對抗種族歧視，並執行兩項法案中的關鍵條款。

　　法院對民權的支持也擴及法律的其他層面，特別是有關結社權及言論自由權。法院在 NAACP vs. Alabana 中拒絕了阿拉巴馬州要求取得 NAACP 在州內的會員名單，這項判決反映出現代法律對結社自由的起源，是法院在 1960 年代及 1970 年代對憲法的擴張性解釋。因此，黑人的民權運動之成功，可以說是總統的積極推動在先，國會的同意在後，而最高法院行使「積極的司法」的判決來配合，終使社會觀念的改變有了成果。

　　美國的權利革命使黑人在地位上大為提高，到 1980 年代成功地告一段落。在同一時間，美國的婦女運動也獲得進展。婦權的起點開始於 1920 年第 19 條修正案婦女投票權的通過，1969 年法院否決州法律要求婦女在

取得福利之前，必須在住宅居滿一定期間（通常為一年），理由是這項法律限制了旅行的權利。1970 年法院裁決如果要將某人的福利取消，她必須先得到適當的通知，並且要讓當事人有機會在聽證會上申辯。法院所持的理由是福利之所得是受到憲法保護的財產權，法院的裁決是行政規範的「適當的程序」的一環，就許多美國人而言，到今天仍然是權利革命中最為廣泛的特徵。

在 1960 年代，婦女取得律師資格的人越來越多，促成婦女權利的案子，在法院的數目上也跟著上揚。女權團體提出許多案子，要求法院宣布對婦女構成歧視，其中最重要的是 1971 年的 Reed vs. Reed，法院判決房地產的處理權 (estate executors) 只限於男性是違憲的；另一項則是 1960 年以來就引發爭議的婦女節育問題。1973 年在許多州都立法宣布婦女可以合法墮胎聲中，法院判決一項劃時代的決定。在 Roe vs. Wade 一案中，認為基於隱私權的保障，婦女可以在懷孕前六個月進行墮胎。這項判決的爭議性很大，特別是影響保守主義的象徵，而在美國政治中成為一股動員的力量。在 1992 年法院又在 Planned Parenthood vs. Casey 一案中，重新確定憲法上墮胎的權利。

美國從 1950 年代所進行的社會權利革命，到了 1990 年代大致完成。值得一提的是，即使在保守派掌控下的最高法院，在二十世紀末及二十一世紀，它仍然肯定權利革命中的重要判決，這種變遷的持續 (change through continuity)，正是司法系統受到尊敬的原因。

司法審核對美國的影響不言可喻，但是卻也衍生了一些問題。因為最高法院的法官並非經由人民選舉，而只是由總統提名經參議院同意後任命。總統所任命的法官，一定是在政治哲學上與總統相近，甚或立場一致。但是，因為政治哲學上的立場而獲得提名，能否切合民意，照顧到整個公益，以及最高法院的解釋是否都能勝任或得體等，在在都曾引發爭論。但這只能說制度沒有十全十美，只要運作能夠成功，便是好的制度。

索　引

圖片出處

p. 257: Carl & Ann Purcell/
　Corbis
p. 327: Gregor Schmid/Corbis
p. 393: 中國時報資料照片，王
　綽中攝。

西洋古代政治思想家——蘇格拉底、柏拉圖、亞里斯多德　謝延庚／著

　　每逢談及當代政體典型「民主政治」時，總是會緬懷雅典的民主，及那些睿智的政治哲學家——蘇格拉底、柏拉圖、亞里斯多德。本書即以三人為主題，剖析其學術旨趣與彼此間的思想傳承。從蘇格拉底之死到後亞里斯多德時代的亂世哲學，個人與國家分離所衍生的引退或遁逃思想。作者執簡馭繁，以敏銳的筆觸提出精闢的論述和詮釋，絕對值得您一讀。

政治學　薩孟武／著

　　凡是一種著作，既加上「學」之一字，必有其中心觀念。沒有中心觀念以聯繫各章節，不過雜燴而已。本書是以統治權為中心觀念，採國法學的寫作方式，共分為五章：一是行使統治權的團體——國家論；二是行使統治權的形式——政體權；三是行使統治權的機構——機關論；四是國民如何參加統治權的行使——參政權論；五是統治權活動的動力——政黨論。書中論及政治制度及各種學說，均舉以敷暢厥旨，並旁徵博引各家之言，進而批判其優劣，是研究政治學之重要經典著作。